NZZ **Libro**

Georg Kreis

Insel der unsicheren Geborgenheit

Die Schweiz in den Kriegsjahren 1914–1918

Verlag Neue Zürcher Zeitung

Autor und Verlag danken für die freundliche Unterstützung durch
Kanton Basel-Landschaft Lotteriefonds
Pro Helvetia, Schweizer Kulturstiftung

prohelvetia SWISSLOS
Basel-Landschaft

Bibliografische Information der Deutschen Nationalbibliothek
Die Deutsche Nationalbibliothek verzeichnet diese Publikation
in der Deutschen Nationalbibliografie; detaillierte bibliografische Daten
sind im Internet über http://dnb.d-nb.de abrufbar.

2., überarbeitete Auflage 2014

© 2014 Verlag Neue Zürcher Zeitung, Zürich

Umschlag, Gestaltung, Satz: Atelier Mühlberg, Basel
Druck, Einband: Kösel GmbH, Altusried-Krugzell
Bildrecherchen: Georg Kreis

ISBN 978-3-03823-902-4

www.nzz-libro.ch
NZZ Libro ist ein Imprint der Neuen Zürcher Zeitung

Einleitung

Auf den Zweiten Weltkrieg folgt der Erste Weltkrieg. Nachdem wir uns seit 1989 ganz auf die Bedrohungsjahre 1939 bis 1945 konzentriert haben, bringt uns nun das 100-Jahr-Gedenken den weiter zurückliegenden Ersten Weltkrieg wieder näher. Auch jetzt, wie bereits 1989, führt die Vergegenwärtigung des *Anfangs* der ausserordentlichen Zeit zu einer Beschäftigung mit der ganzen Kriegsphase. Dabei mag bei aller Ausserordentlichkeit auch das sozusagen Reguläre sichtbar werden: Es gilt, von Zeit zu Zeit das Land zu verteidigen. 1964 zelebrierte man diese Kontinuität, indem man gleichzeitig beide Mobilisationen vergegenwärtigte: jene für die Grenzbesetzung 50 Jahre zuvor ebenso wie jene für den Aktivdienst 25 Jahre später. Folgerichtig müsste 2014 wieder eine Kombination stattfinden, jetzt zum 100. und 75. Jahrestag. Und das wird sicher geschehen.

Der Krieg von 1914 bis 1918 wird erst seit 1939/40 – sozusagen rückwirkend – als «Erster Weltkrieg» bezeichnet, zuvor war es einfach der «Weltkrieg» oder der «Grosse Krieg». Bis zum Kriegseintritt der USA 1917 war lange vom «europäischen Krieg» die Rede. Der Germanist Gottfried Bohnenblust sprach 1914/15 als 31-jähriger Gymnasiallehrer vom «sogenannten» Weltkrieg und fragte nach dessen Bedeutung für die Erde. Seine Antwort beschränkte sich aber auf Europa. Dieser Krieg bedeute «Selbstmord für die europäische Kultur zugunsten weit grösserer Kolosse, die sich bereits als die lachenden Dritten zu entdecken beginnen».[1]

Als «gross» wurde der Krieg bezeichnet, weil er nicht regional begrenzt war wie die vorangegangenen Kriege: Man denke etwa an den Krimkrieg (1855), den Deutsch-Französischen Krieg (1870/71), den Burenkrieg in Südafrika (1902), die Balkankriege (1912) und andere mehr. Gross war der Krieg von 1914–1918 auch wegen des Einsatzes an Menschen und Material. Seltener war die Bezeichnung «gegenwärtiger Völkerkrieg».[2] Fakt ist: Dieser Krieg kostete rund 17 Millionen Menschen (9 Millionen Soldaten, 8 Millionen Zivilisten) das Leben, mindestens doppelt so viele Menschen wurden verletzt und blieben zum Teil lebenslang verkrüppelt, rund 8 Millionen Menschen wurden vorübergehend zu Kriegsgefangenen gemacht, und im Weiteren hat der Krieg dazu geführt, dass sich zahlreiche Menschen wegen Ernährungsmangel nur schwach entwickeln konnten.

Zur Qualifizierung des Ersten Weltkriegs hat sich zutreffend der Terminus «Urkatastrophe des 20. Jahrhunderts» eingebürgert.[3] Das «Ur» hat vor allem die beiden grossen Konsequenzen dieses Kriegs vor Augen: erstens den Zweiten Weltkrieg als weitere Etappe eines grossen 30- oder 50-jährigen und 1919 mit einer schlechten Friedensordnung zwischengeregelten «Bürgerkriegs» – und zweitens die 70-jährige gesellschaftliche Systemteilung mit der 1917 entstandenen und bis 1989 herrschenden Gegenmacht des Sowjetsystems.[4] Es besteht allerdings die Tendenz, dem Ersten Weltkrieg auch in anderer Beziehung eine Urqualität beizumessen, weil er das Ende des bürgerlichen 19. Jahrhunderts und den Anfang des 20. Jahrhunderts als totalitäres Zeitalter beziehungsweise als «Zeitalter der Extreme» (Hobsbawm, 1995) markiere.

Und die Schweiz? Sie hat sich, nach einem bestimmten Verständnis, aus der Urkatastrophe heraushalten können und war doch, nach einem anderen Verständnis, stark von ihr betroffen. In den bisherigen Darstellungen, auch wenn sie eine ganzheitliche Betrachtung pflegten, stand verständlicherweise der Aspekt im Vordergrund, wie es der kleinen Schweiz gelungen ist, sich aus dem Grossen Krieg herauszuhalten, was trotzdem eine indirekte Betroffenheit durch den Krieg voraussetzt.

In der folgenden Überblicksdarstellung wird es, weil in vielen Bereichen Detailstudien fehlen, nicht möglich sein, einzelne Aspekte systematisch zu verfolgen. In gewissen Punkten geht man bereits über den Stand bisheriger Kenntnisse hinaus, wenn aufgezeigt wird, dass es sie überhaupt gibt. Dies gilt etwa für die Frage, wie der Krieg aus schweizerischer Perspektive eingeschätzt wurde. Das *Politische Jahrbuch* für das Jahr 1916 präsentierte eine Bilanz nach zwei Kriegsjahren und führte die Kosten an Geld, Menschenleben und Zivilisationsschäden auf: insgesamt 261 533 Milliarden Franken (die Entente beträchtlich mehr als die Zentralmächte), 4 631 500 Tote, 3 373 000 Invalide und nicht bezifferbare Konsequenzen für die Familien und die Arbeitswelt. Die Redaktion des Jahrbuches enthielt sich eines kritischen Kommentars, liess aber doch ihre Verwunderung aufscheinen über die Opferbereitschaft der Völker in einer Zeit, da sich «sündflutartiges» Unglück über die Menschen ergiesst. Sie konstatierte, dass damit Errungenschaften der menschlichen Zivilisation vernichtet würden, von denen man glaubte, dass sie zum «festen unerschütterlichen Besitz» des Zeitalters gehörten. Insbesondere wurde bedauert, dass es der Entwicklung der menschlichen Kultur nicht gelungen sei, die kriegerische Selbsthilfe der Staaten «aus dem Kulturleben» zu verbannen.[5]

Wie wirkte sich dieser Krieg auf die Schweiz aus, sogleich wie längerfristig? Die unmittelbaren Auswirkungen lassen sich leichter erfassen als die längerfristigen. Naheliegend stand bisher die Frage im Vordergrund, wie die Schweiz als Ganzes auf den Krieg reagiert hat. Diese Reaktionen sind unter dem nationalstaatlichen Kontinuitätsparadigma vor allem als gelungene Abwehr, als Minimierung von Betroffenheit, als erfolgreiche Verteidigung von Bisherigem, als Bewahrung von Herkömmlichem gesehen worden. Inzwischen interessieren vermehrt die Auswirkungen auch auf das Einzelwesen und die trotz allen Bewahrungsbemühungen doch – ob zum Schlechten oder Guten – eingetretenen Veränderungen für die Gesellschaft als Ganzes.

In der jüngeren Zeit waren die schweizerischen Verhältnisse der Jahre 1914 bis 1918 ein wenig bearbeitetes Forschungsfeld. Dies waren sie unter anderem auch darum, weil ein stimulierendes gesellschaftliches Interesse fehlte. Das war anders, als sich 1928 das Kriegsende damals zum zehnten Mal jährte und zu einigen Publikationen führte, insbesondere zu dem in konservativ-bürgerlichem Geist verfassten Werk von Jacob Ruchti.[6] Wie damals, zehn Jahre nach Kriegsende, wird jetzt das 100-Jahr-Gedenken wiederum, wenn auch aus grösserer Distanz, zu einer Häufung von Büchern zum Thema führen.

Der Titel eines 2008 erschienenen Buches – *Der vergessene Wirtschaftskrieg*[7] – spielt auf den Umstand an, dass eigentlich die ganze Zeit in Vergessenheit geraten sei. Das trifft an sich zu, kann aber nicht heissen, dass in den letzten Jahrzehnten überhaupt nichts zu dieser Zeit erarbeitet worden ist. Verfasst man eine Gesamtdarstellung wie die vorliegende, kann man sich doch auf eine ganze Reihe aufschlussreicher Studien stützen. Dennoch muss man sagen: Das Nichtwissen über diese Zeit ist wahrscheinlich noch immer grösser als das Wissen. Das Gedenkjahr 2014 wird dieses ungünstige Verhältnis etwas abschwächen. Hinzu kommt die stets bestehende Aufgabe, auch das im Prinzip bereits vorhandene Wissen zur Kenntnis zu nehmen und sich zu vergegenwärtigen, was schon einmal präsenter war. Die vorliegende Publikation will einen Überblick geben und kann hoffentlich auch als Ausgangspunkt für vertiefende Teilstudien dienen.

In jüngerer Zeit gab es auch für die Schweiz – und in gewisser Hinsicht speziell für die Schweiz – ernste Gründe, sich vor allem mit der Zeit des Zweiten Weltkrieges auseinanderzusetzen.[8] Wem die Schweiz der Aktivdienstzeit der Jahre 1939 bis 1945 einigermassen vertraut ist, könnte überrascht sein, wie ähnlich bis identisch wichtige Verhältnisse und Vorgänge der Grenzdienstzeit der Jahre 1914 bis 1918 sind: die Neutralitätserklärungen, der schwache Rüstungsstand bei Kriegsbeginn, die Zufuhrschwierigkeiten, der landwirtschaftliche Mehranbau, das Vollmachtenregime, die Zensur, die Guten Dienste, die Funktion als Zufluchtsort für Flüchtlinge u. a. m. Es ist schon sonderbar, Regelungen als primäre Modelle im Kopf zu haben, obwohl sie eigentlich bloss Zweitauflagen sind. Während viele Wiederholungen prozedural und strukturell bedingt waren, ist es nur Zufall, dass ausgerechnet zu Beginn beider Kriegsphasen gerade Landesausstellungen abgehalten wurden.[9]

Anderes war markant anders: keine totale Einkreisung durch eine Kriegspartei, darum kein Reduit, dafür der Akzent auf Grenzverteidigung; Gegensatz zwischen Deutsch und Welsch, wie er in der zweiten Kriegsphase nicht bestand; soziale Not, wie man sie im Aktivdienst aus den leidvollen Verhältnissen der Jahre 1914 bis 1918 vermieden hat. Auf gewisse Parallelen sei jeweils kurz hingewiesen, im Folgenden geht es aber nicht um eine systematisch angestellte Vergleichsstudie, sondern um eine in sich selbst ruhende Präsentation eines Zeitabschnitts.

Im Zentrum des Interesses sollte die Frage stehen, ob und in welchem Mass die Schweiz ihre Offenheit und Verbundenheit mit der sie umgebenden Welt im Ersten Weltkrieg eingebüsst hat und ob schon damals das eingetreten ist, was später, dem Zweiten Weltkrieg zugeschrieben, als Reduitdenken bezeichnet wurde; ein Denken, das nach 1945 in der Ära des Kalten Kriegs weiterlebte und heutzutage die Beziehungen zum vergemeinschafteten Europa erschwert. Auf diesen Überlegungen basiert auch der Titel *Insel der unsicheren Geborgenheit*. Die Vorstellung, dass die Schweiz eine Insel sei, war damals sehr ausgeprägt und wurde mit zahlreichen Postkartenillustrationen bekräftigt.[10] Das schloss freilich nicht aus, dass intern bezüglich der wirtschaftlichen Abhängigkeit der Schweiz vom internationalen Umfeld explizit eingeräumt wurde, die Schweiz könne gerade keine Insel «inmitten der Brandung des europäischen Krieges» sein (vgl. Kapitel 3). In den tiefsinnigen Reflexionen eines Korporals 1917 anlässlich der Abdankungsfeierlichkeiten eines hohen Offiziers durfte der Gedanke aber nicht fehlen, wonach es auch dem Toten zu verdanken sei, dass «unser Ländchen» eine Friedensinsel geblieben sei (vgl. Kapitel 4).

Die Inselmetapher erlangte Bedeutung vor allem in Verbindung mit der humanitären Rolle der Schweiz. Eine in Beckenried am Vierwaldstättersee geborene Dichterin, 1915 in der Ermitage von Beckenried weilend, hatte das Bedürfnis, ein Sonett über die Hirteninsel-Schweiz zu dichten, die sie als «ilot des bergers» bezeichnet: Sie wird von in Seenot befindlichen Menschen angerufen, denn rettende Leuchttürme strahlen von Friedensgestaden – «les phares sauveurs des archipels de la paix». Die Verfasserin hatte das Inselbild sicher nicht erfunden, es stand ihr zur Verfügung und sie griff nach ihm. Das Gedicht kam zur Redaktion einer Publikation über die Liebestätigkeit der Schweiz und wurde publiziert und gelesen und trug so zur Bekräftigung des Bildes bei.[11]

«Rettende Insel» war die Schweiz aber nicht nur für einige Schutzsuchende der Aussenwelt, sie war es vor allem für die dauerhaft auf dieser Insel lebende Bevölkerung und bot mit ihrer Inselhaftigkeit insbesondere diesen Menschen einen gewissen Schutz vor den damaligen Zumutungen der Welt. Die Erwartung, dass man sich über eine Sonderposition von Ausseneinwirkungen abschirmen könne, war gerade in Kriegszeiten, aber auch in normalen Zeiten bis zu einem gewissen Grad sicher gerechtfertigt. Das kann man an den durchschnittlichen (demnach nicht auf alle zutreffenden) Ernährungsverhältnissen ablesen: Im Winter 1917/18 standen in der Schweiz täglich 2800 Kilokalorien pro Person zur Verfügung, in Deutschland aber waren es unter 1000 Kilokalorien.

Die Insellage reduzierte aber nicht das Gefühl der Unsicherheit, sie nährte im Gegenteil das gerade deswegen vorhandene Gefühl, sich stets verteidigen zu müssen. Das Kriegserlebnis der Jahre 1914 bis 1918 mag das Inselbild alles in allem gestärkt haben, zugleich hat es aber, wie das 1920 entstandene Durrer-Bild zeigt (vgl. Kapitel 8), dazu geführt, dass diesem Bild und der darin zum Ausdruck kommenden Selbstzufriedenheit gegenüber auch kritische Haltungen aufkamen. Aus heutiger Sicht wird gerne betont, dass die Schweiz auch damals alles andere als eine Insel war. Mit «alles andere» ist das Gegenteil einer Insel gemeint, was mit dem Bild der Drehscheibe zum Ausdruck gebracht wird. Dieses Bild könnte allerdings wiederum andere Vereinfachungen begünstigen, etwa die Vorstellung, dass die vorgenommene Umsetzung von Ein- und Ausgeführtem als solche ein in jeder Beziehung gutes Geschäft gewesen sei.

Dem Inselbild entgegengesetzt ist das stärker gewordene Interesse an den transnationalen Gegebenheiten, wie sie sich im hier behandelten Zeitraum wohl am deutlichsten in der europäischen Grippeepidemie von 1918 fassen lassen. Dieser Ansatz ist an sich berechtigt, doch setzt die Vergleichsperspektive mehreres voraus: die Einzelerforschung der Vergleichselemente, grosse und international zusammengesetzte Teams, entsprechende zeitliche und finanzielle Ressourcen. Das Sinergia-Projekt (vgl. unten) geht in diese Richtung, und die vom bevorstehenden Gedenken ausgelöste Interessensaktivierung könnte in den folgenden Jahren diesbezüglich Weiteres ermöglichen.

Das Buch will eine Bestandesaufnahme vornehmen und eine Gesamtsicht vermitteln. Die Darstellung beruht auf der bereits vorliegenden Literatur, einer Mischung von mehrheitlich allgemeinen Darstellungen und punktuellen wissenschaftlichen Untersuchungen (vgl. Bibliografie). Zudem sind im Hinblick auf diese Schrift erneut die sogenannten *Neutralitätsberichte* des Bundesrats sowie das

Politische Jahrbuch bis 1917, die *Schweizer Illustrierte* und der *Nebelspalter* der Jahre 1914 bis 1918 systematisch durchgearbeitet worden. Das Buch fügt sich ein in eine Reihe anderer, von Kolleginnen und Kollegen aus gegebener Gedenkaktualität erarbeiteter Projekte.

Verwiesen sei hier lediglich auf die beiden grössten Unternehmen: die Wanderausstellung «14/18 – die Schweiz und der Grosse Krieg», bereits 2011 von einem Trägerverein lanciert, für den ein vierköpfiges Team mit Thomas Buomberger (Präsident), Patrick Kury, Roman Rossfeld und Bea Schumacher verantwortlich zeichnet.[12] Sodann das stärker wissenschaftlich ausgerichtete, aber mit dem ersten verknüpfte und vom Schweizerischen Nationalfonds geförderte Sinergia-Projekt «Die Schweiz im Ersten Weltkrieg: Transnationale Perspektiven auf einen Kleinstaat im totalen Krieg» mit einer Laufzeit von 2012 bis 2015 (Jakob Tanner, Universität Zürich, Irène Herrmann, Universität Genf, Aram Mattioli, Universität Luzern, und Daniel Marc Segesser, Universität Bern; leitende Koordination Roman Rossfeld von der Forschungsstelle für Sozial- und Wirtschaftsgeschichte der Universität Zürich).[13]

Das 100-Jahr-Gedenken wird neben den Rekapitulationen von Bekanntem gewiss neue Erkenntnisse zu einer Epoche und ihren Vorgängen vermitteln, die längere Zeit nur wenig interessiert haben.

Ergänzt werden die Ausführungen mit einem Bildteil, der dem heutigen Verständnis beziehungsweise den heutigen Ansprüchen entsprechend Bilder nicht nur als Illustrationen zum Text einsetzt, sondern als eigene Kategorie ernst nimmt. Zugleich besteht die Ambition, neues Bildmaterial zu erschliessen. Dabei sollen aber die Bilder, die man schon kennen könnte, nicht übergangen werden, da ein grosser Teil zu Recht bereits eingesetzt worden ist. Einige Bilder stammen aus zeitgenössischen und später vorgelegten Publikationen. Die Armeebilder des Schweizerischen Bundesarchivs stehen online zur Verfügung.[14] Weitere Bilder stammen aus den ebenfalls gut erschlossenen Beständen der Agentur Keystone/Photopress[15] und der Fotostiftung Schweiz/Winterthur.[16]

Die fotografische Dokumentation der Jahre 1914 bis 1918 ist, womit zu rechnen war, etwas unausgeglichen. Es gibt besonders viele Bilder zum Grenzdienst, allerdings auch da mit einer naheliegenden Einschränkung; das heisst, die Fotos zeigen vor allem die offizielle Seite des Dienstbetriebs und also keine Bilder beispielsweise während eines Marschhalts, und sie betonen insbesondere die materielle Seite, das Gefährt, das Geschütz, die schussbereiten Soldaten im Schützengraben, und lassen das Verhältnis zu den militärischen Vorgesetzten oder die

Sorgen um die Familie im Dunkeln.[17] Der Alltag ist nur bedingt erfassbar. Es gibt zwar zahlreiche Bilder zum «alltäglichen» Alltag: eine Bäuerin und ihre Hühner, der alte Mann auf dem Totenbett, eine Hochzeitsfoto, die Abbildung eines Fabrikgebäudes – dabei müsste aber doch ein Bezug zur Eigenart des besprochenen Zeitraumes aufscheinen und es dürfte sich nicht einfach um ein Dokument handeln, das geradeso gut aus den Jahren vor dem Krieg stammen könnte. Extremverhältnisse hatten eher eine Chance, bildlich registriert zu werden: Hilfsaktionen, Hungerdemonstrationen, der Landesstreik. Schliesslich zeigt sich, dass wichtige Zustände und Vorgänge wie Vollmachtenregime, Wirtschaftsverträge, Friedensfühler u. a. m. nicht visuell belegt werden können. Fotografisch kaum erfassbare Verhältnisse wie Spannungen zwischen dem französisch- und dem deutschsprachigen Landesteil oder Klassenkämpfe können dagegen über Karikaturen veranschaulicht werden.

Der Autor wünscht den Leserinnen und Lesern eine angeregte Begegnung mit der hier vorgestellten Zeit.

1   Gottfried Bohnenblust, Von der wahren Neutralität. In: Wir Schweizer, unsere Neutralität und der Krieg. Zürich 1915, S. 25.

2   Etwa im Politischen Jahrbuch, 30. Jg. für das Jahr 1916. Bern 1917, S. 456.

3   Die Bezeichnung «Urkatastrophe» soll auf eine Einordnung des amerikanischen Diplomaten und Publizisten George F. Kennan («the great seminal catastrophe of this century») zurückgehen und ist im deutschen Sprachraum vom bekannten Historiker Wolfgang J. Mommsen bereits vor Jahren verwendet worden (Die Urkatastrophe Deutschlands. Der Erste Weltkrieg 1914–1918. Handbuch der deutschen Geschichte, Bd. 17. Stuttgart 2002). Inzwischen ist diese Bezeichnung auch für Fernsehserien geläufig. Vgl. ferner Aribert Reimann, Der Erste Weltkrieg – Urkatastrophe oder Katalysator? In: Aus Politik und Zeitgeschichte. Bd. 29–30/2004, S. 30–38.

4   Vgl. den britisch-amerikanischen Harvard-Historiker Niall Ferguson in: War of the World. History's Age of Hatred, 1914–1989. London 2006, sowie in: 1914. Why the World Went to War. London 2005. – Es gibt eine Periodisierung, die im Russisch-Japanischen Krieg von 1904 den Anfang und im Abschluss des Koreakriegs von 1953 das Ende sieht.

5   Die Kriegslage, 30. Jg., 1917, S. 295 ff. Diese Zahlen sind zeitgenössischen Angaben der dänischen «Gesellschaft für soziale Forschung in den Folgen des Krieges» entnommen.

6   Jacob Ruchti, Geschichte der Schweiz während des Weltkrieges 1914–1919. 2 Bde. Bern 1928/29. Ein anderes Beispiel einer ersten Verarbeitung aus dieser Zeit: Traugott Geering, Handel und Industrie unter dem Einfluss des Weltkrieges. Basel 1928.

7   Roman Rossfeld/Tobias Straumann (Hg.), Der vergessene Wirtschaftskrieg. Schweizer Unternehmen im Ersten Weltkrieg. Zürich 2008. Der Titel könnte irreführen, wenn man deswegen meinte, dass noch gar nicht darüber gearbeitet worden sei, was man mit Blick auf Heinz Ochsenbeins 1971 erschienene Dissertation nicht sagen kann. Völlig neu sind die Beiträge im Band von 2008 aber darum, weil sie den Wirtschaftskrieg aus der Perspektive von exemplarischen (und gut dokumentierten) Unternehmen betrachten.

8   Vgl. Thomas Maissen, Verweigerte Erinnerung. Nachrichtenlose Vermögen und die Schweizer Weltkriegsdebatte 1989–2004. Zürich 2005.

9   Eigentlich wollte man einen 25-Jahr-Rhythmus einhalten, und die Termine für 1914 und 1939 waren gesetzt, im Falle Berns bereits 1907 bzw. 1909, also lange bevor man wusste, dass die Zeitpunkte mit Kriegsanfängen zusammenfielen.

10 Georg Kreis, Schweizer Postkarten im Ersten Weltkrieg. Baden 2013. – François Walter, La Suisse comme île, in: Armin Heinen/Dietmar Hüser (Hg.), Tour de France: eine historische Rundreise. Stuttgart 2008, S. 419–428 (Festschrift für Rainer Hudemann).

11 Isabelle Kaiser (1866–1925) in: Ernst Nagel, Die Liebestätigkeit der Schweiz im Weltkrieg: Bilder aus grosser Zeit, Bd. I, Basel 1916, S. 22.

12 www.ersterweltkrieg.ch

13 www.fsw.uzh.ch/personenaz/lehrstuhltanner/forschungsprojekte/aktuell/schweizweltkrieg1.html

14 www.swiss-archives.ch/volltextsuche.aspx

15 www.keystone.ch

16 www.fotostiftung.ch

17 In der Bibliothek am Guisanplatz gibt es eine Sammlung mit etwa 800 Armeepostkarten vorwiegend zum Grenzdienst (www.mediathek.admin.ch/Assets/MilitaerPostkarten).

1 Angesichts des drohenden Krieges

Am 28. Juni 1914 fielen die Schüsse von Sarajevo, denen man wenig später zu-schrieb, dass sie den grossen europäischen Krieg ausgelöst hätten. Allerdings hatte schon vorher die Vorstellung Kontur und Boden gewonnen, dass es einen allgemeinen Krieg geben müsse und dass dieser Krieg sogar etwas Gutes habe, weil er dem schwelenden Zustand des gegenseitigen Argwohns – endlich – ein Ende bereite und zu einer Klärung und Bereinigung der Verhältnisse unter den rivalisierenden Mächten führe.[1] So dachten immer mehr massgebende Meinungs-bildner in Europa, und solche Stimmen gab es auch in der Schweiz. Der 26-jähri-ge Schriftsteller Robert de Traz rechnete schon 1910 mit einem Krieg und sehnte sich diesen als stärkende Herausforderung sogar herbei. Er rechnete mit zahllosen Gefallenen, ja mit dem Untergang des Landes, um dann zu erklären: «Doch was

«Je crois qu'il nous faudrait une guerre, une bonne guerre.»

soll auch der Tod, würde der Athener sagen, wenn die Erinne-rung, die man zurücklässt, unsterblich ist.»[2] In ähnlichem Geist bemerkte ein Journalist aus dem Umfeld des Literaten Gonzague de Reynold Ende 1911: «Je crois qu'il nous faudrait une guerre, une bonne guerre.»[3] Dieses Diktum aus dem Jahr 1911 zeigt auch, dass sich viele vor 1914 in der Schweiz als Teil Gesamteuropas fühlten.

Wie sehr schon damals der Gedanke an Krieg in Form von akut nötig werden-der Abwehrbereitschaft präsent war, machen die seit 1910 vertriebenen und mit einer Erstauflage von über 300 000 Exemplaren hergestellten Pro-Patria-Postkar-ten deutlich: 1910 sind sie mit dem Tell- und dem Winkelried-Motiv versehen, womit sie ausdrücklich auf die «Wächter der Heimat» hinweisen, wobei sie auch als Wächter im Innern und nicht nur an der Landesgrenze verstanden werden konnten. 1911 wies das Schlachtmotiv aus alteidgenössischer Zeit deutlicher gegen aussen hin, und 1914 stand der von Mann und Frau gemeinsam gekämpfte Nid-waldner Verteidigungskampf von 1798 im Mittelpunkt. Die Pro-Patria-Organisation war 1909 im Geiste der neuhelvetischen Renaissance und in der Absicht gegründet worden, jeweils am 1. August zu einer Solidaritätsabgabe aufzurufen.[4]

Dem ersten Satz der bundesrätlichen Botschaft vom 2. August 1914 kann man ebenfalls entnehmen, dass bereits seit längerer Zeit ein grösserer Krieg befürchtet wurde: «Die schwarze Wolke, die seit Jahren gefahrdrohend am politischen Him-mel stand, hat sich entladen.»[5] Von einer Entladung versprach sich vor allem das rechtsnationale Milieu eine heilsame Erschütterung, dank der das Land zu seinem «guten Wesen» zurückfinden könne. Solche Bekundungen gingen allerdings nie so weit, miteinzubeziehen, dass die Schweiz nun vom Krieg direkt betroffen wer-de oder diesen nur leicht abseits miterleben sollte. Immerhin erhoffte sich auch

SAURER-WAGEN in den Schweiz. Manövern 1912.

1 **Der deutsche Kaiser** und der Schweizer Präsident fahren mit einem Mietwagen ins Manövergelände der Ostschweiz. Für den Vermieter ein Geschäft, mit dem er zudem Reklame für sein Unternehmen machen kann.

der 1914 gut 30-jährige Schweizer Schriftsteller Konrad Falke, dass vom Krieg eine «reinigende Kraft» ausgehe und dieser den Pazifismus, das «schlimmste Krebsgeschwür im Geistesleben unseres Volkes», aus dem Staatsorganismus herausschneide.[6]

Alles in allem wurde aber recht ruhig, beinahe frivol heiter unter der «schwarzen Wolke» gelebt. Das zeigen die berühmten Herbstmanöver von September 1912, die Kaisermanöver, die bei strahlendem «Kaiserwetter» in der Ostschweiz eben im Beisein des deutschen Kaisers Wilhelm II. als eine Art Hauptprobe für den nicht dramatisierten Ernstfall durchgeführt wurden. Alle konnten mit sich selbst zufrieden sein: Die republikanische Schweiz war stolz auf den Besuch des hohen Gasts, und dieser

«England ein Karthago, das von Deutschland überflügelt wird»

nahm das «Hurra» der Eidgenossen gerne entgegen.[7] Um ein wenig mit den Aufrüstungen der Nachbarländer mitzuhalten, war die Rekrutenschule 1907 per Volksabstimmung von 45 auf 65 Tage verlängert worden – der Bundesrat hätte gerne 70 Tage gehabt.

Das in jenen Jahren publizierte *Politische Jahrbuch der Schweizerischen Eidgenossenschaft* dürfte die vorherrschenden Einschätzungen wiedergegeben und zugleich wieder alimentiert haben: Sein bereits in die Jahre gekommener Redaktor

2 Der Krieg – nur ein Spiel der Grossen? Die deutsche Propagandakarte aus dem Jahr 1917 legt dar, dass die Zentralmächte, hier vertreten mit Hindenburg, nur die reagierende Seite seien und den Angriff der Ententemächte mit einem entscheidenden Gegenangriff zu parieren wüssten.

Carl Hilty (1833–1909) orientierte sich 1907 an der Vorstellung, dass die Idee eines allgemeinen Friedens durch Wiederherstellung einer «Übereinstimmung in allen grösseren Fragen» nur die Qualität von Lippenbekenntnissen habe und der Lauf der Welt in Wirklichkeit durch imperiale Rivalität bestimmt werde. England wurde als ein Karthago gesehen, das zu Recht befürchte, von Deutschland – einem Rom der Neuzeit? – überflügelt zu werden, und seinen Existenzkampf als «Art eines Spiels um gewisse hohe Einsätze» auffasse.[8] Diese Vorstellung erhielt im keineswegs neuen, nach 1914 aber aktualisierten Bild der Schach spielenden Staatsmänner und Generäle ihren Ausdruck.[9] Das Bild war eigentlich ständig präsent, belegt ist es zum Beispiel in einem 1916 von einem anonymen «Spectator» verfassten NZZ-Beitrag zur Kriegsschuldfrage, in dem es heisst, alle hätten mit dem Weltbrand gespielt, als handle es sich um ein Schachturnier.[10]

Friedensbemühungen vor 1914

3 Im Zentrum der Stadt. Die reformierte Kirche Basel-Stadt stellte im November 1912 der Sozialistischen Internationalen das Münster für ihre Friedenskundgebung zur Verfügung.

Die Schweiz war Treffpunkt mehrerer internationaler Begegnungen zur Verhinderung eines Kriegsausbruchs in Europa, am bedeutendsten war die Zweite Sozialistische Internationale im November 1912 in Basel. Ihre Besonderheit zeichnete sich durch die Teilnahme von politischen Grössen wie Jaurès und Bebel aus und durch die Tatsache, dass die Hauptversammlung im Basler Münster stattfinden konnte. Das «Manifest gegen den Krieg» hielt fest:

> «Die Regierungen mögen nicht vergessen, dass sie (…) nicht ohne Gefahr für sie selbst den Krieg entfesseln können. Die Proletarier empfinden es als Verbrechen, aufeinander zu schiessen. (…) Das Proletariat ist sich bewusst, in diesem Augenblick der Träger der ganzen Zukunft der Menschheit zu sein.»[11]

Es folgten weitere Treffen, etwa jenes von französischen und deutschen Parlamentariern im Mai 1913 in Bern. Der Bundesrat wollte das vom 10. bis 12. Mai 1913 (an Pfingsten!) in Bern durchgeführte Treffen zwischen französischen und deutschen Parlamentariern auf keinen Fall unterstützen. Er distanzierte sich ganz entschieden («absolument étranger») von diesem Projekt, das eine Sache der Linken und der Hoteliers (!) sei.[12] An dem denn auch ohne bundesrätliche Grussbotschaft durchgeführten Treffen wurde beschlossen, dass ein Ausschuss periodisch zusammenkommen solle. Eine erste solche Begegnung fand am 30. Mai/ 1. Juni 1914, also zwei Monate vor Kriegsausbruch, zwischen 16 französischen und 18 deutschen Parlamentariern in Basel statt. Bei diesem Treffen sprach man sich erneut für Rüstungsbeschränkung und Schiedsgerichtsbarkeit aus. Trotz all diesen Bemühungen gelang es nicht, den Krieg zu verhindern. Das heisst aber nicht, dass sie falsch und sinnlos waren.

Ein eher sonderbares Produkt der Friedensbewegung vor 1914 war das in Luzern seit 1902 und bis 1919 betriebene Friedensmuseum.[13] Es wurde im Juni 1902 im Beisein prominenter Pazifisten, insbesondere des französischen Friedensnobelpreisträgers Frédéric Passy (1901) und der österreichischen Autorin und Friedensaktivistin Bertha von Suttner, Autorin des bekannten pazifistischen Romans *Die Waffen nieder!* und Begründerin der gleichnamigen Zeitschrift, mit einem Bankett mit 200 Personen feierlich eröffnet.[14] Sein kurz zuvor verstorbener Mäzen war der 65-jährige russische Eisenbahnkönig Johann von Bloch, der schon 1899 den Haager Friedenskongress mitorganisiert hatte. Bloch war auch der Autor des sechs Bände umfassenden Werks *Die Zukunft des Krieges* (1898/99) und zahlreicher weiterer Schriften. Die in Luzern präsentierte Schau hätte ursprünglich in der Pariser Weltausstellung von 1900 gezeigt werden sollen. Das zuerst in der Schützenfesthalle beim Luzerner Bahnhof untergebrachte, dann in ein Gebäude bei der Museggmauer dislozierte Museum zeigte in mehreren Hallen vor allem Kriegsmaterial gemäss der Formel «Vom Steinbeil zum Säbelbajonett». Die Idee war, mit konkreten Materialien und opulenten Kriegsgemälden die Schrecken des Krieges erlebbar zu machen. Die Ausrichtung auf den Krieg wurde damit gerechtfertigt, eine abschreckende Wirkung erzielen zu wollen, trotzdem wurde sie von manchen Pazifisten kritisiert: Die dem «Frieden» gewidmete Abteilung sei viel zu mager ausgefallen.[15]

1905 wurde in Luzern der 14. Welt-Friedenskongress durchgeführt, mit einer Eröffnungsansprache von Bundesrat Robert Comtesse und einer Fahrt aufs Rütli. In Bern war von 1892 bis 1920 das Internationale Friedensbüro untergebracht. Der gleiche Eugen Bircher, der als Militärarzt am Friedensmuseum mitgearbeitet hatte, forderte 1907 bessere Gewehrmunition, weil die bisherige zu geringe Verletzungen erzeuge und den Verwundeten nur kurze Zeit ausser Gefecht setze.[16]

Vorbereitungen auf die Vergangenheit

Es gehörte zu den Aufgaben der zivilen und militärischen Stellen, sich mit dem möglichen Ausbruch eines Krieges auseinanderzusetzen und entsprechende Vorsorge zu treffen. Dabei ging es vor allem darum, die Dauer eines Krieges einzuschätzen. Dies war insofern von besonderer Bedeutung, als Milizarmeen eigentlich nur für kurze Einsätze und nicht für Dienstleistungen über Jahre hinaus gedacht waren. Wie es im Ausland mehrheitlich der Fall war, griff man auch in der Schweiz mit der Orientierung am Krieg von 1870/71 viel zu kurz und dachte viel zu eng. Charles Lardy, schweizerischer Gesandter in Paris, ging im April 1914 davon aus, dass ein künftiger deutsch-französischer Krieg nach gut drei Wochen entschieden sei. Der Generalstab rechnete mit einer etwas längeren Dauer, seine Schätzungen gingen aber nicht über sechs Monate hinaus.[17] Eine Anweisung von August 1914 deutet jedoch darauf hin, dass man durchaus mit einem längerfristigen Einsatz rechnete, wurden doch die Wehrmänner mitten im Sommer dazu aufgefordert, warme Unterwäsche für die kalte Jahreszeit bereitzulegen.[18] Abklärungen zur Frage, wann man mit welcher Kriegsdauer und mit welchem Kriegsausgang rechnete, fehlten weitgehend. Im August 1915 schrieb ein schweizerischer Unterhändler nach Hause, der Krieg werde wohl kaum bereits diesen Herbst zu Ende sein und sicher bis zum kommenden Frühjahr 1916 dauern...[19]

Kriegsdauer: drei Wochen oder sechs Monate?

Die Fehleinschätzung der Kriegsdauer wirkte sich auf die staatliche Vorsorge aus. Eine Folge war das geringe Engagement der öffentlichen Hand zur Sicherung der Landesversorgung mit lebensnotwendigen Gütern (insbesondere mit Getreide und Kohle). Dieses erklärt sich aber auch noch durch eine andere Zukunftsvorstellung, die nicht sehr geläufig war und im eklatanten Widerspruch zu den offiziellen Neutralitätsbekenntnissen stand: Man ging davon aus, dass die Schweiz nach kurzer Zeit (etwa nach zwei Monaten) ohnehin gezwungen sein werde, sich «an die Seite» der einen oder anderen Kriegspartei zu stellen, und dass sie dann von dieser Seite versorgt würde.[20] Bundesrat Motta sprach diese Überlegungen in einer Nationalratsdebatte vom Dezember 1912 öffentlich, wenn auch nur verklausuliert an: Im Falle «äusserer Komplikationen» könne sich das Land auf die eine oder andere Art Getreide besorgen «suivant la tournure que les événements auraient pu prendre dans ce laps de temps».[21]

Eine weitere Erklärung lag im ausgeprägten Sparwillen des Bundesrats, der seinen Finanzminister, eben Motta, in diese Debatte schickte. Motta wollte von einem Getreidevorrat für drei Monate nichts wissen, er zog es vor, von zwei Monaten auszugehen und anzunehmen, dass einer dieser beiden Monate durch Eigenproduktion und Privatlager bei Müllern, Händlern und Bäckern gedeckt sei und die Eidgenossenschaft darum nur Vorräte für einen Monat halten müsse. Doch auch das war ihm zu viel. Er berechnete die Kosten für die Ware, das Personal und die Lagerstätten sowie die Zinsen für diese «immobilisierten» Investitionen und kam auf eine Summe von einer Million jährlich.[22]

Ein sozialdemokratischer Abgeordneter (Bernhard Jäggi, BS) hielt ihm entgegen: «Was würden uns im Ernstfalle alle die Kanonen und Mordinstrumente nützen, wenn uns das tägliche Brot fehlten sollte?» Und sein Parteikollege (Robert Seidel, ZH) erwartete wenig von der Steigerung der Inlandproduktion, denn bis ihr Ertrag zur Verfügung stünde, «würden wir inzwischen sehr leicht alle miteinander verhungern können». Er schlug Import von Lebensmitteln im Austausch gegen Uhren-, Maschinen- und Käseexport vor, der Import sollte aber ausschliesslich Sache des Staates sein. Aus sozialdemokratischer Sicht bestanden bereits monopolistische Verhältnisse, man zog aber ein Staatsmonopol dem Privatmonopol vor und kritisierte, dass jetzt die Ernährungssicherheit von dreissig zum Teil im Ausland residierenden Unternehmern abhänge. Seidel sah in der staatlichen Volksvorsorge eine Normalität, zu der man nach dem Intermezzo des Manchesterliberalismus wieder zurückkehre: «Heute sind wir glücklicherweise über dieses schändliche Evangelium des Egoismus hinaus, und wir fangen an, uns der Pflichten gegenüber dem Volke bewusst zu werden. Die Diskussionen, die wir über die Getreideversorgung gehabt haben, sind uns ein Beispiel für das erwachte soziale Gewissen.»[23] Seidel war etwas früh mit dieser Hoffnung, einen Entwicklungsschub in diese Richtung sollte erst der Krieg bringen. Allerdings hatte das Verstaatlichungs- oder Monopolprinzip, wie in der Debatte von 1912 auch erwähnt wurde, bereits zuvor in verschiedenen Bereichen (Eisenbahn, Unfallversicherung, Banknoten) Einzug gehalten.[24]

Eine letzte Erklärung für die schwache Vorbereitung lag im traditionellen Widerstand gegen die Übertragung zusätzlicher Aufgaben an den Staat. So warnte

«Nicht nur Brot für die Menschen, sondern auch Hafer für die Pferde»

Motta in der gleichen Debatte vor dem, was er «fonctionnarisme» nannte, «contre lequel notre peuple, vous le savez, a une antipathie insurmontable».[25] Der freisinnige Nationalrat Alfred Frey, Mitglied der Geschäftsleitung des Schweizerischen Handels- und Industrievereins (genannt Vorort), war der einzige, der in dieser Debatte diesen Punkt ebenfalls ansprach und erklärte, dass die Schweiz keinen

«Brotvogt» brauche. Zudem ironisierte er die Ernährungssorgen, indem er sagte, man dürfe auch das «liebe Vieh» nicht vergessen: «Wenn man Krieg führen muss, so ist es ebenso wichtig, Hafer für die Pferde zu haben wie Brot für die Menschen.»[26]

Die nationalrätliche Debatte vom Dezember 1912 war vor dem Hintergrund des Balkankriegs geführt worden. Der katholisch-konservative Nationalrat Josef Anton Balmer aus dem luzernischen Schüpfheim, der die Getreidevorsorge wieder ins Parlament gebracht hatte, verwies ausdrücklich auf den internationalen Kontext: «Der gegenwärtige Balkankrieg hätte bei einer Verwicklung des Dreibundes (Deutschland, Österreich–Ungarn, Italien, d. Vf.) und bei unseren minimen Getreidebeständen für unser Land sehr gefährlich und verhängnisvoll werden können.»[27] Der Bundesrat sah aber keine Veranlassung, sofort zu reagieren, unverbindlich und mit einigen Vorbehalten stellte er lediglich die Prüfung der Versorgungsfrage in Aussicht. Bei Kriegsbeginn verfügte man über einen Weizenvorrat für nur gerade 40 Tage, und das Getreidemonopol, das im Dezember 1912 von der Linken gefordert wurde, musste er sechs Monate nach Kriegsbeginn, am 9. Januar 1915, schliesslich doch noch einführen. Davon wird im folgenden Kapitel die Rede sein.

Der Historiker Heinz Ochsenbein stellte fest, dass sich die Kriegsvorbereitung ganz auf das Militärische beschränkt und es kein kriegswirtschaftliches Denken gegeben habe. Es habe «erstaunliche Sorglosigkeit» geherrscht und man habe nicht damit gerechnet, dass der Staat zusätzliche Verantwortung übernehmen müsse, dass der Krieg neuerdings auch mit Wirtschaftsblockaden geführt und dass die Frage der internationalen Transportkapazitäten derart wichtig würde. Darum habe es weder vorsorgliche Bewirtschaftungsvorschriften noch Lagerpflichten noch vorbereitete Preiskontrollen und Rationierungsregelungen gegeben.[28]

Allerdings gab es auch – wie meistens – Auguren, die auf bevorstehende Probleme hinwiesen, jedoch nicht ernst genommen wurden. Der 34-jährige Ökonom Adolf Jöhr (sen.), damals Generalsekretär der 1907 neu gegründeten Schweizerischen Nationalbank, war einer von ihnen: In seiner Schrift *Die Volkswirtschaft der Schweiz im Kriegsfall* (Zürich 1912) machte er auf die existenzielle Bedeutung der kriegswirtschaftlichen Vorbereitung aufmerksam.[29] Eine beschränkte Vorsorge galt der 1907 gegründeten Nationalbank, der Evakuation der Vermögenswerte und der Ausgabe von Banknoten im Kriegsfall. Ochsenbein illustriert die schwache Vorratshaltung auch mit der Kohlenversorgung. Die Dampfbahnen und Dampfschiffe waren 1892 immerhin zu einer Vorratshaltung für sechs beziehungsweise für vier Monate verpflichtet worden. Dieser Sektor machte aber rund zwei Jahrzehnte später nur zwei Fünftel des jährlichen Bedarfs von 2 Millionen Tonnen Steinkohle aus. Je ein Fünftel wurde in Anspruch genommen von der Industrie, den Gaswerken und den Privathaushalten (im sogenannten Hausbrand).[30]

Die Schweiz braucht jährlich 2 Millionen Tonnen Steinkohle.

Selbst im militärischen Sektor, in dem man immerhin etwas Getreidevorsorge betrieben hatte, war die Kriegsvorbereitung im Allgemeinen ungenügend. Militärhistoriker, von Hans-Rudolf Kurz über Hans Rudolf Fuhrer zu Rudolf Jaun, stellten übereinstimmend und unumwunden fest, dass bei Kriegsbeginn die Kriegsbereitschaft ungenügend war. Es hätten «bedenkliche» Lücken bei der Artillerie und ihren Munitionsvorräten bestanden und die vorgeschriebene Ausrüstung sei «grösstenteils» nicht vorhanden gewesen, es habe «grösste Mühen» gekostet, in den folgenden Kriegsjahren diesen Mangel zu beheben.[31] Der bekannte Generalstabsoffizier Karl Egli hielt im Dezember 1915 nach einer Besichtigung des serbischen Kriegsschauplatzes fest, dass die Schweizer Armee innert kürzester Zeit zusammenbrechen würde.[32]

Noch Ende 1915 verfügte die Schweizer Armee nicht über eine brauchbare schwere Artillerie, Beschaffungsbemühungen bei deutschen und französischen Lieferanten blieben lange erfolglos, eine Verbesserung trat erst im Laufe des Jahres 1916 ein. Und die operative Vorbereitung betreffend, weist Hans Rudolf Fuhrer darauf hin, dass der Aufmarsch der Armee im August 1914 zu spät gekommen wäre, wenn die deutschen Truppen statt des Angriffs über Belgien den Weg durch die Schweiz gesucht hätten.[33] Die zuständigen Militärs waren damals aber – nicht zu Unrecht – der Meinung, dass dieser Ernstfall bei den gegebenen Verhältnissen nicht eintreten werde.

Bei der militärischen Rüstung ist es leicht, Defizite und Rückstände aufzuzeigen, wie es umgekehrt leicht ist, aber nur zu einem kleinen Teil überzeugend, die sicherheitspolitische Unterdeckung mit ungenügenden Budgetmitteln zu rechtfertigen. Für den General stand nach dem Krieg fest, «dass ein Krieg im August 1914 das frühere oder spätere Versagen vor dem Feinde gebracht hätte». Er meinte damit aber weniger die Ausrüstung als die Ausbildung beziehungsweise die «Erziehung».[34]

Man redete, wie gezeigt, lange vor Kriegsausbruch über den Krieg. Als er dann im
Sommer 1914 ausbrach, präsentierten sich die Verhältnisse in mancher Hinsicht
doch überraschend unerwartet.

Heimkehr der Touristen

Ein zeitgenössischer Beobachter staunte: «Es ist unglaublich, wie viele Leute aus
der Schweiz oder durch die Schweiz nach Hause eilen.»[35] Die Ankündigung eines
allgemeinen Kriegs löste in der Tat «völkerwanderungsähnliche» Massenbewegun-
gen nach allen Richtungen aus, nach Süden und nach Norden, nach Westen und
nach Osten. Auch in der Schweiz packten die in diesen Sommerwochen hier wei-
lenden Feriengäste vorzeitig ihre Sachen, Engländer, Deutsche, Russen... In In-
terlaken ging die Zahl der Touristen innerhalb weniger Wochen von 50 000 auf
3000 zurück.[36] Die meisten blieben von da an für immer weg, in der schweizerischen Fremdenindustrie ging so unwiederbringlich eine Epoche zu Ende, die Belle
Epoque wurde zu einem verlorenen Paradies. In welchem Ausmass der Fremden-
verkehr durch den Krieg geschwächt wurde, zeigt auch der nüchterne Befund, dass
die Zahl der «Wagenachsen-Kilometer der Rhätischen Bahn (RhB)» in der Zeit von
1913 bis 1919 auf die Hälfte zurückging.[37]

Im Sommer 1915 bemühte sich der Schweizerische Hotelier-Verein mit einem
Aufruf um die Inlandtouristen und kam kurz auf den schnellen Wegzug der Feriengäste vom Vorjahr zurück: Der grosse Weltkrieg habe «mit seiner Riesenfaust
in die Speichen des internationalen Reiseverkehrs gegriffen, so dass urplötzlich
das ganze blühende Getriebe stillstand». Nun erging an die einheimische Be-

4 **Aufeinandergetürmte Koffer** zeugen
von der regen Reisetätigkeit in den ersten
Augusttagen 1914. Nicht sichtbar sind
die dazugehörenden Menschen und unbekannt
sind die Destinationen, nach denen diese
aufbrachen. Die *Basler Nachrichten* berichteten
am 2. August 1914, der Bahnhofplatz sei
zu einem «förmlichen Feldlager» geworden.
(Grenzbesetzung, H.I, 1914, S. 8)

völkerung der Appell, «keinen Fünfer» – zum Beispiel mit Kuraufenthalten im Ausland – über die Grenze wandern zu lassen. Man erinnerte an die «blendende Schönheit unserer Berge und Gletscher» und argumentierte gegen die Auffassung, dass Ferien ein unzeitgemässer Luxus seien. Was man für die Gesundheit ausgebe, lasse sich durch vermehrte Arbeitslust wieder einbringen. Zudem würde man «einem ganzen Heer» von Angestellten Arbeit und Brot verschaffen, was indirekt der gesamten Volkswirtschaft zugute komme. Der starke Baum des Fremdenverkehrs dürfe nicht durch die Kriegsstürme entwurzelt werden, nach dem Krieg wolle man auf den bestehenden Grundlagen weiterbauen.[38] Die Erklärung für den Einbruch von 1914 lag aber nicht alleine in den Kriegsverhältnissen, sondern auch in der seit 1880 eingetretenen Überhitzung der Tourismusbranche. – Wie später in den Jahren 1939 bis 1945 wurden schon 1914 bis 1918 leer stehende Hotels für Internierte und Flüchtlinge genutzt (vgl. Kapitel 7).

Stellungspflichtige Ausländer

Auch ein grosser Teil der in der Schweiz wohnhaften ausländischen Arbeitskräfte und deren Familien brach auf. Der Ausländeranteil an der gesamten Wohnbevölkerung war um 1910 mit rund 15 Prozent (gegen 600 000) bemerkenswert hoch.[39] Die in den Jahrzehnten zuvor entstandene starke und weitgehend selbstverständliche Durchmischung der Nationalgesellschaften – insbesondere eben auch derjenigen der Schweiz – wurde durch die nationalen Aufgebote weitgehend rückgängig gemacht.

Die meisten Ausländer mussten oder wollten angesichts des Kriegs wieder in ihr Herkunftsland zurückkehren. Dies galt auch für die stellungspflichtigen Ausländer, die in der Schweiz lebten. Mit Inseraten wurden sie aufgefordert, sich unverzüglich bei den konsularischen Vertretungen zu melden oder gleich einzurücken. In der deutschen Variante wurden auch die bisher zurückgestellten Militärpflichtigen aufgefordert, sich unverzüglich ins «Inland» zurückzubegeben. In der französischen Variante lautete die Aufforderung: «se mettre immédiatement en route», versehen mit der vorgeschriebenen Verpflegung. Im österreichischen Aufruf, der in allen Landessprachen der Monarchie verfasst war, wurden sogar Stellungsflüchtlinge und Deserteure angesprochen und ihnen Amnestie in Aussicht gestellt. Auf dem Konsulat in Basel, war in der Presse zu lesen, war ein «Fräulein» mit der Ausbezahlung der Reisegelder «vollauf» beschäftigt.[40] Die An-

5 (oben) **In Viererkolonne und mit Handorgelmusik** ziehen deutsche Wehrpflichtige über den Basler Marktplatz in den Krieg, das heisst an die Grenzstelle Lörrach. (Grenzbesetzung, H. I, 1914, S. 8)

6 (links) **Die Originalbildlegende von 1914 lautet:** «Die Ausländer kehren gruppenweise in die Heimat zurück und stellen sich freudig und pflichtbewusst bei ihren Truppenteilen.» (Grenzbesetzung, H. I, 1914, S. 19)

gehörigen des neutral gebliebenen Italien wurden, ebenfalls per Inserat, in italienischer und deutscher Sprache, an die «strengste Pflicht» erinnert, gegenüber jedermann «strikteste» Neutralität zu wahren. Es gibt Berichte, wonach Gruppen junger Deutscher singend durch die Zürcher Bahnhofstrasse auf ihre Züge marschiert seien.[41] Es gibt aber auch andere Berichte, die darlegten, dass Stellungspflichtige ernst und gefasst ihr Aufgebot entgegennahmen.[42]

In unserer Vorstellung hat sich das Bild der Menschen eingeprägt, die im August 1914 jubelnd und leichtsinnig in den Krieg zogen und ebenso heiter verabschiedet wurden. Das war unbestreitbar eine Seite der damaligen Reaktionen – eine von der Propaganda herausgestrichene Seite. Die von Sorgen bedrückten Menschen waren kein erwünschtes Bildmotiv, aber es gab sie, wie interne nicht veröffentlichte Stimmungsberichte deutlich machen.[43] Der angebliche Massenenthusiasmus von 1914 wurde in der rückblickenden Kritik aus der Sicht derjenigen, die jetzt wussten, wie falsch und fatal die Kriegsbejahung von 1914 war, auch überzeichnet, wie etwa Frans Masereel (1919) zeigt. Schon 1916 hatte der Dadaist Hugo Ball (vgl. Kapitel 8) auf den Krieg bezogen ein aufsehenerregendes Gedicht zum Motiv des «Totentanzes» geschaffen.

Ernst Zahn, Schriftsteller mit deutschem «Migrationshintergrund», aber auch Wirt des Bahnhofbuffets von Göschenen und Präsident des Schweizerischen Schriftstellerverbands, drückte die Kriegsbegeisterung in seinem «Sturmlied» aus und verkündete in der dritten Strophe:

«Die Trommeln wirbeln wild und weit,
Kein Zögern! Kein Zögern!
Der Tod will halten Erntezeit.
Wir werden es tragen.»[44]

7 **Nachträgliche Kritik** am Kriegstaumel von Frans Masereel (1919).

Mindestens in der deutschen Schweiz wurden grosse Teile der Bevölkerung vom kollektiven Rausch angesteckt. Der Historiker Max Mittler bringt dies mit folgenden Worten auf den Punkt: «In unerschütterlichem Glauben an einen raschen deutschen Sieg schloss man sich dem germanischen Triumphzug an. Durch eine verbale, wenn auch unverbindliche Solidarisierung mit dem Deutschtum konnte man an der Weltgeschichte teilhaben.»[45] Verschiedene Indikatoren besagen, dass es in der französischen Schweiz in schwächerer Form eine analoge Stimmung gab.

Heimkehr der Italiener

Zu einem besonderen Ereignis in diesen allgemein bewegten Tagen wurde die Rückkehr der Italiener. Über 200 000 wurden allein aus Deutschland ausgewiesen und suchten, mit wenig Habseligkeiten ausgestattet und oft im Familienverband und mit Kleinkindern, zu einem grossen Teil den Heimweg durch die Schweiz. Da die schweizerischen Züge zunächst für Militärtransporte reserviert waren, mussten sie tagelang im schweizerischen Grenzgebiet auf ihren Weitertransport warten, etwa 12 000 in Basel, gegen 20 000 in Romanshorn, gegen 25 000 in Boncourt. Sie wurden von Hilfsgesellschaften mit dem Notwendigsten – Wasser, Milch und Brot – versorgt. Ein Teil wurde behelfsmässig untergebracht, andere mussten im strömenden Regen die Nacht draussen verbringen.[46]

Nach Angaben der Schweizerischen Bundesbahnen passierten im August 1914 mehr als 100 000 heimkehrende Italiener die Station Chiasso, die italienischen Bahnen hatten grösste Mühe, die Massen zu transportieren, zeitweise hielten sich wegen des Rückstaus über 5000 Italiener im kleinen Grenzort auf. Bereits in diesen ersten Tagen regte sich in der schweizerischen Bevölkerung eine am humanitären Ideal orientierte Unterstützungsbereitschaft, die sich auf eine gewisse Tradition abstützen konnte und im Laufe des Kriegs noch einen weiteren Ausbau erfuhr.[47]

> «Anfänglich weinten fast überall die Zuschauer, wenn die Transporte an ihnen vorbeizogen. Und keiner, der dieses Elend mit angesehen hat, keiner, der unter diesen Armen umherging, wird den Anblick je wieder vergessen können. Hier wurde es jedem erschütternd klar, was der Krieg ist. (…) In der warmen Nächstenliebe (…) liegt etwas Rührendes und Tröstendes zugleich. Es zeigt, dass inmitten der Schrecken des Krieges, der verheerend durch Europa durchfegte, die edle Menschlichkeit, menschliches Fühlen und Sorgen, nicht erstorben war, sondern sich freudig betätigt und tröstend, versöhnend und erlösend gewirkt hat, wo immer Jammer, Elend und Not zu stillen und zu lindern war.»[48]

Die Würdigung der «fleissigen Arbeiter» galt in diesem Fall Menschen, die auf ihrer Heimreise erst kurz zuvor in die Schweiz gekommen waren und sich nicht länger da aufhalten wollten. Die guten Worte hätten aber geradeso gut den «ein-

8 (oben) **Marsch über die Basler Wettsteinbrücke.** Originalbildlegende: «An der deutschen Grenze in Empfang genommen, werden die italienischen Abwanderer, die all ihr Hab und Gut mit sich schleppen, von unserem Militär zum Bundesbahnhof geführt.» (Nagel, 1916, S. 14)

9 (unten) **Bei der Eilgutstelle** mussten die Italiener, weil die Militärzüge Priorität hatten, zum Teil mehrere Tage warten, bis sie nach Süden weiterreisen konnten. (Nagel, 1916, S. 18)

heimischen» Ausländern gelten können. Später wurden die traditionellen Fremdarbeiter zu einer idealen Gegengrösse im Vergleich mit den nachfolgenden Zuwanderern gemacht. 1917 stellte Hans Frey, der Chef der Zürcher Fremdenpolizei, bedauernd fest, dass man im Sommer 1914 bereits gut assimilierte fremde Wehrmänner verloren habe und «dafür» ganze Scharen von Neuzuwanderern hereingeströmt seien, «die hinsichtlich Denkungsart, Sitten, Geschäftsmoral etc. uns völlig wesensfremd waren». Weiter führte Frey in dem einem offiziellen Bundesratsbeschluss vom 17. November 1919 vorangestellten Text aus: «Allen diesen Kriegszuwanderern, welche in unserem Volksorganismus als Fremdkörper empfunden werden, standen die Tore des Schweizerhauses in den Jahren 1914 bis 1917 weit offen.»[49] Bereits im Laufe des Jahres 1915 war es wegen Italiens Kriegseintritt zu einer weiteren Auswanderungswelle gekommen.[50]

«Im Sommer 1914 hat die Schweiz bereits gut assimilierte fremde Wehrmänner verloren.»

Heimkehr von Auslandschweizern

Ebenfalls aus dem Ausland strebten Schweizer in die Schweiz zurück, sei es um «unter die Fahne» gerufen zu werden, sei es auch einfach, um den «sicheren Heimathafen» anzustreben. Der Bundesratsbeschluss vom 22. November 1912 hatte schon früh aufgezählt, aus welchen Regionen der Welt «unverzüglich» eingerückt werden sollte. Da gab es kaum eine Gegend, die nicht genannt war: Selbstverständlich waren die USA und Kanada dabei, aber auch Mexiko, Kleinasien und ganz Nordafrika von Ägypten bis Marokko. Die schweizerische Mobilisationsorder drang nur mit grosser Verspätung in die «hinteren» Gebiete der USA und Kanadas, und da sich die Bedrohungslage der Schweiz nicht (mehr) als dramatisch erwies, sah man bei den gewöhnlichen Soldaten (nicht bei Unteroffizieren und Offizieren) davon ab, zu spät informierte Soldaten in die Schweiz zu bestellen.

Wie viele der rund 400 000 Auslandschweizer die Heimreise antraten, lässt sich nicht feststellen; Wehrpflichtige dagegen liessen sich leichter zählen beziehungsweise beziffern, es waren über 20 000. In späteren Erzählungen wurden sie wegen ihrer «Treue» hochgelobt, zugleich gab es bei den Rückkehrern aber auch Klagen, dass sie nicht mit der nötigen Anerkennung aufgenommen worden seien.[51] Zeitungen berichteten immerhin, wie schwierig und mühsam einige ihre Heimreise erlebt hatten. Die Reisekosten wurden nur für die Strecke von der Grenze bis zum Korpssammelplatz übernommen. Es gab einige dienstpflichtige Auslandschweizer, die nicht antraten und deshalb gerichtlich verfolgt wurden. Noch 1919, als der Krieg vorbei war, hielt der Bericht des Generalstabschefs fest, dass eine gerichtliche Erledigung «einer erheblichen Zahl von Fällen von Dienstflucht» heute noch ausstehe.[52]

Mobilisation und Neutralitätserklärung

Angesichts der in der Welt draussen in Gang gekommenen Mobilisationsmaschinerie ordnete der Bundesrat am Freitag, 31. Juli 1914, zunächst die Pikettstellung, dann aber noch gleichentags die Kriegsmobilmachung der ganzen Armee auf Montag, den 3. August, an. Mit gegen 220 000 Mann war dies das bisher grösste Aufgebot in der eidgenössischen Wehrgeschichte. Die Mobilisation erfasste auch 45 000 Pferde. Da viele Beschläge der requirierten Pferde mangelhaft waren, mussten diese verbessert werden. Doch einer der ersten Befehle lautete, dass die sehr knappen Eisenvorräte nicht vergeudet und die alten Eisen wieder benützt werden sollen.

Die Botschaft an die Bundesversammlung betreffend Massnahmen zum Schutze des Landes und zur Aufrechterhaltung der Neutralität datiert vom Sonntag, 2. August 1914; sie ging davon aus, dass ein europäischer Krieg «von ungeheurer Ausdehnung» vor der Tür stehe, und sie bekannte sich «aus eigener freien Ent-

10 **Noch gibt es kein Radio.** Die Verkündung der Mobilisation erfolgte selbst in den Städten ausser per Plakat und Inserat auch per Ausrufer und Trommler. Die Menschen strömten zusammen, hofften, zusätzlich etwas zu erfahren, was ihnen noch nicht bekannt war.

11 **Überall wurden an den Grenzen** Barrikaden errichtet. Dieses Bild ist unfreiwillig komisch: Es zeigt am oberen Ende der Basler Wettsteinbrücke eine rührend und illusorisch wirkende Absperrung; die zu ihrer Verteidigung eingesetzten Soldaten posieren aber, dem Fotografen zuliebe, in der falschen Richtung, sie richten ihre Blicke und Gewehre ins Landesinnere und nicht nach aussen. Daneben stellen sich (rechts) auch noch ein paar Zivilisten auf die Treppe, um ebenfalls auf dem Bild zu sein. Und selbstverständlich sind, wie immer, wenn etwas los ist, auch ein paar Buben da.

schliessung» zur Einhaltung «vollständiger» Neutralität, wie sie es 1870 bereits getan hatte. Die in der Folge – am 4. August – nach der Ermächtigung durch das Parlament den Krieg führenden Mächten zugestellte Neutralitätserklärung bekräftigte «getreu ihrer Jahrhunderte alten Überlieferung» den festen Willen, von den Grundsätzen der Neutralität in keiner Weise abzuweichen, was einerseits der «inneren Einrichtung» und andererseits der 1815 anerkannten Stellung des Landes entspreche.[53] Am 6. August 1914 forderte ein bundesrätliches Kreisschreiben die «getreuen, lieben Eidgenossen» (d.h. die Kantone) auf, die Neutralitätsbestimmungen auch gegen innen durchzusetzen.

Der Bundesrat am 2. August 1914: «Wir leben in der Gewissheit, dass unser Vaterland, stark durch die Einigkeit und Opferfreudigkeit der Bevölkerung und durch eine wohlvorbereitete und wohlausgerüstete, vom vortrefflichen Geiste erfüllte Armee, die ernste Probe, der es unterworfen wird, ehrenvoll bestehen wird.»

Die auf Montag, 3. August 1914, in Bern zusammengekommenen Eidgenössischen Räte hatten vier Hauptgeschäfte zu tätigen: die Bekräftigung der Neutralität, die zustimmende Kenntnisnahme der Mobilmachung, die Erteilung ausserordentlicher Vollmachten und die Wahl des Generals. Einige Volks- und Ständevertreter waren, wie hervorgehoben wurde, bereits in Uniform erschienen. Gleiches sollte sich 1939 wiederholen und auch damals speziell vermerkt werden.

In den Eröffnungsreden wurde ausgedrückt, was in einem solchen Moment zu sagen war: Man beschwor die Einigkeit und die freudige Bereitschaft, «dem Vaterland Gut und Blut zu opfern». Die Reden bekräftigten den strengen und gewissenhaften Neutralitätswillen als dem «Wesen unserer Demokratie» entsprechende Maxime, und man sprach das «unbegrenzte Vertrauen» in die Tüchtigkeit des schweizerischen Heeres aus.

Vollmachtenerteilung

Die dem Bundesrat in der Nachmittagssitzung erteilten ausserordentlichen und unbegrenzten Vollmachten führten zu keinen Diskussionen, sie wurden sogar mit expliziter Zustimmung des im Namen der sozialdemokratischen Fraktion auftretenden ehrwürdigen Altgenossen Herman Greulich einstimmig gutgeheissen. Einzig die beiden Sozialisten Charles Naine und Ernest-Paul Graber enthielten sich der Stimme. In ihrer Erklärung verwies die sozialdemokratische Fraktion auf die vergeblichen Bemühungen der internationalen Arbeiterorganisationen, die Katastrophe zu verhindern. Die Herrschaft der unbegrenzten Rüstung habe die Kulturwelt in einen «Abgrund von Leiden und Verzweiflung» gestürzt. Der Not der Stunde gehorchend und dem Gebot der Einigkeit entsprechend, werde man den Regierungsanträgen zustimmen, dies in der Hoffnung, dass der Kriegsbrand vom Land ferngehalten, dass die Anwendung der den Militärbehörden übertragenen Macht auf das Notwendigste beschränkt bleibe und dass die persönliche Freiheit in keiner Weise angetastet werde.[54] Die forcierte Einigkeit und die Zurückhaltung waren indessen von kurzer Dauer. Bereits in der Dezembersession 1914 zeigte sich, dass die übliche Kritikbereitschaft wieder zurückgekehrt war.

Die forcierte Einigkeit und Zurückhaltung waren von kurzer Dauer.

Die Vollmachtenerteilung räumte der Landesregierung das Recht ein, notfalls gegen die geltende Verfassungsordnung Beschlüsse zu fassen, wenn dies die Landesinteressen (Sicherheit und Unabhängigkeit, Landesversorgung, Liquidität) erforderten. Rechtlich war es eine starke Ausdehnung der bereits bestehenden

Dringlichkeitspraxis, das Parlament musste nachträglich informiert werden, hatte jedoch keine nachträgliche Genehmigungskompetenz (wie im Zweiten Weltkrieg). Das Problematische an der Sache war, dass der Bundesrat diese Vollmachten an untergeordnete Amtsstellen delegieren konnte.

Die NZZ wertete die Kompetenzabtretung an die oberste Landesbehörde als höchstmöglichen Vertrauensbeweis und als Beschluss von bisher nicht gehabter Tragweite.[55] Und Staatsrechtler wie Walther Burckhardt hiessen die Vollmachtenerteilung öffentlich gut: «Keine Verfassung, auch nicht die der reinsten Demokratie, kann der Diktatur ganz entbehren.» Gemeint war, dass es schon recht und richtig war, wenn das Parlament nicht nur seine eigenen Rechte, sondern auch diejenigen der Kantone und des Volkes zugunsten des Bundesrats als einschränkbar erklärte, sofern das Landesinteresse dies erforderte. Zugleich wurden aber auch die Grenzen der ausserordentlichen Gestaltungsmöglichkeiten aufgezeigt: Es sollten keine Dauereinrichtungen wie bleibende indirekte oder direkte Steuern geschaffen werden.[56]

«Keine Verfassung, auch nicht die der reinsten Demokratie, kann der Diktatur ganz entbehren.»

Wahl des Generals

Die bei umfassenden Mobilisationen nötig werdende Wahl eines Generals als Oberkommandierender der Armee war auf die Abendsitzung des 3. August 1914 angesetzt. Es war noch keineswegs klar, wer General werden sollte, und der Wahltermin musste mehrfach verschoben werden. Zwei Kandidaten standen im Vordergrund: Ulrich Wille, Kommandant des III. Armeekorps, und Theophil Sprecher, Chef der Generalstabsabteilung im EMD. Der Bundesrat favorisierte einstimmig Wille und meinte, was allerdings eindeutig verfassungswidrig war, gegenüber dem Parlament sogar ein Antragsrecht zu haben. Die Argumentation der Exekutive ging so weit, dass es hiess, man habe den General bereits im Voraus bestimmt, und es ginge nicht an, dass die Legislative diesen Beschluss nun umstürze.[57]

Um nicht das Bild einer uneinigen Schweiz aufkommen zu lassen, gaben der zunächst eindeutig bevorzugte Kandidat und die Parlamentsmehrheit nach. Zu Recht ist das als Kapitulation eingestuft worden.[58] Eine Mehrheit (die Romands und die Bündner, das Zentrum und die Linke) hatte Sprecher bevorzugt, sie liess sich dann aber im Laufe der hinter verschlossenen Türen in der Neutralitätskommission und in den Fraktionen durchgeführten Beratungen umstimmen. Bei Wille wurden dessen Verdienste als «Erzieher» der Armee und dessen Führungsqualitäten gewürdigt, bei Sprecher das theoretische Wissen und die Planungsstärke. Ausschlaggebend waren zwei Faktoren: erstens der Durchsetzungswille des Bundesrats unter der Führung von Bundespräsident Hoffmann, der mit Wille militärdienstlich verbunden und ebenfalls ausgesprochen deutschfreundlich eingestellt war. Und zweitens Willes unbedingtes, ja drohendes Drängen, das Sprecher schliesslich veranlasste, dem inneren Frieden zuliebe zurückzustehen. Wille hatte vor dem Wahlgang Sprecher in dessen Privaträumen aufgesucht und in einer persönlichen Unterredung zum Verzicht bewogen, und dieser hat dem älteren Kollegen den Vortritt gelassen und sich ihm gegenüber in der Folge stets loyal verhalten.

In der französischen Schweiz bestanden vom ersten Tag der Mobilisation an Vorbehalte gegenüber der Armeeleitung und insbesondere gegenüber General Wille wegen dessen prodeutscher Haltung. Wille sollte diese Einschätzung schon bald mit seinem Befehl vom 15. September 1914 bestätigen, als er erklärte, dass der Schweiz keine Gefahr drohe, solange Deutschland und Österreich siegreich blieben, dass aber bei einem Erfolg der französisch-britisch-russischen Seite mit einer Ausweitung des Kriegs zu rechnen sei.[59]

Willes Nähe zum deutschen Reich wurde vom Bundesrat als grosser Vorteil gewertet. Bundespräsident Hoffmann ging so weit, Willes Wahl als Voraussetzung dafür zu deklarieren, dass Deutschland die Unabhängigkeit der Schweiz respektieren würde. Autoritär berief er sich auf geheimes Zusatzwissen und verwies vielsagend auf die bevorstehende Invasion Belgiens durch deutsche Truppen, die eigentlich darum der Schweiz nicht drohe, weil hier Ulrich Wille für Garantien sorge. Sprecher sah davon ab, dieses Argument zu entkräften. 1917 kam er aber in seinem Tagebuch auf diesen Punkt zurück und hielt fest, dass ihm der deutsche Kaiser mehrfach und schon 1907 sein Vertrauen in die schweizerische Neutralität versichert und er, Sprecher, dies Hoffmann mehrmals mitgeteilt habe. «Es war also mindestens sehr sonderbar von ihm, dies zugunsten von Wille auszuführen!»[60]

Bundespräsident Hoffmann: «Wenn zurzeit gehofft werden kann, dass der Sturm an unserem Lande auch diesmal vorübergehen werde, so hat ein besonders grosses Verdienst daran auch Herr Oberstkorpskommandant Wille, nicht nur durch seine Lebensarbeit für das Kriegsgenügen und das Ansehen unserer Milizarmee, sondern auch durch die achtunggebietende Art, wie er vor zwei Jahren dem deutschen Kaiser bei den Manövern in der Ostschweiz gezeigt hat. Dieser Besuch des Kaisers hat nach meiner Überzeugung mit dazu wesentlich beigetragen, dass der deutsche Generalstab auf den Schutz der schweizerischen Neutralität durch unsere Armee vertraut.»[61]

Die vom Bundesrat gewünschte Einstimmigkeit kam aber nicht zustande: 122 Stimmen gingen an Wille, 63 Stimmen an Sprecher. Der Nationalratspräsident erklärte bei der Vereidigung des Generals, man übergebe ihm «bewegten Herzens» die Hut der Grenzen, welche die Schwelle der Freiheit und Unabhängigkeit bildeten.

Tags darauf wurde Sprecher vom Parlament zum Generalstabschef des Aktivdienstes gewählt; dass man ihn an dieser Stelle haben beziehungsweise behalten wollte, war zuvor eines der Argumente für Willes Wahl zum General. Die beiden bildeten trotz einer gewissen Komplementarität jedoch nicht das ideale Paar, wie man es auf Postkarten präsentierte, obwohl im Volksmund noch lange über die Kriegsjahre hinaus das geflügelte Wort zirkulierte: «Was Wille will und Sprecher spricht, dem füge dich und murre nicht.»

«Was Wille will und Sprecher spricht, dem füge dich und murre nicht.»

In Wirklichkeit war es kein verschworenes Team, sondern eine Zwangsgemeinschaft, die nur dank klarer Rollenteilung funktionierte: Wille kümmerte sich um die Ausbildung, Sprecher um die organisatorischen, operativen und logistischen Aufgaben.[62] Hans Rudolf Fuhrer stellte in seinen Untersuchungen immer wieder fest, dass die Beziehungen zwischen den beiden Armeeführern «belastet» waren.[63]

Die dem Generalstabschef nahestehende «Soldatenmutter» Else Spiller notierte nach einer Inspektionsreise im Jura im August 1917 die sie deprimierende Beobachtung in ihr Tagebuch, dass der General bei der Truppe wenig Sympathien geniesse. «Sie sprechen nicht freundlich von ihm, es klingt Gleichgültigkeit und Hass aus manchem Wort. Das Bild, das wir in den meisten unserer Soldatenstuben aufhängen, wird verstümmelt heruntergerissen. Man sagt ihm nach, dass er die Soldatenseele nicht verstehe und nicht im Volke wurzle.»[64] Die generelle Abneigung war damals durch die Obersten-Affäre und andere Zwischenfälle (vgl. Kapitel 4) vorübergehend besonders stark.

Wie lange die Wahlkontroverse vom August 1914 noch nachwirkte, zeigt ein Bericht des amerikanischen Militärattachés C. W. Exton, der zwei Jahre später im Zusammenhang mit der Obersten-Affäre berichtete, eine nicht namentlich genannte Zeitung habe berichtet, was der freisinnige Berner Bundesrat Eduard Müller 1914 vor der Wahl erklärt haben soll, dass nämlich Wille gedroht habe, falls er nicht gewählt würde, die Schweiz zu verlassen und als Freiwilliger mit einigen Offizieren des Generalstabes in die deutsche Armee einzutreten und dabei alle geheimen Informationen bezüglich der Schweiz mitzunehmen.[65] Die Einschätzung des Generals blieb bis zum Kriegsende und darüber hinaus kontrovers (vgl. Kapitel 8).

Die Truppe wurde am 5. August 1914 vereidigt. Der Eid lautete:

«Der Eidgenossenschaft Treue zu leisten; für die Verteidigung des Vaterlandes und seiner Verfassung Leib und Leben aufzuopfern; die Fahne niemals zu verlassen; die Militärgesetze treulich zu befolgen; den Befehlen der Obern genauen und pünktlichen Gehorsam zu leisten; strenge Manneszucht zu beobachten und alles zu tun, was die Ehre und Freiheit des Vaterlands erfordert.»[66]

Die Dragoner hatten bereits am Vortag ihre Säbel zum Schleifen abgeben müssen.[67]

Ebenfalls am 5. August 1914 wandte sich die Landesregierung an die Bürger und Bürgerinnen und nannte halb als Tatsachenfeststellung, halb als Wunsch, was wichtig und objektiv notwendig war: «Hinter den Behörden steht das Schweizervolk in bewunderungswürdiger Einigkeit und Geschlossenheit.» Bemerkenswert ist, was in einem weiteren Abschnitt indirekt auch noch gesagt wurde, dass nämlich die Einzelfreiheit im Dienste der Gesamtfreiheit zurückgestellt werden müsse: Die Unteroffiziere und Soldaten würden beweisen, «dass auch im Freistaat der Wehrmann den Befehlen seiner Vorgesetzten willig und unbedingt Gehorsam leistet».[68]

Die ersten Tage der Grenzdienstzeit

Wie wir dies aus der Zeit von 1939/40 wissen, kamen sich auch 1914 Männer, die keine Uniform trugen (nicht einmal eine als Hilfsdienstpflichtiger), minderwertig vor. Der Schriftsteller Jakob Bührer erinnert sich:

«Plötzlich war der Krieg da! Alle wurden wahnsinnig. Auf einmal hatte ich wieder ein Vaterland. Ich schämte mich, durch die Strassen zu gehen, jetzt, da alles in Uniformen stak, was ein Mann war. Ich habe nur einen Trost: wenn's Schweizerblut kostet, so werden sie mich gewiss brauchen können.»[69]

Die NZZ bekannte sich in diesen Tagen zu einer überparteilichen Haltung und schloss sich – im Rahmen ihrer publizistischen Aufgabe – der staatlichen Neutralitätsposition an: «Zu den Pflichten einer neutralen Presse gegen ihre eigenen Landsleute wie gegenüber verständigen und gebildeten ausländischen Lesern rechnen wir auch das, dass wir aus den verschiedenen Staaten authentische Berichte über dortige Stimmungen und Erklärungen für das Verhalten ihrer Völker und Regierungen aufnehmen. (...) Wir wissen uns frei von jeder andern Tendenz, als unserem Lande zu dienen.»[70]

Anders als bei den in den Krieg ziehenden ausländischen Männern gab es bei den zum Grenzdienst aufbrechenden schweizerischen Wehrmännern keine Hurra-Stimmung. Doch muss eine gewisse vaterländische Hochstimmung geherrscht haben, wie man vor allem auch aus den späteren Feststellungen schliessen kann, dass schon bald wieder Ernüchterung eingezogen sei (vgl. auch Kapitel 4). Selbst die meisten Sozialdemokraten liessen sich von der kollektiven Aufbruchstimmung erfassen. Robert Grimm rief die nicht mobilisierte Bevölkerung dazu auf, die Behörden zu unterstützen, und bemerkte in einer heute etwas sonderbar anmutenden Formulierung: «Jetzt hilft kein weibisch Klagen, kein furchtsames Zittern.»[71]

Was Hans Zurlinden, Leutnant und Student der Theologie, in seinem Tagebuch festhielt, gab eine offenbar vorherrschende Stimmung wieder und entsprach ganz dem, was bereits angesprochen worden ist. Seine blaue Uniform mit den roten Patten und mit Gold und Silber verzierten Achselstücken vor sich auf dem Stuhl, schrieb er:

1. August 1914: «Donner und Doria! Krieg! Willkommen tausendmal! Los!»
2. August 1914: «Die Heere werden marschieren, die Schwerter werden blitzen, die Kanonen werden donnern, Sieg wird winken. Ich freue mich. (...) Erfrischender Geruch, Wohlgeruch, kräftig und gesund. Europa riecht gut, wie lange nicht mehr. (...) Europa erhebt sich, steht in jugendlicher Kraft. Seine Glieder strotzen vor Kühnheit, Wildheit, Blut. Europa hat Blut zum Verspritzen. Also dann, Aderlass!»[72]

12 (links) **An der Rheinbrücke bei Laufenburg.** Originalkommentar: «Die Brücke ist mit einer Barrikade gut verrammelt, der schweizerische Posten durch Sandsäcke für den Ernstfall wohl geschützt.» (*Schweizer Illustrierte Zeitung* Nr. 37 vom 12. September 1914)

13 (rechts) **Das Antlitz des Krieges.** Originalkommentar: «Löwen, die von einem schweren Strafgericht betroffene Stadt in Belgien – alle Häuser, aus denen von Zivilisten, sogar von Frauen heimtückische Angriffe auf deutsche Truppen ausgeführt wurden, sind nach erbittertem Kampfe erobert und zerstört worden.» (*Schweizer Illustrierte Zeitung* Nr. 38 vom 19. September 1914)

Kritik kam erst später. Im Sommer 1914 und in den folgenden Monaten dürfte man zufrieden, stolz, dankbar und beruhigt gewesen sein, dass die Mobilisation gut funktioniert hatte, die Kolonnen ordnungsgemäss an die Grenze marschierten, die kleine Schweiz abwehrbereit dastand. Der armeekritischen Fundamentalopposition der früheren Jahre konnte jetzt entgegengehalten werden, es sei nun offenkundig, dass die jahrelang für die Landesverteidigung geopferten Millionen nicht überflüssig ausgegeben worden seien.[73]

Die Presse kommentierte den Kriegsausbruch zurückhaltend, ihre Kommentare galten nicht dem grossen Krieg, den man als solchen noch gar nicht wahrnehmen konnte, sondern bezogen sich mehr auf Einzelvorgänge: Ultimaten, Mobilmachungen, Kriegserklärungen. So fragte sich die NZZ, was die «geheimen Motive» der britischen Kriegserklärung an Deutschland seien: ob es neben der Verletzung der belgischen Neutralität noch «andere Beweggründe» gebe.[74] Zuvor

14 «Kopflos» sei der Andrang des Publikums auf die Banken gewesen, erklärte die zeitgenössische Bildlegende. Hier die Ansammlung vor der Nationalbank an der Bahnhofstrasse in Zürich am 1. August 1914. (*Schweizer Illustrierte Zeitung* Nr. 32 vom 8. August 1914)

Bettagskollekte für kriegsbedingte Bedürftigkeit

kam es zu Feststellungen wie «Noch sind die Würfel nicht gefallen» (28. Juli) oder «Keine Minderung der Kriegsgefahr» (29. Juli). Wenn sich die Zeitungen mit grösseren Fragen beschäftigten, galt ihr Interesse weniger dem, was dieser Krieg jetzt bringen werde, sondern dem Unbegreiflichen, dass angesichts des «ungeheuren Aufstiegs der Weltkultur» und der eindrücklichen Fortschritte der Menschheit ein Krieg überhaupt möglich geworden sei.[75]

Im Lande selbst herrschte ebenfalls rege Bewegung. Alle Züge waren überfüllt. Vor den Presseagenturen und ihren Anschlagstellen wartete man auf Neuigkeiten. Es gab einen Run auf die Banken[76], selbst die Rabattmarkenbüchlein wurden noch schnell eingelöst. Hamsterkäufe von Nahrung und Kleidung, aber auch von Seife wurden getätigt, andererseits wurden gewisse Geschäfte (insbesondere Filialen) geschlossen. Der Handel mit Gummireifen und Telefonapparaten wurde eingeschränkt, die Börse schloss ihren Betrieb, um einen Kurssturz zu vermeiden. Zum Schutze der Vorräte an Metallgeld setzte die Nationalbank ab dem 2. August 1914 Fünf-Franken-Banknoten in Umlauf. Die Wehrmänner wurden aufgefordert, ihre persönliche Ausrüstung zu überprüfen, nötigenfalls Schuhwerk in den Zeughäusern zu kaufen. Auf dem Lande konnte man bemerken, dass mit grosser Eile die Heu- und Getreideernte noch eingebracht wurde. Bereits in den ersten Augusttagen ergingen Aufrufe, keine Lebensmittel zu vergeuden, der Schweizerische Bauernverband forderte die Landwirte auf, kein Brotgetreide mehr an das Vieh zu verfüttern. Eine der Mahnungen lautete, dass «eine Fleischspeise» je Mahlzeit für die Erhaltung der Gesundheit völlig genüge. Aus Rücksicht auf das Militär wurde im August 1914 die Jagd verboten, dann aber aus Rücksicht auf die finanziellen Einbussen von Kantonen und Gemeinden im Oktober grundsätzlich wieder gestattet.[77]

Die unmittelbaren Auswirkungen der Mobilisation auf manche Unternehmen illustriert der Geschäftsbericht der Maschinenfabrik Oerlikon: «Mehr als die Hälfte unserer Angestellten und Arbeiter hatte einzurücken, die Werkstätten konnten nicht mehr liefern, (…) die Bestellungen blieben auf einen Schlag vollständig aus und die Spedition von fertigen Waren sowie die Zufuhr von Rohmaterialien versagte fast vollständig. Dazu erschwerte die Unsicherheit des Geldmarktes (…) die Fortführung der Geschäfte.»[78]

In den Städten führte spontan aufgekommene Hilfsbereitschaft zu zahlreichen Unterstützungsaktionen: Volksküchen entstanden und Kleidersammlungen wurden durchgeführt, die Bettagskollekte wurde auf die kriegsbedingte Bedürftigkeit ausgerichtet, in Basel verzichtete die Fraktion der Bürgerpartei «für die Dauer des Kriegs» auf ihr Taggeld. Der basel-städtische Kirchenrat wollte die Kinoaufführungen verbieten lassen, weil diese die Mildtätigkeit beinträchtigen könnten. Der deswegen angefragte Bundesrat lehnte diese Massnahme als unzulässige Einschränkung der Gewerbefreiheit jedoch ab.[79]

Zu diesen aufgeregten Tagen gehörte auch, und dies vielleicht etwas mehr als in den darauf folgenden normaleren Kriegsmonaten, dass wilde Gerüchte zirkulierten und diese von den Medien entweder entschieden dementiert oder freudig kolportiert wurden. Dabei handelte es sich um Gerüchte, die direkt die Schweiz betrafen, oder aber um solche, die, was nicht weniger interessierte, im weiten Ausland zirkulierten.

Bombenanschlag auf den Damm von Melide?

Die Schweiz betraf beispielsweise das Gerücht, dass die Franzosen bereits in der Ajoie einmarschiert seien oder dass auf den Damm von Melide ein Bombenanschlag verübt worden sei, derweil im einen Fall die eindringenden «Franzosen» weibliche Zivilflüchtlinge waren[80] und im anderen Fall ein Einheimischer mit Dynamit Fische erlegt hatte. Kein Gerücht, sondern eine NZZ-Tatsachenmeldung war die Konfiskation von 50 Brieftauben, die für Spionagemeldungen nach Belfort vorgesehen gewesen seien. Ein anderes aus dem Ausland stammendes Gerücht befasste sich damit, dass es einem Engländer in Mainz gelungen sei, künstlich gezüchtete Cholerabazillen zu verbreiten.

In den ersten Kriegsmonaten übernahm die Schweiz eine wichtige Aufgabe im Rahmen der Heimschaffung von Menschen, die in den Nachbarländern interniert worden waren, weil sie Staatsbürger von Feindstaaten waren. Gemäss der 1907 abgeschlossenen Haager Konvention hätte man Zivilpersonen feindlicher Staaten nicht festsetzen dürfen; dennoch war dies insbesondere in Frankreich und Deutschland gängige Praxis. Dabei war – nach dem Burenkrieg – mit grosser Selbstverständlichkeit von «Konzentrationslagern» die Rede. So wurden auch Menschen interniert, die sich schon vor Jahrzehnten als Erzieherinnen, Dienstboten, Geschäftsleute, Gelehrte, Arbeiter im Ausland niedergelassen hatten.

Auf Initiative des Genfers Edouard Audéoud richtete das Politische Departement (Aussenministerium) im September 1914 in Bern ein Büro für die Heimschaffung internierter Zivilpersonen ein.[81] Dieses konnte sich für die Umsetzung seiner Aufgabe auf zahlreiche unentgeltlich arbeitende Hilfskräfte stützen. Die

Heimfahrten erfolgten durch die Schweiz in einem klar geregelten Verfahren und wurden auch genauestens verbucht: Von Oktober 1914 bis März 1915 waren es 188 Transporte mit 10 000 Franzosen, 7650 Deutschen, 1980 Österreichern und Ungarn, insgesamt 20 475 Personen, worunter 3369 Kinder unter 13 Jahren.[82] Die Durchreisenden wurden von der einheimischen Bevölkerung mit Nahrungsmitteln und Kleidern versorgt und mit anderen Gaben beschenkt und nötigenfalls auch medizinisch betreut. Auf die Hilfsbereitschaft der ersten Tage folgte die Hilfsbereitschaft der ersten Monate, und neben die Hilfsbereitschaft der ersten Monate trat 1915 die Fremdenabwehr der folgenden Jahre ... Vgl. Kapitel 7.

15 **Eindrückliches Zeugnis** der enormen Spendenbereitschaft bei Kriegsbeginn. Warenlager im Haldenbau in Schaffhausen, dem täglich Vorräte im Wert von 8000 bis 9000 Franken entnommen werden konnten. (Nagel, 1916, S. 79)

1 Zur französischen Kriegssehnsucht Georg Kreis, Frankreichs republikanische Grossmachtpolitik. 1870–1914. Innenansicht einer Aussenpolitik. Mainz 2007. S. 560 ff. – Zur gegenläufigen, mit der Bewahrung des Friedens rechnenden Tendenz Friedrich Kiessling, Gegen den «grossen Krieg». Entspannung in den internationalen Beziehungen 1911–1914. München 2002.

2 Robert de Traz, Le sens de l'héorique. In: La Voile latine VI, 1910, S. 134. Sehr bekannt ist sein Buch zur gleichen Problematik: L'homme dans le rang (1913).

3 Journalist Richard Bovet am 18. Dezember 1911 an Gonzague de Reynold, zit. nach Aram Mattioli, Zwischen Demokratie und totalitärer Diktatur. Gonzague de Reynold und die Tradition der autoritären Rechten in der Schweiz. Zürich 1994, S. 85.

4 Robert K. Schneider, Schweizerische Bundesfeier-Spende 1910–1985. Zürich 1985.

5 Bundesblatt IV 1914, S. 5.

6 Konrad Falke, Der schweizerische Kulturwille. Ein Wort an die Gebildeten unseres Landes. Zürich 1914. S. 48.

7 Georg Kreis, Manöver am Vorabend des Ersten Weltkriegs. In: Tages-Anzeiger vom 1. September 2012.

8 Kapitel «Ausländisches. Deutschland», in: Politisches Jahrbuch 1907. Bern 1908, S. 249 ff. u. 383.

9 Zu dieser Postkartenpropaganda: Hans Weigel/Walter Lukan/Max D. Peyfuss, Jeder Schuss ein Russ, jeder Stoss ein Franzos. Literarische und graphische Kriegspropaganda in Deutschland und Österreich 1914–1918. Wien 1983. S. 52. Siehe auch im Nebelspalter «Am europäischen Spieltisch» die Grossen am Kartenspiel (Nr. 3 vom 15. Januar 1916).

10 NZZ Nr. 682, 687 und 693 vom 30. April und 1. und 2. Mai 1916. «Spectator» war wahrscheinlich der NZZ-Auslandredaktor Jakob Börlin. Vgl. Gustav Adolf Lang, Die Kontroverse um Kriegsursachen und Friedensmöglichkeiten 1914–1919 im Rahmen der «Neuen Zürcher Zeitung». Zürich 1968. (Diss. ZH 1966). S. 152.

11 Bernard Degen u. a. (Hg.), Gegen den Krieg. Der Basler Friedenskongress 1912 und seine Aktualität. Basel 2012, S. 176 ff. Länger in Erinnerung geblieben ist das Basler Treffen wegen des Romans von Louis Aragon Les cloches de Bâle (1934).

12 Schreiben vom 30. April 1913, vgl. Dok. Nr. 367, Diplomatische Dokumente der Schweiz (DDS), Bd. 5, 1983.

13 Jakob Zimmerli, Das internationale Kriegs- und Friedensmuseum in Luzern. In: Die Schweiz, Bd. 6, 1902, S. 361–366. Zimmerli war der Direktor des Museums. – Peter van den Dungen, The International Museum of War and Peace at Lucerne, in: Schweizerische Zeitschrift für Geschichte 31, 1981, S. 185–202.

14 Bertha von Suttner erhielt 1905 den Nobelpreis, die Schweizer Charles Albert Gobat und Elie Ducommun hatten ihn bereits 1902 erhalten.

15 Mitarbeiter der ersten Stunde waren der damalige Oberkorpsarzt Eugen Bircher und der Generalstabsmajor Karl Egli (vgl. auch im 4. Kapitel die Obersten-Affäre). Der Muttenzer Historienmaler Karl Jauslin steuerte mehrere Gemälde von Schlachtpanoramen bei, u. a. zum Motiv «Rückzug von Marignano».

16 Daniel Heller, Eugen Bircher, Arzt, Militär, Politiker. Zürich 1988, S. 39. Die Biografie erwähnt die Mitarbeit im Luzerner Museum nicht.

17 Heinz Ochsenbein, Die verlorene Wirtschaftsfreiheit 1914–1918. Methoden ausländischer Wirtschaftskontrollen über die Schweiz. Bern 1971, S. 23.

18 Basler Nachrichten, 1. August 1914, S. 3.

19 Pierre Luciri, Le prix de la neutralité. Genf 1976, S. 224.

20 Ochsenbein, 1971, S. 24 ff.

21 Sten. Bulletin zur Nationalratsdebatte vom 10. Dezember 1912, S. 356.

22 Ebenda, S. 356.

23 Ebenda, S. 362 und 364.

24 Nationalrat Eugen Wullschleger (SP/BS) erklärte, eine Mehrheit habe (vor ein paar Jahren) der Eisenbahnverstaatlichung nicht etwa darum zugestimmt, weil sie sich auf sozialdemokratischen Boden gestellt habe, sondern wegen der Einsicht, dass es mit den Privatbahnen so nicht mehr weitergehe und dieses Verkehrsmittel so wichtig sei, «dass es unbedingt in den Besitz und Betrieb der Gesamtheit, repräsentiert durch den Bundesstaat, übergehen müsse» (ebenda, S. 346). Diese heftig umkämpfte Gesetzesvorlage wurde 1898 mit einem Zweidrittelmehr und der höchsten bisherigen Stimmbeteiligung angenommen.

25 Ebenda, S. 358.

26 Ebenda, S. 364.

27 Ebenda, S. 337. Der freisinnige Nationalrat Joseph Anton Scherrer-Füllemann aus St. Gallen hatte bereits 1908 einen Vorstoss in dieser Sache unternommen.

28 Ochsenbein, 1971, S. 15 u. 22.

29 Ebenda, S. 20.

30 Ebenda, S. 36.

31 Hans-Rudolf Kurz, Dokumente der Grenzbesetzung 1914–1918. Frauenfeld 1970, S. 124. Kurz, Die Geschichte der Schweizer Armee. Frauenfeld 1985, S. 90. – Hans Rudolf Fuhrer, Die Schweizer Armee im Ersten Weltkrieg. Bedrohung, Landesverteidigung und Landesbefestigung. Zürich 1999. – Vorwort von Rudolf Jaun in Wicki, Otto/Kaufmann, Anton/Dahinden, Erwin: Oh wäre ich doch ein Schweizer. Das Soldatenleben im Ersten Weltkrieg. Iragna/Schüpfheim 2009, S. 9.

32 Bundesarchiv, Abkommandierungen, E 27 prov. 868, zit. nach Luciri, 1976, S. 279.

33 Fuhrer, 1999, S. 117.

34 Bericht an die Bundesversammlung über den Aktivdienst 1914 bis 1918, vorgelegt von General U. Wille. Zit. nach der 3. unveränderten Auflage von 1926 (im Folgenden zit. Generalbericht 1919), S. 15.

35   r., Von der deutsch-schweizer Grenze, in: Basler Nachrichten vom 2. August 1914.

36   Laurent Tissot, in: Wirtschaftsgeschichte der Schweiz, 2012, S. 556, gestützt auf Emma Barberini 1929.

37   Mitteilung von Luzi Schucan vom Juni 2013, basierend auf den Aufzeichnungen seines Urgrossvaters und RhB-Eisenbahnpioniers Achilles Schucan von 1923.

38   Politisches Jahrbuch 1915. Bern 1916, S. 803 ff.

39   Rudolf Schläpfer, Die Ausländerfrage in der Schweiz vor dem Ersten Weltkrieg. Zürich 1969.

40   Basler Nachrichten vom 28. Juli 1914.

41   Klaus Urner, Die Deutschen in der Schweiz. Von den Anfängen der Kolonienbildung bis zum Ausbruch des Ersten Weltkriegs. Frauenfeld 1976, S. 421 ff.

42   A. K., Stimmungsbilder aus dem schweizer-österreichischen Grenzgebiet, in: Basler Nachrichten vom 30. Juli 1914. «Die Kriegsfackel, die an der Südgrenze der österreichischen Monarchie auflodert, wirft ihren grellen Schein bis an die Ufer des Bodensees.»

43   Jean-Jacques Becker, 1914. Comment les Français sont entrés dans la guerre. Paris 1977.

44   Zu den Identifikationen mit Nachbarn vgl. auch Kapitel 6.

45   Mittler, 2003, S. 615.

46   Ernst Röthlisberger, Die schweizerische Hilfsaktion für die Opfer des Krieges und das Heimschaffungswerk. In: Politisches Jahrbuch 1915. Bern 1915, S. 115–156. – Pfarrer E. Nagel, Die Liebestätigkeit der Schweiz im Weltkriege. Bilder aus grosser Zeit. Basel 1916, Bd. 1, S. 11–21, mit den bekannten Fotografien zu den Verhältnissen in Basel.

47   Bereits für die Hilfsaktionen von 1870/71 stellt sich die Frage, von welchen Verhaltensmustern diese lebten. Vgl. Georg Kreis, Die Strassburger Evakuation vom September 1870. Ein heller Moment in dunklen Tagen. In: 1870, Strasbourg brûle-t-il? Strassburg 2010, S. 28–43.

48   Ernst Nagel, Die Liebestätigkeit der Schweiz im Weltkrieg: Bilder aus grosser Zeit, Bd. I, Basel 1916, S. 11 ff.

49   Zit. nach Patrick Kury, Über Fremde reden: Überfremdungsdiskurs und Ausgrenzung in der Schweiz 1900–1945. Zürich 2003, S. 139.

50   Vgl. z. B. Schaffhauser Kantonsgeschichte, Bd. 1, 2001, S. 203, und Bd. 2, 2002, S. 741.

51   Georg Kreis, Eine Brücke zu den fernen Brüdern im Ausland. Das Wirken der Auslandschweizer-Organisation (ASO) 1919–1939, in: Vorgeschichten zur Gegenwart. Ausgewählte Aufsätze, Bd. 6, Basel 2013.

52   Bericht, 1919, S. 117.

53   Ruchti, Bd. 1, 1928; Bonjour, Bd. 2, 1965, S. 559 ff.; S. 44; Kurz, 1970, S. 27 ff.; DDS Bd. 6, 1981, Nr. 16, S. 32.

54   Integraler Text in Kurz, 1970, S. 25.

55   NZZ Nr. 1191 vom 4. August 1914.

56   Walther Burckhardt, Professor für Bundesstaatsrecht an der Universität Bern, in: Politisches Jahrbuch 1914. Bern 1915, S. 11.

57   Daniel Sprecher, mit dem gleichnamigen Generalstabschef nicht verwandt, stellt in seiner Spezialstudie fest, dass es zu den wichtigen Verhandlungen in der Neutralitätskommission «merkwürdigerweise» kein Protokoll gibt (Die Generalswahl vom 3. August 1914. In: Schweizerische Zeitschrift für Geschichte, 2002/2, S. 163–193). Zu Willes Wahl bemerkt er kritisch, sie habe einem Mann gegolten, der mit 66 Jahren nahe an der Pensionierungsgrenze war und eine Armee befehligen sollte, deren Reformen (Militärorganisation 1907 und Truppenordnung 1912), die Sprecher eingeleitet hatte, er bekämpft hatte. Vom gleichen Autor: Daniel Sprecher, Generalstabschef Theophil Sprecher von Bernegg. Eine kritische Biographie. Zürich 2000 (Diss. St. Gallen). Zu Wille gibt es eine reiche Literatur. Die jüngste Publikation befasst sich allerdings nicht mit der Wahlproblematik: Hans Rudolf Fuhrer/Paul Meinrad Strässle, General Ulrich Wille. Vorbild den einen – Feindbild den anderen. Zürich 2003.

58   Roland Ruffieux, La Suisse de l'Entre-deux-guerres. Lausanne 1974, S. 11.

59   Integraler Text bei Kurz 1970, S. 60.

60   Daniel Sprecher, Generalstabschef Theophil Sprecher von Bernegg. Eine kritische Biographie. Zürich 2000 (Diss. St. Gallen), S. 334.

61   Ständerat Gottfried Keller (FDP/AG) verlas dieses Dokument in der Beratung der Organisation des Militärdepartements vom 8. Juni 1939, Sten. Ball. SR 1939, S. 422. Vgl. auch Sprecher, 2000, S. 330, und 2002, S. 190. Zu den verschiedenen Argumenten vgl. auch Kurz, 1970, S. 26.

62   Fuhrer, 1999, S. 118. Das Urteil von Hans-Rudolf Kurz, 1970, korrigierend.

63   Zum Beispiel Fuhrer, 1999, S. 140 (Bemerkungen Willes über Sprecher) oder S. 248 ff. (im Jan. 1917 bezüglich der Notwendigkeit einer Mobilmachung).

64   Jürg Stüssi-Lauterburg, Helvetias Töchter. Frauen in der Schweizer Militärgeschichte von der Entstehung der Eidgenossenschaft bis zur Gründung des Frauenhilfsdienstes (1291–1991). Frauenfeld 1989, S. 235.

65   Bericht vom 10. März 1916 (NA WCD 6765–23 Box 139; BAr., zit. nach Sprecher, 2002).

66   Ruchti, Bd. 1, Bern 1928, S. 30; und Tageszeitungen vom 5. August 1914.

67   Otto Wicki/Anton Kaufmann, Der Erste Weltkrieg. Die Entlebucher an der Landesgrenze. Ignona/Schüpfheim 2008, S. 62.

68   Tagespresse und Politisches Jahrbuch 1914. Bern 1915, S. 615.

69   Jakob Bührer, Aus Konrad Sulzers Tagebuch. Bern 1917, S. 161.

70   «Wer am Wege baut, hat viele Meister», in: NZZ Nr. 1227 vom 16. August 1914. Zit. nach Gustav Adolf Lang, Die Kontroverse um Kriegsursachen und Friedensmöglichkeiten 1914–1919 im Rahmen der «Neuen Zürcher Zeitung». Zürich 1968. (Diss. ZH 1966), S. 19 ff.

71   Berner Tagwacht vom 8. August 1914. Zit. nach Otto Lezzi, Sozialdemokratie und Militärfrage in der Schweiz. Frauenfeld 1996, S. 76.

72 Noch am 22. August 1914 die Eintragung: «Der Krieg. Sein Dreinschlagen hat erfrischend gewirkt. Er belebt den Geist der Einzelnen und der Völker.» Hans Zurlinden, Die Symphonie des Krieges. In: Ders., Letzte Ernte. Zürich 1968, S. 122 ff. und S. 132. Die Tagebucheintragungen dieser ersten Zeit werden mit den wohl nachträglich überschriebenen Titeln «Taumel», die Zeit nach dem Sept. 1916 mit «Verzweiflung» und die Zeit ab Mai 1917 mit «Aufschwung» versehen.

73 Walther Burckhardt, Gedanken eines Neutralen. In: Politisches Jahrbuch 1915. Bern 1916, S. 7.

74 NZZ Nr. 1193 vom 5. August 1914.

75 Gottlieb August Graf, Der Ausbruch des Weltkrieges 1914 im Lichte der deutschschweizerischen Presse. Zürich 1945 (Diss.), S. 143.

76 Der englisch-amerikanische Begriff «Run» wurde in der entsprechenden Presseberichterstattung bereits damals verwendet.

77 Bundesblatt IV 1914, S. 734.

78 Zit. nach Martin Pally, Die Elektrifizierung der Bahn als «nationales Ziel». Die Maschinenfabrik Oerlikon im Ersten Weltkrieg. In: Rossfeld/Straumann, 2008, S. 117.

79 Paul Wild, Basel zu Beginn des ersten Weltkrieges 1914–1915. Aufgaben und Sorgen einer Grenzstadt. Basel 1958, S. 59 und S. 61.

80 Die Basler Nachrichten bezeichneten in ihrer Ausgabe vom 2. August 1914 dieses «Einbruchsgerede» und die damit verbundene Kritik an der angeblich spät erfolgten Mobilisation als völlig unbegründet: Die engen Juratäler seien durch den Landsturm so stark besetzt worden, «dass sie für eine einbrechende französische Armee zu wahren Mausefallen würden». Zudem gebe es keinen Grund, Frankreich solche perfide Überfallsabsichten gegen ein friedliches Nachbarland zuzutrauen.

81 Leiter war Prof. Dr. Ernst Röthlisberger, Sekretär des Internationalen Büros zum Schutz des geistigen Eigentums. Seine Devise: «Statt in Verwilderung auszuarten, kann und muss der Krieg humanisiert werden.» (Nagel, 1916, S. 57)

82 Samuel Zurlinden, Durchzug der französischen Evakuierten in Zürich. Hg. v. MARS. Basel 1915/16; übernommen von Ruchti, Bd. 2, 1930, S. 378 ff.

2 Zivile Landesverteidigung

Im Zentrum der in diesem Kapitel folgenden Ausführungen steht – neben der Frage, ob die Erfahrungen der Kriegsjahre zu einer Verfestigung der vorherrschenden Grundhaltung geführt hat – die Frage, ob die Kriegsjahre zu einer bleibenden Stärkung der Staatsmacht geführt haben. In der Literatur ist festgestellt worden, dass der Staat in manchen Ländern (so auch in der Schweiz) bereits vor 1914 einen wachsenden Einfluss gewonnen habe, der Krieg diese Entwicklung hin zum sozialen und wirtschaftlichen Interventionsstaat ihn aber unumkehrbar gemacht habe.[1] Die Erteilung von ausserordentlichen Vollmachten (vgl. Kapitel 1) stärkte die Zentralbehörde, sie stärkte aber auch, da diese Wirtschaftspartner brauchte, die Verbände, Konsortien, Syndikate (vgl. Kapitel 3).

Vollmachten und Oberste Gewalt

Dem Bundesrat waren im Moment grosser nationaler Geschlossenheit im August 1914 weitgehend vorbehaltlos ausserordentliche Vollmachten erteilt worden. Die Meinung, dass dies richtig und notwendig war, verflüchtigte sich jedoch da und dort mit der Zeit. Kritik an der damit verbundenen Stärkung der Zentralgewalt kam vor allem in der französischen Schweiz auf. Die verschiedensten Parteirichtungen der französischen Schweiz, liberal und katholisch-konservativ, aber auch freisinnig und sozialistisch, dürften sich im Antizentralismus einig gewesen sein. Vom liberalen Advokaten und Publizisten Albert Bonnard (Leiter des *Journal de Genève*) waren bereits im Sommer 1915 deutliche Worte zu hören: Es gebe im Lande (im Aargau!) Leute, die den Bundesrat ermächtigen wollten, ohne Konsultation des Parlaments Kriegssteuern zu erheben. Und es gebe Stimmen, die keine parlamentarischen Erneuerungswahlen mehr durchführen wollten, bis der Krieg zu Ende sei. Dabei sei man inzwischen im tiefen Frieden («dans une paix profonde»), weshalb die Vollmachten auch keine Existenzberechtigung mehr hätten und bloss den preussischen Bürokratismus begünstigen würden («quelques-uns se prennent pour des bureaucrates prussiens»).[2]

Die Kompetenzdelegation war an eine Berichterstattungspflicht geknüpft. Der erste Vollmachten- bzw. Neutralitätsbericht konnte aber erst knapp nach einem Jahr, im Juni 1915, im Parlament diskutiert werden. Dabei kam die Missstimmung zum Ausdruck, die sich gegen die Handhabung der ausserordentlichen Kompetenzen und vor allem gegen die Tätigkeit der Armeeleitung entwickelt hatte. Der zweite Neutralitätsbericht vom 19. Februar 1916 stand erst nach der Obersten-

Affäre (vgl. Kapitel 4) im März 1916 auf der Traktandenliste und wurde mit 159 zu 15 Stimmen nur unter der Bedingung genehmigt, dass inskünftig in jeder Session über die Massnahmen berichtet werde, die aufgrund der Vollmachten getroffen worden seien.[3]

Wie im vorangegangenen Kapitel gezeigt wurde, wollte sich der Bundesrat in der Sicherstellung der Getreideversorgung kaum engagieren, obwohl nur ein Viertel des Bedarfs über Inlandproduktion gesichert war. Gerechnet wurde mit einem Versorgungsbedarf von 150 Wagen pro Tag oder 60 000 Wagen pro Jahr, und davon mussten 45 000 Wagen importiert werden. In den Vorkriegsjahren waren die Vorräte stets zurückgegangen, von gegen 10 000 Wagen im Jahr 1907 auf rund 4200 Wagen im Jahr 1911. In der Nationalratsdebatte vom Dezember 1912 war der bürgerlichen Regierung in zum Teil scharfen Formulierungen verantwortungslose Untätigkeit vorgeworfen worden. So meinte Nationalrat Paul Pflüger (SP/ZH): «... ich habe mich oft gefragt, wie kann es dem Bundesrat wohl sein, wie kann man tagtäglich in aller Gemütlichkeit seinen Kaffeejass machen, wenn man daran denkt, dass wir beim Kriegsfall in der allergrössten Notlage wären infolge unserer miserablen Getreideversorgung.»[4] Beanstandete jene Kritik die Inaktivität, so ging den Kritikern nach dem August 1914 die Aktivität der Exekutive da und dort zu weit.

Im Herbst 1916 kam erneut aus der französischen Schweiz der Ruf nach Aufhebung der Vollmachten, gefordert diesmal, allerdings ohne jede Erfolgsaussicht, vom SP-Nationalrat Ernest-Paul Graber.[5] Das *Politische Jahrbuch* für 1917 berichtete von einer «hyperkritischen Stimmung» bezüglich der Vollmachten und von Vorwürfen, die den Gebrauch dieser ausserordentlichen Kompetenzen als «freiheitsmörderisch» bezeichneten. Es stellt sich ganz auf die Seite der kritisierten Regierung, weder Parlament noch Volk wären in der Lage, die Dutzende von wirtschaftspolitischen Massnahmen zu treffen, die der Bundesrat «fortwährend» treffen müsse; zudem würden die ausserordentlichen Massnahmen periodisch der Kontrolle der Bundesversammlung unterbreitet.[6]

In Kriegs- und Aktivdienstzeiten wird die Frage nach dem Verhältnis von ziviler und militärischer Zuständigkeit und damit die Frage nach der institutionellen Hoheit wichtig. Die Suprematie der zivilen Gewalt war auch zwischen 1914 und 1918 nie infrage gestellt. Selbstverständlich hatte der General gewisse Erwartungen an den Bundesrat und gab es im Bundesrat einzelne Mitglieder, die diesen stärker oder weniger stark entgegenzukommen bereit waren. Das gewichtigste Geschäft im Verhältnis der beiden Gewalten bildeten die Truppenaufgebote.

Vorbei die «Gemütlichkeit beim Kaffeejass»

16 Noch während Jahrzehnten stehen, sofern man von Kompositionen einzelner Köpfe absieht, keine Gesamtporträts des Bundesrates zur Verfügung, wie sie in unserer Zeit jedes Jahr mit grösster Selbstverständlichkeit neu hergestellt werden. Hier findet man ausnahmsweise das ganze Kollegium bei einem Truppenbesuch versammelt. Bundesrat Camille Decoppet, 1912 in die Landesregierung gewählt, leitete zunächst das Departement des Innern, dann das Justiz- und Polizeidepartement und von 1914 an das Militärdepartement – darum sein Auftritt hier in der Uniform eines Obersten –, war 1910 zum Kommandanten des 1.-Ter.-Kreises ernannt worden. (Grenzbesetzung, H. I, 1914, S. 100)

17 (oben) **Während sich die zivile Spitze** auf ein Kollegium von sieben Personen verteilt, lag die militärische Spitze allein beim General. Hier, 1915 im Hotel Bellevue, ist General Wille gleich dreimal auf dem Bild: einmal in natura, dann als Gemälde (von Ferdinand Hodler) und als Büste (von August Heer).

18 (rechts) **Dass Hodler den Auftrag erhalten hatte**, den General zu porträtieren, war im Frühjahr 1915 allgemein bekannt. Der *Nebelspalter* erlaubte sich die Anregung, der Maler möge ihn nach dem bekannten Tellbild von 1887 auftreten lassen, in der Skizze gibt es auch Spuren des ebenfalls bekannten Holzfällermotivs. (*Nebelspalter* Nr. 12 vom 20. März 1915)

Die zivile Autorität blieb trotz der Berufung eines Generals auch in den militärischen Grundsatzfragen (Ausmass der Mobilisation, Kriegserklärung, Bündnisse) der militärischen übergeordnet.[7] In der Gestaltung der Aussenbeziehungen beanspruchten die führenden Militärs einigen Spielraum, bei den wirtschaftlich und finanziell folgenreichen Truppenaufgeboten behielt der Bundesrat das Heft im Grossen und Ganzen in der Hand. Das Verhältnis zwischen politischer und militärischer Autorität war aus strukturellen Gründen – wie später zwischen 1939 und 1945 auch im Fall General Guisans – nicht frei von Spannungen. Der General war die antragstellende, der Bundesrat die bewilligende Seite. General Wille wollte im Januar 1917 eine Totalmobilmachung, der Bundesrat lehnte dies jedoch aus Rücksicht auf das Wirtschaftsleben ab und bewilligte bloss eine Teilmobilmachung. Generalstabschef Sprecher hatte den General nicht unterstützt und war ihm mit einem abgeschwächten Vorschlag in den Rücken gefallen.[8]

Wille trug sich mehrfach mit dem Gedanken zu demissionieren, weil er mit der Haltung des Bundesrats nicht einverstanden war und/oder sich von diesem in seiner Ehre zu wenig geschützt fühlte. So drohte General Wille mit Rücktritt, das heisst mit der Niederlegung eines Amtes «das mir weder Freude noch Genugtuung gewähren kann», als im September 1915 der Bundesrat die vom General geforderte Einberufung einer Kavalleriebrigade aus Rücksicht auf die Opposition der Sozialdemokraten nicht genehmigen wollte. General Wille war davon ausgegangen, dass der Bundesrat gemäss Art. 210 der Militärorganisation dem Antrag automatisch zu entsprechen hätte. – In diesem Fall gab der Bundesrat nach.[9]

Im Weiteren bestand auch bei gewissen höheren Offizieren die Versuchung, von ihrer Position aus in der Politik mitzureden. Major Eugen Bircher holte im August 1916 in der *Solothurner Zeitung* zu einer massiven Kritik an der schweizerischen Politik aus und wurde von Divisionskommandant Treytorrens de Loys unterstützt. Bircher warf den politischen Verantwortungsträgern vor, in den Wirtschaftsverhandlungen mit dem Ausland die Souveränität der Schweiz geopfert und im Parlament «widerliche» Diskussionen über die Truppenbereitstellung zugelassen zu haben. Die Kritik war nur zum Teil symmetrisch – «man geht betteln in Paris und Berlin» –, in erster Linie verurteilte sie das Entgegenkommen gegenüber Frankreich.[10]

Die publizistische Attacke erhielt, wie gesagt, die Unterstützung des Waadtländers de Loys. Dessen Schreiben war im gleichen Tenor gehalten:

> «Wozu eine Armee haben, wozu Truppen ausbilden, wenn man doch vor dem Auslande immer wie ein Feigling sich duckt? Kein Ehrgefühl mehr, kein Nationalstolz! Nichts mehr als die Bitterkeit, die in jedem rechten Herzen aufquellt angesichts des erschreckenden Verfalls.» Ungut war vor allem das folgende dunkle Versprechen: «Seid gewiss, Ihr, die Ihr auf uns zählt, dass die ganze Division zur Stelle ist, sobald sie gerufen wird…»[11] Von wem gerufen? Und warum gerade diese Heereseinheit? Bereits Bircher hatte zum Schluss in seinem Artikel gedroht, «dass der Unwille in der ganzen Ost- und Zentralschweiz ein sehr grosser ist und dass er einmal spontan zum Durchbruch kommen könnte».[12]

Die beiden Stellungnahmen der höheren Offiziere lösten heftige Reaktionen aus. SP-Nationalrat Robert Grimm bezeichnete de Loys öffentlich als «Kriegshetzer»,

«Unsere Jugend zur Schlachtbank führen»

auch bürgerliche Blätter reagierten empört und schrieben von einem «toll gewordenen Divisionskommandanten». Der Solothurner FDP-Nationalrat Adrian von Arx (sen.) schrieb in der NZZ, es gebe seit gestern in der Schweiz eine Kriegspartei, «die unsere Jugend zur Schlachtbank führen will».[13] Widerwillig erteilte der General auf Drängen des Bundesrats de Loys einen Verweis, Bircher blieb unbehelligt und agitierte weiter.[14]

19 **Der Repräsentant der zivilen Autorität**, der Waadtländer Bundesrat Decoppet, in beinahe unterwürfiger Haltung, die beiden Spitzenmilitärs, General Wille und Generalstabschef Sprecher, stolz und gerade. Decoppet wagt es gemäss Bildlegende immerhin, den beiden Herren zu sagen, dass sie ihn in der «Affaire des trains» (vgl. Dossier unter dem Arm und Kapitel 4) «angeschwindelt» hätten. (*L'Arbalète* Nr. 2, 1916)

Noch 1928/29 hatte Jacob Ruchti in seinem Werk nur lobende Worte für de Loys, der ein «aufrechter Eidgenosse» sei und «den Beifall des Schweizervolkes» gehabt habe.[15]

Im Nachgang zur Obersten Affäre und Ordnungsdienst Affäre (vgl. Kapitel 4) setzte der Bundesrat im Sommer 1916 in Fragen der inneren Sicherheit die Suprematie der zivilen Autorität durch, was zwei Jahre später in den Streikunruhen vom November 1918 von erheblicher Bedeutung werden sollte. Der Wille-Biograf Carl Helbling sah darin eine fatale Einschränkung, weil sie «fast ohne Unterlass an der Existenz der nur in ihrem eigenen Gesetz lebensfähigen Armee rüttelte».[16] Bezeichnenderweise forderten Ständerat Adrien L. Lachenal (Bundesrat von 1892 bis 1899 und Bundespräsident) und Nationalrat Henri Fazy, beide Genfer Freisinnige, mit ihren gleichlautenden Vorstössen, dass die Vorrangstellung der Zivilgewalt über die Militärbehörden («la prépondérance sur l'autorité militaire») mit einer Präzisierung der Militärorganisation Art. 204 und 208 zusätzlich gesichert werden müsse.[17] Der General sah darin aber nicht eine Sicherung des zivilen Primats, sondern den Versuch einer «Vertreibung des Generals aus seiner Stellung».[18]

Der General wehrte sich gegen diese Vorstösse wie gegen andere auch, und zwar mit dem Argument, dass ein Nachgeben gegenüber solchen Erwartungen im

Ausland einen schlechten Eindruck mache. Bereits ein Jahr zuvor, im Juni 1916, hatte er sich gegen die Einmischung der Vollmachtenkommission verwahrt, die sich für die Reduktion der mobilisierten Truppen ausgesprochen hatte. Bei seiner Berufung sei nicht davon die Rede gewesen, dass er die Armee «unter der eingreifenden Kontrolle des Parlaments» zu führen habe. Wenn

«Verächtliche Unterwürfigkeit vor dem Parlament»

das der Bundesversammlung nicht passe, dann sei er sofort bereit zu gehen.[19] Wille war der Meinung, dass sich das Parlament grundsätzlich jeder öffentlichen Kritik an der Armee enthalten solle. Bezeichnend für Willes Einstellung war, was er im April 1917 seiner Frau über die zivile Behörde schrieb: Der Bundesrat verharre in einer «jämmerlichen Angst vor dem Souverän-Volk» und in einer «verächtlichen Unterwürfigkeit vor dem Parlament».[20]

Gegen Ende 1917, als sich die Siegesaussichten auf der Seite der Entente erhöhten, wurde der auf die Zentralmächte ausgerichtete General vom Bundesrat mehr und mehr als politische Belastung empfunden. Fragen zur Gesundheit des bald 70-jährigen Oberkommandierenden schienen die Möglichkeit zu bieten, ihn gestützt auf medizinische Gutachten aus dem Amt zu entfernen und durch einen Entente-freundlichen Mann zu ersetzen. Nachdem aber der ins Auge gefasste potenzielle Nachfolger, der 64-jährige Oberstkorpskommandant Alfred Audéoud, am 1. November 1917 unerwartet gestorben war, verzichtete der Bundesrat auf die Weiterverfolgung der Absetzungspläne. In der historischen Debatte gehen die Meinungen auseinander, ob die Infragestellung von Willes Gesundheit von Sanitätsoffizieren mit intriganter Absicht ausgegangen sei.[21]

Zentralisierung und Finanzen

Die in der Kriegszeit anfallenden Aufgaben führten, gestützt auf die Erteilung der ausserordentlichen Vollmachten, zu einer starken Ausweitung der Staatskompetenzen und zu einer entsprechenden Zunahme der zentralen Bundesbürokratie vor allem zur Lenkung der Kriegswirtschaft (vgl. dazu Kapitel 3) sowie zu einer entsprechenden Zunahme der Kosten. Der Beamtenapparat wurde ausgebaut, zusätzliche Büroräume mussten zur Verfügung gestellt werden. Die Personalausgaben des Bundes stiegen von 75,5 Millionen Franken im Jahr 1913 auf über das Doppelte, nämlich 189,9 Millionen Franken im Jahr 1920.[22]

20 **«Reglementitis»:** Erst 1917 als «neue Krankheit» entdeckt – jedoch bereits seit 1914 vorhanden. Mit dem Vollmachtenregime nahmen Zentralismus und Bürokratie gewaltig zu. (*Nebelspalter* Nr. 21 vom 26. Mai 1917, bezogen auf ein Diktum des Zürcher Ständerats Wettstein)

Der später als Chef der Fremdenpolizei bekannt gewordene Heinrich Rothmund trat 1916 direkt von der Universität in den Dienst der Eidgenössischen Kriegsmaterialverwaltung ein und wurde da Sekretär der Metallsektion. 1919 wechselte er in die neu geschaffene und stark anwachsende Fremdenpolizei, also die «Sektion», die für nichtschweizerische Menschen zuständig war. Von Juni 1919 bis Oktober 1919 stieg die Zahl der in der Zentralstelle für Fremdenpolizei eingesetzten Arbeitskräfte (allein auf Bundesebene) von rund 200 auf über 500.[23]

Die Kriegsverhältnisse brachten auch für die nicht Krieg führende Schweiz zusätzliche Kosten: vor allem die Mobilisationskosten (zu denen übrigens auch die Abgeltung der wegen der Schützengräben entstandenen Flurschäden gehörten), aber auch die Kosten für die Sicherstellung der Güterversorgung, Kosten für die Abgabe verbilligter Lebensmittel und schliesslich, wie immer, die Kosten für die Kosten, das heisst, die Zinsdienste für die Ausgabenüberschüsse.

Die Gesamtausgaben von Bund, Kantonen und Gemeinden stiegen von 553 Millionen Franken 1913 auf 1279 Millionen Franken 1918. In den Jahren 1914 bis 1918 kam es nominal zu einer Verzehnfachung und real etwa zu einer Verfünffachung der Schulden.[24] Die Kosten für die Grenzbesetzung werden mit 1,9 Milliarden Franken angegeben: davon entfallen 1,2 Milliarden auf den eigentlichen Aktivdienst und 0,7 Milliarden auf die kriegswirtschaftlichen und sozialen Massnahmen.[25]

Den zusätzlichen Kosten standen schwindende Zolleinnahmen gegenüber, die bisher und seit jeher die Haupteinnahmen des Bundes waren. Diese Zolleinnahmen sanken mit dem Erlahmen des internationalen Handels in den Jahren 1913 bis 1918 beinahe kontinuierlich von rund 84 Millionen Franken auf rund 40 Millionen Franken, also um mehr als die Hälfte.[26] Finanzielle Mittel wurden durch die Aufnahme von insgesamt zwölf Anleihen in den Jahren 1914 bis 1920 beschafft, anfänglich in kleineren Beträgen (30 bis 75 Millionen Franken für die Jahre 1914/1915), dann in grösseren Beträgen (100 bis 166,5 Millionen Franken für die Jahre 1915 bis 1920) – die ersten zehn Anleihen auf dem einheimischen Markt, die letzten beiden in Amerika. Gleichzeitig konnten die Schweizer Banken schon damals dem Ausland viel Geld zur Verfügung stellen.

Der Mehrbedarf an öffentlichen Geldern wurde bewusst vor allem durch Anleihen und kaum durch Erhöhungen der Steuern gedeckt. Damit geriet der Staat in eine gewisse Abhängigkeit der Banken, und die Banken, Versicherungen und

21 **Starke Exekutive** – schwaches Parlament: Das wegen ständiger Abwesenheiten ein Schattendasein fristende Parlament würde seiner Aufgabe, die notwendige Einheit herzustellen und das benötigte Vertrauen zu schaffen, nicht gerecht. Die Volksvertreter bevorzugten andere Orte, vor allem Speiselokale. (*Nebelspalter* vom 6. April 1918; schon zuvor mit ähnlicher Aussage in der Nummer vom 6. Oktober 1917)

Börsen sicherten sich ein gutes Geschäft.[27] Trotz dieser Art der Geldbeschaffung musste der Bund neue Einnahmen erschliessen: zunächst mit einer einmaligen Kriegssteuer, die in der Volksabstimmung vom 6. Juni 1915 mit einer beinahe einmütigen Zustimmung gutgeheissen wurde. Mit 94,3 Prozent Ja und der Zustimmung aller Kantone war dies die höchste Zustimmungsquote in der ganzen Geschichte der eidgenössischen Volksabstimmung. Dies war umso bemerkenswerter, als bisher der fiskalpolitische Grundsatz galt, dass direkte Steuern den Kantonen vorbehalten seien und der Bund sich mit indirekten Steuern begnügen sollte. Die beeindruckende Zustimmung wurde als Ausdruck des festen Willens interpretiert, für die Erhaltung und den Schutz des Vaterlands die nötigen finanziellen Opfer zu erbringen. Die Abwicklung der neuen Steuer wurde den Kantonen übertragen, die dafür einen Fünftel der Einnahmen behalten durften. Die Steuer brachte über 100 Millionen Franken ein und damit mehr als die Bundeseinnahmen für das ganze 1913.[28]

Auf den anhaltenden Finanzbedarf reagierte das Parlament im Juni 1916 mit einer Aufforderung an den Bundesrat, von seinen ausserordentlichen Vollmachten Gebrauch zu machen und so dafür zu sorgen, dass die Kriegsgewinne selbst des Vorjahres 1915 noch rückwirkend besteuert werden konnten, zunächst mit 25 Prozent, für die Jahre 1917 bis 1919 mit 35 Prozent. Berechnungsgrundlage für die Gewinne war, was die Reinerträge der zwei Jahre vor dem 1. Juli 1914 um 10 Prozent überstieg. Wie die Beispiele der Seidenfabrik Schwarzenbach, der Maschinenfabrik Oerlikon und der Schokoladefabrik Suchard zeigen, reagierten Unternehmen mit der Bildung von Rückstellungen (mit stillen oder in Wertschriften angelegten Reserven und «fonds de retraite» im Fall von Suchard), um die besteuerbaren Gewinne möglichst tief zu halten.[29]

Diese im September 1916 eingeführte und bis 1920 erhobene Steuer, welche die Landwirtschaft völlig ausklammerte, brachte 670 Millionen Franken ein, das war mehr als die Hälfte der gesamten Steuereinnahmen der Jahre 1914 bis 1920. Das Inkasso dieser Steuer erwies sich allerdings als schwierig, insbesondere wenn es sich um Auslandguthaben handelte.[30] Die Kriegsgewinnsteuer beruhte auf der Überlegung, dass der Krieg einerseits Bedürftigkeit produziere, die nach Unterstützung durch den Staat rufe, anderseits aber auch enorme Gewinne ermögliche, an denen der Staat, wegen seiner besonderen Ausgaben, partizipieren solle. Im Visier hatte man nicht nur die ausländischen Spekulanten, sondern auch einheimische Unternehmen, vor allem die Textil- und Schokoladebranche.[31]

Sogar rückwirkende Kriegsgewinnsteuern

Eine im November 1916 lancierte und im Juni 1918 zur Abstimmung gebrachte Volksinitiative der SP forderte die Einführung einer ständigen direkten Bundessteuer und erreichte mit 45,9 Prozent einen «bedenklich» hohen Zustimmungsgrad.[32] Die Vorlage wurde jedoch von einer doppelten Gegnerschaft abgelehnt: Zum einen waren es die Verteidiger des Föderalismus, die weniger Einnahmen für die Kantone befürchteten, zum anderen die Bürger, die eine Umverteilung der Belastung zum Nachteil der Besitzenden befürchteten. Starke Ablehnungen gab es denn auch in der französischen Schweiz, im Tessin und in der katholischen Innerschweiz. Die Zustimmungsanteile erstreckten sich von 14,8 Prozent im Wallis bis zu 66,2 Prozent in Basel-Stadt. – Im Zweiten Weltkrieg sollte erneut ein starker Anstieg des Finanzbedarfs der öffentlichen Hand eintreten und 1940 zur Schaffung der Wehrsteuer führen, die, zur Dauereinrichtung geworden, erst 1983/1984 in «Direkte Bundessteuer» umbenannt wurde.

Gegen Kriegsende wurde eine Wiederholung dieser «einmaligen» Kriegssteuer nötig; sie wurde mit leicht höheren Ansätzen im ersten Nachkriegsjahr, am 4. Mai 1919, wiederum in einer Volksabstimmung sehr deutlich, das heisst mit 65,1 Prozent, angenommen. Diese ausserordentliche Steuer sollte so lange erhoben werden, bis der grösste Teil der kriegsbedingten Verschuldung von 1,3 Milliarden Franken abgetragen und ein einigermassen ausgeglichener Bundeshaushalt hergestellt sei, was bis 1932 dauern sollte. Die Vorlage wurde von der radikalisierten Linken mit dem Argument abgelehnt, dass man den «Staatsbankrott» herbeiführen und nicht die «Herrschaft der Bourgeoisie» künstlich verlängern solle.[33] Die Rechte war unter anderem mit dem Argument für die Vorlage, dass damit die Einführung einer dauernden direkten Bundessteuer vermieden werden könne. Der Freisinnige Christian Rothenberger forderte, dass von den rund 500 Millionen Franken zusätzlichen Einnahmen 200 Millionen einem Fonds für die Alters- und Hinterbliebenenversicherung zuzuweisen seien. Weil dem nicht entsprochen wurde, startete er eine AHV-Initiative, über die aber erst 1925 mit negativem Ausgang entschieden wurde.

Mit Einnahmenverweigerung den Staatsbankrott herbeiführen

Im Ersten Weltkrieg generierte man weitere zusätzliche Einnahmen mit der Verdoppelung der Militärsteuer, der Einführung von Stempelabgaben auf Wert- und Versicherungspapieren und Urkunden des Handelsverkehrs (was im Mai 1917 ebenfalls eine Volksabstimmung erforderte)[34] sowie der Anhebung gewisser Zölle (z. B. auf Tabake und Textilien).

Neutralitätspolitik

Als die Schweiz im August 1914 ihre Neutralitätserklärung abgab, war das für sie, gemäss dem später tradierten und an der analogen Erklärung von 1939 orientierten Bild, schon fast eine Routinehandlung. Der bekannte Neutralitäts-Historiker Edgar Bonjour bemerkt denn auch, die durch geschichtliche Entwicklung und Gegenwartslage bestimmte Haltung sei so «selbstverständlich» erschienen, dass In- und Ausland nichts anderes erwartet hatten.[35] Mit der Neutralitätserklärung sollte gegen aussen wie gegen innen das eigene Rollenverständnis festgeschrieben werden. So wenig überraschend das Neutralitätsbekenntnis war, so bedeutungsvoll war es doch 1914. Das *Politische Jahrbuch* leitete seinen Bericht für das Jahr 1914 mit der Feststellung ein: «Unsere ewige Neutralität ist plötzlich aktuell geworden; wir sehen ihren Wert mit ungeahnter Deutlichkeit ein.»[36]

«Unsere ewige Neutralität ist plötzlich aktuell geworden»

Bei tatendurstigen jungen Leuten dürfte die Neutralität weniger populär gewesen sein. Der 22-jährige Leutnant Zurlinden bemerkte sarkastisch, das Armeeaufgebot werde ihn kaum in den Krieg führen: «Wir Schweizer sind ja sowieso immer auf der Seite, wo nichts los ist. Man nennt das zwar Neutralität, und sie ist leitender eidgenössischer Staatsgedanke. Ich meine aber, so mit dem kleinen Finger dürfte es uns auch hineinnehmen, bloss zum Versuchen, wenigstens eine kurze, hitzige, unheimliche Grenzgeschichte, die dann zu unseren Gunsten verlaufen müsste. Die Franzosen oder die Deutschen wären zum Abenteuer recht. Nur, damit wir nicht leer ausgehen.»[37]

Die Verordnung vom 4. August 1914 stellte «strenge Unparteilichkeit» und die Vermeidung jeglicher «Begünstigung eines Kriegführenden» in Aussicht und forderte sie zugleich. Diese Absichtserklärung betraf vor allem militärisch relevante Vorgänge. Darum auch die sofortige Verhängung einer Kontrollpflicht für Kriegsmaterial, zugleich aber eine sehr large Interpretation, was Kriegsmaterial war.[38] Selbstverständlich war und ohne ausführende Erläuterung blieb, dass sich die Regierung politischer Stellungnahmen enthielt, die als Parteinahmen hätten verstanden werden können. Darum äusserte sich der Bundesrat nicht zu Handlungen, die gegen Kriegsrecht verstiessen (zum Beispiel zu Erschiessungen von Geiseln), und er blieb selbst beim Überfall auf das neutrale Belgien, einer offensichtlichen und eindeutigen Verletzung des Völkerrechts, stumm. 1917 kritisierte der vormals deutsche, dann in der Schweiz eingebürgerte und an der Universität Bern lehrende Völkerrechtler Otfried Nippold dieses offizielle Schweigen in einem Artikel in der NZZ.[39] Im gleichen Jahr erwarteten die USA von der Schweiz eine Verurteilung des als ungesetzlich eingestuften U-Bootkrieges. Der Bundesrat beschränkte sich aber darauf, bei der Vertretung des Deutschen Reichs Rechtsverwahrung einzulegen, soweit diese Art der Kriegsführung die Rechte der Neutralen verletze: Die Einrichtung von Sperrzonen stelle «einen schweren Eingriff in das der Schweiz als neutralem Staate nach den Grundsätzen des Völkerrechts zustehende Recht des friedlichen Handels» dar.[40]

Aus der Sicht eines neutralen Kleinstaates waren die Mächteverhältnisse ideal, wenn sie ausgewogen waren. Das bestätigte auch Walther Burckhardt, Staatsrechtler der Universität Bern und Herausgeber des *Politischen Jahrbuches*, als er sich

«Für eine ungefähre Beibehaltung des bisherigen Stärkeverhältnisses»

bereits nach dem ersten Kriegshalbjahr mit der Frage beschäftigte, wie dieser Krieg idealerweise für die Schweiz ausgehen sollte: «Der Ausgang des Krieges, der unseren schweizerischen Interessen am ehesten entspräche, wäre die ungefähre Beibehaltung des bisherigen Stärkeverhältnisses der Grossmächte, aber auf neuen, den Frieden verbürgenden moralischen Grundlagen.»[41]

«Ungefähres» Mächtegleichgewicht – diese Formulierung ging von leichten Ungleichgewichten aus, und diese konnten unter Umständen wiederum die Hegemoniefrage aufwerfen. Hinzu kam auch noch die Frage nach der inneren Qualität der Mächte, was angesichts des deutsch-französischen Gegensatzes recht wichtig war.

Vieles von dem, was in den Kriegsjahren an die Hand genommen wurde, kann man unter dem Neutralitätsaspekt betrachten, der vielen Dingen tatsächlich innewohnt. Das gilt auch für den sogenannten Fahnenskandal: Am Geburtstag des deutschen Kaisers vom 27. Januar 1916 rissen antideutsch eingestellte Demonstranten in Lausanne die Reichsfahne vom Konsulatsgebäude. Der Gemeinderat verurteilte die Ausschreitung als «manquement grave à notre neutralité et aux devoirs d'un peuple civilisé». Man hätte die beiden Kritikpunkte ebenso gut in der umgekehrten Reihenfolge aufführen können, jedenfalls hätten diplomatische Einrichtungen auch unabhängig von Neutralitätspflichten respektiert werden müssen. Die Behörden rekurrierten aber mit Vorliebe auf die Neutralität, wie es dem vorherrschenden Verständnis zu entsprechen schien – und dies verstärkte wiederum die Bedeutung der Neutralität von Mal zu Mal.[42] Die Ausrichtung auf diesen Aspekt begünstigte aber die unzutreffende Vorstellung, dass die Beachtung der Neutralität die dominante Sorge und der nationale Daseinszweck war.

Der Historiker Heinz Ochsenbein kam schon 1971 mit Blick auf das bestehende Szenario, sich einer der Krieg führenden Parteien anzuschliessen (vgl. Kapitel 4), zum Schluss, dass man die Neutralität 1914/15 intern «nicht als unveränderliche oder humanitäre Maxime» der Aussenpolitik betrachtet habe und bereit war, die Landesinteressen auch «ausserhalb der Neutralitätspolitik» wahrzunehmen.[43] Und ein anderer Historiker, Max Mittler, kommentierte 30 Jahre später mit Bezug auf den sehr begrenzten Autonomiehorizont sarkastisch: «Neutral auf eine Dauer von 60 Tagen.»[44]

Inzwischen ist die Bedeutung dieser aussenpolitischen Maxime sowohl für die Gegenwart wie den historischen Rückblick etwas relativiert und redimensioniert worden. Die Politikfelder werden darum unter eigenen Sachbezeichnungen präsentiert wie: die Militärabsprachen, die Wirtschaftsbeziehungen, die Pressepolitik, das humanitäre Engagement u. a. m.

Wie im Zweiten Weltkrieg erneut stellt sich schon in den Jahren 1914 bis 1918 die Frage, in welchem Masse die staatlichen Neutralitätsverpflichtungen auch für die einzelnen Personen Geltung hätten, ob sogenannte Gesinnungsneutralität erwartet wurde. Öffentliche Meinungsäusserungen wurden insofern eingeschränkt, als politische Vorträge zum Kriegsgeschehen einer polizeilichen Bewilligung bedurften und die Presse einer gewissen Kontrolle unterworfen war (vgl. unten). Es war vor allem die Meinung der staatsbürgerlichen Elite, wie sie in der Schrift von 1915 *Wir Schweizer, unsere Neutralität und der Krieg* versammelt war, die als Reaktion auf die Parteilichkeiten von 1914 für eine starke Einschränkung der öffentlichen Sympathiekundgebungen plädierte. Gemäss dem Verlagsvorwort zur Schrift mit Datum Dezember 1914 hatte die Publikation eine doppelte Funktion: den «Neutralitätsgedanken» gegen aussen kundtun und «uns Schweizern selbst» das richtige Verständnis nahelegen, das heisst die Einsicht, dass das Wohl der Schweiz «jedwede sympathische Färbung unseres politischen Denkens nach der einen oder anderen Richtung» verbiete.[45] Die starke, auch in allgemeiner Weise die schweizerische Identität bestimmende Aufwertung, welche die Neutralität erfuhr, kam zunächst aus dem Bedürfnis (und der Notwendigkeit), die zentrifugal wirkenden Parteinahmen von 1914 zu neutralisieren.

Friedensvermittlung und Gute Dienste

Es bestand die Meinung, dass das internationale Abseitsstehen komplementär ein besonderes Engagement im friedensfördernden und humanitären Sinn möglich, vielleicht zur Legitimation des politisch-militärischen Nichtengagements sogar notwendig machte. Die Leistungen im humanitären Bereich werden unten (Kapitel 7) separat erörtert; hier sollen die friedensfördernden Aktivitäten kurz vorgestellt werden. Schon im Januar 1915 unterschied ein Genfer Flugblatt zwischen den beiden durch die Neutralität verbundenen Sphären: «La Suisse est neutre, elle n'a pas d'ennemis et accomplit d'admirables œuvres de charité et de philanthropie. Elle peut et doit en entreprendre une nouvelle, plus importante que les autres, essayer de faire cesser les hostilités, jeter un appel de paix et de concorde.»[46] Dabei verbanden sich zwei Motive und Möglichkeiten: Eine Versöhnung der internationalen Gegnerschaften könnte auch eine Verständigung in den innergesellschaftlichen Gegnerschaften zwischen den beiden Landesteilen erleichtern.

Der Bundesrat wurde immer wieder von sozialdemokratischer Seite und anderen Gruppierungen ermuntert, ja gedrängt, friedensvermittelnde Initiativen zu ergreifen. So druckte das *Politische Jahrbuch* in extenso einen Aufruf der internationalen Friedenskonferenz im Haag von April 1915 ab, der die Schaffung eines Friedensgremiums als Dauereinrichtung, eine wirksame Kontrolle der Aussenpolitik durch die Parlamente und die Ungültigkeit von Geheimverträgen forderte.[47] Im November 1915 schlug der schweizerische Verband für Frauenstimmrecht in einer Eingabe vor, die Landesregierung möge den amerikanischen Präsidenten Mr. Wilson bitten, eine Konferenz mit Vertretern neutraler Regierungen einzuberufen.[48]

Im Dezember 1915 kam von SP-Nationalrat Herman Greulich die Anregung an den Bundesrat, entweder alleine oder zusammen mit anderen neutralen Ländern, den Krieg führenden «Gute Dienste» anzubieten und so die baldige Herbeiführung eines Waffenstillstandes und die Aufnahme von Friedensverhandlungen einzuleiten. Im Juni 1916 folgte FDP-Nationalrat Joseph Anton Scherrer-Füllemann mit einer Interpellation in gleicher Sache. Im September 1916 nahm der Bundesrat Stellung und zeigte Verständnis für das Friedensbedürfnis, «das in unserm Volke und bei allen Völkern, die unter dem Kriegselend leiden, je länger je gewaltiger zum Ausdruck kommt». Er ging davon aus, dass auch die Bundesversammlung aus

«Verständnis für das Friedensbedürfnis in unserem Volk»

22 **Ein weiteres Treffen** in Stockholm/Kopen-
hagen veranlasste den *Nebelspalter*, diese
Zusammenkunft mit der «Kappeler Milchsuppe»
zu vergleichen. Alle Teilnehmer tragen Sozialisten-
mützen. (*Nebelspalter* vom 9. Juni 1917)

vollem Herzen ein Ende des schrecklichen Krieges herbeisehnt, «der die Früchte
der zivilisatorischen Arbeit ganzer Generationen zerstört». Trotzdem hielt er den
Zeitpunkt für Friedensvermittlung noch nicht für gekommen; zuerst müsse die
öffentliche Meinung in den Krieg führenden Staaten selbst eine entscheidende
Wandlung erfahren. Zudem würde eine derartige Initiative je nach Kriegslage als
lästige Einmischung oder sogar als unfreundlicher Akt empfunden. Die beiden
Kammern schlossen sich im März 1917 und im Juni 1917 dieser Auffassung an.[49]

Zu jenem Zeitpunkt waren bereits offiziell Friedensfühler ausgestreckt worden – und gescheitert. Der US-Präsident Wilson hatte, allerdings sehr zurückhaltend, im Dezember 1916 eine Klärung der Ziele der Kriegsparteien angeregt. Und da der Zeitpunkt für die Zentralmächte gerade günstig war, beeilte sich der deutschfreundliche Bundesrat Hoffmann, die Unterstützung der Schweiz anzubieten, was auf der Seite der Entente-Mächte gar nicht gut ankam.[50] Jules Cambon, Generalsekretär des französischen Aussenministeriums, bemerkte zum schweizerischen Gesandten, die Schweiz erinnere ihn an den Frosch, der sich in La Fontaines Fabel aufgeblasen habe, um als Ochs zu erscheinen.[51]

In einer weiteren Stellungnahme, die der Bundesrat im November 1917 wegen einer Resolution abgeben musste, sprach er sich für obligatorische Schiedsgerichtsbarkeit und für Rüstungsbeschränkung aus, aber auch, was dem von Wilson propagierten Selbstbestimmungsrecht der Völker entsprach, für die Einsicht, «dass die Geschicke der Völker nicht entsprechend der Gerechtigkeit geordnet werden könnten, wenn man nicht nach Möglichkeit ihren Bestrebungen Rechnung tragen würde».[52]

Neben Sondierungen und Versuchen gleichsam «von oben» gab es auch Bemühungen «von unten». An der vom amerikanischen Autofabrikanten Henry Ford in den ersten Monates des Jahres 1916 in Stockholm durchgeführten informellen Friedenskonferenz nahm auch eine schweizerische Delegation teil, bestehend aus drei Nationalräten (Scherrer-Füllemann, Greulich, Göttisheim), zwei Vertreterinnen der Frauenbewegung (Clara Ragaz und Marguerite Gobat) sowie mehreren Professoren (unter ihnen Auguste Forel und William Rappard).[53] Im September 1916 wurde eine Volkspetition mit 240 000 Unterschriften eingereicht.

Nach der Februarrevolution von 1917 drängte es den im Schweizer Exil lebenden Lenin, diesen «verfluchten Käfig» möglichst schnell zu verlassen, um in seiner Heimat den Gang der Dinge mitbestimmen zu können. Am Ostermontag, 9. April 1917, konnte sich Lenin, von schweizerischen und deutschen Stellen unterstützt, in einer siebentägigen Fahrt auf den Weg machen und in einem bloss angeblich plombierten Eisenbahnwagen via Berlin und Stockholm in die russische Hauptstadt Petrograd (St. Petersburg) reisen. Zuvor hatte er in der Schweiz wegen ihrer zentralen Lage den idealen Ausgangsort für seine Weltrevolution gesehen, die mit der Besetzung von Grossbetrieben und Banken ihren Anfang hätte nehmen sollen.[54] Resigniert musste er dann aber feststellen: «Die Schweizer wollen nicht lernen, wie man eine revolutionäre Partei organisieren muss.»[55] Die von

23 **Der starke Hoffmann**, der fünf Jahre lang den Bundesrat dominiert und unter anderem 1914 die Wahl Willes zum General durchgedrückt hat, erliegt, wie der gut gepanzerte, aber an der Ferse getroffene Achilles, einer Kleinigkeit, nämlich einer Andeutung in einem abgefangenen Telegramm zum deutsch-russischen Separatfrieden. Der *Nebelspalter* reagierte mit sympathisierender Anteilnahme, indem er die Ferse als «Friedensliebe» und diese als die «einzig verwundbare Stelle» bezeichnete, obwohl auch ihm seine Deutschfreundlichkeit gelegentlich zum Verhängnis hätte werden können. (*Nebelspalter* vom 30. Juni 1917)

Robert Grimm angeführten Sozialdemokraten setzten trotz des auch von ihnen gepflegten Revolutionspathos einen gemässigten Kurs durch, was aber die Rechte nicht hinderte, die Sozialdemokraten pauschal als Staatsstreichs- und Revolutionspartei hinzustellen.

Robert Grimm hatte eine weit weniger radikale Haltung eingenommen als Lenin, und Lenins Fahrt nach Russland war von Fritz Platten und nicht von Grimm organisiert worden. Immerhin versuchte Grimm im März 1917, wenn auch vergeblich, im Nationalrat eine Motion durchzubringen, in der die schweizerische Volksvertretung «der ältesten Demokratie Europas» der russischen Revolution «freudigen Gruss und Glückwunsch» hätte entbieten und die Überzeugung zum Ausdruck bringen sollen,

«Freudigen Gruss und Glückwunsch» nach St. Petersburg?

dass die Demokratisierung des Zarenreichs «eine der Bürgschaften für den endlichen Triumph des Friedens und der Verständigung der Völker über die Schreckensherrschaft des Krieges» sei. Die Ratsmehrheit lehnte aber die Entsendung eines derartigen Telegramms mit dem Argument ab, dass dies eine unstatthafte Einmischung in die inneren Angelegenheiten Russlands sei.[56]

Grimm begab sich im Mai 1917 ebenfalls nach St. Petersburg, um dort seine Zimmerwalder-Ziele (vgl. Kapitel 6) weiterzuverfolgen.[57] Einerseits wollte auch er die Revolution in Schwung halten, so besuchte er die meuternden Matrosen in Kronstadt und hielt ihnen in deutscher Sprache eine lange unverständliche Rede. Andererseits verhielt er sich eher konservativ: Er wünschte einen baldigen Friedensschluss zwischen Russland und Deutschland, um die Revolutionsergebnisse zu konsolidieren und mit der Heimkehr der russischen Soldaten eine Gegenkraft gegen die befürchtete Konterrevolution zu haben.[58]

Grimm hatte schon vor seiner Abreise Kontakt mit dem für die schweizerische Aussenpolitik zuständigen Bundesrat Arthur Hoffmann. Dieser war, wenn auch aus einem anderen Motiv, ebenfalls an einem russisch-deutschen Separatfrieden interessiert, von dem er sich versprach, dass ein allgemeiner Friede in Griffnähe rückte und damit auch für die Schweiz die schwierigen Versorgungsverhältnisse ein Ende nähmen.[59] Aufgrund der in Bern geführten Vorverständigung konnte Grimm am 26./27. Mai 1917 durch die schweizerische Gesandtschaft in St. Petersburg Hoffmann darüber informieren, dass auf russischer Seite ernsthafte Friedensinteressen bestünden und diese zu einer Verständigung führen könnten, sofern Deutschland von einer Offensive im Osten absehe. Am 3. Juni 1917 teilte Hoffmann, ohne sich mit den Bundesratskollegen abgesprochen zu haben, in einem chiffrierten Telegramm mit, dass Deutschland keine Offensive unternehme und an Friedensverhandlungen mit Russland interessiert sei und dabei weder eine Gebietserweiterung noch eine politische und wirtschaftliche Machterweiterung anstrebe.

In einem Einschub muss hier auch auf ein strukturelles Problem hingewiesen werden: Nachdem die Leitung des Politischen Departments (wie das Departement für auswärtige Angelegenheiten damals hiess) bis 1913 mit dem jährlichen Bundespräsidium rotiert hatte, blieb diese ab 1914 bei Hoffmann hängen und verstärkte damit die Tendenz, anders als bei der von allen mitverfolgten Innenpolitik, sich ausserhalb des Kollegiums zu verselbstständigen.[60] Nach Hoffmanns Abgang kehrte man für zwei Jahre wieder zum Rotationssystem zurück; von 1920 an blieb die Aussenpolitik für lange 20 Jahre der Ära Motta wieder in der gleichen Hand.

Während Hoffmann später erklärte, seine Einschätzung der internationalen Lage bloss aufgrund seines allgemeinen Wissensstandes vorgenommen zu haben, deutet doch einiges darauf hin, dass er indirekt im Namen des deutschen Interessenvertreters, des Gesandten Baron von Romberg, agiert hatte, was den Tatbestand der einseitigen Begünstigung durch die Förderung eines möglichen Separatfriedens erfüllte. Dieser sollte später nach längeren Verhandlungen am 3. März 1918 in Brest-Litowsk tatsächlich zustande kommen und Deutschland ermöglichen, seine Kräfte an der Westfront zu konzentrieren.

Hoffmanns Telegramm wurde abgefangen, es gelangte an die Öffentlichkeit und löste auch in der Schweiz eine grössere Aufregung aus. Eine Demonstration in Genf führte zu Ausschreitungen vor dem deutschen Generalkonsulat. Es wurde

«Nur das Landesinteresse vor Augen gehabt»

schnell klar, dass Hoffmann nicht im Amt bleiben konnte. Am 18. Juni 1917, einen Tag nach Bekanntwerden der kompromittierenden Depesche, reichte er seinen Rücktritt ein. Und wiederum einen Tag später erklärte der Bundesrat vor dem Nationalrat, dass er von allem nichts gewusst habe und, falls damit konfrontiert, solches Handeln nicht gebilligt hätte. Die Gesinnung des fehlbaren Kollegen wurde aber nicht in Zweifel gezogen, Hoffmann wurde im Gegenteil attestiert, nur das Landesinteresse vor Augen gehabt zu haben, was auch sein primäres Motiv gewesen sein mag: die Förderung eines baldigen Kriegsendes in einer für die Schweiz immer schwieriger gewordenen Lage. Damit – so bleibt zu vermuten – verband sich aber auch die

Bereitschaft, eine für Deutschland günstige Lösung zu fördern. Ob sein primäres Motiv auch dann bestimmend gewesen wäre, wenn es zum Nachteil Deutschlands gewesen wäre, muss bei Hoffmanns Deutschfreundlichkeit bezweifelt werden.

In seiner Studie zum schweizerischen Aussenhandel spricht sich Heinz Ochsenbein dafür aus, dass man Hoffmanns angebliche Deutschfreundlichkeit nicht überschätzen soll. Jedenfalls habe Hoffmann nie die schweizerischen Interessen hintangestellt.[61] Den Versuch einer Vermittlung zwischen Deutschland und Russland wertet der Genfer Historiker François Walter als Folge einer «surestimation naïve» – womit wir wieder beim Frosch und Ochsen wären.[62]

Am «Fall Hoffmann» wurde und wird die Frage diskutiert, wie weit und welche Friedensvermittlungen der Neutralitätsstatus erlaube. Der Neutralitäts-Historiker Edgar Bonjour schloss nichts kategorisch aus, führte aber eine ganze Reihe von Fragezeichen an und kam, was den konkreten Fall betraf, zu einem entschieden negativen Urteil: Das gewagte Unternehmen sei «unsorgfältig» vorbereitet und «dilettantisch» durchgeführt worden.[63]

Rechtfertigung war auch auf der linken Seite fällig: Eine Mehrheit des SP-Vorstands billigte die Aktion ihres Genossen Grimm mit der Feststellung, dass sie der russischen Revolution und dem Frieden habe dienen wollen. Eine Minderheit missbilligte sie, weil sie im Stil der verpönten Geheimdiplomatie unternommen worden war, in der man auch eine wichtige Ursache des Kriegsausbruchs von 1914 sah. Auf Hoffmanns Abgang folgte die Wahl des Genfers Gustave Ador. Als IKRK-Präsident hatte er zwar eine überparteiliche Statur, doch galt er, der Träger des Ordens eines Grosskreuzes der französischen Ehrenlegion war, als ausgesprochen ententefreundlich. Ador machte zur Bedingung, dass ihm die Leitung der Aussenpolitik überlassen werde.[64] 1916 hatte er in Paris die Wirtschaftsverhandlungen im Rahmen der S.S.S. mit der Entente geführt (vgl. Kapitel 3). Der deutsche Gesandte empfand diese Wahl als höchst bedauerlichen Lagerwechsel, die Entente dürfte dies – mit entsprechender Genugtuung – auch so gedeutet haben. Der Wahl Adors in die Landesregierung kam klar auch die Funktion zu, das Vertrauen der Welschen in den Bundesrat wieder zu stärken.

Adors Wahl – ein höchst bedauerlicher Lagerwechsel?

Dass sich die Dinge aber nicht von einem Tag auf den anderen änderten, zeigt eine interne Bemerkung eines Sulzer-Direktors. Dieser schimpfte, jetzt auf Bundesrat Schulthess bezogen, im Oktober 1917 über die «kleine Clique von Herrn in Bern, die von germanoservilen und germanophilen Ideen derart befangen» seien, dass sie «die Würde des Landes nicht mehr zu verteidigen» wüssten.[65]

Der bei seiner Wahl 72-jährige Ador übte das Amt nur zweieinhalb Jahre aus, wenn auch zum Schluss, 1919, noch als Bundespräsident. In dieser Eigenschaft begrüsste er den Sieg der Alliierten und meldete – allerdings erfolglos – die Erwartung an, dass die Schweiz – «heute schon ein kleines Modell eines möglichen Europas» – bei den Friedensverhandlungen mitreden könne (vgl. Kapitel 8).

Neben dem personellen Wechsel traten im Juni 1917 drei wichtige organisatorische Veränderungen ein: Erstens wurde das Politische Departement (EPD) vorübergehend, wie vor 1914, wiederum an den Turnus des jährlich wechselnden Bundespräsidenten gekoppelt, nachdem es von 1914 bis 1917 fest in Hoffmanns Händen gewesen war. Man ging davon aus, dass mit der Beschränkung dieser Departementsleitung auf ein Jahr die Eigenmächtigkeiten sich besser vermeiden liessen. Zweitens wurden dem Chef des EPD Ador zwei Bundesräte zur Seite gestellt (Schulthess und Calonder), die zusammen nun die aussenpolitische Delegation bildeten. Drittens wurde die wichtige Handelsabteilung im Juni 1917 vom EPD abgekoppelt und dem Volkswirtschaftsdepartement (also Bundesrat Schulthess) zugeteilt, das damit einen immer grösseren Einfluss auf die Gestaltung der schweizerischen Aussenbeziehungen gewann.

Die Guten Dienste bestanden darin, dass die Schweiz als Schutzmacht für andere handelte und in deren Namen tätig wurde, wenn die diplomatischen Beziehungen durch den Krieg unterbrochen waren. Die inzwischen gut eingeübte Praxis stand damals noch in ihren Anfängen. Dies dürfte aber nicht der einzige Grund gewesen sein, warum sich die Schweiz entgegen ihrem Ruf als Hüterin der humanitären Dienste nicht darauf einliess, als sie im August 1914 von Belgien angefragt wurde, sich um die belgischen Flüchtlinge in Paris zu kümmern.[66]

In der Literatur sind Angaben zu den Guten Diensten nicht leicht zu finden. Die im *Politischen Jahrbuch* 1917 veröffentlichte Auskunft soll hier beinahe integral übernommen werden, sie veranschaulicht Vielzahl und Vielfalt der Vertretungen der von der Schweiz wahrgenommenen fremden Interessen: Als Italien im Mai 1915 auf der Seite der Entente in den Krieg eintrat, übernahm die Schweiz die Wahrung der italienischen Interessen in Deutschland wie auch der deutschen Interessen in Italien. Und als wegen des Kriegseintritts der USA im Februar 1917 die amerikanisch-deutschen Beziehungen unterbrochen wurden, gingen die zuvor von Amerika im Namen Deutschlands ausgeübten Mandate an die Schweiz. So übernahm das Politische Departement die Vertretung des Deutschen Reichs (und des königlichen Bayerns) in Amerika, Frankreich und Grossbritannien, Japan, Rumänien, Brasilien und Haiti; die Vertretung der Österreicher in Frankreich und Rumänien sowie der Bulgaren in Rumänien; die Wahrnehmung der Vertretungen in Italien übergab es den Spaniern, doch half auch da die Schweiz aus, wenn Spanien zum Beispiel in Turin, Venedig, Florenz, Livorno und Palermo keine Konsulate vor Ort besass.[67] In Österreich vertrat die Schweiz umgekehrt Frankreich, Italien und Rumänien. Schweizerische Konsulate kümmerten sich um die Interessen der Deutschen in Neu-Guinea, Samoa, Moçambique, in Queenstown, Tasmanien, Tunis und Apia sowie auf Bermuda und Neuseeland. Der Bericht betont, dass die Schweiz bloss Briefträgerin sei, ohne selbst Stellung zu beziehen.[68]

Das war die Schweiz auch, als die deutsche Regierung im Oktober 1918 ein Friedensangebot an die USA richtete und dies über den diplomatischen Kanal der Schweiz machte. Obwohl Deutschland es gerne gesehen hätte, wenn die Schweiz das Angebot mit einem positiven Begleitkommentar versehen hätte, sah die Schweiz selbstverständlich davon ab.[69]

Pressezensur

Die mit Sondervollmachten ausgestattete Landesregierung erachtete es als ihre Pflicht, die verfassungsrechtlich garantierte Pressefreiheit einzuschränken, wenn deren Inanspruchnahme für die innere oder äussere Sicherheit des Landes gefährlich würde.[70] Zunächst gelangte der Bundesrat am 1. Oktober 1914 mit einer väterlichen Ermahnung an das Schweizervolk, es solle sich doch in seinen Äusserungen zum Kriegsgeschehen «möglichst» Zurückhaltung und Mässigung auferlegen.[71] Ob die Medien dem im publizistischen Alltag entsprachen, wurde von den ersten Tagen an vom Armeestab durch sein zentrales Pressebüro und seine regionalen Stellen überprüft, und zwar mit Nachkontrollen bei 112 Tageszeitungen und vielen anderen in grösserer Kadenz erscheinenden Organen.[72]

Für die Veröffentlichungen militärischer Natur war bereits mit einer Verordnung vom 10. August 1914 die Vorzensur eingeführt und deren Durchführung den Pressebüros der Divisionen und Territorialkreise übertragen worden. Ein weiterer Erlass vom 18. September 1915, der alle Vorkommnisse im Grenzgebiet unter Vorzensur stellte, liess den berechtigten Verdacht aufkommen, dass man damit auch jede Kritik an der vor allem im Grenzgebiet operierenden Armee unterdrücken wollte. Der Erlass war denn auch am 22. September 1915 Gegenstand einer nationalrätlichen Interpellation.

Wenige Wochen später beschäftigte sich der General in zwei langen Schreiben mit den Gefahren, die dem Ansehen der Armee und damit der Wehrkraft des Landes vonseiten der Presse durch ungerechtfertigte Kritik drohten. Diese Schreiben könnten auf dreierlei hinweisen: dass erstens nach dem ersten Kriegsjahr die Einstellung zur Armee kritischer geworden war, dass sich zweitens die Zahl der unerfreulichen Zwischenfälle im Dienstbetrieb erhöht hatte und dass drittens der General und seine Umgebung gegenüber armeekritischen Berichten besonders empfindlich waren. Die Tendenz zu Überreaktionen sah der Oberkommandierende jedoch vielmehr bei der Basis: «Wir finden leider in manchen Truppeneinheiten eine sehr hochgradige Empfindlichkeit gegenüber den Vorgesetzten, die vielfach den Eindruck macht, als ob der Soldat nur auf eine Inkorrektheit eines Offiziers lauert, um sich zu beschweren und, wenn die Erledigung der Beschwerde nicht befriedigt, die Angelegenheit in eine Zeitung zu bringen.»[73]

«Der Soldat lauert nur auf eine Inkorrektheit eines Offiziers»

Natürlich schickte der General voraus, dass die Armee in erster Linie keinen Anlass zu Kritik bieten solle und die Aufgabe der Presse als Hüterin der öffentlichen Interessen respektiert werden müsse. Entscheidend bei solchen Schreiben ist indessen stets, was dann nach dem «aber» festgehalten wird. So folgte die Kritik an den als «Anrempelungen» bezeichneten Artikeln, die aus dem vor allem in Friedenszeiten bestehenden Hang entstünden, «alles dem Dienstbetrieb im Heer nicht Ehrenhafte zu berichten, das ihr, und zwar nicht immer aus edlen Motiven, zugetragen wird». Es sei «unsere heilige Pflicht», solchen Untergrabungen der Fundamente kriegerischer Brauchbarkeit einer Armee zu begegnen. Wie Wille die Presseberichterstattung einschätzte, zeigt etwa folgender Satz: «Nicht selten kommt es jetzt vor, dass die den Zeitungen zugetragenen Geschichten völlig frei erfunden sind, in sehr vielen Fällen wird durch die Art der Darstellung aus einem harmlosen Vorkommnis ein strafbares verächtliches Vergehen gemacht, und kein einziger Fall ist mir bekannt, in dem objektiv, einfach und schlicht das Vorkommnis so berichtet wird, wie es sich zugetragen hat.» Fehlbare Zeitungen seien dem Militärstrafgericht zu überweisen.[74] Weiter erhalten geblieben ist ein Memorial vom November 1916, in dem sich General Wille über die «Verunglimpfungen des militärischen Dienstbetriebs in der Presse und im Ratssaal» ausliess.[75]

Auch im Zivilbereich schuf sich die Landesregierung bereits am 30. September 1914 die Möglichkeit, inländische Presseorgane zu verwarnen oder zu suspendieren, wenn sie die Beziehungen der Schweiz zu anderen Ländern schwerwiegend gefährdeten. Vonseiten der Armee wurde dem Bundesrat vorgeworfen, vor allem in der ersten Zeit nur aufgrund auswärtiger Reklamationen und Opportunitätsüberlegungen interveniert statt eine konsequente Rechtspraxis entwickelt zu haben.[76] Im Laufe des Jahres 1915 wurden, wiederum gestützt auf die Vollmachten, die Pressebestimmungen in allgemeiner Weise auf den politischen Bereich ausgedehnt, nämlich mit der Einführung von Strafbestimmungen gegen die Beschimpfung fremder Völker, Staatsoberhäupter und Regierungen (2. Juli 1915). Den Verantwortlichen allfälliger Herabwürdigungen in Schrift und Bild wurden schwere Strafen (bis zu sechs Monate Gefängnis oder Bussen bis zu 5000 Franken) angedroht.[77]

Zudem wurde am 27. Juli 1915 eine eidgenössische Pressekontrollkommission geschaffen, die sich vor allem mit ausländischem Propagandamaterial, aber auch mit inländischen Presseerzeugnissen zu befassen hatte.[78] Zwei Mitglieder dieses fünfköpfigen Gremiums konnten über den Verein der Schweizer Presse (VSP) von den direkt Betroffenen bestimmt werden. Der VSP war als offiziöses Organ besonders zugänglich für Erwartungen, die im Namen des Gemeinwohls formuliert wurden. Und er

«Gelegenheit, in den Tagen tiefsten Ernstes die hohe Mission zu erfüllen»

gab sie weiter an seine Mitglieder, die mehrheitlich ihrerseits wohl ähnlich eingestellt waren. Sein schon am 3. August 1914 erlassener Appell war zwar geprägt von der bei Beginn der Grenzbesetzung besonders gehobenen Stimmung, er drückte aber etwas aus, das auch später, wenn auch in gedämpfter Weise, weiter bestand. «Wenn je die schweizerische Presse Gelegenheit hatte», verkündete der Aufruf, «den Beweis dafür zu erbringen, dass sie auch in den Tagen tiefsten Ernstes ihre hohe Mission zu erfüllen im Stande sei, so sind es die Tage, denen wir entgegengehen.» Der VSP forderte seine Mitglieder auf, die militärischen Stellen mit für sie interessanten Nachrichten direkt zu versorgen und bei den Wirtschaftsnachrichten nichts zu publizieren, was die Bevölkerung beunruhigen könnte.[79]

Eine wichtige Funktion der Zensur bestand darin, den mit importierten Druckschriften geführten Propagandakrieg der Mächte einzuschränken. Für die unerwünschten Parteinahmen der beiden grossen Landesteile wurde vor allem das propagandistisch intervenierende Ausland verantwortlich gemacht. Das ausländische Schriftgut kam bereits recht früh, etwa ein Dreivierteljahr nach Kriegsausbruch, im Zusammenhang mit der Verteilung von importiertem Propaganda-material ins Visier der Behörden und wurde zu einem Thema in behördlichen Rundschreiben. Das Kreisschreiben des Bundesrats an die Kantone vom 26. März 1915 mahnte zu «rücksichtsloser Strenge» gegenüber Ausländern, die mit ihrer politischen Agitation die schweizerische Gastfreundschaft missbrauchten. Das Schreiben erinnerte mit dieser Einschätzung an die Ausgangslage: «Wir haben die Tore unseres Landes weit geöffnet und seit Beginn der Kriegswirren mit der grössten Liberalität die ausländische Bevölkerung auch dann bei uns behalten, wenn das eine sehr erhebliche Last für uns bedeutete.»[80] Worin die «erhebliche Last» bestanden hat, bleibt allerdings unklar.

Es erstaunt nicht, im *Nebelspalter* immer wieder Sticheleien gegen die Zensur zu finden, schon früh im Herbst 1914 mit einem Bild, auf dem eine grosse Zensur-kanone auf wehrlose Zeitungen schiesst und ein Schaffhauser Blatt bereits am Boden liegt[81], oder im Sommer 1915 mit Bildern, welche die Presse als Seiltänzer oder als Mann mit einem Vorhängeschloss am Mund zeigen.[82] Über die konkrete Handhabung der Zensurkom-petenzen ist wenig bekannt.[83] Die knappen Auskünfte beschränken sich auf die Aufzählung von ein paar Blättern und der gegen sie verfügten Massnahmen, wo-runter ein drastischer Eingriff von beschränkter Bedeutung: schon im Oktober 1914 wurde das Genfer Witzblättchen *Guggus* mit einem Erscheinungsverbot für die «Dauer des Krieges» belegt. Schwerer wog ein zweimonatiges Erscheinungs-verbot des *Petit Jurassien* in Moutier (vgl. Fall Froidevaux, Kapitel 6, Jura).[84]

«In der Schweiz ist es schwierig, das freie Wort zu zügeln»

Der eher behördenfreundliche Jacob Ruchti kam 1928 zu einem bemerkens-wert kritischen Urteil des Zensurwesens: «Alle diese behördlichen Massnah-men haben gezeigt, wie schwierig es in der Schweiz ist, das freie Wort zu zügeln, und wie wenig die Schweizer die Zensur gewohnt sind. Niemand ver-steht sie zu handhaben; wir können damit nur Unheil anrichten.»[85]

Die Post war aufgrund ihrer Postordnung von 1910 verpflichtet, Sendungen mit «beschimpfendem oder unsittlichem Inhalt» zurückzubehalten und als «un-zustellbar» zu behandeln.[86] Im November 1914 bestimmte die Verfügung Nr. 155, dass solche Sendungen der Oberpostdirektion zu überweisen seien. Dort entschied ein rechtlich fragwürdiges Prozedere, was damit zu geschehen habe. Im Vorder-grund mögen Rücksichten auf die Beziehungen mit dem Ausland gestanden haben. Die Beschlagnahmungen betrafen aber auch den Binnenverkehr und die Binnenverhältnisse. Einige erhalten gebliebene Postkarten zeugen von dieser massiven Überwachungstätigkeit. Besonders problematisch war, dass die Empfänger von der Post nicht darüber informiert wurden, dass eine für sie bestimmte Sendung nicht zugestellt wurde.[87]

Die Telegrammzensur wurde von Armeestellen gehandhabt; die erfassten Telegramme betrafen aber nur 20 Prozent militärische Angelegenheiten, bei 10 Prozent ging es um politische Nachrichten (von und für Vereinigungen, Komitees, Missionen) und bei 70 Prozent um wirtschaftliche Nachrichten (Kontrolle des Exports und des Schleichhandels). Die Briefkorrespondenz blieb stets unzensuriert.[88]

1 Furrer, 2008, S. 28.

2 Albert Bonnard, Les plains pouvoirs. In: La semaine littéraire, Juni 1915. Nochmals in: Le témoignage d'un citoyen. Neuenburg 1918, S. 123–138. In einem andern Text schrieb er von «kantonslosen Schweizern» als «fils de la centralisation» (ebenda, S. 225).

3 Politisches Jahrbuch 1916. Bern 1917, S. 440.

4 NR-Debatte vom 10. Dezember 1912, S. 365. Pflüger war SP-Vizepräsident und Zentralpräsident der Grütlianer.

5 Das Postulat wurde am 26. September 1916 mit 75:15 Stimmen abgelehnt.

6 Politisches Jahrbuch 1917. Bern 1918, S. 558.

7 Allgemeiner: Alfred Ernst, Die Ordnung des militärischen Oberbefehls im Schweizerischen Bundesstaat. Basel 1948.

8 Fuhrer, 1999, S. 248 ff.

9 Heinz Christian Röthlisberger, Der politische Standort von Ulrich Wille. Stäfa 1975. S. 97.

10 Dr. E. Bi., Der Gang nach Kanossa, in: Solothurner Zeitung vom 23. August 1916, ganz übernommen von Kurz, 1970, S. 143 ff.

11 Es heisst, im Sinne einer Schadensbegrenzung, dass es sich um ein persönliches Schreiben gehandelt habe, das vom Blatt eigenmächtig publiziert worden sei. Faksimile bei Kurz, 1970, S. 147, ohne Datum (28. August 1916).

12 Ebenda.

13 Ruchti, Bd. 1, 1928, S. 225 ff.

14 Daniel Heller, Eugen Bircher. Arzt, Militär, Politiker. Zürich 1988, S. 48 ff. Der *Nebelspalter* nahm ebenfalls Stellung mit de Loys als Don Quichote auf dem Titelblatt der Nummer 37 vom 9. September 1916.

15 Ruchti, Bd. 1, 1928, S. 226 ff.

16 Carl Helbling, General Ulrich Wille. Zürich 1957. S. 295.

17 Röthlisberger, 1975, S. 95.

18 Hans Rapold, Der Schweizerische Generalstab, Bd. 5, 1907–1914. Basel 1988, S. 188.

19 Röthlisberger, 1975, S. 104 ff.

20 Zit. nach Mittler, 2003, S. 697, der den Brief Niklaus Meienbergs *Die Welt als Wille und Wahn* (Zürich 1987, S. 156) entnommen hat.

21 Christoph Mörgeli, War General Wille senil? Zur Klärung einer persönlichen und politischen Intrige. In: Hans Rudolf Fuhrer/Paul Meinrad Strässle, General Ulrich Wille. Zürich 2003, S. 85–107.

22 Heiner Ritzmann-Blickenstorfer, Historische Statistik der Schweiz. Zürich 1996, S. 953.

23 Gast, 1997, S. 100 ff.

24 Vgl. die Grafiken zu den Rechnungsabschlüssen und zu den Bruttoschulden von Bund, Kantonen und Gemeinden 1910 bis 2000 in Patrick Halbeisen/Margrit Müller/Béatrice Veyrassat (Hg.), Wirtschaftsgeschichte der Schweiz im 20. Jahrhundert. Basel 2012, S. 1086/87; sowie Halbeisen, ebenda, S. 998.

25 Hans-Rudolf Kurz, Geschichte der Schweizer Armee. Frauenfeld 1985. S. 93.

26 Ritzmann, 1996, S. 956.

27 Sébastien Guex, in: Patrick Halbeisen et al. (Hg.), Wirtschaftsgeschichte der Schweiz im 20. Jahrhundert. Basel 2012, S. 1093. Vgl. auch Guex, 1993.

28 Zu den verschiedenen progressiv geregelten Steueransätzen vgl. Ruchti, Bd. 2, S. 324 ff.

29 Alexis Schwarzenbach, S. 70; Martin Pally, S. 126; Roman Rossfeld, S. 410; alle in: Rossfeld/Straumann, 2008.

30 Guex, 2012, S. 1096.

31 Ruchti, Bd. 2, S. 326; 15. Neutralitätsbericht, S. 32.

32 Ruchti stufte die 54,1 % Nein-Stimmen als «vernichtende Mehrheit» ein (Bd. 2, 1929, S. 329).

33 Berner Tagwacht, zit. in der NZZ vom 30. April 1919 (Artikel Christian Bolliger in Linder, 2010, S. 126).

34 Sébastien Guex, L'introduction du droit de timbre sur les coupons 1919–1921. In: Staatsfinanzierung und Sozialkonflikte (14.–20. Jh.). Zürich 1994, S. 209–239.

35 Bonjour, Bd. 2, 1965, S. 560.

36 Politisches Jahrbuch 1914. Bern 1915, S. 3.

37 Zurlinden, 1968, S. 124.

38 Ochsenbein, 1971, S. 329.

39 Nippold lancierte 1919 die Gründung der Schweizerischen Vereinigung für den Völkerbund. Vgl. Gustav Adolf Lang, Die Kontroverse um Kriegsursachen und Friedensmöglichkeiten 1914–1919 im Rahmen der «Neuen Zürcher Zeitung». Zürich 1968. (Diss. ZH 1966), S. 24 ff. u. 56 ff. u. a.; Mittler, 2003, S. 853. 1919 wollte der Bundesrat Nippold bei der Vorbereitung der schweizerischen Position bezüglich der neuen Friedensordnung ausdrücklich nicht dabei haben. (Mittler, 2003, S. 836.)

40 Antwort vom 9. Februar 1917 auf die Ankündigung vom 31. Januar 1917. VI. Neutralitätsbericht vom 9. März 1917, S. 11 ff. – Ruchti, Bd. 2, 1929, S. 99 ff. – Bonjour, Bd. 2, 1965, S. 609.

41 Politisches Jahrbuch 1914. Bern 1915, S. 16.

42 Ruchti, Bd. 1, 1929, räumte diesem Zwischenfall über zehn Seiten ein (S. 195–205); Bonjour, Bd. 2, 1965, begnügte sich dann mit zehn Zeilen (S. 579).

43 Ochsenbein, 1971, S. 327.

44 Mittler, 2003, S. 632.

45 Vorwort, 1915, S. 9.

46 J. Monod, Pour la Paix, 15. Januar 1915, zit. nach Rolf Soiron, Der Beitrag der Schweizer Aussenpolitik zum Problem der Friedensorganisation am Ende des Ersten Weltkrieges. Basel 1973, S. 19 (Diss. Universität Basel).

47 Integraler Text im Politischen Jahrbuch 1915. Bern 1916, S. 772 ff.

48 Integraler Text bei Kurz, 1970, S. 94 ff. – Ausführlich auch zu späteren Kontakten mit den USA: Bonjour, Bd. 2, 1965, S. 595 ff.

49 Politisches Jahrbuch 1916. Bern 1917, S. 308 ff. – Integraler Text der bundesrätlichen Stellungnahme bei Kurz, 1970, S. 96 ff.

50 Kurz, 1970, S. 167 ff. – Bonjour, Bd. 2, 1965, S. 602 ff. – Div. Dokumente in DDS, Bd. 6, 1981, Nr. 232 ff.

51 Ochsenbein, 1971, S. 329.

52 Kurz, 1970, S. 199.

53 Mesmer, 2007, S. 62.

54 Vgl. auch Lenins Abschiedsbrief an die Schweizer Arbeiter vom 8. April 1917 in Kurz, 1970, S. 206 ff. – Gautschi, 1973, S. 272 ff.

55 Zuvor glaubte Lenin in der Schweiz eine revolutionäre Drehscheibe Europas zu haben, vgl. Gautschi, 1973, 219 ff., 227–234. Zit. S. 234.

56 Kurz, 1970, S. 209 ff.

57 Vgl. dazu div. Dokumente in den DDS, Bd. 6, 1981, Nr. 313 ff.

58 Adolf McCarthy, Robert Grimm. Der schweizerische Revolutionär. Bern 1989. S. 151 ff.

59 Stauffer, 1973/74.

60 Gute Gesamteinschätzung Hoffmanns bei Soiron, 1973, S. 32 ff.

61 Ochsenbein, 1971, S. 324.

62 Walter, Bd. 4, 2002, S. 130.

63 Bonjour, Bd. 2, 1965, S. 631.

64 Soiron, 1973, S. 59.

65 Zit. nach Florian Adank in: Rossfeld/Straumann, 2008, S. 100.

66 Mittler, 2003, S. 651.

67 Ruchti, Bd. 1, 1928, S. 86.

68 Politisches Jahrbuch 1917. Bern 1918, S. 456.

69 Bundesratssitzung vom 4. Oktober 1918, in: DDS, Bd. 6, Nr. 449 «geheim».

70 Zu den einschlägigen Rechtstexten und Kompetenzordnungen vgl. Eugène Broye, La censure militaire et politique pendant la guerre de 1914–1918. Neuchâtel 1934. Im Vergleich zu den Jahren 1939–1945 wissen wir wenig bis gar nichts über die konkrete Handhabung der Zensur.

71 Kurz, 1970, S. 67 ff. und DDS, Vol. 6, 1981, Nr. 54.

72 Weitere Zahlen im Generalstabsbericht von 1919, S. 486.

73 General an die Truppenkommandanten und an das Pressebüro des Armeestabs, beide 11. Oktober 1915. Vgl. Kurz, 1970, S. 73 ff.

74 Ebenda.

75 Kurz, 1970, S. 155 ff.

76 Bericht, 1919, S. 491.

77 Politisches Jahrbuch 1915. Bern 1916, S. 806.

78 2. Neutralitätsbericht vom 19. Februar 1916, S. 15. In der zweiten Hälfte des Jahres 1915 kam es zur Beurteilung von 325 Artikeln, wovon nur 13 aus der Schweiz stammten. Vgl. auch Kurz, 1970, S. 71 ff.

79 Politisches Jahrbuch 1914. Bern 1915, S. 603 ff.

80 Integraler Text im Politischen Jahrbuch 1915. Bern 1916, S. 766 ff. – Kurz, 1970, S. 70 ff.

81 Nebelspalter vom 24. Oktober 1914.

82 Nebelspalter vom 12. Juni und vom 26. Juni 1915. Die immer wieder publizierten antisemitischen Karikaturen (z. B. zum «Zweimillionen-Defraudanten-Bloch» in der Nummer vom 24. Juli 1915) riskierten wohl kaum, von der Zensur beanstandet zu werden.

83 Das fällt dem Autor insbesondere im Vergleich mit den Jahren 1939–1945 auf, vgl. die beiden bald nach 1945 erschienenen Berichte von Max Nef und Karl Weber sowie Georg Kreis, Zensur und Selbstzensur. Die schweizerische Pressepolitik im Zweiten Weltkrieg. Frauenfeld 1973.

84 Mehr Einblick in die Zensurpraxis geben: Gion Caviezel/Markus Näpflin, Die Zensur der Schweizer Presse im Ersten Weltkrieg. Bern Manuskript 2005 (Lizentiatsarbeit). – Ana Catarino Lopes, La censure en Suisse pendant la Première Guerre mondiale: Le cas de la presse romande. Lausanne Manuskript 2009 (Master-Arbeit).

85 Ruchti, Bd. 1, 1928, S. 145 ff.

86 Métraux, 2013.

87 PTT-Archiv, Köniz, PB 106-1d und A 0001 (Bd. 5). Was in diesem Archiv dazu erhalten geblieben ist, wird von Hans-Rudolf Ammann, ehem. Leiter der Bibliothek und Dokumentationsstelle der PTT, als «Relikt des Zufalls» bezeichnet, das meiste Material wurde vernichtet. Eine Verfügung vom 6. Oktober 1914 bezeichnete im Auftrag des Armeekommandos eine von der Zeitung Le Grutléen herausgegebene Ansichtskarte «Fierté républicaine» als unzustellbar. Die Geschäftskontrollbücher der Post (mit Aktenzeichen 301. Vorgangsnummer) geben jedem Geschäft eine Nummer und nennen den Absendeort, die Anzahl der unter «Neutralitätswidrige Kriegsliteratur» fallenden Postsendungen sowie die Bestimmung über das weitere Vorgehen (Mitteilung Heike Bazak vom 3. Juli 2013).

88 Generalbericht, 1919, S. 358.

3 Wirtschaftliche Herausforderungen

Dieses Kapitel kann man schlecht in einer bequemen Analogie zum vorangegangenen und zum folgenden Kapitel mit «Wirtschaftliche Landesverteidigung» überschreiben. In früheren Darstellungen sind die Aktivitäten auch dieses Sektors gerne unter dem Paradigma der nationalen Interessen betrachtet und abgehandelt worden: Sicherstellung der Güterversorgung, der Arbeitsplätze, der internationalen Transportrouten und der schweizerischen Marktpräsenz im Ausland. Dabei wurde ausgeblendet, dass die einzelnen Wirtschaftsakteure primär und legitimerweise ihre Eigeninteressen verfolgten und dass diese nicht identisch sein mussten mit den Gesamtinteressen des Landes, diesen sogar zuwiderlaufen konnten.[1]

Wohl wurde auch damals so argumentiert, dass Erfolge der Privatwirtschaft für den allgemeinen Wohlstand gut seien. Was das Bulletin des schweizerischen Handels- und Industrievereins im Herbst 1914 empfahl, hatte allerdings mit Landesversorgung recht wenig zu tun. Es betraf den Zusammenhang zwischen dem Neutralitätsstatus des Landes und den sich daraus für die Wirtschaft ergebenden Profitmöglichkeiten. Diese Dachorganisation ermunterte ihre Mitglieder, das Selbstvertrauen nicht zu verlieren und die Märkte zu erobern, die von der ausländischen Konkurrenz wegen des Krieges aufgegeben werden mussten.[2] Besonders offen sprach dies ein Wirtschaftsblatt im November 1914 aus, das auf die gewinnbringenden «Maklerdienste» der schweizerischen Wirtschaft im Krieg von 1870/71 hinwies und glaubte, in der aktuellen Lage starke Rücksichten auf die Neutralität zu beobachten, um dann fortzufahren:

«Allein diese Auffassung darf nicht hindern, dass die Schweiz, welche mit allen Fibern ihrer Existenz an den Getrieben der Weltwirtschaft hängt, diejenigen Fäden der internationalen Handelsbeziehungen an sich reisse, welche der Krieg zerrissen hat. Der Krieg hat den einzelnen am Krieg beteiligten Ländern die Deckung ihres Bedarfs in den feindlichen Ländern verhindert; viele von diesen Produkten ist aber unsere hochentwickelte Industrie zu liefern in der Lage. Hier einzuspringen, ist nicht nur eine dankbare Aufgabe unseres Unternehmertums, sondern geradezu eine Pflicht, die uns eben aus unserer Neutralität erwächst. Die schweizerische Industrie wird sich eben durch ihr Bestreben, in die durch die Ereignisse frei gewordenen Absatzlücken einzuspringen, den Dank und die Anerkennung des ausländischen Wirtschaftsgebiets sichern.»[3]

Gegen Kriegsende mehrte sich die Kritik, die sich nicht gegen das gewöhnliche Wirtschaften, sondern gegen die masslosen Gewinne im Exportgeschäft und die überbordende Gier unter völliger Vernachlässigung anderer Gesichtspunkte richtete. Darauf weist etwa auch Hans Zurlinden hin (vgl. Zitat in Kapitel 8 vom Frühjahr 1917).

Die direkt handelnden Kräfte orientierten sich in den wenigsten Fällen an Landesinteressen, sondern vor allem an privaten Erwerbsinteressen. Es war Aufgabe der Behörden, Regelungen mit Blick auf das Gemeinwohl vorzunehmen. Das Unternehmen Nestlé, bei dem die britische Armee enorme Bestellungen für Kondensmilch getätigt hatte, hätte bestimmt gerne mehr einheimische Milch verarbeitet, als die Behörden ihm aus Rücksicht auf die landeseigene Milchversorgung gestatteten.[4] Desgleichen die am Export viel Geld verdienende Käseunion. Die Behörden mussten einerseits das Gemeinwohl fördern und andererseits den gerechtfertigten und/oder kräftig angemeldeten Partikularinteressen Rechnung tragen.

> **Kriegsbedingt entstand zwischen Staat und Privatwirtschaft ein Nahverhältnis.**

Zwischen staatlichen und privaten Akteuren kam es zu einer engeren, teils freiwilligen, teils erzwungenen Kooperation. Das war ein Spezifikum dieser Periode. Martin Pally hat in seiner historischen Studie über die Maschinenfabrik Oerlikon zu Recht von einem «Nahverhältnis» zwischen Staat und Wirtschaft gesprochen und darauf hingewiesen, dass die ökonomischen Gesetzmässigkeiten schwächer waren als die politischen Faktoren.[5] Man muss sich aber fragen, ob es nicht auch ökonomische Interessen gab, die sich die Politik zunutze zu machen wussten.

Die staatlichen Akteure[6]

Dass der traditionellerweise auf liberale Prinzipien ausgerichtete schweizerische Staat jetzt im Wirtschaftsbereich vermehrt aktiv wurde, hatte zwei Gründe:

Der eine Grund lag in der generellen, aber nur langsam sich in dieser Richtung bewegenden Entwicklung, die sowohl die staatliche Zuständigkeit als auch die von der öffentlichen Hand beanspruchten Mittel (Staatsquote im Verhältnis zum Sozialprodukt) vergrösserte. Diese Tendenz nahm in dem Masse zu, als sich die Krise verstärkte und ordnungspolitische Interventionen nötig schienen, was zu dem führte, was die Wirtschaftshistoriker Rossfeld und Straumann als Bürokratisierungsschub bezeichneten.[7]

«Jeder Staat ist ein Kartell.» Der andere Grund stellte sich brüsk ein und ergab sich aus dem Verhalten der Krieg führenden Mächte, welche die bestehenden wirtschaftlichen Potenziale im Krieg einsetzten und dabei auch die Neutralen nicht ausklammerten. Der Genfer Historiker Pierre Luciri stellte zutreffend fest: «Chaque état belligérant (agissait) comme un seul cartel national.»[8] So kam die Schweiz auch aus diesem Grund nicht um die Entwicklung kartellähnlicher Strukturen herum.

Zum Wirtschaftskrieg der Mächte äusserte sich der Bundesrat im Februar 1916 in seinem zweiten Vollmachten- und Neutralitätsbericht überrascht und empört:

> «Wer konnte in den Augusttagen des Jahres 1914 ahnen, dass neben dem blutigen Krieg in Waffen ein zweiter wirtschaftlicher Krieg zwischen den sich gegenüberstehenden Staatengruppen von gleicher Heftigkeit und Leidenschaftlichkeit entbrennen würde (...). Wer konnte ahnen, dass alle vertraglichen Rechte, dass die Grundsätze der Haager Konvention, die völkerrechtlichen Normen überhaupt kein ausreichender Schutz sein werden ...»[9]

Der von den Westmächten eingeleitete und rigoros geführte Wirtschaftskrieg beschränkte sich nicht darauf, den direkten Warenverkehr mit dem Kriegsgegner zu unterbinden, er war auch darauf bedacht, dass nicht auf dem Umweg über Neutrale in einem «gebrochenen Transit» oder aus französischer Sicht «par le canal suisse» dem Gegner Waren oder Warenanteile zuflossen. Dies war vor allem aus der Sicht der Westmächte wichtig, da sie ihren Krieg gegen die Zentralmächte auch mit rigorosen Blockademassnahmen führten. Zudem sollten dem Gegner keine Vorteile über neutrale Endabnehmerschaften und über Lieferungen von Neutralen entstehen.

Ein eindrückliches Beispiel für das wuchernde Kontrollbedürfnis gibt der Fall der Luzerner Helvetia-Nähmaschinen, denen trotz ihres schönen schweizerischen Namens die Einfuhr in Frankreich mit der Begründung untersagt wurde, dass sie in unerlaubtem Mass deutsche Bestandteile enthalten. Selbst französische Kontrollen in den luzernischen Fabrikhallen halfen nicht weiter, weil die Blockadevorschriften in diesem Fall vor allem dazu dienen mussten, einem französischen Privatunternehmen einen ausländischen (schweizerischen) Konkurrenten vom Hals zu halten.[10] Die in den Ursprungszeugnissen zu deklarierenden Anteile an Fremdmaterial mussten unter 25 Prozent liegen.

Nachdem die Mächte den Handel mit der Schweiz im ersten Kriegsjahr vor allem mit Ad-hoc-Entscheiden geregelt hatten, wurden von beiden Seiten dauerhafte und halbwegs konsistent handelnde Kontrollorgane eingerichtet: im November 1915 von den Westmächten die in Bern domizilierte Société de Surveillance Economique (S.S.S.) und, zeitlich leicht früher, im Mai/Juni 1915 von den Zentralmächten die in Zürich domizilierte Schweizerische Treuhandstelle (S.T.S.). Auch in diesem Bereich machten sich die gegenläufigen Auslandsympathien der beiden grossen Landesteile bemerkbar. Die Einrichtung der S.T.S. lag vor allem im Interesse der nach Deutschland orientierten und in Zürich konzentrierten Wirtschaft der deutschen Schweiz. Die Schaffung der S.S.S. wurde anfänglich vor allem von der Wirtschaft der französischen Schweiz, insbesondere von Genfer Unternehmern, gefördert.[11] Einmal installiert, waren allerdings auch hier Deutschschweizer tonangebend. In der französischen Schweiz gab es die nicht völlig unzutreffende Vermutung, dass die sogenannte Germanophilie deutschschweizerischer Unternehmen ihre Wurzeln in den in diese Richtung gehenden Profitmöglichkeiten hatte.[12]

S.T.S. auf der einen, S.S.S. auf der andern Seite

24 **Diese ehrwürdigen Herren** schweizerischer Nationalität setzten die ausländischen Bestimmungen um, von denen es hiess, dass sie die Souveränität des Landes aushöhlen würden.

Die Mitglieder und Direktoren der S S S. (Société suisse de surveillance économique), die den internationalen Handelsverkehr der Schweiz während des ersten Weltkrieges überwachte. Schlussitzung vom 21. April 1920
1. H. Grobet, Generaldirektor   2. Bundesrat Musy   3. Präsident J. Hirter   4. Bundesrat Chuard   5. E. Steinmetz, Direktor   6. Dr. A. Bonzon
7. H. Bersier, Direktor   8. Alfred Frey   9. A. Georg   10. A. Chevallier   11. E. Lambelet   12. E. Wild   13. A. Soldini
14. Prof. Laur   15. F. Rusca   16. B. Jaeggi   17. A. Biland   18. A. Palliser   19. A. Lachenal   20. E. Zachmann   21. Dr. R. Baumberger   22. Dr. H. Matti

Die S.T.S. war gemischt, die S.S.S. war ganz mit Schweizern (Parlamentariern, Verbandsvertretern) besetzt, beide funktionierten aber nach den jeweiligen Vorgaben der Mächte.[13] Fremde Handelsattachés nahmen Betriebskontrollen vor, liessen sich Einblick in die Buchhaltung geben und überprüften Lagerbestände. Um sich dieser Kontrolle möglichst wenig auszusetzen, wurden möglichst wenig Zahlen veröffentlicht. Noch vor der Schaffung der Überwachungsstellen publizierten die *Basler Nachrichten* im Januar 1915 einen Artikel, in dem sie unter dem Titel «Schweigen ist Gold!» zu Diskretion in Wirtschaftsangelegenheiten aufriefen.[14] Diese Überwachung wurde als Einmischung und als Fremdherrschaft empfunden. Im Falle der S.S.S. sprach der Volksmund wegen ihrer massiven Eingriffe gerne von der «Souaineté Suisse suspendue».[15] Geringer war der Druck, der von der «harmloseren» S.T.S. ausging.[16] Doch richtete sich hier eine breite Empörung gegen den Bundesrat, weil er das entsprechende Abkommen geheim gehalten hatte. Die sozialdemokratische *Berner Tagwacht* machte dessen Existenz im August 1915 bekannt, und selbst die NZZ war der Meinung, dass der Bundesrat das Volk zwar nicht über laufende Verhandlungen, aber doch über deren Ergebnisse informieren müsste.[17]

Die von den Krieg führenden Mächten geforderten Einschränkungen hatten zur Folge, dass die Schweiz mit einem Kontroll- und Bewilligungsmechanismus überzogen wurde, mit dem das Ausland seine Bedingungen einseitig diktieren konnte. Die schweizerische Wirtschaft hatte diese einfach umzusetzen. Der Historiker Heinz Ochsenbein betont den ausserrechtlichen Charakter der Einrichtungen: Sie seien mit enormen Strafkompetenzen ausgestattet gewesen und hätten Bussen erheben dürfen, gegen die nicht rekurriert werden konnte.[18] Es wurden einseitige Bestimmungen erlassen und schwarze Listen geführt, schweizerische Güter waren im Ausland Sequestrationen und Zwangsverkäufen ausgesetzt, Tochterfirmen wurden weiterverkauft u. a. m.

Wie aus den Jahren des Zweiten Weltkrieges bekannt, wurde das *black listing* auch auf schweizerische Unternehmen ausgedehnt, die zwar nicht selbst gegen Regeln verstiessen, aber mit solchen Unternehmen verkehrten, die sich dies angeblich zuschulden kommen liessen. Hinzu kamen als Zumutung empfundene Erwartungen bezüglich der Personalpolitik, insbesondere auf der Verwaltungsratsebene, aber auch im Produktionsbereich: So wurde von französischer Seite erwartet, dass sich schweizerische Unternehmen von deutschen Staatsbürgern trennten und keine französischen Dienstverweigerer beschäftigten.

Massnahmen zum Teil einzig aufgrund von Verdächtigungen und Denunziationen

In vielen Fällen beruhten repressive Massnahmen einzig auf Verdächtigungen und Denunziationen – oder Verwechslungen (z. B. der Maschinenfabrik Oerlikon mit der Werkzeugfabrik Oerlikon). Und selbstverständlich förderten diese Verhältnisse den Einsatz von Schmiergeschenken, zum Beispiel in Form von Schweizer Golduhren.[19] Unter diesen Bedingungen war jedes Auslandgeschäft mit komplizierten Einzelaushandlungen und hohen Risiken, aber auch mit beträchtlichen Gewinnaussichten verbunden.[20]

Die amtliche Schweiz wollte damit möglichst nichts zu tun haben. So übertrug das Oberkriegskommissariat Ende 1915 zum Beispiel den Import der Erdölprodukte der S.S.S.[21] Die Einzelregulierungen wurden ebenfalls weitgehend den direkt betroffenen Wirtschaftsverbänden überlassen. So konnte der Bundesrat im zweiten Neutralitätsbericht die mächtige S.S.S. als eine «unabhängige, private Organisation» einstufen, deren Tätigkeit die Regierung nicht zu beurteilen habe. Dennoch räumte auch die Regierung im gleichen Bericht ein, dass die Überwachungsorganisationen «völlig ausser dem verfassungsmässigen und gesetzlichen Rahmen» stünden und nur mit den Kriegsverhältnissen und der Vollmachtenordnung zu begründen seien.[22] Andererseits war die Exekutive doch selber «legislatorisch» tätig, zum Beispiel mit Beschlüssen, die Ursprungserzeugnisse (25. August 1916) bzw. Ursprungsausweise (30. August 1918) betrafen.[23] Eine Ahnung über das Ausmass der staatlichen Regulierungen geben die mehrbändigen kriegswirtschaftlichen Verordnungssammlungen von R. Schätti (1918) und F. Baer (1919).[24]

Überwachung bewegt sich «völlig aus dem verfassungsmässigen Rahmen»

Umfassendere Handelsfragen konnten die «privaten» Kontrollstellen nicht entscheiden, diese mussten in klassischen zwischenstaatlichen Handelsvertragsverhandlungen geregelt werden, an denen auf schweizerischer Seite freilich auch private Wirtschaftsvertreter mitwirkten. Da einigte man sich, um nur gerade dieses Beispiel zu nennen, im September 1916 mit Deutschland darauf, dass gegen Lieferungen von Kohle und Stahl schweizerische Landwirtschaftsprodukte (Käse, Butter, Kondensmilch, Vieh) im Sinne eines Tausch- bzw. Kompensationsgeschäfts und ein Kredit in der Höhe von 50 Millionen Franken zur Verfügung gestellt wurden.[25]

Zuvor waren rund 250 schweizerische Firmen mit einem Kohlenboykott belegt worden, weil sie Kriegsmaterial für die Westmächte herstellten.[26] Der allergrösste Teil, nämlich 90 Prozent der jährlich benötigten über 3 Millionen Tonnen Kohlen (verschiedenster Art) kam aus Deutschland und war auch bis Ende 1916 in diesem Umfang geliefert worden. In den folgenden Jahren ging die Zufuhr insbesondere wegen Transportschwierigkeiten stark zurück (von 3,1 Millionen 1914 auf 2,2 Mil-

25　**Die Schweiz als Esel** vor symmetrischen Heuhaufen? Aus dem Traum eines schweizerischen Delegierten für Aussenhandel. (*Nebelspalter* vom 26. August 1916)

26　**Die vier Kräne** würden schon ausreichen, «um den Brotkorb höher zu hängen». Der kleine Mittelmeerhafen Cette hatte nicht nur beschränkte Ausladekapazitäten, sondern auch eine zu geringe Wassertiefe für grössere Schiffe. (*Nebelspalter* vom 31. März 1917)

lionen 1917 und 2,1 Millionen 1918), was Substitutionslösungen und Rationierungen nötig machte (vgl. Kapitel 5). Die Schweiz musste im Vertrag vom September 1916 zudem die Schaffung einer Kommission akzeptieren, die kontrollierte, dass der Gegenseite kein aus deutschen Materialien und mit deutschen Maschinen hergestelltes Kriegsmaterial geliefert wird. Das Abkommen wurde von den Westmächten, die in ihm «einseitige Zugeständnisse» erblickten, sogleich heftig kritisiert.

Kurz angesprochen sei hier auch noch die zur Lösung von Versorgungsfragen zuweilen entscheidende Transportproblematik, für die die Zuständigkeit zum Teil bei den Schweizerischen Bundesbahnen (SBB) lag. Bei Kriegsbeginn wollten diese kein Rollmaterial für die Getreidetransporte aus Frankreich zur Verfügung stellen, möglicherweise weil sie befürchteten, dass diese Seite bald den Krieg und die Schweiz dann ihre Wagen verlieren würde.[27] Wichtige Punkte in den Verhandlungen mit Frankreich über den Getreidetransit betrafen, neben den verfügbaren Häfen, stets die Bahnkapazitäten. Um das über den Atlantik herbeigeschaffte Getreide nach der Schweiz zu transportieren, wurden täglich rund 100 Eisenbahnwagen benötigt. Das Rollmaterial wurde teils von der französischen, teils von der schweizerischen Eisenbahn zur Verfügung gestellt, dies aber nach stark schwankenden Bahnbedürfnissen und -kapazitäten. Da die SBB im Herbst 1915 statt der vertraglich festgelegten 63 Wagen pro Tag bloss durchschnittlich deren 35 zur Verfügung stellten, mussten Bundesrat und Armee die Bahndirektion zur Einhaltung der eingegangenen Verpflichtung geradezu zwingen.[28]

Damals ging es um den Transport vom kleinen Mittelmeerhafen Cette/Sète, der von den Franzosen anstelle von Marseille als Ausweichhafen angeboten wurde; zuvor waren auch die Atlantikhäfen Saint-Nazaire und Bordeaux benutzt worden. Eine Vorstellung von den Grössenordnungen geben die folgenden Zahlen: August 1914 bis Juni 1915 wurden für die Schweiz bestimmte Getreidelieferungen in Saint-Nazaire von 11 Dampfern mit etwa 15 000 Tonnen und in Bordeaux von 26 Dampfern mit rund 60 000 Tonnen gelöscht.[29] Ein weiterer, allerdings dann von Italien abhängiger Ausweichhafen war Genua.

Der Historiker Edgar Bonjour bemerkte generell zur Transportproblematik: «Obgleich der Bundesrat den Grundsatz strenger Parität nie aus den Augen verlor, konnten doch bei der Kompliziertheit des Wirtschaftsverkehrs und der Austauschleistungen die beiden Kriegslager nicht in jedem Einzelfall genau gleich berücksichtigt werden, so dass sich immer wieder die eine Partei benachteiligt fühlte.»[30]

Wenn der Historiker Heinz Ochsenbein feststellte, dass eine «wahre Konjunktur des Halbamtlichen» geherrscht habe, dachte er vor allem an die Eingriffe durch die ausländische Kontrolle. Die Feststellung gilt aber auch für die in Absprache mit der Bundesverwaltung betriebene Selbstorganisation der schweizerischen Syndikate.[31] Ohne direkte Veranlassung durch fremdstaatliche Regelungen traf der schweizerische Staat nämlich auch binnenstaatliche Massnahmen, um wiederum zusammen mit der Privatwirtschaft eine optimale Verteilung knapper Güter zu gewährleisten.

Die Güterknappheit veranlasste beide Seiten, also Staat und Privatwirtschaft, vom liberalen Wettbewerbssystem abzurücken, und koordinierte und kartellisierte Formen des Wirtschaftens zu entwickeln, dies in Kombination von wirtschaftlichem Sachverstand und amtlicher Regulierungskompetenz. Der Historiker Beat Brodbeck sieht darin keine Preisgabe der liberalen Grundüberzeugungen, sondern bloss ein pragmatisches Vorgehen.[32] Dabei übertrug der Staat, wie später aus den Jahren des Zweiten Weltkrieges bekannt, wirtschaftlichen Kaderleuten amtliche Funktionen. Die bekanntesten Fälle sind Ernst Laur und die Gebrüder Sulzer.

Den Schilderungen des Bauernsekretärs Ernst Laur kann man entnehmen, wie eng die Zusammenarbeit zwischen Staat/Armee und Wirtschaft war, was aber nicht bedeutete, dass sie stets auch harmonisch war. Laur wollte, von einem bekannten Metzger und Viehhändler vorgeschickt, den Armeekriegskommissär dazu bewegen, die ganze Fleischversorgung der Armee dem Bauernverband zu überlassen.[33] Den anfänglichen Widerstand konnte er überwinden dank seinen Beziehungen zu General Wille und Bundesrat Schulthess. Die Organisation des Käseexports ermöglichte er, indem er den dafür benötigten zinslosen Kredit von 20 Millionen Franken beschaffte. Das war möglich, weil er, der Mitglied des Bankrats der Schweizerischen Nationalbank war, «zufälligerweise» den Generaldirektionspräsidenten der Nationalbank im Garten des Berner Kursaals bei einem Abendschoppen traf.[34]

Ein zinsloser Kredit von 20 Millionen Franken beim Abendschoppen im Kursaal

Der Vertreter der Bauerninteressen musste sich auch der Frage der Beurlaubung von dienstpflichtigen Bauern annehmen. Dabei sei er einmal vom Generaladjutanten wie ein Rekrut behandelt worden und habe wiederum die Unterstützung des Generals beanspruchen müssen.[35] Laur fuhr bei Kriegsbeginn von Brugg nach Bern in der Meinung, alles an einem Tag erledigen zu können – aus dem einen Tag seien jedoch sechs Wochen geworden.[36] Diese Zeitangabe sagt auch etwas aus über das Ausmass dessen, was man inzwischen mit Lobbyismus bezeichnet. Nach der Meinung der jüngeren Forschung hatte Laur aber durchaus gesamtgesellschaftliche Interessen vor Augen und war «die richtige Person am richtigen Ort zur richtigen Zeit». Laur habe sich von nationalstaatlichen und dann auch von sozialpolitischen Überlegungen leiten lassen.[37]

Die konfliktbeladene Seite der Kooperation scheint in Laurs Bericht auf, wenn er sagt, dass 1917 die Eidgenössische Anstalt für Schlachtviehversorgung gegen «Wunsch und Wille» der zuvor weitgehend autonom handelnden Landwirtschaftsverbände geschaffen wurde: «(Die Anstalt) hat sich einfach in das Haus hineingesetzt, das andere Leute erbaut hatten, und erntete, was sie nicht gesät hatte.»[38] Auch die Zentralstelle für Milch und Milcherzeugnisse war gegen den Willen der Bauern geschaffen worden.[39] Dass die Rekrutierung von amtlichen Funktionsträgern aus der Privatwirtschaft auch mit Risiken verbunden war, zeigte der Skandalfall im Getreideimport: Ein ehemaliger Getreidehändler, dem das Importbüro anvertraut worden war, liess sich auf die Ankäufe eine Kommission bezahlen.[40]

Laur war es wichtig, auch die Konsumenten im Boot zu haben. Darum kontaktierte er kurz nach Kriegsausbruch (wohl in den erwähnten sechs Wochen!) den SP-Nationalrat Bernhard Jaeggi in seiner Eigenschaft als Präsident der Verwaltungskommission des Verbands Schweizerischer Konsumentenvereine (VSK, heute Coop), dies mit der Absicht, «alle Kräfte auf einen Punkt hin zu leiten und frühere Differenzen zu erledigen». Jaeggi ging auf das Kooperationsangebot ein, weil er in diesen Zeiten eine Verständigung zwischen Produzenten und Konsumenten für nötig erachtete.[41]

Hans Sulzer war Vorsitzender der Geschäftsleitung des gleichnamigen Maschinenkonzerns und von 1917 bis 1920 gleichzeitig auch ausserordentlicher Gesandter und bevollmächtigter Minister der Schweiz in Washington zur Sicherung von Lebensmittel- und Rohstoffzufuhren. Und Hans Sulzers Bruder Carl Sulzer-Schmid, ebenfalls Verwaltungsrat im gleichnamigen Unternehmen, war Präsident des Vereins Schweizerischer Maschinenindustrieller (VSM); seit 1917 war er FDP-Nationalrat, und 1918 nahm er an den Wirtschaftsverhandlungen mit Deutschland teil.[42]

Weniger bekannte Beispiele solcher öffentlich-privater Doppelfunktionen seien hier ebenfalls aufgeführt: E. Loosli, Präsident der Zürcher Getreidebörse, war zugleich der Direktor des Eidgenössischen Büros für Getreideversorgung. Der St. Galler Grossindustrielle Ernst Schmidheiny (Zementindustrie u. a.) wurde im Januar 1915 Chef der Zentralstelle für Kompensationen für den Handel mit Deutschland.[43] Die im Dezember 1915 geschaffene Zentralstelle für Kohlenversorgung wurde vom Direktor der Basler Kohlenfirma A. Suter, Johann Jörin, geleitet.[44] Leiter der S.T.S. war in den Jahren 1915 bis 1917 Paul Usteri, ehemaliger Direktor der Rentenanstalt und künftiger Verwaltungsratspräsident der NZZ.[45] An der Ausarbeitung der Statuten für die S.S.S. waren Alfred Frey, Direktor des Schweizerischen Handels- und Industrievereins, und Julius Frey, Direktor der Schweizerischen Kreditanstalt, massgeblich beteiligt. Präsident der S.S.S. wurde 1915 Johann Daniel Hirter, der gleichzeitig Kohlenhändler (und Vizepräsident der Zentralstelle für Kohlenversorgung) war, aber auch Nationalbankpräsident und Verwaltungsratspräsident der Lötschbergbahn u. a. m. Zur Abrundung sei noch darauf hingewiesen, dass alle diese Exponenten als Freisinnige auch im Parlament gut verankert waren, J. D. Hirter, A. Frey und E. Schmidheiny im Nationalrat, P. Usteri im Ständerat.

Ohne Anspruch auf Vollständigkeit seien zur Illustration des «Bürokratisierungsschubs» ein paar der im Laufe des Krieges und speziell im Jahr 1917 entstandene Organisationen (ohne Einbezug der kantonalen und kommunalen Stellen) in der chronologischen Reihenfolge ihres Erscheinens aufgeführt:

Im August 1914 entstand das beim Oberkriegskommissariat angegliederte Büro für Getreideversorgung, das den Ankauf von inländischem Getreide regelte. Im Januar 1915 führte der Bund unter ausländischem Druck das bereits 1912 geforderte und nun auch das importierte Getreide umfassende Getreidemonopol ein (vgl. Kapitel 1). Im Mai 1915 entstand das Büro für Schlachtviehimport, das im Juni 1917 zur Eidgenössischen Anstalt für Schlachtviehversorgung wurde. Im September 1916 entstand die mit einem Einfuhrmonopol ausgestattete Zentralstelle für Kartoffelversorgung. Im Juni 1917 entstand die Zentralstelle für Butterversorgung, im August 1917 im Zuge der Rationierung das Eidgenössische Brotamt. Auf sie folgten im August 1917 die Eidgenössische Zentralstelle für Milch und Milcherzeugnisse und im September 1918 – endlich – das Eidgenössische Ernährungsamt,

27 **Wegen des Mangels** an Steinkohle wurde an verschiedenen Orten Torf, aber auch die einheimischen Vorkommen an Braunkohle abgebaut, hier zum Beispiel im luzernischen Zell.

dessen Leiter an den Bundesratssitzungen teilnehmen und in den Eidgenössischen Räten persönlich auftreten durfte.[46]

Im Weiteren gab es als halbamtliche Institutionen die im September 1916 geschaffene Baumwollzentrale und die im Oktober 1916 geschaffene Eisenzentrale. Die im Januar 1917 geschaffene Kohlenzentrale ersetzte die im Dezember 1915 geschaffene private Zentralstelle für die Kohlenversorgung und wurde kurz darauf, mit einem Importmonopol ausgestattet, zur Schweizerischen Kohlengenossenschaft. Im März 1917 kam noch eine Zentralstelle für internationale Transporte (FERO) hinzu.

1917 entstand ferner eine dem Eidgenössischen Forstamt angeschlossene Torfgenossenschaft, die in ihrer stärksten Zeit in 17 Torfmooren Brennmaterial aushob, und die Eidgenössische Brennstoffkommission, in der unter Mitwirkung der Automobil-Interessengruppen über Fahrbewilligungen entschieden wurde. Im Juli 1917 rief der Bund eine der Handelsabteilung angegliederte Abteilung für industrielle Kriegswirtschaft ins Leben.[47] Sie war in verschiedene Bereiche und Sektionen gegliedert und deckte mit ihrer Zuständigkeit für Kohle, Elektrizität, Bergbau, Chemie, Textilindustrie, Metalle und Maschinenindustrie, Eisen- und Stahlversorgung, Papierindustrie beinahe die ganze Wirtschaft ab.

Nach dem Urteil des Historikers Beat Brodbeck entwickelte sich die anfänglich freiwillige Kooperation mit der Zeit zu einem Käfig der Zwangswirtschaft. Zugleich, so stellt er aber auch fest, seien die Wirtschaftsverbände gestärkt aus den Kriegsjahren hervorgegangen.[48]

Mehrheitlich ging es um die inländische Verteilung der knappen Importgüter. Im Falle der Käseunion ging es auch um die Regulierung des Exports. Der bereits im September 1914 gegründete Club der grösseren Käse-Exporteure erhielt in Absprache mit dem Volkswirtschaftsdepartement, das die Einkaufspreise und Mengen für die Milch festlegte, das Exportmonopol und trat einen Teil seines Gewinns an den Bund ab, der damit den Konsum von Frischmilch subventionierte.[49]

Die privaten Akteure

Wie das Vollmachtenregime förderte auch das wirtschaftliche, national-internationale Kontrollregime die Selbstorganisation der einzelnen Wirtschaftszweige, welche die zur Verfügung gestellten Kontingente dann unter sich aufteilten. Die Möglichkeiten der Privatwirtschaft, ihre Interessen einzubringen und durchzusetzen, sollten nicht unterschätzt werden. Für die Versorgung mit Rohstoffen und

«Hohe Bussen beeindrucken nicht.»

Halbfabrikaten waren die einzelnen Unternehmen selber verantwortlich. Sie konnten, wie das bei Ciba der Fall war, Bezüge über Gegenlieferungen von Weiterverarbeitungen sichern.

Bei Ochsenbein findet sich die bemerkenswerte Feststellung, dass die Privatwirtschaft gegenüber den fremden Eingriffen «erstaunlich indifferent» gewesen sei.[50] Dazu passt das Urteil des industriekritischen Bauernführers Ernst Laur, dem auffiel, dass Bussen in der Höhe von fünf- und sechsstelligen Zahlen wenig Eindruck machten, und daraus, wohl zutreffend, schloss: «Die Leute müssen fabelhafte Gewinne gemacht haben.»[51] Ochsenbein bemerkt aber auch, dass sich einzelne Firmen «allzu willfährig» verhalten hätten. Bei den Grossunternehmen war wegen der höheren Risiken die Bereitschaft grösser, sich dem Kontrollregime zu unterwerfen; Kleinunternehmen rechneten sich mehr Chancen aus, unerkannt durch das Kontrollsystem hindurchzuschlüpfen.[52] Die direkt betroffenen Wirtschaftsakteure konnten die neuen Überwachungsstellen (vor allem die S.S.S.) als Verbesserung der Verhältnisse empfinden, weil sie, zwar unter Diktatbedingungen und mit einem «Formularkrieg» verbunden, mehr Regelsicherheit brachten. Im ersten Jahr der S.S.S. (bis Ende 1916) gingen dort über 83 000 Importgesuche ein.[53]

Die Kriegsverhältnisse boten beides: einerseits Erschwernisse beim Beschaffen von Rohmaterialien und Halbfabrikaten sowie im Zugang zu bestimmten Märkten und erhöhte Unsicherheit im Transport der Importe wie Exporte. Andererseits boten sie aber auch die Möglichkeit, dank der enormen Nachfrage nach vielen Produkten (seien es Zünderteile, Kondensmilch, Lastwagen oder Farbstoffe) enorme Gewinne zu erzielen. Und dazwischen gab es – ob als Zwang oder als Chance – die Notwendigkeit wie die Gelegenheit, mit Verbesserung der Betriebsorganisation und mit Innovationen erfolgreich zu sein. Die Konservenfabrik Hero zum Beispiel nahm in dieser Zeit bedeutsame Automatisierungen vor.[54]

In Anbetracht der Kompliziertheit der Verhältnisse kamen für die Schweiz erstaunlich vorteilhafte Aussenhandelswerte zustande. Die Exporte nahmen von

1914 bis 1916 nach beiden Richtungen zu: Bei den Zentralmächten handelte es sich um mehr als eine Verdoppelung, nämlich von 399 Millionen Franken (1913) auf 909 Millionen Franken (1916), bei den Westmächten erhöhten sich die Werte immerhin von 854 Millionen Franken (1913) auf 1358 Millionen Franken (1916). Die Importwerte blieben etwa die gleichen, sodass sich die anfänglich negative Handelsbilanz verbesserte, dann bis 1915 ausgeglichen, 1916 sogar positiv wurde und 1917 nur wenig negativ war. Allerdings setzte schon 1916 ein Rückgang ein, der sich bis 1918 und immer stärker werdend fortsetzte. Mengenmässig ging der Import in allen Güterklassen stark zurück. Die mit den Westmächten gehandelten Güter waren, in Wertmengen ausgedrückt, deutlich grösser als diejenigen mit den Zentralmächten: beim Import war es 1915 das Doppelte, 1916 und 1917 sogar das Dreifache, 1918 immer noch mehr als das Doppelte; im Export handelte es sich 1914 beinahe um das Doppelte, von 1915 bis 1918 um jeweils 40 bis 50 Prozent von demjenigen mit den Zentalmächten.

Die Werte der Exporte an die beiden Kriegsparteien verliefen – mit Ausnahme des Jahres 1918 – in grossen Zügen ziemlich parallel, an die Westmächte höher, an die Zentralmächte tiefer, ansteigend bis 1916 und stark rückläufig bis 1918.

Die Importe der Schweiz nach Herkunftsgebieten
(in Millionen Franken)[55]

	Zentralmächte	Westmächte
1913	748	1653
1914	589	801
1915	490	1063
1916	520	1601
1917	529	1632
1918	627	1403

Die Exporte der Schweiz nach den Bestimmungsgebieten
(in Millionen Franken)

	Zentralmächte	Entente
1913	399	854
1914	351	644
1915	613	952
1916	909	1358
1917	818	1276
1918	614	1098

Quelle: Nach Dokumentation M. Mattmüller, 1981.

Das Geschäft mit dem Krieg

Unter völkerrechtlichen Gesichtspunkten (insbesondere des Art. 7 der Haager Konvention von 1907) konnte ein neutraler Staat mit Krieg führenden Staaten in uneingeschränktem Wirtschaftsaustausch bleiben – und so indirekt auch in den Krieg involviert sein. Eine andere Frage war, wieweit diese indirekte Teilnahme unter ethischen Aspekten vertretbar war. Dabei musste jedoch anerkannt werden, dass die wirtschaftliche Welt transnational verflochten und auch die kleine Schweiz gerade in dieser Beziehung keine Insel war. Die internen Einschätzungen könnten stets realistischer gewesen sein als die öffentlich auf der politisch-symbolischen Ebene gepflegten Vorstellungen (vgl. Kapitel 1). Jedenfalls legte Bundesrat Hoffmann schon im Herbst 1912 vor dem Hintergrund des Balkankriegs dem Bundesrat dar:

«... eine Schweiz als dauernd unbeteiligte und neutrale Insel inmitten der Brandung des europäischen Krieges (ist) im höchsten Grade unwahrscheinlich.»[56]

Im Falle der Schweiz zeigte sich besonders deutlich, was für den grossen Krieg allgemein zutraf: Die wirtschaftliche Dimension erwies sich neuerdings als zentral für das nationale Schicksal und zugleich wegen ihrer transnationalen Verpflichtung nur bedingt als beherrschbar durch die nationale Politik. Es waren die wirtschaftlichen Abhängigkeiten, welche die Unabhängigkeit des Landes stark infrage stellten. 1917 bemerkte das *Politische Jahrbuch*, Gefahr drohe weniger von eventuellen militärischen Besetzungen als von der bereits eingetretenen wirtschaftlichen Abhängigkeit.[57]

Exporte, sofern sie nicht nur im Dienst benötigter Importe standen und dem courant normal der Friedenszeit entsprachen, bedeuteten eine mitzuverantwortende Alimentierung des Kriegs, wenn auch gewiss in bloss kleinstaatlicher Dimension; zudem konnte noch immer gesagt werden, schliesslich seien es «die anderen», die Krieg führten. Diese Art von zusätzlichen Kriegsgeschäften hatte grundsätzlich etwas Anrüchiges, der Hartkäse für die Ernährung fremder Truppen etwas weniger als das Kriegsmaterial im engeren Sinn; doch auch die Lieferungen von Farbstoffen für fremde Uniformen hätten eigentlich mehr Bedenken erzeugen müssen, als sie es taten.

Ein sehr aussagekräftiges Dokument aus dem Sinergia-Forschungsprojekt zeigt, dass es sehr wohl Gruppierungen gab,

«Ausfuhr von Geschossen und Zündern verbieten»

die gegen den Kriegsmaterialexport der Schweiz waren und ihn beendet sehen wollten, aber auch, dass der Bundesrat diesbezüglich überhaupt keine Skrupel hatte und das immer wohlfeile Argument der Arbeitsplätze bzw. der Arbeitslosigkeit ins Feld führte.[58] Arbeitslosigkeit gab es nach Kriegsbeginn nur für kürzere Zeit, sie löste damals aber «tiefe Beunruhigung» aus.[59] Eine von Pfarrer Hans Baur präsidierte deutsch-schweizerische Gesellschaft wandte sich am 25. Januar 1917 an den Bundesrat und ersuchte ihn, die Ausfuhr von Geschossen, Geschossteilen, Zündern und Zünderteilen zu verbieten.[60] Der Bundesrat verwies in seiner Antwort zunächst auf die Beschäftigungskrise in der Uhrenindustrie zu Beginn des Kriegs, die eine grosse Arbeitslosigkeit zur Folge hatte. Die später eingegangenen Bestellungen von Munitionsteilen und Maschinen für die Herstellung von Munitionsbestandteilen hätten dann wieder Arbeit gebracht. Da auf die anfänglich nur an Frankreich gegangenen Exporte auch Lieferungen nach Deutschland folgten, sei dies unproblematisch. Gegenwärtig würden «gewaltige Aufträge» mit einem Arbeitsvolumen für 30 000 Stellen untergebracht. Der Bundesrat führte die Forderung nach dem beschränkten Exportverbot ad absurdum, indem er auf die vielen Exportprodukte hinwies, die ebenfalls kriegsrelevant waren: Lastautos, Aluminium,

Karbid, elektrochemische Produkte. Der Bundesrat hätte auch auf die – freilich nicht sehr arbeitsintensive – Exportposition «gesägtes Nutzholz» hinweisen können, die wegen der gestiegenen Nachfrage für den Bau von Schützengräben den grössten Zuwachs verzeichnete, dies in Kombination mit beinahe einer Vervierzigfachung des Preises bis 1916.[61] Zwei Drittel der Exporte betrafen kriegswichtige Güter: Uhren, Maschinen, Kupferwaren (Zünder) usw.

Die Landesväter erklärten – die Antwort wurde im Gesamtbundesrat beraten –, es sei ihre Aufgabe, «das drohende Gespenst» einer allgemeinen Arbeitslosigkeit abzuwehren.

> «Wenn man konsequent und gerecht sein wollte, müsste also allen Industrien, die sich mit der Erstellung von Kriegsbedarf befassen, dies verboten werden. Dann wären aber nicht 30 000 oder 50 000, sondern Hunderttausende von Arbeitern brotlos.»[62]

Aus einer nationalen Sicht, wie sie immer wieder und auch im zitierten Bundesratsschreiben zum Ausdruck kam, wurden stets die gewiss berechtigten Sorgen wegen Rohstoff- und Nahrungsmittelversorgung, Absatzmöglichkeiten und Arbeitsbeschaffung geltend gemacht und hervorgehoben, dass der Krieg dem Land (und seiner Wirtschaft) das Leben schwer machte. Dass der Krieg auch grosse Gewinnchancen brachte und diese über die elementaren Bedürfnisse hinaus auch genutzt wurden, war kaum ein Thema und ist erst in den Rückblicken (z. B. bei Ruchti 1928/29) in Betracht gezogen worden. In Straumanns Ciba-Studie findet sich die Feststellung, dass die Schweiz – wie die anderen Neutralen – alles in allem wirtschaftlich gestärkt aus dem Krieg hervorging.[63] Anzumerken ist jedoch, dass es auch Wirtschaftszweige gab, die unter dem Krieg litten, darunter fielen vor allem die Fremdenindustrie und die Bauwirtschaft.

Von den Hotels, die im August 1914 Knall auf Fall ihre Gäste verloren, ist bereits im ersten Kapitel die Rede gewesen, ebenso vom Aufruf des Zentralbüros des Schweizerischen Hotelier-Vereins an die «schweizerische Reisewelt», ihren diesjährigen Ferienaufenthalt im eigenen Lande zu verbringen und nicht ins Ausland zur Badekur zu fahren. Hier sei nur noch ein weiterer Beleg für die Inselmetapher angeführt: So war zu lesen, dass die Hoteliers sich alle Mühe gäben, ihre internationale Klientel «auf die Ruhe, den Frieden unseres schönen Landes aufmerksam zu machen, das heute wie eine stille Insel inmitten des tobenden Völkersturms

28 **Sowohl das Anlegen von Lagern** wie danach das Verteilen der Produkte waren in der Zeit der Güterknappheit ein besonderes Problem. Für viele Güter nicht nur des militärischen Bedarfs, sondern auch des zivilen Gebrauchs bestand ein Staatsmonopol. Die konkrete Abwicklung der Verteilung wurde zum Teil dann aber wieder Privaten überlassen.

daliegt».[64] Genützt hat es aber wenig. Und wie in den Jahren von 1939 bis 1945 wurden auch von 1914 bis 1918 leer stehende Hotels für Internierte und Flüchtlinge genutzt, und mindestens für die Internierten bezahlten die Herkunftsländer gutes Geld (vgl. Kapitel 7).

Rossfeld und Straumann unterscheiden, gestützt auf Geering, fünf Phasen der schweizerischen Aussenwirtschaftsentwicklung, wobei hier nur die ersten drei der Zeit von 1914 bis 1918 berücksichtigt werden, obwohl es nicht ohne Interesse ist, wie man mit den Voraussetzungen von 1918 dann in die auf andere Art schwierigen Nachkriegsjahre eintrat. Die erste Phase dauerte vom Sommer 1914 bis zum Frühjahr 1915. Sie war geprägt durch die Einfuhrunterbindungen, die Mobilisation eines beträchtlichen Teils der schweizerischen Arbeitskräfte und die Ausreise der ausländischen Arbeitskräfte. Die zweite Phase setzte im Frühjahr 1915 ein und dauerte bis zum Sommer 1916. Der Güterbedarf der Krieg führenden Mächte ermöglichte in dieser Zeit eine starke Ausweitung des Exports. Die dritte Phase dauerte von der zweiten Hälfte des Jahres 1916 bis gegen Ende des Jahres 1918. Infolge des von den Westmächten verschärft geführten Wirtschaftskrieges gingen Import wie Export um die Hälfte zurück, besonders stark war der Rückgang der Lebensmittelimporte, die 1918 noch einen Drittel der Vorkriegsmenge ausmachten.[65]

Rossfeld/Straumann weisen in den von ihnen publizierten Unternehmensstudien, mit denen wertvolle Pionierarbeit geleistet worden ist, zu Recht darauf hin, dass die Ausgangslage und wie sie genutzt wurde je nach Branchen und Unternehmen sehr unterschiedlich gewesen sei.[66] Eine systematische und umfassende Präsentation der Verhältnisse auf der Unternehmensebene ist darum an sich und im Falle dieser Darstellung erst recht nicht möglich. Immerhin kann man als generelles Faktum festhalten, dass die allermeisten Unternehmen gerne im Sinne eines möglichst universalen Marktes «neutral» geblieben wären und dass sie, wie dies zum Beispiel bei den Banken und Versicherungen deutlich zum Ausdruck kam, von dieser Neutralität profitieren wollten, dass die politische Einstellung entgegen der im Ausland da und dort gehegten Befürchtung kaum eine Rolle spielte und der berühmte point d'argent das ausschlaggebende Kriterium war – plus das, was die Kriegsparteien mit ihrem Verhalten möglich oder unmöglich machten. Andererseits richteten sich die Unternehmen gerne so weit möglich auf ihre bereits bestehenden Märkte aus.

Aufgrund bereits vorliegender Literatur sollen hier nun ohne Anspruch auf Systematik oder gar auf Vollständigkeit ein paar Hinweise auf konkrete Probleme einzelner Betriebe folgen:

29 und 30 **Stroh diente** vor allem der Ausstattung von Soldatenunterkünften. Das Eidgenössische Strohlager in Bern wurde in der ehemaligen grossen Maschinenhalle der Landesausstellung untergebracht. Und im anderen Fall in der ehemaligen Luftschiffhalle in Luzern.

Der Uhrenindustrie brachte der Krieg grosse Auftragsvolumen nicht im Kernbereich der Uhren, sondern durch den lukrativen Verkauf anderer Produkte, nach denen es eine grosse Nachfrage gab, mit der harmlosen Bezeichnung «abgedrehte Kupferwaren», womit vor allem Zünder für Artilleriegeschosse gemeint waren.[67] Der Verkauf von Uhren nahm zwar bis 1916 zu (auf 18 Millionen Stück), die Preise gingen aber stark zurück, sodass die Exporterträge zurückgingen. Bei den «Kupferwaren» waren die Erträge im Rekordjahr 1917 sogar leicht höher als bei den traditionellen Uhrwerken. Die Bedeutung dieser Kriegsproduktion wurde in den Arbeiten von Traugott Geering von 1928 auf den Punkt gebracht:

> «Damals war es tatsächlich so weit gekommen, dass die jurassische Uhrenindustrie, hauptsächlich durch die Verarbeitung von Messing zu Schrapnellzündern, eine volle Verdoppelung ihres Produktionsumfangs erreicht hatte.»

Geering sah in dieser «starken Arbeit» für die Entente den Preis für die Rohstoffversorgung aus Übersee in den letzten Kriegsjahren.[68]

In diesem Exportbereich engagierten sich mehrheitlich anonyme Zulieferer. Die grossen Unternehmen mit bekannten Namen wie die Longines (St. Imier), die zur Spitzengruppe der schweizerischen Uhrenunternehmen gehörten, wollten das mit dem Kriegsgeschäft verbundene Reputationsrisiko nicht eingehen. Hélène Pasquier zeigt in ihrer Longines-Studie, dass dieses Unternehmen, allerdings mit mässigem Erfolg, auf die Herstellung von Kompassen (auch für den Militärbedarf) und von elektrischen Zählern auswich. Dem Geschäftsleitungsprotokoll vom Herbst 1915 ist zu entnehmen:

> «La Société a été sollicitée de divers côtés, notamment par la France et l'Allemagne, pour la fabrication de pièces de munitions. Mais comme elle doit sauvegarder la réputation mondiale de la montre Longines, ces offres n'ont pas été acceptées.»[69]

Für die *Maschinenfabrik Sulzer*, Winterthur, waren die Kriegsjahre gute Jahre.[70] Der Unternehmensgewinn konnte von 1,8 Millionen Franken (1914) auf 4 Millionen Franken (1918) mehr als verdoppelt werden; dies trotz erheblicher Restriktionen in der Beschaffung von Eisen und Kohle und trotz politischer Turbulenzen. Im Prinzip wollte Sulzer trotz grosser und Gewinn versprechender Angebote sich konsequent an keinen Kriegslieferungen für Krieg führende Staaten beteiligen und lehnte darum die Lieferung von Feldküchen, Helmen und anderen Kriegsfabrikaten ausdrücklich ab. Dieselmotoren, Dampfmaschinen, Pumpen, alles ausgesprochene Stärken in der Produktepalette, wollte man aber weiter produzieren und liefern können. Mit welchen Risiken das verbunden war, zeigte die Empörung, die aufkam, als im Herbst 1917 die amerikanische Marine ein deutsches U-Boot mit Sulzer-Motoren aufbrachte. Dadurch geriet Sulzer speziell in Frankreich in Verdacht, heimlich für Deutschland zu arbeiten, obwohl in diesem Fall die Lieferung der Motoren auf die Jahre 1907/1911 zurückging.

Kompromittierende U-Boot-Motoren aus dem Jahr 1907/1911.

Lastwagen waren typische Sowohl-als-auch-Produkte *(dual use)*. Die junge schweizerische *Lastwagenindustrie* profitierte ebenfalls von der Kriegsnachfrage. Hatte sie 1908 etwa 150 Lastwagen exportiert, waren es 1914 etwa 600 und 1915 über 900.[71] Einzelne Unternehmen hatten auch Tochterfirmen in den Abnehmerländern und belieferten beide Seiten. Exemplarisch ist das Verhalten der Firma Saurer: 1917 gingen aus dem Mutterhaus in Arbon nur 140 Wagen nach Frankreich, hingegen 1107 Wagen direkt ab der französischen Filiale Suresnes. Im gleichen Jahr lieferte die Firma vom deutschen Lindau aus 178 Wagen nach Deutschland, während die Lieferungen aus Arbon unbekannt sind. 1917 kamen für Frankreich noch von einem amerikanischen Saurer-Werk, das 1918 wieder geschlossen wurde, produzierte 400 Lkws hinzu.[72]

Welchen Herausforderungen sich die *Textilbranche* stellen musste, zeigt eine kleine Studie zur Seidenfirma Schwarzenbach in Thalwil. Das Unternehmen war Mitglied des unter ihrer Mitwirkung 1916 entstandenen 51. Syndikats der S.S.S. für Rohseide-Importe. Für die Exporte ihrer verarbeiteten Seidenstoffe benötigte es eine provisorische Ausfuhrbewilligung durch die S.S.S. in Bern; diese wurde dann an nordische Abnehmer (in Holland, Dänemark, Schweden, Norwegen) weitergereicht und dort vom britischen Konsul geprüft; in einem dritten Schritt musste von den Zentralmächten noch eine Transitbewilligung eingeholt werden, sofern man nicht den viel längeren und auch der Versicherungen wegen teureren Weg über Frankreich und England nehmen wollte. Hinzu kam noch die Unsicherheit der Transportwege.[73]

Die *Konservenfabrik Hero*, Lenzburg, kann als Beispiel dafür dienen, wie schweizerische Unternehmen Opfer der zweigeteilten Verhältnisse wurden. Das Unternehmen hätte sehr gerne auch die französische Seite beliefert und von dieser Ursprungsprodukte (z. B. Gemüse) bezogen. Sie wurde aber zu Unrecht als deutsches Unternehmen eingestuft und so zu einer Einseitigkeit geradezu genötigt, die man ihr vorwarf. Gegen das Unternehmen «Lenzbourg» polemisierte eine französische Zeitung, es handle sich um eine «société à façade suisse», in der die Deutschen das Sagen hätten – «où les boches font la pluie et le beau temps».[74]

Eine ähnliche Ablehnung erfuhr Hero auch aus der französischen Schweiz (vgl. Kapitel 6). In Frankreich ging die Feindseligkeit so weit, dass die Behörden Hero die Tochtergesellschaft in Lyon wegnahmen.[75] Das Unternehmen konnte sich

Deutsche in einzelnen Schweizer Firmen als Wettermacher?

trotz dieser Schwierigkeiten sehr gut entfalten: Es verdiente in den Kriegsjahren prächtig. Betrug der jährliche Nominalgewinn in den Jahren 1910 bis 1914 durchschnittlich rund 378 000 Franken, betrug er 1915 bis 1919 über das Doppelte, nämlich 825 000 Franken.[76] Dazu trug die Entwicklung von innovativen Angeboten bei, insbesondere von Einzelportionen für den Soldaten im Feld, aber auch für den «Sportsman». Ein wichtiger Abnehmer war gewiss die Schweizer Armee, der grössere Teil der Produktion ging aber an die Zentralmächte.

Für die *Schokoladeindustrie* waren die Kriegsjahre ebenfalls florierende Zeiten. Suchard (Serrières) konnte seinen Reingewinn verdoppeln, von durchschnittlich 1,2 Millionen Franken in den Vorkriegsjahren auf 2,5 Millionen Franken im Jahr

1918. Teile der späteren Nestlé (Peter/Cailler/Kohler) verzeichneten wegen ihrer Tätigkeit im angelsächsischen Raum sogar eine Vervierfachung von 2,3 auf 9,3 Millionen Franken. Die Branche machte diese Gewinne dank des Krieges und trotz der staatlichen Überwachung.[77] Hätten die Rohstoffe (Kakao und Milch) nicht Grenzen gesetzt, die Aktivitäten und Gewinne wären noch grösser gewesen. Viel trug dazu bei, dass die Schokolade als praktischer Proviant und Stimulus in den Armeen sehr gefragt war. Hinzu kam, dass Angehörige von im Feld stehenden Soldaten ihre Verbundenheit gerne mit Schokoladesendungen zum Ausdruck brachten. Die Schokolade gewann Terrain aber auch bei der schweizerischen Zivilbevölkerung. Das ehemalige Oberschichtprodukt wurde, weil günstiger als andere Nahrungsmittel, ein Basisnahrungsmittel für die breite Bevölkerung. Hinzu kam die intensive Werbung. Suchard unterstützte 1913 die Flugspende zur Einführung der Militäraviatik (vgl. Kapitel 4). Und Peter/Cailler/Kohler stifteten 1915 zum Nationalfeiertag (1. August) jedem im Dienst stehenden Wehrmann eine Tafel Schokolade. Der Kakao verdrängte in der Armee den Kaffee als Frühstücksgetränk. Theodor Tobler vom gleichnamigen Schokoladeunternehmen konstatierte 1917 mit Befriedigung:

> «Wenn vor dem Kriege das weibliche Geschlecht zusammen mit den Kindern das Hauptkontingent der Schokolade-Konsumentschaft darstellte, so haben jetzt vor allem die in den Armeen eingereihten Männer Kakao trinken und Schokolade essen gelernt.»[78]

Carl Russ-Suchard, Suchard-Patron der zweiten Generation, spielte eine wichtige Rolle in der Selbstorganisation des Branchenverbands. 1901 wurde er zum ersten Präsidenten des neu gegründeten Verbands schweizerischer Schokoladefabrikanten gewählt (heute: Chocosuisse). Daraus ging im Januar 1915 das straff organisierte Syndikat der Schokoladefabrikanten hervor. In Frankreich wurde er aber nicht als schweizerischer Akteur wahrgenommen, sondern als Deutscher wegen seiner deutschen Herkunft und seinen guten Beziehungen zum Deutschen Reich.

Hinzu kam aber auch, wie Roman Rossfeld aufzeigt, ein Missmut nicht wegen falscher Parteilichkeit, sondern wegen des profitablen Neutralismus. Ein allerdings wenig bedeutsames Blättchen erklärte:

«... ce qui nous horripile, ce qui nous agace, ce que nous reprochons à tous les ‹Suchard›, à tous les ‹Nestlé›, c'est surtout leur état d'esprit neutraliste, chèvre-choutiste*, de gens qui veulent manger tous les rateliers**. Ce qui nous dégoûte, c'est cette naïve platitude commerciale, ce désir de plaire toujours et par des moyens grossiers au client quel qu'il soit.»[79] «Was uns entsetzt und hässig macht, was wir allen ‹Suchard› und ‹Nestlé› vorwerfen, ist ihr Neutralismus, ihre Unempfindlichkeit gegenüber Widersprüchen, ihr Opportunismus und ihre Willfährigkeit gegenüber jedem Kunden.»

* ménager des intérêts contraires
** être opportuniste: faire passer son intérêt matériel avant ses idées, plaire à tout le monde par intérêt, se faire payer...

Der Suchard-Unternehmer wurde 1915 zur Zielscheibe heftiger Kampagnen (vgl. Abb. 31). Unter anderem warf man ihm vor, dass ihn Kaiser Wilhelm II. 1912 anlässlich seines Besuchs in der Schweiz mit einem Orden ausgezeichnet hatte. Russ sah sich 1916 gezwungen, als Präsident und Delegierter des Verwaltungsrates von Suchard zurückzutreten.[80] Die beiden Tochterbetriebe in Deutschland (Lörrach) und Österreich (Bludenz) wurden wegen Rohstoffmangels stillgelegt. Im gleichen Jahr hiess es hingegen von der Fabrik in Paris, «elle marche en plein», ja man komme nicht nach mit dem Befriedigen der Bestellungen. Die Aktivitäten im Bereich der Zentralmächte nahmen ab, diejenigen im Bereich der Westmächte zu.

Der auf *Suppenwürfel und -würze* spezialisierte Nahrungsmittelkonzern Maggi (Kemptthal) konnte vom Krieg nicht profitieren.[81] Der nominale Umsatz stieg nur in der Schweiz, beim Export stagnierte er jedoch, 1917 brach er sogar stark ein. Die Belieferung der Schweizer Armee nahm zwar zu, diejenige ausländischer Armeen wurde vor allem wegen der Exportrestriktionen der Westmächte unterbrochen; darum erfolgte auch der Verlust des wichtigen holländischen Marktes. Die an sich richtige Einschätzung der Geschäftsleitung von Dezember 1918, dass der Krieg «überall zu sparsamer Lebensweise nötige» und dies den Maggi-Produkten entgegenkomme, führte nicht unmittelbar zu entsprechenden Unternehmenserfolgen. Schon zuvor hatte der allgemeine Mehranbau (vgl. unten) die inländische Gemüseproduktion des Unternehmens eingeschränkt, hatte Kohlemangel zum Ausweichen auf Torfgewinnung gezwungen, hatten starke Auftragsschwankungen einmal zu Betriebseinschränkungen, dann wieder zu Überzeiten geführt – und zu all dem hatte die «Nationalitätenfrage» (wie im Falle von Suchard) den Absatz in Frankreich stark beeinträchtigt. Gemäss Annatina Seiferts Maggi-Studie wurden von sämtlichen Verwaltungsratsmitgliedern und höheren Angestellten nicht nur Informationen über die Nationalität verlangt, es war auch der Nachweis zu erbringen, dass es sich bei den Beschäftigten nicht um Deserteure oder Dienstverweigerer der französischen Armee handelte.[82] Die drei französischen Maggi-Firmen waren besonders stark der gegen die schweizerischen Unternehmen gerichteten anti-deutschen Hetze ausgesetzt. In Kampagnen wurde den französischen Maggi-Konsumenten suggeriert, sie würden damit die deutsche Armee unterstützen:

Stärken Käufer von «Maggi»-Produkten die deutsche Wehrkraft?

«En achetant chez Maggi, à l'Allemagne vous donnez des fusils.» Ja, es wurde das Gerücht in Umlauf gesetzt, dass mit Maggi-Produkten die französische Bevölkerung vergiftet würde. Das Unternehmen versuchte, dem entgegenzuwirken mit offiziellen Erklärungen, mit Geldspenden und mit Verteilen von Gratismilch und Gratissuppen. 1917 liess die Hetzkampagne schliesslich nach.

Die *Chemieindustrie* erlebte trotz der stark erschwerten Bezüge von Ausgangs- und Zwischenprodukten vor allem wegen der gewaltig gestiegenen Nachfrage von Farbstoffen goldene Zeiten. Ciba steigerte in den Kriegsjahren (1914–1917) im Vergleich mit den Vorkriegsjahren (1908–1913) ihren durchschnittlichen Jahresumsatz von rund 10 750 000 auf rund 69 140 000 Franken (beinahe siebenmal), Sandoz von rund 3 100 000 auf rund 45 700 000 Franken (etwa 15-mal) und Geigy

31 **Vorteilhaft oder nachteilig** vom Krieg stark tangierte Schweizer Unternehmen: Nestlé, Maggi, Suchard.

Schweizer Importe und Exporte
(in Franken, real, in Grosshandelspreisen
von 1913), 1911–1924

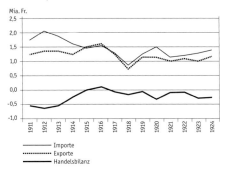

Schweizer Importe nach Güterklassen
(Mengen indexiert, Durchschnitt
1911–1913=100), 1913–1919

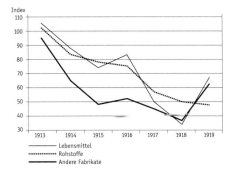

Quelle: Nach Geering/Rossfeld, 2008, S. 24/25.

von 7 670 000 auf 17 000 000 Franken (eine gute Verdopplung).[83] Vor die Wahl gestellt, mit Deutschland oder mit den Westmächten zu kooperieren, entschied sich Ciba für die Letzteren. Im Dezember 1914 klopfte ein französischer Textilkonzern bei Geigy in Basel an, weil er blaue Überkleider über die (bekannten) roten Militärhosen liefern sollte. Und eine italienische Firma, ebenfalls mit Regierungsauftrag, meldete sich, weil sie khakifarbiges Baumwolltuch herstellen sollte. Die Preise waren von sekundärer Bedeutung, Hauptsache war, dass die benötigten Produkte – wenigstens teilweise – eingekauft werden konnten. Geigy belieferte auch die Schweizer Armee mit Eriochromverdon S, das sich als der bestgeeignete Farbstoff für die im Oktober 1914 vom Bundesrat beschlossenen neu nun feldgrauen Uniformen erwies.[84]

Auf dem *Finanzplatz* führte die Stärkung des Frankens dazu, dass dieser als Fluchtwährung interessant wurde, und die moderate Besteuerung begünstigte die Entwicklung der Schweiz zu einem Steuerparadies. Damit trat ein, was Adolf Jöhr, Generalsekretär der Nationalbank und künftiger Chef der Kreditanstalt, bereits 1912 als erstrebenswert herausstrich:

> «Gelingt es der Schweiz, ihre Neutralität zu behaupten, dann dürften aus den Grenzgebieten wiederum bedeutende Werte in die schweizerischen Banken geflüchtet werden, dürften die hieraus fliessenden Einnahmen eine hübsche Steigerung erfahren.»[86]

Im April 1917 frohlockte Hermann Obrecht, Unternehmer und künftiger Bundesrat, die Schweiz als Ganzes habe «nach dem Krieg die Gelegenheit, ein Lieblingsaufenthalt der Kapitalisten zu werden».[87] Es floss nicht nur gewinnbringend Geld in die Schweiz, es floss wiederum gewinnbringend Geld aus der Schweiz: Von 1914 bis 1919 bewegte sich der jährliche Kapitalexport auf der Höhe von rund 400 Millionen Franken, ein Teil ging auch als halboffizielle Bankdarlehen an alle Kriegsparteien. Von den beiden Grossen richtete sich die Zürcher Kreditanstalt stärker auf die Zentralmächte aus, der Basler Bankverein stärker auf die Westmächte. Beide profitierten davon, dass die Banken der Krieg führenden Länder gezwungen waren, ihre Positionen im gegnerischen Lager aufzugeben. Doch auch im eigenen Land konnten die Banken gestärkt aus der Kriegsphase hervorgehen, der öffentlichen Hand standen in dieser Zeit keine ausländischen Geldgeber zur Verfügung, die inländischen Finanzinstitute verfügten über eine Monopolstellung

32 und 33 (links) **Die chemische Industrie** erlebte wie viele andere Branchen in den Kriegsjahren einen grossen Aufschwung. Hier alte Gebäulichkeiten der Ciba Basel um 1900 im alten Rosentalquartier und während oder kurz nach dem Ersten Weltkrieg fertiggestellte Hallen im neuen Rosentalquartier. Ciba verwendete ihre Rekordgewinne nicht nur für Ausschüttungen an die Aktionäre, sondern auch für beträchtliche Investitionen.[85]

34 (rechts) **Fabrikinnenraum.** Formerei des Elektrostahlwerks Georg Fischer AG.

und konnten ihren Einfluss auf die Politik merklich und dauerhaft stärken. In Bankkreisen stellte man zufrieden fest, dass gut gearbeitet und das Wirkungsfeld ausgedehnt worden sei.[88]

Die *Versicherungen* hatten zum Teil die gleichen Problemlagen wie die Banken, etwa die *Zürich*, die ausser in der Schweiz in fünf Hauptmärkten tätig war (Spanien, Belgien, Deutschland, Frankreich, USA).[89] Der Krieg hatte zur Folge, dass neue Versicherungs- und Schadensfälle auftauchten. Die Mobilisationen führten zu einer spürbaren Verzögerung der Prämienzahlungen, aber auch zu einer Reduktion der Schadensordnungen. Die eintretende Güterknappheit liess die Diebstähle von Kupfer, Leder, Gummi und später auch von Lebensmitteln rasant in die Höhe schnellen. Kriegsschäden etwa durch weittragende Geschütze und Bombardierungen waren von Versicherungen ausgeschlossen. In Frankreich musste die *Zürich* allerdings einem Konsortium für die Versicherung des Blindgängerrisikos beitreten. Einer speziellen Regelung bedurfte die Versicherung von hinter der Front arbeitenden Personen und von Kriegsgefangenen. In der Schweiz führte die erhöhte Wirtschaftsaktivität zu höheren Versicherungsabschlüssen; zudem brachte, wie ausdrücklich festgehalten wurde, der Zustrom der vielen «kapitalkräftigen Fremden» den Versicherungen zusätzliche Gewinnmöglichkeiten.[90] Thomas Inglin,

35 (links) **Elektromotorenfabrik** im BBC-Werk Münchenstein bei Basel 1915.

36 (unten) **Die Kriegsjahre brachten** dem schweizerischen Finanzplatz eine starke Aufwertung. (Heutige UBS-Schalterhalle in Zürich)

der sich mit der *Zürich* näher beschäftigt hat, kommt auch hier zum Schluss: Das Unternehmen ging gestärkt aus dem Weltkrieg hervor.

Auch für die *Schweizerische Rückversicherungs-Gesellschaft*, die sich in keinster Weise auf einen allfälligen Krieg vorbereitet hatte, waren die Kriegsjahre Teil einer «fulminanten Wachstumsperiode». Raffael C. Bach bemerkt, dass sich das Unternehmen dank der Neutralität und Stabilität zu einem der grössten Rückversicherer der Welt habe entwickeln können. «Die Neutralität erlaubte es dem Unternehmen, in allen Märkten tätig zu bleiben, die Stabilität ermöglichte es, in Marktlücken vorzustossen.»[91]

Mustermessen, Schweizerwoche und Gütezeichen

Die zur Eröffnung der Landesausstellung in Bern am 15. Mai 1914 gehaltenen Reden hatten betont, dass wegen der «gewaltigen Fortschritte» in allen Bereichen, in Landwirtschaft, Gewerbe, Industrie, Handel und Wissenschaft, eine solche Darbietung gerechtfertigt und zur Belebung der Binnennachfrage wie der Exportmöglichkeiten auch nötig sei. Die Produzenten, die nicht vom Kriegsexport profitieren konnten und wegen des Krieges unter Umständen sogar benachteiligt waren, dürften an der 1916/17 als jährliche Produkteschau geschaffenen Schweizerischen Mustermesse in Basel besonders interessiert gewesen sein. Die auf das Jahr 1915 zurückgehende Idee verfolgte die Absicht, Angebot und Nachfrage der Kriegszeit «in konzentriertester Form» an einem Ort zusammenzubringen. Die neue Institution verfolgte allerdings noch weitere Ziele: den zeittypischen und auch von anderen Ländern praktizierten Wirtschaftsprotektionismus, die Kompensation für die wegen des Krieges bei gewissen Produkten (z. B. St. Galler Spitzen) eingetretenen Erschwernisse im internationalen Warenaustausch, die Belebung der Wirtschaft durch Wettbewerb und – alles in allem – fast wie die politische Landesverteidigung *avant la lettre* die Besinnung des Schweizervolkes auf seine eigene Wirtschaftskraft. Die Messe, zu der keine ausländischen Aussteller zugelassen waren, richtete sich bewusst nicht nur an die Grosskunden, sondern wollte auch eine Publikumsmesse sein und den Besuchern Gelegenheit geben, aufgrund der ausgestellten Muster Einzelbestellungen zu tätigen. Als Vorbild galt die Leipziger Mustermesse «MM». Selbstverständlich nahm Bundespräsident Edmund Schulthess am offiziellen Tag vom 19. April 1917 teil.[92]

«Durst nach Schweizerware»

Eine bescheidene Parallelveranstaltung mit ähnlicher Zweckbestimmung war schon 1916 mit dem Comptoir Vaudois des Echantillons im Lausanner Kasino auf dem Montbenon geschaffen worden. Seine Begleitbroschüre machte auf einen weiteren Grund für solche Präsentationen aufmerksam: Das moderne Wirtschaftsleben musste Werbung betreiben – «une forme de la réclame plus que jamais indispensable». Zwei Feststellungen der NZZ-Berichterstattung zur zweiten Durchführung des Comptoir von 1917 sind bemerkenswert. Erstens: Der früher ganz von der Landwirtschaft geprägte Kanton habe «im Zeichen der Kriegskonjunktur» einen Aufschwung im Industriesektor erfahren. Und zweitens: Es sei wünschens-

37 und 38 **Werbung mit Ausstellungen** und Plakaten wurde immer wichtiger. Dem entsprachen der Lausanner Comptoir (ab 1916) und die Basler Mustermesse (ab 1917).

wert, dass die verschiedenen kantonalen Mustermessen in eine einzige ausmünden würden. «Es ist wichtig, dass wir uns auch auf dem wirtschaftlichen Gebiete immer besser kennen und gegenseitig besser unterstützen lernen.»[93] Die NZZ richtete sich mit ihrem Bericht insbesondere an die Ostschweizer. Wie die Messen von Lausanne und Basel Produkte des Ersten Weltkrieges waren, ist die St. Galler Olma eine Folge der Anbauschlacht im Zweiten Weltkrieg: 1942 als Landwirtschaftsausstellung ins Leben gerufen, wird sie seit 1946 als Olma weitergeführt.

Die Bewegung für nationale Warenpropaganda hatte 1908 in Dänemark ihren fassbaren Anfang, 1915 folgten die Niederlande. Die kriegsbedingten Handelserschwerungen ebneten auch in der Schweiz den Weg für die Idee einer gemeinsamen organisierten Warenwerbung. Das mit der Grenzbesetzung verstärkte nationale Empfinden wurde als günstige Voraussetzung für etwas gehalten, was man ohnehin tun sollte. Von der Landesausstellung von 1914 wurde angenommen, dass sie einen «Durst nach Schweizerware» geschaffen habe. Die Initiative für die Durchführung einer «Schweizer Woche» nach dem Vorbild der «All British Shopping Weeks» ging im Juni 1915 von der Schaffhauser Sektion der Neuen Helvetischen Gesellschaft (NHG) aus. Trotz allseitiger Zustimmung dauerte es aber noch zwei Jahre, bis im Oktober/November 1917 mit einheitlichen Schaufensteraktionen (200 in der ganzen Schweiz) die erste «Schweizer Woche» durchgeführt wurde.[94] Die *Schweizer Illustrierte Zeitung* unterstützte die Aktion: Eine ihrer Ausgaben zeigte auf der Titelseite das Bild eines Arbeiters mit Mütze, Bart, Pfeife – und einem grossen Hammer, dies in Kombination mit der Aufforderung: «Vergesst nicht Schweizer Art und Wert!»[95]

Die Label-Bewegung, die ihren Ursprung in den USA hatte, war älter und erreichte um 1906 die Schweiz. Das bekannte Armbrustzeichen wurde aber erst 1931 eingeführt. Ansätze zu einem Labeling schweizerischer Produkte gab es, von der Genfer Handelskammer ausgehend, jedoch schon im Oktober 1915, doch ging es da um eine Markierung von schweizerischen Exporten, und dies an die Tatsache anknüpfend, dass die rigorose Kontrolle der Krieg Führenden ohnehin den Ursprung der Waren kennen wollte.[96]

Mehranbau

Wie aus der Versorgungsproblematik der Jahre 1940 bis 1945 bekannt, bestand in der Landwirtschaft die Tendenz, die profitablere Viehwirtschaft der weniger profitablen Getreidewirtschaft vorzuziehen[97]; daraus entwickelte sich auch die Praxis, Getreide sogar für die Viehfütterung einzusetzen. Wie die Viehbauern 1940 den Getreideanbau zum Teil wieder erlernen mussten, bestand auch 1914 ein ähnliches Defizit. Bauernsekretär Laur hält in seiner Erinnerungsschrift von 1942 fest: «Die Bauern hatten vielerorts die früheren Methoden für die Erzeugung von Qualitätsgetreide vergessen oder sie wendeten sie nicht mehr an.»[98]

Mit Blick auf die erzielten Preise für landwirtschaftliche Produkte geht man davon aus, dass es dem Bauernstand während der Kriegsjahre alles in allem gut ging. Trotzdem wirkte sich die Mobilisation aber auch belastend aus: mit dem Entzug der Arbeitskraft, mit den Pferdestellungen, den Einquartierungen, den Kulturschäden, den Heu- und Strohlieferungen an die Armee zu niedrigen Festpreisen, mit den Importengpässen bei Futtermitteln und Düngemitteln.

Zur Deckung des Ernährungsbedarfs war die Schweiz in hohem Masse auf Importe angewiesen. Um die Auslandabhängigkeit in der Nahrungsmittelversorgung etwas zu reduzieren, wurden ähnliche Anstrengungen unternommen, wie wir sie auch von der «Anbauschlacht» aus der Zeit vom Zweiten Weltkrieg kennen.[99] Die Behörden erhielten ausserordentliche Kompetenzen mit Zentralämtern auf allen Ebenen bis hinunter in die Gemeinden, den Mehranbau anzuordnen und zu überwachen. Der Bund ging mit dem guten Beispiel voran, indem er eidgenössische Waffenplätze in Getreidefelder umwandelte und für die dabei anfallende Arbeit Soldaten einsetzte. Städtische Parkanlagen wurden in Kartoffelfelder und Gemüsegärten umgewandelt.

Ein Bericht hält fest: «Die grosse Wiese vor dem Bahnhof Zürich-Enge, wo in normalen Zeiten das Karussell und die Seiltänzer sich niederliessen, wurde durch einen Zug Landsturmsoldaten umgegraben.»[100]

CULTIVEZ et DÉFENDEZ la TERRE NATALE!

39 **Propaganda zur Förderung des Mehranbaus.** Hier sind alle angesprochen, Männer und Frauen, Junge und Alte. Und es wird eine offensichtliche Parallelisierung zwischen militärischer und landwirtschaftlicher Landesverteidigung vorgenommen. Was den einen das Gewehr, ist den anderen Heugabel und Rechen.

Internierte Militärflüchtlinge und insbesondere die russischen Kriegsflüchtlinge wurden ebenfalls eingesetzt.

Laur betonte in seiner mitten im Zweiten Weltkrieg publizierten Erinnerungsschrift – sie erschien also in der Zeit, da in der Schweiz die «Anbauschlacht» anlief –, er habe bereits 1914 eine Ausscheidung des Volkes in eine militärische und eine wirtschaftliche Armee und die Organisation des Wirtschaftslebens «nach einheitlichem Plan» vorgeschlagen.[101] Im Unterschied zum Aktivdienst von 1939 bis 1945 setzten die systematischen Bemühungen in der Zeit der Grenzbesetzung jedoch erst spät ein, nämlich 1917. Der Bundesratsbeschluss vom 3. September 1917 hatte zum Ziel, die Anbaufläche von Wintergetreide für das Jahr 1918 um 8000 Hektaren auszudehnen. Das sollte allerdings nicht auf Kosten des Wieslandes gehen, das man nicht verringern wollte, weil dies die Milchproduktion bzw. -versorgung reduziert hätte. So sah man die Lösung in der Melioration von Sumpfgebieten in der Linth- und in der Magadinoebene sowie im unteren Rhonetal und im Orbetal.

Das Hauptproblem bestand im grossen Arbeitskräftemangel. Die gute Konjunktur der Kriegsindustrie nahm die meisten verfügbaren Kräfte in Anspruch, was auch die Landwirtschaft in Mitleidenschaft zog. Im November 1914 schuf der Bund ein Eidgenössisches Meliorations- und Arbeitsamt. Später sah es vor, dass Deserteure und Refraktäre zu «Arbeiten von öffentlichem Interesse» eingesetzt wurden. Sie kamen an den verschiedensten Orten des Mittellandes beim Bau von Entwässerungskanälen und, am Rande, auch beim Torfstechen zum Einsatz sowie bei den Bernischen Kraftwerken und den Nordostschweizerischen Kraftwerken. Schliesslich wurden auch Russen, einzeln oder in kleinen Gruppen, Landwirten zur Verfügung gestellt. Hunderte von Russen leisteten so, zum Teil in Schwerstarbeit, einen wichtigen Beitrag zur Selbstversorgung der Schweiz. Die Einsätze verliefen allerdings nicht immer reibungslos, es gab auch Ärger und Streikaktionen.[102]

Russen arbeiteten in Entsumpfungsprojekten und Kraftwerkanlagen.

Die von offizieller Seite betriebene Anbaupropaganda, die «Belehrung und Aufklärung des Volkes», dürfte vergleichsweise bescheiden geblieben sein. Aber schon damals liess sich die Stadtbevölkerung auffallend leicht mobilisieren. Das *Emmentaler-Blatt* berichtete am 12. April 1917 über das muntere Treiben in Berns Aussenquartieren:

«Allüberall ein wahres Gewimmel von Vehikeln aller Art, mit Dünger schwer beladen! Die Hausväter mit dem Gartenwerkzeug auf den Schultern, die sorgliche Hausmutter mit dem unvermeidlichen Anhängsel von grösseren und kleineren Spösslingen, dabei das Samenkörbchen oder -täschchen wie ein Vermögen sorgsam bergend.»[103]

Nicht zur Mehrung der gesamtlandwirtschaftlichen Produktion, sondern zur finanziellen Entlastung der Haushalte einkommensschwacher Familien war in Siedlungsballungen bereits bei Kriegsbeginn die «Pflanzlandbewegung» ausgebaut worden, indem zusätzliche Parzellen zur Verfügung gestellt und unentgeltliche Kurse für Gemüsebau angeboten wurden. Obwohl diese Selbstversorgung mindestens so sehr den Frauen übertragen war, besagte eine Formulierung, dass sich auf diese Weise «der kleine Mann als sein eigener Herr und Meister fühlen» konnte.[104]

Die Zwillingsschwester des Mehranbaus war die *Altstoffverwertung*. Offiziell scheint diesbezüglich, anders als im Zweiten Weltkrieg, nichts unternommen worden zu sein. Aber einzelne Unternehmen dürften auf Recycling Wert gelegt haben. Belegt ist dies für die Konservenfabrik Hero. Im August 1918 richtete sie einen Appell an ihre Kundinnen und Kunden, damit diese ihre leeren Dosen zurückschicken – «überhaupt der Sammlung aller Emballagen wie Eimer, Gläser, Büchsen usw. das grösste Interesse entgegenbringen».[105]

40 **An einigen Orten brauchte** es mehr als Rechen und Heugabel, wurde die Meliorationsarbeit zum grossen Bauunternehmen und wurde nicht nur archaische «Urbevölkerung», sondern fremde Arbeitskraft, etwa russische Internierte, eingesetzt.

1 Zu diesem Kapitel erhielt der Verfasser viele wertvolle Hinweise von Roman Rossfeld. Dafür sei ihm herzlich gedankt, ohne ihn für die nun präsentierte Version verantwortlich zu machen.

2 Direktion des Handels- und Industrievereins vom 7. September 1914 an ihre Mitglieder. Zit. nach Luciri, 1976, S. 281.

3 Dr. V. Furlan, in: Schweizerische Blätter für Handel und Industrie, Nr. 21/22 vom 15. November 1914.

4 Thomas Fenner, in: Rossfeld/Straumann, 2008, S. 326.

5 Martin Pally, ebenda, S. 129.

6 Zu den Wirtschaftsverhandlungen vgl. DDS, Bd. 6, 1981, unterschieden nach Westmächten S. XL ff., und Zentralmächten, S. L ff.

7 Rossfeld/Straumann, 2008, S. 37.

8 Luciri, 1976, S. 280.

9 Zweiter Neutralitätsbericht vom 19. Februar 1916, S. 5 ff.

10 Ochsenbein, 1971, S. 110 ff.

11 Zur Schaffung des S.T.S. siehe Ochsenbein, 1971, S. 201 ff. – Zur längeren Vorgeschichte der Schaffung der S.S.S. siehe Ochsenbein, 1971, S. 210 ff., und Luciri, 1976, S. 187 ff. – Zu den beiden «antagonistischen» Lagern im Landesinnern: Luciri, S. 269 ff.

12 Mit der Vermutung, dass die gleichen Kräfte frankophil würden, wenn einmal die guten Geschäfte auf der anderen Seite in Aussicht stehen (Luciri, 1976, Kap. VII).

13 Vgl. Liste des 15-köpfigen «Einfuhrtrusts» der S.S.S. bei Ruchti, Bd. 2, S. 68. – Allgemein zu diesen Überwachungsstellen: Ruchti, Bd. 2, 1929, S. 59 ff.; Bonjour, Bd. 2, 1965, S. 656 ff.; Kurz, 1970, S. 115 ff.; Ochsenbein, 1971, S. 201 ff. und S. 322 ff.; Rossfeld/Straumann, 2008, S. 34 ff.

14 Basler Nachrichten Nr. 35 vom 20. Januar 1915.

15 Ochsenbein, 1971, S. 326.

16 Ebenda, S. 322.

17 Berner Tagwacht vom 7., 9. und 13. August 1915; NZZ Nr. 1031 vom 9. August und 1041 vom 11. August 1915; Luciri, 1976, S. 267 ff.

18 Ochsenbein, 1971, S. 330.

19 Ebenda, S. 74.

20 Bonjour gibt ein Beispiel für ein solches Einzelgeschäft, in: Bonjour, Bd. 2, 1965, S. 655, Anm. 179.

21 Ochsenbein, 1971, S. 99 ff.

22 Ebenda, S. 326.

23 Rossfeld/Straumann, 2008, S. 34.

24 Hinweis auf diese wichtigen Quellen bei Rossfeld/Straumann, 2008, S. 19, Anm. 29.

25 Eine Übersicht über die wichtigsten kriegswirtschaftlichen Verhandlungen mit dem Ausland gibt Ruchti, Bd. 2, 1929, S. 169–171.

26 Ochsenbein, 1971, S. 248 ff.

27 Mittler, 2003, S. 636.

28 Ochsenbein, 1971, S. 80.

29 Ebenda, S. 75.

30 Bonjour, 1965, S. 657.

31 Ochsenbein, 1971, S. 330.

32 Brodbeck, 2005, S. 186.

33 Das entsprechende Argument lautete: Dann würden die richtigen Tiere geschlachtet und es würde vermieden, dass einzelne Verpflegungsoffiziere wertvolle Nutz- und Zuchttiere schlachten würden (Ernst Laur, Erinnerungen eines schweizerischen Bauernführers. Bern 1942, S. 135).

34 Ebenda, S. 137.

35 Ebenda, S. 141.

36 Ebenda, S. 135.

37 Brodbeck, 2005, S. 186 und S. 190.

38 Laur, 1942, S. 136.

39 Ebenda, S. 141.

40 Ebenda, S. 139.

41 Auderset/Moser, 2012, S. 139.

42 Vgl. auch Florian Adank, in: Rossfeld/Straumann, 2008, S. 101.

43 Ochsenbein, 1971, S. 68, mit weiteren Namen in Anm. 156; sowie S. 182 ff.

44 Ebenda, S. 250 ff.

45 Ebenda, S. 204.

46 Ernst Laur, Erinnerungen eines schweizerischen Bauernführers. Bern 1942, S. 142. – Leiter des Ernährungsamts war Oberst Eduard von Goumoëns, Gründer und Direktor der Kunstseidenfabrik Viscose Emmenbrücke.

47 Ruchti, Bd. 2, 1929, S. 243 ff.

48 Brodbeck, 2005, S. 188 ff.

49 Ebenda, 1929, S. 200 ff. – Brodbeck, 2005, S. 184–191. – Thomas Fenner, in: Rossfeld/Straumann, 2008, S. 324.

50 Ochsenbein, 1971, S. 323.

51 Laur, 1942, S. 143.

52 Ochsenbein, 1971, S. 323.

53 Rossfeld/Straumann, 2008, S. 35. – Weitere statistische Angaben auch bei Ochsenbein, 1971, S. 238.

54 Raffaela Lütolf, in: Rossfeld/Straumann, 2008, S. 384.

55 Dok. Markus Mattmüller 1981.

56 Antrag an den Bundesrat vom 23. Oktober 1912 im vom Verfasser mitherausgegebenen Dokumentenband DDS, Bd. 5, Nr. 337, S. 724 ff.

57 Politisches Jahrbuch 1917, Bern 1918, S. 435.

58 Der Autor verdankt dieses Dokument einem Hinweis von Roman Rossfeld.

59 Schweizerische Blätter für Handel und Industrie Nr. 19/20 vom 15. Oktober 1914.

60 Der damals 47-jährige Baur war Pfarrer der Basler Gemeinde St. Leonhard und mit Albert Schweitzer befreundet; einen Teil seines Studiums hatte er in Deutschland absolviert und sich während des Krieges um Internierte gekümmert.

61 Gestützt auf Traugott Geering in der Einleitung zu Rossfeld/Straumann, 2008, S. 26.

62 Bundesratssitzung vom 20. Februar 1917.

63 Straumann, in: Rossfeld/Straumann, 2008, S. 313.

64 Politisches Jahrbuch für das Jahr 1915, 1916, S. 804.

65 Einleitung Rossfeld/Straumann, 2008, S. 24.

66 Ebenda, S. 50.

67 Hier und im Folgenden Hélène Pasquier, in: Rossfeld/Straumann, 2008, S. 151–169.

68 Traugott Geering, Handel und Industrie der Schweiz unter dem Einfluss des Weltkriegs. Basel 1928. S. 577 ff., zit. nach Pasquier, in: Rossfeld/Straumann, 2008, S. 157.

69 Verwaltungsratsprotokoll vom 27. Oktober 1915, zit. nach Pasquier, in: Rossfeld/Straumann, 2008.

70 Vgl. im Folgenden Florian Adank, in: Rossfeld/Straumann, 2008, S. 89–115.

71 Hans Ulrich Wipf/Mario König/Adrian Knoepfli, Saurer. Vom Ostschweizer Kleinbetrieb zum internationalen Technologiekonzern. Baden 2003. S. 129.

72 Ebenda, S. 128 ff.

73 Alexis Schwarzenbach, in: Rossfeld/Straumann, 2008, S. 63–87.

74 Raffaela Lütolf, in: Rossfeld/Straumann, 2008, S. 377–406, Zit. S. 398.

75 Erste Angaben dazu bei Ochsenbein, 1971, S. 85–87.

76 Raffaela Lütolf, in: Rossfeld/Straumann, 2008, S. 380.

77 Hier und im Folgenden Roman Rossfeld, in: Rossfeld/Straumann, 2008, S. 407–435. – Umfassender vom gleichen Autor: Schweizer Schokolade. Industrielle Produktion und kulturelle Konstruktion eines nationalen Symbols 1860–1920. Baden 2007.

78 Zit. nach Rossfeld/Straumann, 2008, S. 414.

79 La libre parole vom 30. September 1916, zit. nach Rossfeld/Straumann, 2008, S. 427.

80 Erste Angaben dazu bei Ochsenbein, 1971, S. 87.

81 Hier und im Folgenden Annatina Seifert, in: Rossfeld/Straumann, 2008, S. 345–375. – Erste Hinweise bei Ochsenbein, 1971, S. 88.

82 Annatina Seifert, in: Rossfeld/Straumann, 2008, S. 360.

83 Alfred Bürgin, Geschichte des Geigy-Unternehmens von 1758 bis 1939. Basel 1958, S. 244.

84 Ebenda, S. 239.

85 Vgl. Rossfeld/Straumann, 2008, S. 310.

86 Adolf Jöhr (sen.), Die Volkswirtschaft der Schweiz im Kriegsfall. Zürich 1912. S. 194.

87 Guex, S. 1092, 1098, hier auch die Belege für beide Zitate.

88 Mazbouri, Guex, Lopez, in: Patrick Halbeisen/Margrit Müller/Béatrice Veyrassat (Hg.): Wirtschaftsgeschichte der Schweiz im 20. Jahrhundert. Basel 2012, S. 484 ff. – Ferner Malik Mazbouri, in: Rossfeld/Straumann, 2008, S. 439–464.

89 Vgl. die Studie Thomas Inglin, in: Rossfeld/Straumann, 2008, S. 465–492.

90 Inglin, 2008, S. 470 und S. 491.

91 Raffael C. Bach, in: Rossfeld/Straumann, 2008, S. 493–513.

92 50 Jahre Schweizer Mustermesse Basel. Basel 1966, S. 8–11.

93 NZZ Nr. 888 vom 18. März 1917.

94 Thomas Oberer, Armbrust und Schweizerwoche. Symbole der Nationalen Warenpropaganda in der Schweiz der Zwischenkriegszeit. Manuskript Basel 1991 (vom Vf. betreute Liz.-Arbeit), S. 20 ff.

95 Ausgabe vom 27. Oktober 1917.

96 Ebenda, S. 50 ff.

97 «Ausdehnung der Viehhaltung»: Peter Moser, Neue Perspektiven und Institutionen zur Analyse eines alten Gegenstands. Die Landwirtschaft in der wirtschaftshistorischen Geschichtsschreibung. In: traverse 2010/1, S. 60–74, Zit. 65.

98 Laur, 1942, S. 139.

99 Anders als für die Jahre 1939–1945 mit 50 bis 58 Prozent stehen für die Jahre 1914–1918 keine Zahlen zur Bezifferung des gesamten Selbstversorgungsgrades zur Verfügung.

100 Ruchti, Bd. 2, S. 195.

101 Laur, 1942, S. 138.

102 Bürgisser, 2010, S. 99 ff.

103 Ruchti, Bd. 2, 1929, S. 191–198.

104 Paul Wild, Basel zu Beginn des ersten Weltkrieges 1914 und 1915. Basel 1958, S. 88.

105 Raffaela Lütolf, in: Rossfeld/Straumann, 2008, S. 382 ff.

4 Militärische Landesverteidigung

Der allgemeine Auftrag des Bundesrats an das Oberkommando der militärischen Landesverteidigung lautete, die volle staatliche Souveränität gegenüber jeder Beeinträchtigung «von innen oder von aussen» zu wahren und das schweizerische Territorium gegen jede Gebietsverletzung zu schützen.[1] Die Verteidigung gegen aussen entspricht einer gängigen Vorstellung. Dass es eine militärische Verteidigung auch gegen innen, und zwar nicht nur theoretisch, gab, sollte im November 1918 der Einsatz der Armee im Landesstreik zeigen (vgl. Kapitel 6). Hier geht es im Folgenden aber um die Gewährleistung der äusseren Sicherheit.

Bedrohungslagen im Laufe der Zeit

Bezüglich der äusseren Sicherheit umschrieb Generalstabschef Sprecher die allgemeine Lage so, dass nicht Krieg war, «aber auch kein eigentlicher Friede mehr».[2] Gemeint war damit in erster Linie, dass die Kompetenzverhältnisse zwischen ziviler und militärischer Gewalt unklar waren (vgl. Kapitel 3). Die Feststellung galt aber auch für die allgemeine Bedrohungslage. Der Generalstabsbericht von 1919 räumte offen ein, dass ein strategischer Angriff auf die Schweiz schon bald «mehr und mehr» unwahrscheinlich wurde, man aber trotzdem auch diesbezüglich eine gewisse Bereitschaft aufrechterhalten wollte. Daneben gab es zwei Daueraufgaben: zum einen die Abwehr in Fällen, da fremde Truppen in die Schweiz versprengt würden oder diese bewusst einen Umgehungsangriff auf den Kriegsgegner über schweizerisches Territorium ausführen wollten. Und zum anderen ging es um die in ihrer Bedeutung nicht zu unterschätzende Funktion, als militärische Grenzpolizei zu wirken und Deserteure, Schmuggler und «lichtscheues Gesindel aller Art» abzufangen.[3]

In der Einschätzung möglicher Bedrohungen ging man, wie gesagt, nicht davon aus, dass im Sinne eines eigenständigen Ziels die Absicht bestand, die Schweiz zu erobern. Diese Einschätzung entsprach, wie sich nachträglich feststellen liess, den von den potenziellen Angreifern durchwegs eingenommenen Haltungen.[4] Nicht ausgeschlossen wurde, dass Italien nach seinem Kriegseintritt im Mai 1915 unter Umständen versuchen könnte, sich das Tessin anzueignen, oder dass Genf bei einem Sieg Frankreichs mit deutschem Einverständnis von der Schweiz abgetrennt würde. Der Bündner Generalstabschef Sprecher war Italien gegenüber besonders skeptisch und hatte sich, den Irredentismus vor Augen,

«Italien wird die Aufsaugung der benachbarten italienischen Gebietsteile stets im Auge behalten.»

bereits im Januar 1907 notiert: «Italien wird die Aufsaugung der benachbarten italienischen Gebietsteile stets im Auge behalten...»[5]

Als wesentlich wahrscheinlicher wurde bei Kriegsbeginn 1914 die Verletzung schweizerischen Territoriums durch einen französischen oder deutschen Umgehungsangriff eingestuft, wobei – aus strategisch-operativen Erwägungen und nicht aufgrund politischer Sympathien – ein solcher Angriff eher von der französischen Armee erwartet wurde, zumal die deutsche Seite sich für eine Umfassungsaktion im Norden entschieden hatte. Das blieb in all den Jahren die Bedrohungslage: Grenzverletzungen hauptsächlich im Westen, Unsicherheit im Süden, der Osten und der Norden eher unbedenklich. Der Krieg im Osten war viel zu weit weg, als dass er die Schweiz hätte direkt tangieren können, die Aufmerksamkeit war weitgehend auf den Westen konzentriert. Entsprechend war das Abwehrdispositiv: Auf der Linie Basel–Les Rangiers wurden zwei Divisionen zur Grenzverteidigung aufgestellt, eine Division überwachte den Waadtländer Jura, drei weitere Divisionen standen rückwärts für die verschiedenen Eventualitäten bereit, und vier Gebirgsbrigaden hatten das Wallis, das Tessin und Graubünden zu sichern.

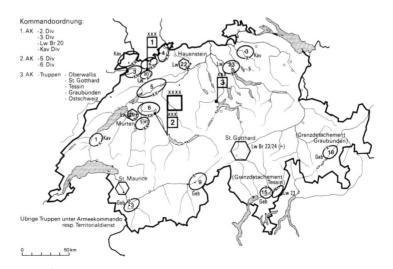

41 **Schwergewicht** in der Westverteidigung plus einzelne Stellungen im Alpenraum: Armeedispositiv nach der Konzentration vom 12. August 1914.

Bereits wenige Tage nach der Generalmobilmachung sah es einen Moment lang so aus, als ob es beim Versuch französischer Kräfte, das Elsass zurückzuerobern, von dieser Seite zu einem Umgehungsangriff käme und damit der Ernstfall eintreten könnte. Mit dem Rückzug der Franzosen nach Belfort verflüchtigte sich diese akute Bedrohung jedoch wieder, und mit der allgemeineren Beendigung des Bewegungskrieges und dem Übergang in den Stellungskrieg im ferneren Westen drohte der Schweiz selbst von dieser Seite über längere Zeit keine Gefahr mehr.

Obwohl Italien im Mai 1915 in den Krieg eintrat, konnte auch im Süden die Bedrohung als gering eingestuft werden, zumal sich die italienisch-österreichischen Kampfhandlungen auf die Isonzofront konzentrierten. Während sich die Verteidigung der Ajoie nachhaltig ins kollektive Gedächtnis eingeschrieben hat (vgl. auch das Denkmal der «Sentinelle», Kapitel 8), blieb eine andere neuralgische Stelle im Bündner Hochgebirge völlig unbeachtet: Nach dem Kriegseintritt Italiens mussten Schweizer Truppen an der Dreiländerecke auf dem Stilfserjoch/ Umbrail auf 2757 Metern Höhe den österreichisch-italienischen Kriegsgegnern mit entbehrungsreichen Diensten demonstrieren, dass das schweizerische Territorium nicht zur Verfügung stehe, also neutral bleibe.

Wie Hans Rudolf Fuhrer herausgearbeitet hat, war die Schweiz im Winter 1915/16 der grössten Gefährdung ausgesetzt, als die französische Armee im Vorfeld der deutschen Offensive bei Verdun mit dem «Plan H» einen Umgehungsangriff mit 36 Divisionen vorbereitete und diese Vorbereitung mehr als ein Schubladenentwurf war. Gleichzeitig stellte an der inneren Front die Obersten-Affäre den nationalen Zusammenhalt ernsthaft infrage. Der Entscheid, auf diese Offensive zu verzichten, fiel im Februar 1916.[6]

42 (oben) **Wie präsentiert sich** die Bedrohungslage? Zu unterscheiden war zwischen der militärischen Grosswetterlage und dem, was man in der unmittelbaren Nachbarschaft von solchen Türmen aus beobachten konnte.

43 (unten) **Am westlichen «Ende» der Schweiz**, in der Ajoie, ein von drei Armeen schwer bewachtes Gebiet, bezeichnet als «Dreiländerecke» oder «Borne des trois Puissances», mit nicht passierbaren Toren wie hier auf dem Bild.

Im Dezember 1916/Januar 1917 liessen Meldungen über Truppenkonzentrationen (einerseits im Elsass, andererseits im Raum Montbéliard–Besançon) erneut Befürchtungen aufkommen, dass vor dem Hintergrund der ausbleibenden Erfolge bei Verdun die eine oder andere Seite nun doch einen Umgehungsangriff über schweizerisches Territorium unternehmen könnte. Die Gefahr bestand weniger in allfälligen Invasionsabsichten als darin, dass jede Seite mit Aggressionen der anderen Seite zu rechnen begann. In der französischen Presse wurde diese Möglichkeit ausgiebig erörtert, was offenbar zu panikartigen Verschiebungen von französi-

In Erwartung eines deutschen Angriffs verschoben Franzosen ihre schweizerischen Fluchtgeldkonten von Zürich nach Genf.

schen Kapitalien aus Deutschschweizer Banken nach Genf und Frankreich führte.[7] Nach der Teilmobilmachung vom Januar 1917 standen mit der Aufstockung von rund 36 000 Mann auf rund 84 000 Mann (sowie auf gegen 20 000 Pferde) immerhin wieder drei volle Divisionen zur Verfügung. Generalstabschef Sprecher hält in seinem Bericht von 1919 fest: «Das Aufgebot machte im In- und Ausland den besten Eindruck, weil es sehr richtig als Beweis des entschlossenen Willens der Schweiz aufgefasst wurde, ihre Neutralität unter allen Umständen zu verteidigen.»[8] Kurz darauf wurde mit der 2., 4. und 5. Division im Jura die «wohl grösste» je abgehaltene Truppenübung durchgeführt, um die Manövrierfähigkeit grösserer Truppenmassen auf kleinem Raum zu prüfen.[9]

Ohne entsprechende Akutsituation gaben die USA, die im April 1917 auf der Seite der Entente in den Krieg eingetreten waren, im Dezember 1917 die irritierende Erklärung ab, dass sie ihrerseits die Neutralität der Schweiz respektieren

In der Schweiz verwahrt man sich gegen ungebetene Hilfe.

würden, «so long the neutrality of Switzerland is maintained by the Confederation and respected by the enemy».[10] Auf schweizerischer Seite beeilte man sich, gestützt auf Absprachen mit Frankreich, die genau das vorsahen, zu betonen, dass Hilfe von aussen nicht automatisch, sondern nur auf Verlangen erwartet würde. Es sei einzig am Bundesrat zu entscheiden «dans quelles conditions il pourrait lui paraître opportun de faire appel au concours des puissances étrangères».[11]

Die nachlassende Bedrohung gestattete im Winter 1917/18 wiederum eine Reduktion der mobilisierten Bestände. Bei Kriegsende erschien nicht mehr die Westgrenze als Gefahrenzone, sondern vielmehr die Ostgrenze, jetzt aber nicht wegen einer Aggression durch reguläre Truppen, sondern wegen der Einreiseversuche von zivilen Flüchtlingen, entlassenen Soldaten und flüchtigen Kriegsgefangenen. Sorgen bereiteten zum Beispiel in Kreuzlingen die in Konstanz ausgebrochenen Unruhen.

Der Militärhistoriker Hans Rudolf Fuhrer kommt in Anlehnung an ein Wort des Generalstabschefs Sprecher zum Schluss, dass die Schweizer Armee alles in allem die von ihr erwartete Dissuasionswirkung erbracht hat, indem sie fähig war, den potenziellen Angreifern den Eindruck zu vermitteln, dass sie mit einem opferreichen und langwierigen Kampf rechnen müssten.[12]

Luftraumverletzungen

Eine besondere, wenn auch nur punktuelle Bedrohung bildeten die Luftraumverletzungen durch fremde Flugzeuge. Bei Kriegsbeginn musste der Bundesrat insbesondere der britischen Regierung gegenüber den Anspruch anmelden, dass die Neutralität nicht nur für den Boden, sondern auch für den darüberliegenden Luftraum gelte. An der internationalen Luftfahrtkonferenz von 1910 in Paris war in der Frage der Lufthoheit keine Einigkeit erzielt worden. Von den rund 1000 Neutralitätsverletzungen, die im Laufe der Kriegsjahre gezählt wurden, kamen rund 800 durch Verletzungen des Luftraumes zustande. Die erste massive Luftraumverletzung ereignete sich am 21. November 1914, als drei fremde (wahrscheinlich französische) Flugzeuge von Belfort kommend schweizerisches Territorium überflogen, um die Zeppelinwerft von Friedrichshafen zu bombardieren.[13]

Der Entwicklung der Luftwaffe entsprechend, kam es zu einem sprunghaften Anstieg von Luftraumverletzungen in den Jahren 1917/18. In der Militärstatistik stand Frankreich mit 357 Verletzungen an der Spitze, gefolgt von Deutschland mit 238, Italien mit 128 und Österreich mit 22.[14] Der Generalstabsbericht vermittelt den Eindruck, dass diese Neutralitätsverletzungen stets «unser recht wohlgenährtes Feuer» ausgelöst hätten.[15] Dies vertuscht jedoch, dass die Flugabwehr in der Regel schwach war und in einem Fall sogar völlig ausblieb, weil die Truppe überhaupt keine Munition hatte.

Am 31. März 1916 warfen zwei deutsche Flugzeuge auf das Bahnhofgelände von Pruntrut einige Bomben ab. Peinlicherweise machten die Behörden in ihrem Communiqué zuerst französische Flugzeuge für die Neutralitätsverletzung verantwortlich. Noch peinlicher war indessen, dass die schweizerische Seite, wie allgemein bekannt wurde, keine Abwehrversuche unternommen hatte, weil ihr keine Munition zur Verfügung stand. Nach einer Manöverübung war bei der in der Region stationierten Truppe die blinde Munition nicht mit scharfer Munition ausgetauscht worden.

Keine Abwehrversuche, weil keine Munition vorhanden.

Der Historiker Max Mittler, der sich am ausführlichsten mit dem Zwischenfall beschäftigt hat, bemerkt: «Es geschah bei den zahlreichen Verschiebungen von Einheiten häufig, dass die Soldaten ohne Munition in der Landschaft standen, weil man nicht rasch genug auf die neue Situation reagierte.»[16]

Die fehlbaren Offiziere wurden bestraft und die Verteidigung der Ajoie wurde verstärkt, indem man eine Batterie Feldkanonen von der Gotthardfestung in den Jura verschob. Die «affaire des cartouches» warf hohe Wellen in der Zivilbevölkerung. Schon vor dem Flugzwischenfall gab es auf welscher Seite die Vermutung, die deutschschweizerische Armeeleitung habe den Truppen der Romandie die Munition weggenommen. Auf der anderen Seite fragte die NZZ, ob da «welsche Schlampigkeit» im Spiel sei.[17] Die NZZ druckte auch eine französische Stimme ab, die sich darüber wunderte, dass die Schweiz das besonders exponierte Gebiet, das sich von Pruntrut her «wie eine Halbinsel» zwischen das Elsass und die Franche-Comté schiebe, nicht besser verteidige.[18]

44–47 **Sehr behelfsmässig** waren die ersten Versuche der Abwehr nicht nur in der Horizontalen, sondern auch in der Vertikalen. Feldbatteriegeschütze wurden auf drehbare Sockel (Pivots) montiert, sodass sie nach der Seite um 360 Grad und nach der Höhe bis gegen 80 Grad (beinahe rechtwinklig) geschwenkt werden konnten. Ob auf diese Art oder durch auf Lastwagen montierte MGs oder durch einfachen Infanteriebeschuss, der Fliegerabwehr gelang während des ganzen Krieges kein einziger Abschuss.

Nach diesem Intermezzo korrigierte die Armeeleitung ihre Anordnungen und gestattete den gewöhnlichen Soldaten, in einem genau umschriebenen Grenzraum – ohne einen Offiziersbefehl abzuwarten – sogleich auf jedes fremde Flugzeug zu schiessen. Punkt 5 lautete: «Es ist dafür zu sorgen, dass sämtliche Mannschaften der Infanterie und der Mitrailleurkompanien stets die nötige Zahl von Patronen mit sich führen, um das Feuer auf Flugzeuge durchführen zu können.»[19]

Im April 1917 wurde Pruntrut erneut bombardiert, jetzt von einem französischen Flugzeug und jetzt offenbar mit Abwehrversuchen. Im Falle von Luftraumverletzungen beschränkte sich das Politische Departement darauf, die diplomatischen Vertreter darauf aufmerksam zu machen. Ging man von vorsätzlichen Verletzungen der schweizerischen Hoheit aus, legte man «energisch Verwahrung» ein.[20]

Am 12. Oktober 1918 hatte eine vorsätzliche Verletzung des schweizerischen Luftraumes tödliche Folgen für einen schweizerischen Offizier. Dieser war bei Miécourt mit einem Fesselballon aufgestiegen, um mit einem Feldstecher die im nahen Grenzgebiet ausgetragenen Gefechte zu beobachten. Zwei deutsche Jagdflugzeuge griffen ihn an, verwundeten ihn tödlich und schossen den mit einem Schweizerkreuz markierten Ballon in Brand.[21]

Bereitschaft und Befestigungen

In der Zahl der mobilisierten Kräfte spiegelt sich die Einschätzung der Bedrohungslagen. Wie die Grafik auf Seite 123 zeigt, waren es Ende August 1914 bei Kriegsbeginn gegen 220 000 Mann und im September 1918 noch 20 000 Mann. Die Wehrmänner kamen nicht auf die legendären «über 1000 Diensttage» des Aktivdienstes 1939 bis 1945, sondern auf lediglich 550 bis 600 Tage im Auszug (was immerhin beinahe zwei Jahre sind) und rund 250 Tage in der Landwehr der älteren Jahrgänge. Die Telegrafenpioniere leisteten mit durchschnittlich 629 Tagen am längsten Dienst, es folgten die Sanitäter mit 614 Tagen, die Sappeure und die Infanteristen mit je 608 Tagen, Artilleristen kamen durchschnittlich auf 555 Tage und Dragoner auf nur 387 Tage. Die Artillerie-Landwehr kam mit 164 Tagen davon.[22]

48 **Die portofreie Feldpost** sicherte den Kontakt zwischen den «im Feld» stehenden Soldaten und den Angehörigen zu Hause. Sammelpost-stelle in einer Berner Turnhalle 1914/15, gemäss Bildlegende zur Zeit des Neujahrsverkehrs. (Grenzbesetzung, H. II, 1915, S. 20)

Verschiedene Zeugnisse deuten darauf hin, dass das Verständnis im Volk für die abgeforderten Dienstleistungen nach der ersten Euphorie von August 1914 rapid abnahm und sich Ernüchterung breitmachte. Das Bedürfnis meldete sich zurück, möglichst ungestört zu den früheren Beschäftigungen zurückzukehren. Ein Aargauer Bürger schrieb damals «seinem» Bundesrat, Edmund Schulthess:

«In den letzten Tagen haben sich die Ereignisse so gewendet, dass wir stark demobilisieren dürften. Angesichts dieser Lage erscheint die Aufrechterhaltung der Mobilisation im heutigen Umfang als eine Schädigung des Landes. (...) Die Bewacherei im Innern des Landes nützt schon gar nichts mehr, denn so sicher wie jetzt waren diese Dinge, die bewacht werden, schon lange nicht mehr. Kurz, wir begreifen diese Aufrechterhaltung der Mobilisation nicht und halten sie für schadenbringend und eine finanzielle Schwächung des Landes. Wir leiden mehr unter dem Krieg als die kriegführenden Länder.»[23]

49 und 50 **Das zeigte man in diesen Jahren gerne:** Familien, die mit ihrem männlichen Kinderreichtum dem Vaterland viele starke Soldaten zur Verfügung stellten. Im Bild unten ist die Mutter der Mittelpunkt, im Bild oben der Vater. Von Mutter Unternährer aus Schüpfheim weiss man, dass sie neben den neun Söhnen noch vier Töchter hatte, die hier aber unwichtig waren. Bei Vater Ammann aus Niederhelfenschwil werden nur die acht abgebildeten Söhne erwähnt. (*Schweizer Illustrierte Zeitung* vom 17. Juni 1916)

Zahl der Mobilisierten
Quelle: Nach Generalsbericht, 1919.

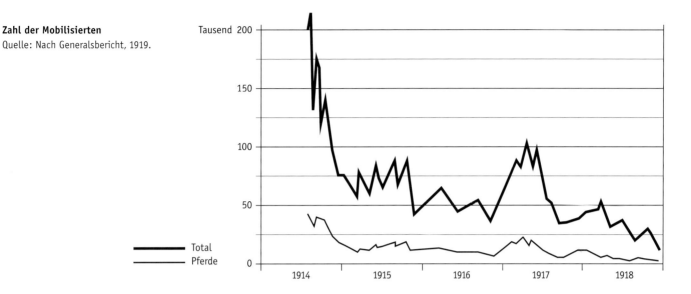

Wie die vorliegende Grafik zeigt, ging die Zahl der aufgebotenen Wehrmänner nach dem Maximum im August 1914 laufend zurück und war in den Wintermonaten besonders tief, im November 1914 betrug sie im Vergleich zum vorangegangenen Sommer noch etwa die Hälfte. Innerhalb der allgemeinen Aufgebots- und Entlassungsbewegung gab es Beurlaubungen aus gruppenspezifischen oder individuellen Gründen. Bekannt sind die Urlaube für die Getreide- und Heuernte, es gab aber auch Urlaube für die Traubenernte *(vendange)*. Zum Missfallen des Generalstabschefs schwollen die Dispensations- und Urlaubsgesuche «lawinenhaft» und von Behörden und Amtsstellen gefördert an. Noch in seinem Schlussbericht 1919 hielt er fest:

> **«Mit Unterstützung der Behörden schwollen Dispensations- und Urlaubsgesuche lawinenhaft an.»**

«Während im August 1914 die Wehrpflichtigen von Fern und Nah begeistert zu den Fahnen eilten, um wenn nötig den Kampf für die Freiheit und Unversehrtheit des Vaterlandes aufzunehmen, nahm dann mit jedem Wiederaufgebot das Bestreben grosser Teile der Wehrpflichtigen zu, vom Dienst frei zu werden.»[24]

Dramatisierend bemerkte er an anderer Stelle, dass ihm «mit Ausnahme weniger Arbeitsloser für den Grenzschutz überhaupt keine Soldaten mehr übrig geblieben wären», wenn er nach den Dienstbefreiungen unentbehrlicher Arbeiter auch noch eine allgemeine Befreiung wegen der Landwirtschaft zugelassen hätte.[25] Die männlichen Arbeitskräfte der Konservenfabrik Hero wurden, weil dieser Betrieb als für die Nahrungsversorgung auch der Armee wichtig eingestuft war, vom Dienst befreit.[26]

Zu dem gleich nach der Generalmobilmachung begonnenen Ausheben von Schützengräben bemerkte Leutnant Zurlinden, es sei «gewaltige Arbeit» geleistet worden: «Der Kanonendonner rief uns unaufhörlich, tags, abends und die halbe Nacht ins Bewusstsein: ‹Recht, wenn gut gearbeitet wird. Ist die Arbeit schlecht, dann kostet es das Leben.›»[27] Unterschiedliche Meinungen bestanden in der Frage, ob die Feldarmee oder die Befestigungen prioritär zu pflegen seien. Während

«Das Hochgebirge ist die von Gott geschaffene Festung der Schweiz.»

Generalstabschef Sprecher den Festungsbau vorantreiben wollte, sprach sich General Wille für ein «erzieherisches» Arbeiten an der Erhöhung des Kampfwerts der Truppe aus. Befestigungen waren seines Erachtens potenziell «tote Kriegsmittel» und machten permanente Besatzung nötig, was nicht dem Milizsystem entspreche. Darum war er auch gegen eine zentrale Rundumbefestigung (wie sie als Reduit 1940 bis 1943 gebaut werden sollte).[28] Sprechers Vorgänger, Arnold Keller, hatte sich noch 1890 für ein Reduit ausgesprochen: «Die Gotthardbefestigung entspricht nämlich der im ganzen Schweizervolk lebendigen Vorstellung, dass das Hochgebirge die von Gott geschaffene Festung der Schweiz sei, in welche sich das Heer und Volk zurückziehen und welche sie bis aufs äusserste verteidigen wollten.»[29] Seit den 1880er-Jahren war der Festungsbau stark vorangetrieben worden, eben mit dem Ausbau der Gotthardfestung[30], aber auch im Rhonetal bei Saint-Maurice und in der Region Simplon/Gondo. Im Weiteren waren Festungsanlagen in Olten und Murten gegen Westen und im Süden bei Bellinzona konzeptionell-planerisch vorbereitet. Die Fortifikationen am Hauenstein bildeten einen Basisraum für die offensive Verteidigung im Jura und dienten der Deckung des Eisenbahnknotenpunkts Olten. Die Sperrstellung Murten (inkl. Mont Vully/Jolimont) sollte die Operationsfreiheit gegen Westen sicherstellen und die Hauptachse nach Bern schützen.[31]

Bei Kriegsausbruch im August 1914 wurde die Umsetzung der ersten beiden «Schlüsselräume» (Hauenstein/Murten) vorangetrieben, beim Kriegseintritt Italiens auch derjenige von Bellinzona.[32] Schon bald bemerkte man, dass die Feldbe-

51 **Die Füsiliere als Bauarbeiter**, hier im Befestigungsgebiet des Hauenstein. Der General hätte gerne die Mannschaften solche Gräben unter Kriegsbedingungen, das heisst unter akuter Beschiessungsgefahr, ausheben lassen.

52 **Fast eine Mondlandschaft:** Fahrzeugsperren am Mont Vully (Kanton Freiburg) als Teil der Festung Murten.

53 **Nach der Fertigstellung** eines Werkes als Schützen an einer Schanze bei Murten.

festigungsanlagen bezüglich der Wasserversorgung und der sanitären Anlagen (Entsorgung der Fäkalien) völlig ungenügend waren.[33]

In den Studien zu den vorbereiteten Verteidigungslinien zeigte sich, dass ein Zielkonflikt zwischen militärischen und landwirtschaftlichen Interessen aufkommen konnte: Schützengräben verursachten Flurschäden, und Festungen erforderten oder verunmöglichten Abholzungen. Die Besitzer der genutzten Parzellen (Gemeinden oder Einzelpersonen) blieben Besitzer des Bodens, die militärische Nutzung wurde in Dienstbarkeitsverträgen geregelt.[34] Bei Kriegsende wurde entschieden, den Bauern das Aufschütten von Stellungen und Gräben im Feldbereich zu überlassen, die Gräben in den Wäldern dagegen wurden dem langsamen Zerfall überlassen.[35]

Die bereits Ende 1914 wahrnehmbare Dienstmüdigkeit griff im Laufe der Zeit weiter um sich und machte sich je nach konkreten Umständen mehr oder weniger deutlich bemerkbar. Besonders gross war der Verdruss in der zweiten Hälfte des Jahres 1916 nach verschiedenen Affären (vgl. unten).

Im November 1916 notierte Leutnant Zurlinden, Offizierskameraden würden klagen, die Mannschaft sei gar nicht mehr so leicht zu behandeln, sie sei oft bockbeinig. In Offizierskreisen aller Waffengattungen hiesse es: «Die Leute fressen nicht mehr alles.» Darum fange die Armee jetzt mit allerhand «Dessertsachen» an: mit Soldatenliederbüchlein, Vortragsheften, Vorträgen, Vorlesungen, Soldatenstuben und allerhand Soldatenfürsorge. Und der General schreibe über die Würde des Bürgers im Wehrkleid ... Zurlindens nüchterner Kommentar dazu: «Das ist ja alles hübsch und recht, aber (...) das andere ‹fressen› sie eben gleichwohl nicht mehr.»[36]

Allianzpläne und Absprachen[37]

Bereits mehrere Jahre vor Kriegsausbruch beschäftigte sich die operative Planung aller Generalstäbe mit der Frage, ob Nachbarländer als Verbündete oder Feinde einzukalkulieren seien – und dies oft in einer Mischung aus strategischen Überlegungen, Schlussfolgerungen aus persönlichen Gegebenheiten in den Heeresleitungen und Befürchtungen aufgrund von Gerüchten. Im Falle der Schweiz ging es um die Frage, ob sich das kleine Land in einem bestimmten Moment einer der Gross-

Internationale Kontakte informeller Art entsprachen einer gängigen Normalität.

mächte anschliessen solle oder ob seine Souveränität von einer dieser Mächte nicht mehr respektiert würde. Offizielle Absprachen konnte sich die Schweiz aus Rücksicht auf die Neutralität nicht leisten; inoffizielle Kontakte waren dagegen eine Normalität und entsprachen, wenn man auf die verschiedenen Ernstfallvarianten vorbereitet sein wollte, einer Notwendigkeit.

Die bundesrätlichen Instruktionen vom 4. August 1914 für den General sahen vor, dass im Falle eines Krieges «zwischen uns und einem Nachbarstaat» auf die Neutralität keine Rücksicht mehr zu nehmen sei – «es tritt die Schweiz in die Stellung und in alle Rechte einer selbständigen kriegführenden Macht ein. Sie erhalten damit vollkommen freie Hand in Bezug auf die militärischen Massnahmen dies- und jenseits unserer Grenze.»[38] Falls die Schweiz von zwei Kriegsgegnern gleichzeitig angegriffen würde, war aufgrund von Opportunitätsüberlegungen zu entscheiden, mit wem man gemeinsame Sache machte. Um den Jahreswechsel 1916/17 sah es so aus, als ob die Schweiz in diese Situation geraten könnte. Der General betonte damals, man habe bei einem Doppelangriff die «freie Wahl des Feindes», und es war ziemlich durchsichtig, wen er in einer solchen Situation als «Freund und Alliierten» hätte haben wollen.[39] – Der Chef des Generalstabsbüros hatte bereits Ende 1906 solche Kooperationen mit allen vier Nachbarn grundsätzlich vorgesehen und wollte dazu die Meinung der letztlich zuständigen Instanz, des Bundesrats, hören. Dieser wollte aber mit solchen Vorbereitungsarbeiten nichts zu tun haben und gab die Sache wieder den Militärs zurück.[40]

Es mag interessieren, von wem die Initiative zu konkreten Vorgesprächen jeweils ausging. Edgar Bonjour bemerkte bezüglich der mündlichen Kontakte, die mit der deutschen und österreichischen Seite im Jahr 1907 stattgefunden hatten, dass die «Anfragen» von diesen ausgegangen seien. Bei solchen Begegnungen dürfte ein Wort das andere gegeben haben ... Für den Bericht gegenüber den eigenen Stellen machte es sich in jedem Fall besser, wenn man darlegte, dass der andere angefangen habe.[41]

Mit Frankreich und Italien wurden vor 1914 keine vergleichbaren Kontakte gepflegt. Die «schleunigste Aufstellung» der schweizerischen Truppen an der Nordwestgrenze im August 1914 wurde auf deutscher Seite als ein Einlösen von Vorabsprachen gedeutet.[42] Italien befürchtete über längere Zeit, dass Truppen der deutsch-österreichischen Kriegspartei ohne grosse schweizerische Gegenwehr oder gar mit schweizerischem Einverständnis durch die Schweiz vorstossen könnten – darum die heute noch sichtbaren italienischen Befestigungsanlagen (der Linea Cadorna) entlang der Schweizer Grenze bei Chiasso, am Monte Generoso und am Poncione di Arzo.[43]

Italien befürchtet einen deutschen Angriff durch die Schweiz ohne grossen schweizerischen Widerstand.

Im Frühjahr 1915 geriet die Schweiz wieder vermehrt ins Visier der deutsch-französischen Kriegsparteien, beide Seiten befürchteten mehr oder weniger Umgehungsaktionen der Gegenseite über schweizerisches Territorium. Auf der französischen Seite wurden tatsächlich Truppen – die «marokkanische Division», zu der auch ein stark mit Schweizern bestücktes Regiment der Fremdenlegion gehörte – in die Nähe der Schweizer Grenze verschoben. Bemerkenswert war dann aber vor allem das Aufsehen, das die deutsche Seite daraus machte. In der Literatur wird nachvoll-

«Schwarze Krieger» als besondere Gefahr für die Zivilbevölkerung?

ziehbar die Vermutung ausgesprochen, dass Deutschland damit die Aufmerksamkeit auf den Einsatz von Kolonialtruppen lenken wollte und dabei an rassistische Ressentiments appellierte, indem es gezielt die Angst vor Untaten «schwarzer Krieger» schürte.[44] Von deutscher Seite wurden den französischen Kolonialsoldaten besonders brutales Kampfverhalten (bis hin zur Leichenschändung) und hemmungslose Übergriffe auf Frauen nachgesagt. Eine jurassische Wirtin, die vorher auf der elsässischen Seite im Gastgewerbe gearbeitet hatte, berichtete, deutsche Offiziere hätten sie gewarnt, dass bei einer deutschen Niederlage gefährliche «Neger» über die Zivilbevölkerung herfallen würden.[45]

Auf schweizerischer Seite fürchtete man eine andere Gefahr, nämlich dass in Grenznähe gelagerte Vorräte, vor allem Getreide, in die Hände der Angreifer fallen könnten.

Ein Exposé des Generals vom Sommer 1915 offenbarte gleich drei Haltungen: erstens die Überzeugung, dass Deutschland den Krieg gewinnen werde, zweitens die nicht weiter erstaunliche Neigung zu militaristisch-bellizistischem Verhalten und drittens die geringe Wertschätzung der Neutralität. Die Schweiz solle gegenüber den Entente-Mächten hart auftreten, und sie solle, ohne angegriffen worden zu sein, in einem günstigen Moment ihren traditionellen Status aufgeben. Dabei ging es auch darum, am Schluss des Krieges sozusagen auf der richtigen Seite zu stehen. Willes Bereitschaft, sich mit dem vermuteten Sieger zu verbinden, ging so weit, dass er sogar in Betracht zog, das Tessin zu opfern, um sozusagen ohne unnötige Schwächung «Schulter an Schulter mit unseren grossen Alliierten für die Erreichung von deren Kriegszweck» kämpfen zu können.[46]

In einem vorangehenden Schreiben, dem berüchtigten «Säbelrasselbrief» vom 20. Juli 1915 an den ihm nahestehenden und für die Aussenpolitik zuständigen Bundesrat Arthur Hoffmann, machte Wille darauf aufmerksam,

«dass etwas mit dem Säbel rasseln im gegenwärtigen Moment uns vorteilhaft sein könnte. Ich möchte beifügen, dass ich nach wie vor die Erhaltung des Friedens für eine unserer obersten Aufgaben erachte, aber dass ich, wenn die Erhaltung unserer Selbständigkeit und Unabhängigkeit dies erfordert, den gegenwärtigen Moment für das Eintreten in den Krieg als vorteilhaft erachte.»[47]

Die Meinung, die Schweiz solle auf der Seite Deutschlands in den Krieg eintreten, beruhte unter anderem auf der Überzeugung, «dass Deutschland nach wie vor unser auf wirtschaftlichem Gebiete mächtigster Nachbar bleiben wird». Die Zufuhrsperren der Entente müsse man nicht fürchten, sie würden der Industrie nur vorübergehend schaden.[48]

Im Frühjahr 1916 wurden Gespräche schliesslich doch auch mit französischer Seite aufgenommen. Da die deutsche Firma Krupp die von der Schweiz bestellten 25 bis 30 schweren Geschütze nicht lieferte, suchte man Ersatz auf der französischen Seite und nahm diese Gelegenheit wahr, um die Beziehungen zu Frankreich generell zu verbessern.[49] General Wille hatte sich anfänglich dagegen gesträubt und die Meinung vertreten, dass es Frankreich nur darum gehe, «wieder» ein Protektorat über die Schweiz zu errichten.[50] Mit der Erörterung einer Eventualallianz wurde dem französischen Nachbarn aber nur zugestanden, was dem deutschen Nachbarn schon 1914 eingeräumt worden war. Nach den ersten Kontakten gelangte man im Frühjahr 1917 zu sehr weitgehenden, aber doch nur mündlich getroffenen Absprachen für den Fall eines deutschen Umgehungsangriffs. Der französische Generalstab kam mit einer detaillierten Planung für eine «Groupe d'armées d'Helvétie» von drei Armeeeinheiten nach Bern.[51] Zentral waren bei diesen Vorarbeiten die Kenntnisse der Eisenbahnkapazitäten, aber nicht nur der Linienführung, sondern auch der Auslademöglichkeiten der infrage kommenden Bahnhöfe. Zu den vereinbarten Punkten gehörten neben der operativen Verständigung die von Frankreich zu liefernden Rüstungsgüter, die Regelung der Verpflegungsfrage und – die Zusicherung der französischen Seite, keine Italiener einzubeziehen und keine Kolonialsoldaten einzusetzen! Die Franzosen wurden über die Kontakte mit den Deutschen nicht ins Bild gesetzt, dagegen wurde die deutsche Seite über die Gespräche mit Frankreich informiert.

Noch während diesen Verhandlungen erregte eine grosse französische Truppenkonzentration Ende 1916 im Raume Dijon den Argwohn der schweizerischen Seite, weil nicht klar war, ob diese Angriffsvorbereitungen dienen sollte oder ob es, wie Frankreich versicherte, bloss um ein Ruhequartier ging. General Wille forderte damals die Generalmobilmachung der Armee, der Bundesrat widersetzte sich und hielt ein zusätzliches Teilaufgebot für genügend, was sich nachträglich als völlig zutreffend erwies.[52]

«Die Schweiz soll kein ‹neues› französisches Protektorat werden.»

Gegen Jahresende 1917 beabsichtigte die französische Heeresleitung, in Absprache mit dem schweizerischen Oberkommando im Frühjahr 1918 (nach der Schneeschmelze!) mit in Italien stationierten Truppen von Süden her an den Simplon, Lötschberg und Gotthard vorzurücken, um im Falle eines deutschen Angriffs so den Rücken der französischen Interventionsarmee «H» zu stützen. Die weitere Entwicklung im europäischen Kriegsgeschehen liess dann jedoch den befürchteten Angriff aus Deutschland als unwahrscheinlich erscheinen.[53]

Die schweizerische Armeeführung führte im Jahr 1917 auch mit der deutschen Seite gewisse Absprachen, diese gingen aber weniger weit als jene mit der französischen Seite. Das erklärt sich vor allem damit, dass die deutsche Seite weit weniger mit einem französischen Vorstoss durch die Schweiz rechnete, als dies die französische Seite bezüglich ihres Gegners tat.[54]

Die Obersten-Affäre

«Die tiefgreifendste und gefährlichste kulturelle Krise seit dem Sonderbundskrieg.»

Ein spezieller Fall einer Kooperation mit fremden Stellen weitete sich im Dezember 1915/Januar 1916 zur sogenannten Obersten-Affäre aus. Von ihr sollte der Militärhistoriker Hans-Rudolf Kurz später sagen, dass sie «eine der gefährlichsten Belastungen der ganzen Kriegszeit» gewesen sei.[55] Und sein jüngerer Kollege Hans Rudolf Fuhrer ging noch weiter und wertete die Obersten-Affäre als die «tiefgreifendste und gefährlichste kulturelle Krise seit dem Sonderbundskrieg».[56]

Wegen eines von Gewissensbissen geplagten Informanten aus dem Generalstab[57], nicht zufällig eines Romands, wurde via die französische Botschaft bekannt, dass die beiden Offiziere Friedrich Moritz von Wattenwyl und Karl Egli deutsche und österreichische Partner der Zentralmächte mit den Tagesbulletins des eigenen Generalstabs belieferten, die auch Material über die Entente-Mächte enthielten, aber nicht sonderlich brisant waren.[58] Der wirkliche Gegenstand der Affäre war nicht der Geheimnisverrat, sondern die Mentalität, aus der heraus es zu dieser Kooperation gekommen war, sowie der Versuch, die Angelegenheit herunterzuspielen, und schliesslich die schwache Sanktionierung des Vergehens. Zur Affäre gehörten der Skandal ebenso wie die Skandalisierungsbereitschaft, und diese war vor allem in der französischen Schweiz verständlicherweise gross. Eine im Sommer 1916 von der SP eingereichte Initiative für die Abschaffung der

Militärjustiz lebte von dem gerade in diesem Jahr besonders grossen Malaise gegenüber dem Militärbetrieb (vgl. Kapitel 5).

Die Opposition forderte vergeblich die sofortige Einberufung einer ausserordentlichen Bundesversammlung und die Einsetzung einer PUK (d. h. einer parlamentarischen Untersuchungskommission, eine bis dahin noch nie genutzte Möglichkeit, die 1964 beim Mirage-Skandal erstmals und 1989 beim Fichen-Skandal ein zweites Mal genutzt wurde). Die Affäre konnte erst im März 1916 im Nationalrat diskutiert werden; es gab 50 Wortmeldungen mit zum Teil sehr scharfen, sich keinerlei Zurückhaltung auferlegenden Aussagen. Da wurde nicht nur der Gegensatz zwischen Deutsch und Welsch thematisiert, sondern auch eine zusätzliche Oberaufsicht über den Bundesrat und die Abberufung von General und Generalstabschef gefordert.

Die beiden Obersten rechtfertigten ihr Tun damit, dass sie, wie in diesem Geschäft üblich, Nachrichten nur darum geliefert hatten, weil sie im Austausch Nachrichten erhalten wollten. Generalstabschef Sprecher verharmloste die Sache mit der bedenklichen Erklärung, dass wegen des Kriegs das Neutralitätsverständnis ohnehin unklar geworden sei. Ein Divisionsgericht erklärte die beiden Offiziere für strafrechtlich nicht schuldig, überwies sie aber wegen fahrlässiger Neutralitätsverletzung den militärischen Vorgesetzten zur disziplinarischen Ahndung. Der General verordnete darauf 20 Tage strengen Arrest, das Höchstmass im Rahmen seiner Disziplinarstrafkompetenz.

54 **Generalstabschef deckt seine** beiden Nachrichtenoffiziere. Postkarte, auf der auch das Sprecher-Diktum abgedruckt ist, dass die beiden Obersten einzig im Landesinteresse gehandelt hätten – «pour servir leur pays». Imagerie Artistique Lausanne, verschickt am 17. März 1916 aus Lausanne.

In Folge dieser einen Affäre kam es gleich zu einer weiteren Affäre: Die Armee-leitung befürchtete, dass das milde Zürcher Urteil in der französischen Schweiz grössere Unruhen auslösen könnte, und ordnete im Februar 1916 darum ohne Wissen des Bundesrats und der betroffenen Kantone eine spezielle Bereitschaft von 3000 Mann in zwei Eisenbahnzugskompositionen für einen allenfalls notwendig werdenden Ordnungseinsatz an. In der «affaire des trains» sah sich die Armeespitze dem Vorwurf der Kompetenzüberschreitung ausgesetzt. Sie konnte aber darauf hinweisen, dass die Instruktionen vom 4. August 1914 (vgl. Kapitel 2) ausdrücklich auch die Wahrung von Ruhe und Ordnung im Landesinnern als Aufgabe nannte. Bei der Bewältigung der Affäre wurde jedoch entschieden, dass selbst Vorbereitungen für solche Einsätze inskünftig nur im Einvernehmen mit dem Bundesrat getroffen werden dürfen.

Technische Innovationen

1919 erklärte der Generalstabschef gewisse Rüstungsdefizite damit, dass man sich mit Erneuerungen zurückgehalten und sich mit behelfsmässigen Einrichtungen zufriedengegeben habe, weil man ständig hoffte, dass der Krieg bald zu Ende sein würde.[59] Andererseits war man doch gezwungen, mit der allgemeinen Rüstungsentwicklung Schritt zu halten. Eine elementare Anpassung bestand darin, dass man die Uniform von einer mehrheitlich blauen auf eine feldgraue Bekleidung umstellte. Der Wechsel ging auf einen Beschluss vom 28. Oktober 1914 zurück, seine Verwirklichung zog sich aber über zwei Jahre hin und war erst Ende 1916 mit der Umstellung für die Auszugstruppe abgeschlossen. Bei Kriegsbeginn war man gerade daran, das Gewehr leicht zu erneuern, vom Modell 89/90 auf das Modell 11 für Stahlmantel-Spitzgeschosse zu wechseln, das über eine verbesserte Präzision und ein einfacheres Patronenmagazin verfügte.

Der Innovationsschub, den auch die Schweizer Armee erlebte, kann mit dem Hinweis auf die Anschaffung von Maschinengewehren, Motorwagen und ein paar Flugzeugen nur angedeutet werden. Anderes wie die Einführung von Handgranaten, der Ausbau der Telefonie für das indirekte Schiessverfahren, die bescheidenen Anfänge der Funktelegrafie, die Anschaffung von Scheinwerfern für den nächtlichen Nahkampf und die Suche nach Flugzeugen am Himmel[60], die Bereitstellung von Gasmasken u. a. m. muss unerläutert bleiben. Panzer figurierten noch keine auf der Liste des Generalstabschefs der hauptsächlichen Materialanschaffungen in den Jahren 1914 bis 1918; zwei erste Panzer wurden erst 1922 gekauft.[61] Da sind allerdings auch die ersten Motorräder nicht aufgeführt, die man an anderer Stelle auf Fotografien abgebildet sieht.[62] Dieser Liste kann man überhaupt nicht entnehmen, was motorisiert ist und was nicht, etwa die 91 aufgeführten «Blessiertenwagen».[63]

Das traditionelle Käppi wurde erst 1918 durch den Stahlhelm ersetzt. Bereits zu Kriegsbeginn war die Forderung nach einem Stahlhelm gestellt worden, weil das Käppi nicht den nötigen Schutz vor Gewehrgeschossen und Splittern bot. Es dauerte aber beinahe bis Kriegsende, bis der neue Kopfschutz eingeführt wurde. 1916 wurde Charles L'Eplattenier von La Chaux-de-Fonds mit dem Entwurf eines Helmes betraut. Der bekannte Künstler war ein enger Freund des Kommandanten der 2. Division und der spätere Schöpfer des bekannten Denkmals in Les Rangiers von 1924, das eine «Sentinelle», allerdings mit dem traditionellen Käppi, zeigt.[64] Im Januar 1917 sprach sich die Regierung für das von ihm vorgelegte Modell aus und veranlasste eine Produktion von 300 Versuchshelmen. Die Erscheinung gefiel als «typisch schweizerischer» Helm, weil er sich von den Helmen der umliegenden Armeen unterschied. Aber im eigentlichen Gebrauch bewährte er sich offenbar nicht. Der Bundesrat sprach sich schliesslich für einen anderen Helm aus, der sich stark am deutschen Stahlhelm orientierte, was die Schweizer Regierung veranlasste, der deutschen Herstellerfirma einen Beschwichtigungsbetrag zukommen zu lassen. Sie musste auch den Neuenburger Künstler entschädigen, der sich vor Gericht wegen des entgangenen Auftrags eine Abfindung von 22 000 Franken erstritt (heutiger Wert etwa 370 000 Franken).[65] Schliesslich meldeten sich auch noch die Käppi-Produzenten und versuchten – allerdings erfolglos – zu erwirken, dass ihr Produkt weiter benutzt und der neue Helm nicht zur «ständigen Kopfbedeckung» würde. Erste Lieferungen des Stahlhelms kamen gegen Ende des Jahres 1918 zur Truppe und wurden, wohl mit der Absicht, einen zusätzlichen abschreckenden Eindruck zu erzielen, im Ordnungsdienst gegen den Landesstreik eingesetzt.[66]

Der Einbezug der *Eisenbahnen* war schon im Krieg 1870/71 wichtig. Die Aufmarschpläne trugen diesem modernen Transportmittel Rechnung, für den Ernstfall stand ein spezieller Kriegsfahrplan zur Verfügung. Dank der sorgfältigen Vorbereitung verlief die Mobilmachung vom August 1914 ohne Komplikationen. Später bereiteten die reduzierten Kohlenlager etwas Sorgen.[67] Während der Kriegsjahre wurden 2,5 Millionen Mann transportiert, hinzu kam der Transport von Pferden, Fahrzeugen, Gepäck und Vieh.

55 **Kombinierter Transport** aus zwei Welten: Mit Fuhrwerken beladene Eisenbahnwagen.

Die Armee war noch sehr stark auf *Pferde* (als Reitpferd, Bast[Last]pferd und Zugpferd) angewiesen. Im Moment der Mobilisation waren es rund 45 000. Der Pferdebestand war infrage gestellt, nicht wegen der Motorisierung, sondern wegen der Futterknappheit, die zu einer Verringerung der Tagesrationen und zu etlichen Abgängen führte. In den Kriegsjahren schieden über 120 000 Pferde aus. Neue Pferde mussten aus den USA und aus Ungarn importiert werden, neue Maultiere aus Spanien.

Das Zeitalter der *Motorisierung* setzte in der Armee 1903 ein: Ein erster Motorwagen samt Zubehör wurde angeschafft, um damit Erfahrungen zu sammeln. Und 1907 wurde mit dem Automobilclub der Schweiz (ACS) die Zusammenstellung eines «Freiwilligen Automobilcorps» vereinbart, aus dem bei Bedarf (zum Beispiel auch im Kaisermanöver von 1912, vgl. Bild in Kapitel 2) einzelne Fahrer und Wagen bezogen werden konnten. Die Armee verfügte über einen relativ respektablen

Zusammengewürfelte Bestände an Wagen und Wagenführern

Park von requirierbaren Automobilen, hatte aber keine Treibstofflager, weil diese vom Militärdepartement und vom Parlament abgelehnt worden waren. Man musste Benzin, Öl, Fett und Bereifung über Beschlagnahmung bei Händlern und Privaten sicherstellen. Die Zuteilungstabelle von 1914 verzeichnete 170 Personen- und 180 Lastwagen, was als erfreulich hohe Zahl gewertet wurde. Eine Schwierigkeit war allerdings die grosse Verschiedenheit der Modelle und Marken. Die Fahrer waren – wie die Piloten – ausgeprägte Individualisten und, wie es in der Literatur heisst, entsprechend undiszipliniert und schwer zu führen. Sowohl der Wagenpark als auch die Chauffeure wurden als «zusammengewürfelt» charakterisiert und letztere als ohne «militärische Manneszucht».[68] Das anfängliche Fahrverbot für den Zivilverkehr erleichterte die Requirierung von Privatautos. Dann stellte sich aber heraus, dass wegen dieses Verbots viele Privatautos, weil nicht gebraucht, in einem verlotterten Zustand waren. Darum stellte die Armee aus ihrer Kriegsreserve Benzin zur Verfügung, damit das Fahrverbot wieder aufgehoben werden konnte.[69]

Die Befürworter der Motorisierung mussten für ihre Wagen einen Platz zwischen Pferd und Eisenbahn erstreiten; sie konnten im Vergleich mit den Pferden auf die grössere Leistungsfähigkeit und im Vergleich mit der Eisenbahn auf die grössere Flexibilität hinweisen (Dezentralisierung, Schienen- und Fahrplanunabhängigkeit).

56 (oben) **Schatzungskommission prüft** das wichtig gewordene Vehikel. Da die Armee kaum eigene Automobile hatte, liess sie sich diese von Privaten gegen entsprechende Entschädigung zur Verfügung stellen.

57 (unten) **In einer weiteren Phase** diente die Motorisierung auch der schnelleren Verschiebung von Fusstruppen, hier im Einsatz der Saurer Typ A 3t, 1918.

58 und 59 **Bei Verwundetentransporten** war neben dem Komfort der Zeitfaktor besonders wichtig. Anfänglich noch durchaus in Gebrauch ein requirierter Brückenwagen zum Transport von acht Verwundeten, bald ersetzt durch moderne Sanitätskolonnen, hier bei einer Feldübung.

60 Überdimensionierte Hinterräder erlaubten den Transport der schweren 15-cm-Haubitzen; dieser Typus wurde auch bei Pflügversuchen eingesetzt.

Andererseits waren die frühen Wagen noch recht pannenanfällig und in hohem Masse abhängig von Werkstätten und Ersatzteilen und natürlich auch von Betriebsmitteln bis zu den Gummireifen. Ausgerechnet die Kavallerie setzte recht früh auf diese neuen Transportmittel, ebenso die Ballon-Pionier-Kompanien (mit einer fahrbaren Anlage, die auch im Feld Wasserstoffgas erzeugen konnte).

Die Verwendung von Motorwagen (man sprach wohl in Abgrenzung zu den Pferden von «mechanischem Zug») beschränkte sich zunächst auf die höheren Stäbe. Früh folgte die Sanität, für welche die Schnelligkeit beim Transport von Verwundeten besonders wichtig war. Es kamen motorisierte Feldküchen hinzu, dann die Lastwagen, zuerst für den Munitionsnachschub, später für den Truppentransport; vergleichsweise spät wurden Berna- oder Hürlimann-Traktoren bei der Artillerie eingesetzt.[70] Erfolgreich und mit sichtlichem Stolz wurden die neuen Möglichkeiten auch beim Transport des schweren Equipments der Fesselballone erprobt (vgl. unten).

Noch vor der sogenannten Motorisierung hätte von den elf *Radfahrern* die Rede sein müssen, die 1890 erstmals für Meldefahrten eingesetzt worden waren. Während der Grenzbesetzung standen dann immerhin acht Radfahrerkompanien zur Verfügung. Die Hälfte der Anschaffungskosten für die Fahrräder mussten die Soldaten übernehmen, zudem mussten sie eine Bescheinigung von der Gemeindeverwaltung vorlegen, dass sie imstande sind, für die Kosten und den Unterhalt aufzukommen.[71]

61 **Neu war das** für Kurierdienste des Armeestabs eingesetzte Motorrad.

62 **Ebenfalls neu** war der Einsatz von Scheinwerfern; hier auf altem Fuhrwerk, an anderer
Stelle aber auch auf Schienen, fahr- und drehbar.

63 **Die neuen Maschinengewehre** werden
im Parkdienst gepflegt.

Immerhin 72 Maschinengewehre

Bereits zwischen 1891 und 1894 beschaffte die Schweiz als erstes *Maschinengewehr* das britische Modell «Maxim» der Firma Vickers, dann wurde auf ein Produkt der deutschen Waffenfabrik Berlin gewechselt, dann dieses in Lizenz in der Eidgenössischen Waffenfabrik selbst hergestellt. Bei Kriegsbeginn verfügte die Schweizer Armee immerhin über 72 Maschinengewehre. Der Bericht des Generalstabschefs stellte nach dem Krieg jedoch fest, dass das in keinem Verhältnis zu den entsprechenden Waffen gestanden habe, über die andere Armeen verfügten. Darum habe man in diesem Bereich sehr auf Materialbeschaffung gedrängt. Im Laufe des Krieges wurden 1600 MGs produziert und an die Truppen abgegeben.

Zur *Flugwaffe* sei vorweg festgehalten, dass die wenigen «Aeroplane», die der Schweizer Armee überhaupt zur Verfügung standen, in der Regel unbewaffnet waren, sie waren weder als Jäger mit MGs noch als Bombenflugzeuge gedacht, sondern nur als Aufklärungsflugzeuge mit Notizblock und Fotoapparat.[72] Anfang August 1914 stellte man eine erste Fliegerabteilung mit zwei Geschwadern zu je vier Flugzeugen (vier Doppel- und vier Eindecker) zusammen.[73] Wie beim Automobilpark und seinen Chauffeuren verhielt es sich beim Flugzeugpark und seinen Piloten. Die neun zur Verfügung stehenden Flugzeuge stammten alle aus Privatbesitz, sie gehörten teils einzelnen Piloten, teils den Firmen, die sie produziert hatten. Vermerkt wird, dass der zur Verfügung stehende Austauschmotor das Privateigentum des Starpiloten Oskar Bider gewesen sei. Auch die drei auswärtigen Maschinen, die an der Landesausstellung von Bern standen und beschlagnahmt wurden, gehörten zum ersten Flugzeugbestand der Armee. Einige aus dem Ausland angereiste Schweizer Flieger wies man mit dem Argument ab, dass es zu wenige Maschinen gebe. Die zuständigen Militärs scheinen den Individualismus der Zivilpiloten nur bedingt geschätzt zu haben. So liess sich etwa bei den eingestellten Männern erst mit der Zeit eine einheitliche Kleidung (Uniform) durchsetzen. Ein Uniformexperte meinte dazu, es habe bis 1917 «eine gewisse Anarchie bezüglich Uniformierung» geherrscht.[74]

64 **Die Vorbehalte der Bergler** gegen die Luftwaffe: Die Karikatur ironisiert die Überzeugung, dass sich die gegnerische Luftwaffe leicht mit Festungsartillerie erledigen lässt. (*Nebelspalter* vom 18. September 1909)

Die meisten Militärs waren der jungen Fliegerei wenig zugetan. Fliegen, das war zu abenteuerlich und zu individualistisch und den Dirigenten gedrillter Massenheere suspekt. Das Maximum an Innovationsbereitschaft galt allenfalls dem Zeppelin.

Selbst der Hinweis, dass fremde Flugmaschinen die eigene Bodentruppe demoralisieren würden, wenn man nicht ebenfalls über solche Apparate verfüge, sowie der Zuruf von französischer Seite, dass das Prinzip der bewaffneten Neutralität doch Investitionen in die neue Technologie geradezu erfordere, blieben ohne Wirkung. Andererseits ging der Bundesrat, der kaum Mittel hatte, den schweizerischen Luftraum zu verteidigen, davon aus, dass dieser von fremden Mächten wie das schweizerische Territorium einfach zu respektieren sei (vgl. Kapitel 2).

Die Dienstangebote, die Private der Armee schon früh gemacht hatten – natürlich gegen entsprechende Bezahlung –, wurden zunächst mehrfach abgelehnt. In den Herbstmanövern 1911 des 1. Armeekorps war es dann aber doch zu einer ersten Kooperation gekommen: Der kaum 18-jährige Waadtländer Ernest Failloubaz,

65 **Das erste im Dienst der Armee** verwendete
Flugzeug, ein Dufaux-Doppeldecker, eingesetzt
am 4. September 1911 und pilotiert vom kaum
18-jährigen Ernest Failloubaz.

Inhaber des ersten schweizerischen Flugbrevets, pilotierte seinen Doppeldecker,
der Kavallerieoberleutnant G. Lecoultre wirkte als Beobachter und verfasste Berichte. Später wurden bei solchen Flügen auch fotografische Luftaufnahmen gemacht. Der erste Einsatz dauerte gerade acht Minuten und
diente dem Erspähen einer Kavalleriebrigade in der Umgebung.
Nach einem weiteren Aufstieg mussten die beiden Pioniere
allerdings notlanden und gerieten in die «Gefangenschaft» der Manöver-Gegen-
partei.[75]

**Ein erster Einsatz von
acht Minuten**

Private Angebote, bei den bekannten Kaisermanövern von 1912 mitzuwirken,
wurden dankend abgelehnt – Korpskommandant Wille hielt nicht viel von Flugzeugen. 1919 widmete er der Fliegerabwehr in seinem Bericht von 95 Seiten gerade vier Zeilen: «Die Fliegerabteilung auf der Höhe der Zeitforderungen zu erhalten, wird für eine kleine Armee beinahe unerfüllbar sein. Beschränkung auf das
Dringlichste erscheint angezeigt, zusammen mit der Hoffnung, in einem Krieg
hierin anderweitige Hilfe zu finden.»[76] Mit «Hoffnung» waren die Kooperationen
mit nicht schweizerischen Streitkräften gemeint, wie sie später – 1938/39 – auch
tatsächlich ins Auge gefasst wurden.[77]

Das EMD-Budget von 1913 sah noch immer keinen Posten für das Flugwesen
vor, dies entgegen dem Antrag von Generalstabschef Sprecher. Warme Unterstützung erfuhr die Fliegerei vom Genfer Alfred Audéoud, der später zum Korpskom-

mandanten aufsteigen sollte. In den Divisionsmanövern 1913 kamen wieder zwei Flugzeuge zum Einsatz, je eines pro Kampfpartei: Bei «Blau» waren Oskar Bider/ Theodor Real mit dem «Blériot» eingeteilt, bei «Rot» Theodor Borrer/Marius Reynold mit einem «Hanriot». Generalstabschef Sprecher blieb bei seiner positiven Haltung und verstärkte sie sogar. In seinem Bericht hielt er 1919 fest: «Der Weltkrieg hat bewiesen, dass die Flugzeuge eine hervorragende Waffe und für den Krieg unentbehrlich sind. Auch die Schweiz muss somit das Militärflugwesen erhalten und seine Kriegstüchtigkeit fördern.»[78]

66 **Zweisitziger «Henri Farman»** mit aufmontiertem Maschinengewehr.

Der entscheidende Impuls für den Aufbau einer Flugwaffe kam von privater Seite. Im Dezember 1912 beschloss die Schweizerische Offiziersgesellschaft, als privater Verein eine nationale Flugspende zu lancieren, um so eine halbe Million Franken zusammenzubekommen, mit denen dann zehn französische Militärflugzeuge angeschafft und die nötige Zahl von Militärpiloten ausgebildet werden sollten. Es war die enthusiastische Zivilgesellschaft, die mit einer grandiosen Kollekte Bundesrat und Armee die Einführung der Luftwaffe gleichsam aufzwang.[79]

> Der Aufruf machte darauf aufmerksam, dass die Aviatik aufgehört habe, reiner Sport zu sein. Der Appell mahnte die lieben Miteidgenossen: «Ein Volk, welches aus freien Stücken seiner Regierung die Mittel zur Ergänzung der notwendigen Wehrrüstung darbringt, bietet das Bild eines gesunden und tatkräftigen Staatswesens. (...) Die Sorge für die Stärkung der Wehrkraft wird, wie bei unsern Vorfahren, die Folge der innigen Vaterlandsliebe des Volkes sein.»

Der «private» Appell war vom zuständigen Bundesrat, der ganzen Garde der höchsten Offiziere (inkl. Ulrich Wille!) sowie zahlreichen Parlamentariern bis hin zu den Präsidenten der grossen Eidgenössischen Musik- und Turnvereine mitunterschrieben. Werbewirksam beteiligte sich auch der Schokoladefabrikant Suchard an der Spende.[80] Der Sammlung war bei ihrem Abschluss im Mai 1913 ein derart enormer Erfolg beschieden, dass das Ziel mit 1,7 Millionen Franken um mehr als das Dreifache überschritten wurde.

Flugzeugbeschaffung war – schon damals – eine schwierige Sache. Die Typenevaluation brauchte Zeit. Es wurde die Anschaffung von fünf Versuchsflugzeugen beschlossen, mit denen im Frühjahr 1914 bei Bern entsprechende Flüge durchgeführt wurden. Als Nächstes erfolgte die Anschaffung von sechs Doppeldeckern der LVG Berlin, die der Schweizer Ingenieur Franz Schneider entwickelt hatte. Bei Kriegsausbruch waren erst zwei davon geliefert, die anderen vier Flugzeuge und acht Mercedes-Motoren wurden in Deutschland zurückbehalten. Immerhin gab es schon seit 1900 eine Ballontruppe, die mit Aufklärungsaufgaben betraut war. Eindrücklich war die bei starken Winden mehr Stabilität gewährleistende Form der sogenannten Drachenballone, auch «Bundeswurst» genannt. Sie wurden als Fesselballone zu Beobachtungszwecken eingesetzt. Generalstabschef Sprecher hielt aber 1919 fest, dass man auch da noch nicht «über die ersten Anfänge und Erfahrungen» hinausgekommen sei.[81]

Freie Kugelballone und gefesselte Drachenballone

67 und 68 **Gefesselte Drachenballone** standen bereits um 1910 zur Verfügung. Bei der Mobilmachung 1914 gab es eine einzige Ballonkompanie mit einem einzigen Drachenballon. Das Ausmass der benötigten Infrastruktur zeigt die folgende Liste: Es brauchte je einen sechsspännigen (z. T. sogar achtspännigen) Wagen für die Dampfwinde und das Rüstzeug und 17 vierspännige Wagen (wovon 14 für die Gasflaschen, zwei für die Ballone, einen für Gerätschaften); hinzu kamen noch ein Feldschmiedewagen, ein Bagagewagen und ein Proviantwagen. Bereits 1915 wurde die Einheit motorisiert. Eine Demonstrationsfahrt vor dem Bundeshaus (17. Mai 1915, Punkt 10 Uhr) hatte den Zweck, die Verantwortlichen davon zu überzeugen, dass die Motorisierung der Armee vorangetrieben werden sollte. Hier ein Fesselballon, einmal noch am Boden und einmal in der Luft, beide Male mit viel Hilfspersonal und einem Ausrüstungswagen. Das Bild von 1916 lässt erahnen, wie aufwendig das Hochlassen des Fesselballons (der «Bundeswurst») war.

Nur halb ausformuliert blieb bei der Flugspende der Nebengedanke, dass die einheimische Flugindustrie zu fördern wäre. Fachleute und erste Erfolg versprechende Werkstätten gab es schon. 1915 erhielten Oberleutnant Robert Wild, der vor dem Krieg Chefingenieur der Aviatikwerke Mülhausen gewesen war und einen bewährten Doppeldecker entwickelt hatte, sowie Oberleutnant A. Haefeli, der bei den Ago-Werken Berlin als Techniker gearbeitet hatte, Aufträge für den Bau von je sechs Maschinen. Da Wild nicht mit weiteren Aufträgen rechnen konnte, begab er sich nach Italien und baute dort weitere Militärflugzuge. In der Schweiz wurden dann doch Wild-Maschinen, aber ohne seine Anwesenheit, nachgebaut. Mit den in staatlichen Werkstätten gebauten Flugzeugen machte man schlechte Erfahrungen, darum sprach sich die Armeeleitung für Aufträge an die Privatindustrie aus.

Eine andere Verwendung der gesammelten Gelder als für den Aufbau einer Flugwaffe wurde explizit ausgeschlossen: Den Kauf von Terrains für Flugplätze

69 (links) **Ballontruppen gab es** bereits seit 1893. Die Einsatzmöglichkeiten mussten aber laufend verbessert werden. Wichtig war, das Gas möglichst erst am Aufstiegsort einzufüllen. Hier wurde 1915 der Kugelballon vom Gaswerk der Stadt Biel gefüllt und über den See zum Startplatz geschleppt.

70 (rechts) **Erinnerung an ein Ballonabenteuer.** Über den namenlosen Männern am Boden befanden sich bereits drei Männer halbwegs in der Luft: in der Mitte stramm und fest der nicht allgemein bekannte Hauptmann W.G., links und rechts als Hilfsdienstsoldaten (HD) die kühn balancierenden Zwillingsbrüder Jean und Auguste Piccard.

wollte man dem Bund überlassen. Im Dezember 1914 wurde Dübendorf zum offiziellen Militärflugplatz, wobei die Armee das Gelände nur gepachtet hatte. Entgegen den Absichten der Spender setzte der Bund einen Teil des Geldes für die Finanzierung dieses Flugplatzes ein und setzte sich damit über Verwendungsbestimmungen der Flugspende hinweg.

Nach dem Urteil des Experten Tilgenkamp wusste die Armeeleitung auch in der Zeit, da Flugzeuge endlich zur Verfügung standen, nicht, was mit der neuen, «vierten» Waffe anzufangen war.[82] Die obersten Führer seien froh gewesen, wenn sie ihre strategischen und taktischen Pläne nicht auch noch mit Fliegern hätten belasten müssen. Im Juni 1916 gab Hauptmann Real enttäuscht und verbittert sein Kommando über die Fliegertruppe ab. Zwar wurden in den Herbstmanövern 1915 auf beiden Seiten erneut je zwei Flugzeuge als Aufklärer eingesetzt, ansonsten tauchten die Flugzeuge im weiteren Geschehen nicht auf. In den konsultierten Akten der Jahre 1916 bis 1918 fanden sich keinerlei Angaben über Fliegerverwendung. Auch im Zusammenhang mit den Luftraumverletzungen und Bombardierungen ist von der schweizerischen Luftwaffe nicht die Rede. Hingegen wies der Generalstabschef darauf hin, dass es auch in Friedenszeiten eine «Luftpolizei» brauche; der Zolldienst habe alle Ursache, sich mit den Auswirkungen des Flugwesens auf seine Aufgaben zu befassen.[83] Schon bei Kriegsbeginn hatte die Neutralitätsverordnung vom 4. August 1914 unter Ziff. 17 a) bestimmt, dass das Aufsteigen und Fahren mit irgendwelcher Art von Luftfahrzeugen nur gestattet sei, wenn die betreffende Person mit einem «vorschriftsgemässen Erlaubnisschein» versehen sei.

Militärisches Dienstverständnis

Der Dienstbetrieb war einerseits durch die Dienstaufgaben bestimmt, andererseits hatte er aber auch den vorherrschenden Idealvorstellungen zu entsprechen. In der Ausbildung nahm das straffe Exerzieren einen wichtigen Platz ein, und dieses orientierte sich an der deutschen Wehrkultur. General Wille widmete dieser Sache am 8. September 1914 einen seiner Armeebefehle und betonte darin die Wichtigkeit des Drills. Er verstand den Drill als Basis, auf der die weitere Ausbildung gedeihen könne. Gut gedrillte Truppen seien marschtüchtiger, würden bessere Schiessresultate erzielen und in den Gefechtsübungen kraftvolles Handeln an den Tag legen. Ein Befehl, der am 27. Januar 1915 im Hinblick auf die neu hinzukom-

General Wille: Gut gedrillte Truppen sind marschtüchtiger, erzielen bessere Schiessresultate und legen in den Gefechtsübungen kraftvolles Handeln an den Tag.

menden Rekruten erlassen wurde, bekräftigte: «Die Drillübungen sind nur ein Hilfsmittel der Erziehung, und wenn die Erziehung sonst oberflächlich betrieben wird, so wirken sie nur schädlich.»[84] Der General verstand den Drill nicht nur als militärische Notwendigkeit, er sah in ihm auch den Garanten eines guten Erscheinungsbildes im Zivilleben, wenn nicht sogar ein allgemeines Männerideal. Der Drill soll, doppelte er im Oktober 1916 nach, die ganze Haltung des Mannes bis hin zum Sprechen prägen. «... nicht nur im Dienst, sondern auch in der freien Zeit, wenn der Mann sich selbst überlassen bleibt, namentlich auf Reisen und im Urlaub, ist sein Einfluss (des Drills, Anm. d. Vf.) mit Sicherheit festzustellen. Das korrekte, männliche, entschlossene Auftreten, das sich äusserlich in guter Haltung zeigt, ist ein Resultat des Drills.»[85]

71 **Wehrmänner hatten** zuweilen den Eindruck, dass die Zugschule mit viel Laufschritt wichtiger war als die Gefechtsausbildung.

Die Drillpädagogik mit ihrem archaischen Männlichkeitskult war eine modern sein wollende Antwort auf die Hochrüstung der materiellen Kriegsmittel. Wille hatte sich bereits in den ersten Jahren des 20. Jahrhunderts mit seiner «neuen Richtung» weitgehend durchgesetzt, welche die Armee als autonome Anstalt verstand, dies gegen die «nationale Richtung», die sich weiterhin am republikanischen Milizmodell und am Ideal des Bürgersoldaten orientieren wollte. Begünstigt wurde dieser Wechsel durch den sich verschärfenden Klassenantagonismus, der sowohl das Bürgertum als auch die Arbeiterbewegung radikalisierte. Durch die von der Linken geführten Kampagnen gegen das Kastendenken, Herrentum und Preussentum wurde die «neue Richtung» nicht geschwächt, sondern im Gegenteil sogar gestärkt.

Neben dem parteipolitischen Gegensatz hatte sich in dieser Sache bereits um 1900 auch ein Gegensatz zwischen den Landesteilen bemerkbar gemacht. Genfer Milizen waren in der Schiessschule Walenstadt unter der Verantwortung des später in der Obersten-Affäre (vgl. oben) unrühmlich bekannt gewordenen Karl Egli derart schikaniert worden, dass auf Betreiben des Kantons Genf eine Untersuchung eingeleitet wurde, die zum Schluss kam, dass die Mannschaft «ungebührlich ehrverletzend» behandelt worden sei.[86] In der Debatte der verschiedenen Affären zu Beginn des Jahres 1916 kamen auch die Drillmethoden wieder zur Sprache.[87] National-rat Edouard Secretan, Chefredaktor der *Gazette de Lausanne*

> **Edouard Secretan: Man muss die Erziehungsmethoden, die nicht zu unserem Land passen, reformieren.**

und ehemaliger Divisionskommandant, entwickelte sich zum scharfen Kritiker des Generals, nachdem er zuvor zu dessen Anhängerschaft gehört hatte. Er verurteilte die Ausbildungsmethode als fremdartig: «Il faut (...) réformer des méthodes d'éducation qui ne sont pas de chez nous.»[88] Wie das bekannte Beispiel des Divisionärs de Loys zeigt (vgl. unten), gab es allerdings auch in der französischen Schweiz Anhänger dieses «fremden» Militärstils.

Ein eindrückliches Beispiel für die Faszination, die der Drill auf einen kommandierenden Offizier ausüben konnte, findet sich in den Tagebuch-Aufzeichnungen des 22-jährigen Leutnants Zurlinden aus den allerersten Tagen des Grenzdiensts:

«Das Zivile ist aus den Leuten heraus. Der Posten, die Schildwachen, die Patrouillen arbeiten drillmässig. Ihre Aufmerksamkeit ist auf nichts mehr gerichtet als auf Auge und Mund des Vorgesetzten, als auf dessen Säbelspitze. Die Leute hungern direkt nach Befehlen und führen sie rasch und prompt aus. Der unbedingte Gehorsam, der sonst als preussisch berüchtigt war, ist da, ohne dass er besonders verlangt worden wäre. Schon der Zugführer ist ein absoluter Herrscher, Herrscher von fünfzig Mann. Immerhin viel, wenn man ans Zivile zurückdenkt, wo es gar nichts zu herrschen gab. Ich ziehe den Säbel und meine fünfzig Mann stehen starr und fest.»[89]

Drei Jahre später war bei Zurlinden nichts mehr von diesem unbekümmerten Militarismus vorhanden. Im Sommer 1917 vertraute er seinem Tagebuch die Meinung an, dass die Schweiz doch nur eine unbedeutende «Taschenarmee» habe und sich bei Friedensschluss ganz ernsthaft der Frage stellen musse, ob es unter militärischen Aspekten Sinn mache, eine Armee zu haben, oder ob diese ein «Luxusartikel» sei.[90] Damit verband sich – in Ansätzen – eine pazifistische Tendenz: Zurlinden, der Wilsons Botschaft vom Januar 1917 «freudig» zugestimmt hatte, war im Sommer 1917 vom amerikanischen Präsidenten «tief» enttäuscht, weil dieser selbst zu den Waffen gegriffen habe.[91]

Der Gegenbegriff zu der mit Drill anvisierten Disziplin war in General Willes Konzept die im Februar 1915 von ihm ebenfalls des Längeren erörterte «Schlampigkeit» – die mangelnde Pflichtauffassung. Anlass dazu waren Klagen darüber, dass nach der Rückgabe requirierter Pferde infolge partieller Demobilisierung «in kleineren Blättern auf dem Lande» über die Verwahrlosung der Pferde weidlich geschimpft worden war. Die Schlampigkeit sei ein fest im Milizheer eingewurzeltes Übel und stamme aus einer Zeit, da die Armee nur eine weitgehend freiwillige Bürgerwehr gewesen sei.[92]

Zwischen den Kategorien «Disziplin» und «Schlampigkeit» stand der einfache Milizsoldat mit seinem urdemokratischen, beinahe anarchischen Vorbehalt gegen Hierarchien und Autoritäten. Dieser Grundvorbehalt drückt sich auch in den so gängigen wie zumeist einfachen Witzen aus, die befreiend und zugleich stabilisierend wirkten. Dazu ein Müsterchen:

> Während einer Mittagsrast will sich ein Bataillonsarzt mit einem Beitrag bei einer heiter versammelten Gruppe anbiedern. Er bietet demjenigen, der das dümmste Gesicht machen kann, ein «Päckli Stümpe» an, worauf er prompt zur Antwort bekommt: «Do müend er's scho sälber phalte, Herr Dokter!»[93]

72 (links) **«Die angenehme Seite der Mobilmachung:** Militärmusik kommt ins Dorf (Boncourt), wo sich die Schönen noch schöner machen, um den Soldaten zu gefallen!» (Originalbildlegende)

73 (rechts) **Wo sich Soldaten aufhalten**, strömen auch Kinder zusammen. Besonders beliebt die Feldküchen, weil da dann und wann etwas für sie abfällt.

Information und Unterhaltung

Als sich nach den ersten Monaten des Grenzdienstes abzeichnete, dass der Krieg länger dauern würde, beschloss die Armeeleitung im November 1914, die langen Abende des bevorstehenden Winters vor Augen, einen Spezialdienst ins Leben zu rufen, wie er von «Heer und Haus» von 1939 bis 1945 wieder angeboten werden sollte. Das Ziel bestand darin, «das Verständnis für den Begriff ‹Vaterland› und das Gefühl der Zusammengehörigkeit der verschiedenen Rassen unseres Landes (zu) wecken und als Gesamtergebnis wirkliche, zu jedem Opfer be-

«Verständnis für den Begriff ‹Vaterland› und das Gefühl der Zusammengehörigkeit der verschiedenen Rassen unseres Landes wecken»

reite Vaterlandsliebe hervor(zu)rufen und zu klarem Bewusstsein (zu) bringen, dass die Sicherheit und Unabhängigkeit des Vaterlandes im Heer beruht und ein Heer braucht, das durch eiserne Disziplin zusammengehalten ist.»[94]

Wie aus einem Brief des Generals an seine Frau vom Oktober 1914 hervorgeht, erschienen ihm «unsere Welschen» besonders erziehungsbedürftig, sie wollte er «in Ordnung» bringen.[95] Die Vorträge sollten wenn möglich durch die Offiziere selbst gehalten werden – «aber selbstverständlich nur durch solche, die der Aufgabe wirklich gewachsen sind».

In der Geschichte der Schweiz sind zwei Perioden speziell hervorzuheben: eine glorreiche, nämlich die Zeit der alteidgenössischen Kriege von Morgarten bis Marignano, und eine desaströse, die Zeit des Untergangs der Alten Eidgenossenschaft, der die Gefahren eines «schlecht regierten, politisch, moralisch und militärisch nicht für den Krieg vorbereiteten Landes» aufzeige. Nicht vorgesehen waren Hinweise darauf, dass der Untergang der Alten Eidgenossenschaft auch darum stattfand, weil die dringend nötigen Sozialreformen ausblieben und die Staatsordnung zutiefst ungerecht war.

Neben den Rückblicken wurden auch Ausblicke empfohlen: «Die grosse Rolle, welche die Schweiz zu Ende des europäischen Krieges darzustellen berufen ist, vorausgesetzt, dass sie stark und einig bleibt – die Rolle der Versöhnung zwischen den feindlichen Nationen, die aufs Neue zum Wohl der Menschheit zusammenarbeiten sollten.» Bemerkenswert, wie die Empfehlung zur Behandlung der aktuellen Kriegsproblematik lautete: Man solle den Krieg als «Plage» auffassen, die man nicht wünschen, aber auch nicht fürchten solle.

«Man soll gegen Übertreibungen in Bezug auf die ‹Schrecken des Krieges› ankämpfen; Übertreibungen, die geeignet sind, dem Soldaten Angstgefühle zu erwecken, die seiner moralischen Vorbereitung schaden. Man soll im Krieg gewissermassen ein Gesetz der Menschheit nachweisen, dem ein männliches, kräftiges Volk sich nicht immer entziehen kann.»[96]

Mit der Leitung des Spezialdienstes für militärische und staatsbürgerliche Erziehung wurde der konservative Freiburger Literat Gonzague de Reynold betraut. Seiner Frau schrieb der General: «Gestern war in dieser Sache ein prächtiger Mensch bei mir, ein Herr Reynold aus Freiburg, er ist noch ganz jung, aber doch schon Professor ...»[97]

Mit Beginn der wärmeren Jahreszeit im Frühjahr 1915 wurde das Vortragsbüro wieder aufgelöst. Doch de Reynold sorgte dafür, dass der Dienst auch im folgenden Winter weitergeführt wurde. Das Angebot bestand aus staatsbürgerlichen Vorträgen, Theaterstücken und musikalischer Unterhaltung mit Anleitung zum Gesang. Eine führende Rolle in der Förderung des Soldatengesangs spielte der dadurch landesweit bekannt gewordene Lautensänger Hanns In der Gand, dessen Vater Pole und die Mutter Deutsche war. Er hiess eigentlich Ladislaus Krupski, seinen neuen Namen wählte er nach einem Romanhelden des aus Bayern stammenden Urner Schriftstellers Ernst Zahn, um bei den Einheimischen besser anzukommen.

Aus dieser Zeit gingen zwei Werke hervor, die über ihre Zeit hinaus wirkten und in Neuauflagen in den Jahren 1939 bis 1945 wichtig waren. Zum einen Gonzague de Reynolds häufig aufgeführtes Singspiel *La gloire qui chante: Chants de soldats suisses à travers les âges* (1920); und zum anderen Robert Faesis *Füsilier Wipf* (1917).[98] Dieser Roman mit dem aus der Stadt stammenden Coiffeurgehilfen Wipf als Hauptfigur, der im Grenzdienst auf dem Land sein Vreneli findet, wurde 1938 neu aufgelegt und verfilmt. Er erlebte – wie später das Buch *Gilberte de Courgenay* von Rudolf Bolo Maeglin (1939) und dessen Verfilmung (1941) – einen grossen Publikumserfolg (zu Gilberte vgl. unten).[99]

Auf der rechten Seite des Politspektrums angesiedelte Kräfte pflegten sogenannte Überparteilichkeit an vaterländischen Feiern. Das 600-Jahr-Jubiläum zur Schlacht von Morgarten von 1315 bot zwar vor allem Anlass, kantonale Zwistigkeiten zwischen Zug und Schwyz auszutragen, aber es konnte von der Landesregierung im November 1915 trotzdem für die Verbreitung zweier wichtiger Botschaften genutzt werden: Zum einen wurde der uralte Verteidigungswille der schwach ausgerüsteten Eidgenossen gegen einen starken Eindringling («waffengeübtes, kampfgewohntes, in Stahl und Eisen gehülltes Heer») beschworen. Und zum anderen die Erinnerung an die vor 400 Jahren in der Poebene geschlagene und verlorene Schlacht von Marignano von 1515 und die angeblich damals eingeleitete und bis jetzt durchgehaltene Neutralität.[100]

74 und 75 **Der oberste Soldatensänger** Hanns In der Gand in Aktion, er singt in Zillis, wie die Legende besagt, alte Schweizerlieder. Das sind zwei bescheidene Bilder zu einem seiner sehr erfolgreichen Truppenauftritte. (Grenzbesetzung, H.IV, 1916, S.12)

Der verehrte Kommandant

5 Sept. 1857 – 4 Sept. 1917   A. Teichmann, Phot. Basel

76 Oberstdivisionär Treytorrens de Loys
mit neuem Versuchshelm.

Dieses Porträt könnte uns vor allem wegen des unvertrauten Helms fremd vorkommen. Der Porträtierte trug in Zeiten des Übergangs vom alten Käppi zum 1918 eingeführten Ordonnanzstahlhelm dieses Zwischenmodell mit der eigenartigen Randung und dem eindrücklichen Schweizerkreuz: den unter dem Namen «L'Eplattenier» kursierenden Versuchshelm. Kenner würden kritisieren, dass der Offizier anders als die anderen Offiziere keinen Stehkragen, sondern – reglementswidrig – einen Umlegkragen trug. Das Bild ist imposant, weil Kopf und Kopfbedeckung eine beinahe organische Einheit bilden und der Blick des Fotografierten eine sonderbare Mischung von An- und Abwesenheit zum Ausdruck bringt. Der Abgebildete, Oberstdivisionär Treytorrens de Loys, aus einem alten Waadtländer Adelsgeschlecht stammend, starb im September 1917 60-jährig im Dienst an einem Schlaganfall. Damals war er an einer Kooperation mit Frankreich interessiert. Zuvor sagte man ihm aber eine Ausrichtung eher nach Deutschland nach. Der Historiker Hans Rudolf Ehrbar: «Da er aus seiner Bewunderung für den deutschen Führungsstil und für die deutschen Ausbildungsmethoden keinen Hehl machte, begegnete man ihm in der Westschweiz mit Misstrauen.»[101] General Wille lobte ihn im Rechenschaftsbericht von 1919, er habe das «schärfste Auge» für die Drillausbildung besessen.[102] 1928 würdigte ihn Jacob Ruchti wie folgt: «Unbeugsam, gelegentlich hart, streng, besonders gegen die Offiziere, doch voll Wohlwollen gegen die Truppe, deren Verpflegung und Unterbringung ihm stets eine vornehme Sorge war, ging er ohne viel Rücksichten auf seine militärischen Ziele los. Er vereinigte in seiner Division Mannschaften aus sieben verschiedenen (welschen und deutschen) Kantonen zu einer festgefügten Einheit.»[103]

Auch Korporal Gottlieb Dietiker (Füs. Komp. I/51) nahm 1917 an den Abdankungsfeierlichkeiten für Oberstdivisionär de Loys in Lausanne und später in Ecublens, dem Wohn- und Heimatort des Verstorbenen, teil. Er gehörte zum ausserhalb der Kathedrale aufgestellten Ordnungsdienst – und hatte Zeit zum Nachdenken. «Vor drei Tagen noch blühende Manneskraft, heute im düstern Sarg eine kalte Leiche. Es war nicht leicht, sich mit solchen Gegensätzen und Widersprüchen abzufinden. Generalissimus Tod kennt kein Erbarmen.» Nun habe der Tod auch Divisionär de Loys, in dieser Würdigung als «Heerführer» vorgestellt, bezwungen. Doch nicht nur dies, Korporal Dietiker stellte sich weiter vor, wie die Inschrift auf dem Grabstein in Ecublens in ein paar Jahrzehnten schon halb verwischt sein würde. Aber es gebe doch auch Beständigkeit mitten im Vergänglichen: «Solange Soldaten, die unter der Führung von de Loys standen, von der Grenzbesetzung erzählen und der Zeit gedenken, wo die Wogen des Weltkrieges um unsere Landmarken brandeten und durch Gottes Hilfe und unserer Führer sorgliche Umsicht unser Ländchen dennoch Friedensinsel blieb, so lang wird auch sein Name nicht vergessen werden und für immer eine Zierde sein in der Geschichte unserer Landesverteidigung.»[104]

Soldatenbünde und Pazifismus

Ohne ausländisches Vorbild und einzig basierend auf einem konkreten Vorfall, als ein Wehrmann (der Buchhalter Fritz Blum) ungerecht behandelt wurde, sicher aber auch begründet in einem allgemeinen Malaise, der «Dienstverärgerung», entstand im September 1917 in Schaffhausen der erste Soldatenverein.[105] Der durchaus bürgerliche Verein wollte den Auswüchsen des militärischen Systems begegnen.

> Es ging um den korrekten Umgang mit Dienstbeschwerden, um die finanzielle Unterstützung der Wehrmänner, um die Urlaubsregelung, die Militärunterkünfte, die Pflege der geistigen Tätigkeit während des Dienstes, um den übertriebenen Drill, die Beleidigungen und Schikanen, die «Soldatenschinderei», später auch um die Militärgerichte.

Bald folgten weitere Vereinsgründungen, der Aargauer Soldatenverein etwa zählte rasch 2000 Mitglieder, darunter viele Bauern. Im Juni 1918 kam es zum Zusammenschluss im Schweizerischen Soldatenbund mit einem Bestand von rund 5000 Mitgliedern. Der 23-jährige Walther Bringolf, damals noch ein weitgehend unbeschriebenes Blatt, war dessen Zentralpräsident.[106] Parallel dazu bildeten sich auch sozialdemokratische Soldatenorganisationen, die radikaler auftraten, aber weniger Rückhalt hatten. Nicht verwunderlich ist, dass die ganze Bewegung von der bürgerlichen Seite als «Bolschewikibande» bezeichnet wurde.[107]

Der General wollte anfänglich über das Phänomen hinwegsehen, ihm nicht mit seiner Aufmerksamkeit Auftrieb geben. Am 27. Juni 1918 liess er den höheren Offizieren dann aber doch eine Weisung zukommen: Einerseits markierte er Zurückhaltung und verwies auf die in der Schweiz geltende Vereinsfreiheit. Zudem

77 **Der zivile Zentralvorstand** des Schweizerischen Soldatenbundes auf dem Lindenhof in Zürich, Walther Bringolf vorne Zweiter von links.

«Armee soll selbst gegen zersetzende Einflüsse ankämpfen»

räumte er ein, dass «zu einem grossen Teil noch vaterländisch gesinnte Elemente» dabei seien. Andererseits betonte er, dass es im Militärdienst nur einen gesetzlichen Verband, nämlich den der zugeteilten «Einheit und ihres Truppenkörpers» gebe und die Gefahr bestehe, dass gut meinende Soldaten «aufrührerischen Verführungskünsten und unschweizerischer Hetze» zum Opfer fallen könnten. Darum seien keinerlei Einmischungen in den vorschriftsgemässen Dienstgang zu dulden und Verstösse dieser Art zu bestrafen.[108]

General Wille sah in den Vereinen «den Anfang russischer Soldatenräte» und forderte mehrmals, wenn auch erfolglos vom Bundesrat und einmal sogar vom Bundespräsidenten, dass Soldatenbünde aufgrund der Vollmachten verboten werden sollten. Er warnte, «dass die Armee unrettbar zugrunde geht, wenn nicht der Untergrabung der Vorgesetzten-Autorität, der planvollen Zerstörung des guten Geistes der Armee ein Ende gesetzt wird». Ein Gutachten des Eidgenössischen Justiz- und Polizeidepartements hielt dem entgegen, die Armee müsse selbst gegen zersetzende Einflüsse ankämpfen, «indem sie alles vermeidet, was den Wehrmännern zu begründeten Klagen und zu begründeter Unzufriedenheit Anlass geben kann».[109]

Bei Kriegsende tauchte in der Presse zwar noch die Forderung des Soldatenbundes nach einem Tagessold von 5 Franken auf.[110] Doch mit der Demobilisierung der Armee verloren die Soldatenvereine rasch an Bedeutung. Die Vereine stellten sich die Frage, ob man sich in grundsätzlicher Weise antimilitaristisch engagieren soll (für Abrüstung und Aufhebung des Dienstobligatoriums), dies wurde jedoch von der zuständen Delegiertenversammlung verworfen.

Vorbehalte gegen die Armee konnten relativer oder grundsätzlicher Art sein. Die relativen Vorbehalte richteten sich gegen einen Dienstbetrieb, der als sinnlos, entwürdigend und schikanös empfunden wurde, sowie gegen die Ordnungseinsätze zur Bekämpfung ziviler Protestbewegungen. Die grundsätzlichen Vorbehalte galten teilweise einer Struktur, welche die gesellschaftlichen Klassengegensätze reproduzierte, mehrheitlich entsprangen sie aber einer fundamentalpazifistischen Einstellung.

78 **Mangels anderer Unterkünfte** wurde diese Kirche im Südtessin genutzt und in schöner Ordnung – man beachte nicht nur die Gewehre im Vordergrund, sondern auch die Käppi auf der Balustrade – für den Fototermin zurechtgemacht. (Schweizerische Grenzbesetzung, H. III, Basel 1915, S. 58)

Die Sozialdemokraten waren in der Dienstverweigerungsbewegung keine treibende Kraft, obwohl sie sich an ihrem Parteitag vom Juni 1917 deutlich gegen die militärische Landesverteidigung aussprachen. Sie erklärten wiederholt, dass sie die individuelle Dienstverweigerung nicht als Mittel des Klassenkampfes betrachteten und sie «grundsätzlich» ablehnten.[111]

Die Armee war damals noch weitgehend eine Klassenarmee, Beförderungen zum Offizier konnten, auch wenn der Anwärter an sich alle Fähigkeiten mitbrachte, wegen der familiären Herkunft abgelehnt werden.[112] Ein Postulat des Berner SP-Nationalrats und Arztes August Rikli forderte, gestützt durch eine Volkspetition des von ihm präsidierten Grütlivereins, eine Demokratisierung der Armee. Die Hauptforderungen waren: erstens: die gleiche Verpflegung für Soldaten und Offiziere und ein Mehrsold für Offiziere bloss unter Anrechnung der höheren Unterkunftskosten und der grösseren Gesamtzahl der Diensttage; zweitens: bessere Rekrutierung des Offizierskorps im Sinne der Heranziehung aller Berufsklassen. Schliesslich wurden auch harte Sanktionen gegen militärische Vorgesetzte gefordert, die «durch Beschimpfung oder Misshandlung der Soldaten sich gegen das Ehrgefühl des Bürgers im Wehrkleide vergehen».

Bereits ein Jahr zuvor, im Dezember 1916, war der Bundesrat mit einem Postulat Winiger aufgefordert worden, die beanstandeten Missstände abzuklären.[113] Das *Politische Jahrbuch* befand, dass nicht alle Forderungen unannehmbar seien und gab auch die Meinung des Militärdepartements weiter, wonach die Berechtigung gewisser Aussetzungen anzuerkennen sei. Das von Rikli als dritten Punkt vorgebrachte und, wie man festhielt, «dem russischen Vorbild entnommene» Vorschlagsrecht für die Berufung und Abberufung von Vorgesetzten lehnte das Jahrbuch jedoch als unannehmbar ab: «Die Armee braucht nicht undemokratisch zu sein; aber die Formen der Demokratie lassen sich auf die Armee nicht übertragen.»[114]

> Leutnant Zurlinden, der wegen seines aufschlussreichen Tagebuchs bereits wiederholt zitiert werden konnte, entgingen die Demokratisierungsforderungen nicht: «Unsere Armee demokratisieren! Holla! Merkt man denn nicht, dass das giftige Gegensätze sind, welche in entgegengesetzter Richtung ziehen, so dass sie sich aufheben werden! Eine Armee demokratisieren, heisst eine Armee schwächen. Drum, wenn wir überhaupt eine Armee wollen, können wir darin nicht preussisch genug sein.»[115]

Der wohl bekannteste Fall von Dienstverweigerung aus Gewissensgründen führte im Sommer 1917 zu einer heftigen Kontroverse: Der ETH-Student und Leutnant Max Kleiber, der erklärt hatte, er könne es angesichts des schrecklichen Völkermordens nicht mehr verantworten, Militärdienst zu leisten, war deswegen zu vier Monaten Gefängnis, Degradierung und Einstellung im Aktivbürgerrecht auf ein Jahr verurteilt worden. Der Fall war umso störender, als es sich um einen gut qualifizierten und allerseits geschätzten Offizier handelte, der 1914 aus Amerika in die Schweiz geeilt war, um seine Dienstpflicht zu erfüllen.

Eine zusätzliche Sanktion bestand darin, dass die ETH den kurz vor der Prüfung stehenden Studenten von der Hochschule ausschloss, weil das damalige

Keine Kirchenglocken am 1. August 1917

Reglement voraussetzte, dass Studierende im Besitze der bürgerlichen Rechte sein müssen. Dagegen erhoben sich landesweite Proteste mit öffentlichen Demonstrationen und scharfen Resolutionen. Ein Zürcher Pfarrer wollte am 1. August 1917 sogar das übliche Glockengeläut verweigern. Auch das ausgesprochen bürgerliche *Politische Jahrbuch*, das im Vorjahr über den Antimilitarismus mit dem Argument hergezogen war, dass dieser aus wirklichen oder nur angeblichen Fehlern «ebenso geschickt wie skrupellos» Kapital zu schlagen wisse, hielt den Ausschluss für unangebracht.[116] – Kleiber konnte später sein Studium fortsetzen, wurde ein angesehener Wissenschaftler und blieb seinem Engagement treu, wie seine Stellungnahmen in den USA zum Vietnamkrieg zeigten.[117]

1 Kurz, 1970, S. 32 ff.
2 Generalsbericht, 1919, S. 133. Zum Bedrohungsbild vgl. auch Rapold, 1988, S. 121.
3 Ebenda, S. 136.
4 Fuhrer hat in verdienstvoller Weise die «Sicht von aussen» aufgearbeitet (1999, S. 341 ff.).
5 Memorial vom 23. Januar 1907, zit. nach Mittler, 2003, S. 701.
6 Fuhrer, 1999, S. 533.
7 Generalsbericht, 1919, S. 195.
8 Ebenda, S. 196.
9 Ebenda, S. 198.
10 US-Geschäftsführer in Bern an Ador, 3. Dezember 1917, in: DDS, Bd. 6, Nr. 364.
11 Bundesratssitzung vom 11. Dezember 1917, in: DDS, Bd. 6, Nr. 367.
12 Fuhrer, 1999, S. 538.
13 Hans-Rudolf Kurz, Geschichte der Schweizer Armee. Frauenfeld 1985. S. 92.
14 Generalsbericht, 1919, S. 137.
15 Ebenda, S. 138.
16 Mittler, 2003, S. 767 ff.
17 NZZ vom 19. März 1916.
18 NZZ vom 4. April 1916.
19 Politisches Jahrbuch für das Jahr 1916. Bern 1917, S. 642 ff.
20 Bonjour, Bd. 2, 1965, S. 651 ff. – Kurz, 1970, S. 243.
21 Mittler, 2003, S. 690.
22 Generalsbericht, 1919, S. 217.
23 Schreiben vom 15. Oktober 1914, zit. nach Böschenstein, Anm. 47, 1960, S. 524.
24 Generalsbericht, 1919, S. 309 ff., und vorher S. 170.
25 Ebenda, S. 315.
26 Raffaela Lütolf, in: Rossfeld/Straumann, 2008, S. 385.
27 Eintragung vom 11. August 1914. Zurlinden, 1968, S. 126.
28 Fuhrer, 1999, S. 57. Relativierung von Willes Abneigung gegen Befestigungen, S. 525.
29 Ebenda.
30 Max Mittler (Hg.), Die Geschichte der schweizerischen Landesbefestigung. Zürich 1992.
31 Ebenda, S. 524.
32 Ebenda, S. 112.
33 Ebenda, S. 277 ff.
34 Ebenda, S. 288.
35 Ebenda, S. 273 ff.
36 Eintrag vom 12. November 1916, Zurlinden, 1968, S. 140.
37 Vgl. dazu auch die DDS, Bd. 6, 1981, S. LXIV–VI.
38 Kurz, 1970, S. 34.
39 Mittler, 2003, S. 791.
40 Bonjour, Bd. 2, 1965, S. 537.
41 Ebenda, S. 540.
42 Ebenda, S. 638 und S. 642.
43 Rapold, 1988, S. 172 ff. – Mittler, 2003, S. 738 ff.
44 Mittler, 2003, S. 760.
45 Zeitzeugin 1986 zu Mittler, in ders., 2003, S. 946 und S. 950. – Zu Frankreichs Einsatz von Kolonialsoldaten: Vgl. Marc Michel, L'appel à l'Afrique. Paris 1982. – Ders., Les Africains et la Grande Guerre. Paris 2003.
46 Exposé «Die Situation an unserer Südgrenze» vom 28. August 1915, zit. nach Fuhrer, 1999, S. 177.
47 DDS, Bd. 6, Nr. 137, S. 137. – Hermann Böschenstein, Bundesrat und General im ersten Weltkrieg. In: SZG 1960/4, S. 515–532. Das 1960 bekannt gemachte und im Nachlass von Bundesrat Schulthess aufbewahrte Doppel eines Schreibens vom 20. Juli 1915 an Bundesrat Hoffmann erregte kurzfristig einige Aufmerksamkeit, ging in der weiteren historiografischen Erörterung aber wieder unter. Berücksichtigt bei Ehrbar 1976, S. 84 und S. 240. Aufgenommen 1981 in der Bd. 6 der DDS, vgl. oben. Nicht berücksichtigt bei Rapold, 1988; hingegen bei Mittler, 2003, S. 649 ff. u. 758.
48 Ebenda.
49 Fuhrer, 1999, S. 417 ff.
50 Mittler, 2003, S. 790.
51 Auch als Plan Foch bekannt, vgl. Kurz, 1970, S. 172 ff.; Rapold, 1988, S. 282 ff.; Fuhrer, 1999, S. 496.
52 Mittler, 2003, S. 800.
53 Kurz 1970, S. 241 ff.; Ehrbar 1976, S. 267 ff.; Rapold, 1988, S. 305.
54 Ebenda, S. 177.
55 Ebenda, S. 127. – Vgl. auch Jürg Schoch, Die Oberstenaffäre: Eine innenpolitische Krise 1915/1916. Bern 1972. Fuhrer, 1999, S. 216–225.
56 Fuhrer, 1999, S. 535.
57 Mittler, 2003, S. 769 ff. – Rapold, 1988, S. 278 ff.
58 Vgl. die diversen Dokumente in den DDS, Bd. 6, 1981, Nr. 162 ff.
59 Generalsbericht, 1919, S. 134.
60 Generalsbericht, 1919, S. 462.
61 Panzer des Typs Renault FT-17, Auskunft von Cornelia Albert, Bibliothek am Guisanplatz (BiG); Philipp Thalmann, Die Anfänge der Schweizerischen Panzertruppen: Aspekte der Organisation, der Doktrin und des Einsatzes. Ohne Ort 2005. BiG: 19504804211272817.
62 Bei Kurz, 1970, S. 198.
63 Motorisierte Variante bei Kurz, 1970, S. 257.
64 Georg Kreis, Zeitzeichen für die Ewigkeit. 300 Jahre Schweizerische Denkmaltopografie. Zürich 2008, S. 405–414.
65 Auskunft Christian Pfister, Bern (http://swistoval.hist-web.unibe.ch/).
66 Tafel 32, gestützt auf den Beitrag von Frédéric Pellaton, in: Les casques de combat de 1915 à nos jours, vol. I, Paris 1984.
67 Generalsbericht, 1919, S. 370.

68 Wiedmer, 1989, S. 30 (Anm. 70).

69 Generalsbericht, 1919, S. 378 ff.

70 Jo Wiedmer, Motorisierung der Schweizer Armee. Goldach 1989. S. 16 ff.
– Zum internationalen Kontext: Christoph Maria Merki, Der holprige Siegeszug des Automobils, 1895–1930. Wien 2002.

71 Richard Gaudet-Blavignac, L'armée suisse en 1914–1918. Ohne Ort 1988–1991,Tafel 14.

72 Es gibt allerdings Bilder, die Farman-Flugzeuge zeigen, auf deren Nasen MGs montiert waren.

73 Generalstabsbericht von 1919, S. 390–396.

74 Richard Gaudet-Blavignac, L'armée suisse en 1914–1918. Ohne Ort 1988–1991,Tafel 13.

75 Erich Tilgenkamp, Schweizer Luftfahrt. Zürich 1941/42, Bd. 2, S. 274 und S. 300.

76 Generalsbericht, 1919, S. 80.

77 Georg Kreis, Auf den Spuren von «La Charité». Die schweizerische Armeeführung im Spannungsfeld des deutsch-französischen Gegensatzes. Basel 1976.

78 Ebenda, S. 396.

79 Christophe Simeon, L'envol manqué de l'aviation militaire suisse à la fin de la Belle Epoque (1910–1914). Neuenburg 2008.

80 Roman Rossfeld, in: Rossfeld/Straumann, 2008, S. 428 ff. Suchard soll der Armee auch eines der ersten Flugzeuge geschenkt haben.

81 Generalsbericht, 1919, S. 290.

82 Müsste neben Infanterie, Kavallerie, Artillerie und Genie eigentlich die «fünfte» Waffengattung sein.

83 Generalsbericht, 1919, S. 396.

84 Kurz, 1970, S. 85.

85 Befehl vom 5. Oktober 1916, Kurz, 1970, S. 163 ff.

86 Rudolf Jaun, Preussen vor Augen. Das schweizerische Offizierskorps im militärischen und gesellschaftlichen Wandel des Fin de siècle. Zürich 1999. Insbes. S. 239 ff.

87 Leutnant Zurlinden, ein entschiedener Befürworter des Drills, hielt am 20. Nov. 1916 in seinem Tagebuch fest: «In den Zeitungen schreiben sie viel über den Drill. Eine Anti-Drillbewegung macht sich bemerkbar. Selbst im Militär will man da und dort den Drill als Sündenbock auffassen.» (Zurlinden, 1968, S. 140).

88 Rede an einer Volksversammlung vom 23. März 1916. Kurz, 1970, S. 141.

89 Zurlinden, 1968, Eintrag vom 15. August 1914, S. 128.

90 Eintrag vom 25. August 1917, ebenda, S. 194.

91 Eintrag vom 20. August 1917, ebenda, S. 193 ff.

92 Kurz, 1970, S. 88 ff. Erneut im Befehl vom 24. Mai 1917, vgl. Kurz, 1999, S. 229.

93 Grenzbesetzung, Heft IV, S. 27.

94 Kurz, 1970, S. 77 ff.

95 Yves-Alain Morel, General Wille und das Vortragsbüro im Ersten Weltkrieg. In: Fuhrer/Strässle, 2003, S. 279. Dissertation des gleichen Autors über den Truppeninformationsdienst seit 1914, 1996.

96 Kurz, 1970, S. 77 ff. und Morel, 2003, S. 276 ff.

97 Schreiben vom 4. Oktober 1917, zit. nach Morel, 2003, S. 279.

98 Als Beitrag in: Grenzwacht. Der schweizerischen Armee gewidmet vom Schweizerischen Schriftstellerverein. Frauenfeld 1917. S. 21–125.

99 Vgl. auch Koller, 2006. S. 441–462.

100 Vgl. Festrede von Bundespräsident Giuseppe Motta, vollständig abgedruckt in der NZZ vom 15. November 1915. Vgl. auch Maria Schnitzer, Die Morgartenschlacht im werdenden schweizerischen Nationalbewusstsein. Zürich 1969, S. 106 ff.

101 Ehrbar, 1976, S. 106.

102 Generalsbericht, 1919, S. 42.

103 Ruchti, Bd. 1, 1928, S. 67.

104 Die Grenzbesetzung 1914–1918 von Soldaten erzählt. Zürich o. J., S. 342–344.

105 Lezzi, 1996, S. 104.

106 Ebenda, S. 22–30.

107 Bürgisser, 2010, S. 79 ff.

108 Kurz, 1970, S. 267.

109 Walter Wolf, Walther Bringolf. Eine Biografie. Sozialist, Patriot, Patriarch. Schaffhausen 1995, S. 28.

110 Basler Nachrichten vom 12. November 1918.

111 Lezzi, 1996, S. 105.

112 Wolf, 1995, S. 23.

113 Anlässlich der Beratung des 6. Neutralitätsberichts eingebrachtes Postulat von Ständerat Josef Winiger (LU/CVP), angenommen in der kleinen Kammer im September 1916 und in der grossen Kammer im Dezember 1916. Vgl. Politisches Jahrbuch 1917, Bern 1918, S. 455. Auch bei Ruchti, Bd. 1, 1928, S. 73; dieser lässt aber das Postulat Rikli unerwähnt.

114 Politisches Jahrbuch 1917, Bern 1918, S. 623; Politisches Jahrbuch 1916, Bern 1917, S. 460.

115 Tagebucheintrag vom 20. November 1916. Hans Zurlinden, Die Symphonie des Krieges. In: Ders., Letzte Ernte. Zürich 1968. S. 141.

116 Ebenda, S. 625.

117 Ruchti, Bd. 1, 1928, S. 76 ff. HLS-Artikel von Ruedi Brassel-Moser. Vor seiner Übersiedlung zunächst nach Kanada bemühte sich Kleiber in der Schweiz um die Verwirklichung sozialpolitischer Modelle der Nahrungsproduktion. Vgl. Auderset/Moser, 2012, S. 141 u. 147. Ragaz schrieb am 17. Juli 1917 zum Fall Kleiber einen engagierten Brief an Paul Seippel, vgl. Ragaz-Briefe, Bd. 2, Zürich 1982, S. 103 ff.; Markus Mattmüller, Leonhard Ragaz und der religiöse Sozialismus, Bd. II, Basel 1968 S. 273–290, auch zu den Fällen John Baudraz, Jules Humbert-Droz und Wolfgang Schwemmer.

5 Arbeit und Alltag

79 und 80 **Hier zwei Alltagsbilder** mit Szenen am Rande des Dienstbetriebs: Während im Hintergrund heftig an einem künftigen Schützengraben gearbeitet wird, werden im Vordergrund zwei Soldaten rasiert. Eindrücklich auch die Nagelschuhe, die dem Betrachter entgegengestreckt werden. Unten: Fusspflege in der Abendsonne, 1915 bei Herzogenbuchsee – unheroisch, aber von existenzieller Bedeutung, sowohl für den Einzelmann als auch für die Armee.

Die Diskussion des Themas *Arbeitswelt* konzentriert sich hier vor allem auf zwei Aspekte: erstens Arbeitslosigkeit und Einkommensverlust infolge struktureller Veränderungen; zweitens zusätzliche Alltagsbelastung der Frauen. Dabei können nur einzelne Punkte herausgegriffen werden, insbesondere geht es um die Frage der Lebensmittelversorgung, doch es gibt – neben der Gesundheit – kaum eine wichtigere Alltäglichkeit, zumal wenn deren Gewährleistung wegen Knappheit und Teuerung infrage gestellt ist.

Der *Alltag* – ein einfaches Wort für eine komplexe Sache – war ein von der Geschichtsschreibung lange vernachlässigter Forschungsgegenstand.[1] Der Alltag lässt sich vereinfacht in einen zivilen und einen militärischen Bereich aufteilen, obwohl es da aufschlussreiche Überlappungen gab.

Der Militärhistoriker Hans Rudolf Fuhrer verweist auf den Zusammenhang der beiden Welten: «Die persönliche Situation verschärfte sich besonders bei den Wehrmännern, die alleine oder mit ihren Familien unter dem fehlenden Arbeitsschutz und dem mangelhaften sozialen Auffangnetz litten. Für viele verrichtete zuhause niemand die dringende Arbeit, während sie irgendwo sinnentleert Gewehrgriffe klopften oder untätig auf die nächste Wachablösung warteten.»[2]

Der militärische Alltag, weil irgendwie doch nicht alltäglich und in der Differenz zum Alltag in der Zivilgesellschaft eben ausserordentlich, ist mit Erinnerungsschriften und Fotos besser dokumentiert als der zivile Alltag.[3] Jedenfalls sollen uns hier auch bestimmte Aspekte des militärischen Alltags interessieren: einerseits das Dienstverständnis (Stichwort: Drill) und andererseits die militärische Freizeit und der «Innere Dienst» (ID), zu dem beispielsweise das Rasieren gehörte. Im 1970 herausgegebenen Buch des Militärhistorikers Hans-Rudolf Kurz wäre es noch undenkbar gewesen, dass ein Bild wie dasjenige mit der Rasierszene oder der Fusspflege gezeigt worden wäre.

Beschäftigungslage

Die kriegsbedingte Verlagerung der Produktion – etwa von Stickereien auf Waffen – blieb nicht ohne Auswirkung auf die Beschäftigungslage, darum gab es vor allem in den ersten Monaten erhöhte Arbeitslosigkeit (vgl. Kapitel 2). Die Arbeitsplätze der Männer waren nicht gesichert. Die Militärdienstpflicht mit drei- und mehrmonatigen Ablösungsdiensten konnte den Stellenverlust zur Folge haben oder mindestens eine vorübergehende Einstellung der Lohnzahlungen. Im landwirtschaftlichen Bereich gab es keine Arbeitslosigkeit, da herrschte im Gegenteil tendenziell stets Arbeitskräftemangel.

Schon bald nahm im Industriesektor an breiter Front die Nachfrage an Arbeitskräften wieder zu. Einzelne Unternehmen konnten für ihre Mitarbeiter Dienstbefreiungen erwirken. Während diese Kräfte dauerhaft freigestellt wurden, mussten bei den Bauern Urlaube für Feldbestellung und Ernten im richtigen Moment gewährt werden. Die Empfehlung lautete, dem Wehrmann nötigenfalls auch das Pferd mitzugeben.[4] Die Armee rechnete darüber hinaus mit Bestandesverlusten, weil schweizerische Arbeitskräfte, von attraktiven Löhnen in Kriegsbetrieben Krieg führender Staaten angezogen, ins Ausland abwanderten.[5]

Die bei Kriegsbeginn über Vollmachten vorgenommene Ausserkraftsetzung des Fabrikgesetzes wurde genutzt, um Verschlechterungen der Arbeitsbedingungen einzuführen.[6] Die Frauen waren besonders davon betroffen, dass aus plötzlich einsetzendem Sparwillen auch Beschäftigungen im privaten Dienstleistungssektor abgebaut wurden, mit Entlassungen von Dienstbotinnen, Wasch- und Putzfrauen und mit der Streichung von Aufträgen für Schneiderinnen oder Unterrichtsstunden bei Musiklehrerinnen.[7] Mit anderen Worten heisst das: Meistens waren es die Frauen, die als Erste entlassen wurden.[8] Später jedoch wurden Frauen als kostengünstige Arbeitskräfte in grösserer Zahl zum Beispiel in der Konfektions- oder in der Rüstungsindustrie beschäftigt. Im November 1916 setzte das Unternehmen Georg Fischer erstmals Frauen in der Produktion (Fittingherstellung) ein. Dies hatte sogleich zwei bemerkenswerte Auswirkungen: Die Löhne sanken, und das Arbeitersekretariat reklamierte: «Es wäre zu wünschen, dass mit dem Schluss des Weltkriegs diese ‹Errungenschaft› wieder verschwinden würde …».[9]

Frauen sticken Rangabzeichen für höhere Offiziere.

81 **Frauen in der Gasmaskenherstellung**
werden zu einem Fototermin gebeten.

Auch die Armee wurde gerade für Frauen ein interessanter Arbeitgeber, sie
wurden in Regiebetrieben beschäftigt, erhielten aber auch, vermittelt vom Gemeinnützigen Frauenverein, Heimarbeit nach Hause. Dabei bekamen Frauen
auch Aufträge, die früher im Ausland ausgeführt wurden, so etwa die Herstellung von militärischen Rangabzeichen. Die schwierige Metallfadenstickerei an
den Uniformen höherer Offiziere war früher aus Frankreich bezogen worden,
jetzt übertrug man sie den Händen von Schweizer Frauen.[10]

82 und 83 **Ein geschätzter Arbeitgeber** mit wachsendem Bedarf an weiblichen Arbeitskräften war die Armee mit den verschiedenen Regiebetrieben, nicht nur für Näharbeit in Schneiderwerkstätten, sondern auch für die Fertigung von Industrieteilen, in den späteren Jahren insbesondere auch für das Zusammensetzen von Gasmasken.

Alles in allem nahm aber die ausserhäusliche Frauenarbeit, gewissermassen anstelle der zur Grenzverteidigung aufgebotenen «Ernährer», kaum zu, punktuell konnte eine Zunahme des Frauenanteils vorkommen, zum Beispiel im Postdienst. Der Anteil an der statistisch erfassten Erwerbstätigkeit der Frauen blieb jedoch erstaunlich konstant bei etwa einem Drittel. Dazu muss allerdings gesagt werden, dass die Statistik drei Bereiche, in denen Frauen häufig tätig waren, nicht erfasste: Landwirtschaft, Teilzeitarbeit, Schattenarbeit, womit etwa die Arbeit im eigenen Familienunternehmen oder in fremden Haushalten gemeint ist.[11]

Alltag gab es auch in der männlichen Fabrikarbeit, und da bestand die nicht überraschende Tendenz, den in dieser Zeit wichtiger gewordenen Militarismus auf das Zivilleben zu übertragen. Mechaniker der Maschinenfabrik Oerlikon klagten im Januar 1917: «Die ganze Situation macht nun so den Anschein, dass nun der gleiche Schlauch wie im Militär auch in die Bude verpflanzt werden soll.»[12] Und auf Arbeitgeberseite fielen Bemerkungen wie: Die Arbeiter hätten zu wenig Militärdienst geleistet und würden darum zu wenig Disziplin in sich hegen.[13] Allerdings könnten die Erwartungen an die Arbeitshaltung (bezüglich Gehorsam und Leistungskonstanz) auch der «moderneren» Betriebskultur entsprochen haben, die auf Optimierung und Rationalisierung bedacht war.[14]

Was heute eine Selbstverständlichkeit ist – nämlich dass Einkommensausfälle infolge der Erfüllung militärischer Dienstpflichten aufgefangen werden –, lag zur Zeit des Ersten Weltkrieges noch in weiter Ferne: Wehrmänner, auch wenn sie mit ihrem Einkommen eine Familie hätten ernähren müssen, erhielten keinen Lohnersatz während der Dienstzeit. Wohl hatte die Militärorganisation von 1907 die Wehrmännerunterstützung grundsätzlich eingeführt; man musste sie aber beantragen und man setzte sich dem Stigma aus, armengenössig zu sein.[15] Die Notunterstützung unterschied zwischen städtischen und ländlichen Gebieten und sah folgende Entschädigungen pro Tag vor: 2 Franken 40 für Ehefrauen und 80 Rappen je Kind in der Stadt, 1 Franken 80 bzw. 60 Rappen auf dem Land, in der Agglomeration galt ein Zwischentarif (Stand Sommer 1917).[16] Die Gemeindebehörden prüften, ob eine Unterstützung gerechtfertigt war. Diese aber wurde eingestellt, sobald der Dienst aufhörte, auch wenn der nach Hause zurückgekehrte Mann und Vater keine Stelle hatte. Alleinstehende Arbeiterinnen waren zum Teil besonderer Not ausgesetzt, da die für Verheiratete vorgesehene Militärnotunterstützung für sie nicht infrage kam.

84 **Diese von der Russin** Zina Lilina verfasste und in einer schweizerischen Variante von den Sozialdemokratischen Arbeiterinnenverbänden herausgegebene Schrift erörtert die Fabrikarbeit der Frauen aus einer transnationalen Perspektive, enthält aber auch einen kleinen Abschnitt über die Schweiz. Einerseits zeigt sich die Autorin befriedigt über die Zunahme der Frauenarbeit und rechnet mit einem weiteren Ansteigen nach dem Krieg; andererseits kritisiert sie, dass Frauen mit ihrer Fabrikarbeit die Männer gleichsam für den Krieg freistellen und diesen mit der Produktion von Kriegsmaterial sogar noch die Mittel liefern, sich gegenseitig umzubringen.

Der Tagessold beschränkte sich auf 80 Rappen und reichte knapp für die privaten Ausgaben während der Dienstzeit. Noch im 1928/29 veröffentlichten zweibändigen Werk von Jacob Ruchti von über 1000 Seiten findet sich zur Einkommensproblematik kein Satz. Der Generalstabsbericht von 1919 hält die Minimalhilfe fest, die vonseiten der Armee erbracht worden war: Die erste Aktion beschränkte sich darauf, im Dezember 1915 Weihnachtsgeschenke an die Diensttuenden zu verteilen. Im Weiteren heisst es, «schon» zu Beginn des Jahres 1916 seien erste Versuche der Arbeitsvermittlung unternommen worden. Die Hauptaufgabe der zuständigen Zentralstelle für Soldatenfürsorge bestand darin, die Hilfstätigkeit von privaten Stellen zu koordinieren. Das ganz grosse Problem war jedoch weniger die Arbeitslosigkeit, sondern der Reallohnverlust als Folge der schlechten Entlöhnung in Kombination mit der steigenden Teuerung (vgl. dazu den folgenden Abschnitt).

Versorgung mit Alltagsgütern

Wegen der stark erschwerten Gütereinfuhr traten schnell in vielerlei Hinsicht Engpässe auf. Dabei denkt man wohl zuerst an Nahrungsmittelknappheit, doch gab es auch andere Güter von existenzieller Bedeutung, die fehlten. Die industrielle Versorgung ist in Kapitel 3 besprochen worden. In diesem Kapitel geht es um die private Versorgung, insbesondere mit Lebensmitteln, aber auch mit Heizmaterial. Eng damit verknüpft sind die Höhe der Einkommen beziehungsweise die Kaufkraft, die hier ebenfalls angesprochen werden muss, sowie die Kosten für die *Wohnungsmieten*. Der Staat sah sich veranlasst, mit verschiedenen Massnahmen Unterkunftsprobleme zu entschärfen: mit Überwachung der Mietzinserhöhungen, mit Mieterstreckungen, mit Beitragsleistungen, mit Zwangsvermietung und sogar mit Einschränkungen der Niederlassungsfreiheit, wenn ein Zuzug nicht gerechtfertigt erschien.[17]

Auch der *Kohlemangel* wirkte sich auf den Privatverbrauch («Hausbrand») aus, der bis zum Herbst 1918 mit etwa der Hälfte des Normalbedarfs gedeckt werden musste. Gravierender war aber die Einschränkung der Gasproduktion. Das für die Gasherstellung benötige Brennmaterial wurde mit Holz, Torf und Karbid gestreckt, was aber die Qualität des Gases verschlechterte. Der Kohlemangel führte in den Heizperioden zu Einschränkungen der Öffnungszeiten von Schulen, Verkaufsläden und Wirtshäusern sowie Anfang 1917 zu Einschränkungen des Eisenbahn- und Schiffsverkehrs.[18] 1917 wurden Tannenzapfen ein begehrter Handelsartikel, was das *Politische Jahrbuch* veranlasste, auf die Gründung einer «Tannen-zapfen AG» in Disentis hinzuweisen.[19] Der Kohlemangel gab aber auch den Kräften Auftrieb, die sich für die vermehrte Nutzung der *Elektrizität* gerade im Bahnbereich einsetzten.

> Der Schweizerische Wasserwirtschaftsverband führte im Dezember 1915 im Berner Grossratssaal eine öffentliche Promotionsversammlung durch. Dort wurde verkündet: «...gerade die Kriegsjahre (haben) das Gefühl bei jeder-mann geweckt und die Elektrifizierung unserer Bahnen als das grosse na-tionale Ziel erkennen lassen.» Die Elektrifizierung erlebte in dieser Früh-phase eine «nationalistische Ideologisierung».[20] Dahinter stand auch die Maschinenindustrie: «Oerlikon» und BBC entwickelten Probelokomotiven, daraus ging dann die seit 1919 eingesetzte «Krokodil»-Lokomotive (Ce 6/8II) hervor.

«Zwischen Stadt und Land fängt der Streit wegen der Lebensmittelpreise an.»

Abgesehen von den ersten von Panikkäufen geprägten Kriegstagen war die Le-bensmittelversorgung im ersten Kriegsjahr noch kein ernsthaftes Problem. Aber schon im Sommer 1915 notierte sich Bundesrat Karl Scheurer in sein Tagebuch: «Zwischen Stadt und Land fängt der Streit wegen der Lebensmittelpreise an; eine allgemeine Unzufrieden-heit macht sich geltend über alles, was wir an Einschränkungen usw. aufzuerlegen haben.»[21]

Wie dargelegt, waren die Behörden bei Kriegsbeginn bemüht, gegen Hamster-käufe anzutreten, von einer Regulierung der Güter- und insbesondere der Lebens-mittelversorgung sahen sie jedoch ab – und es bestand anfänglich dafür auch kein Grund. Aber auch als die Verknappung zunahm und die Teuerung anstieg, reagierten die Behörden nur zögerlich.[22] Die im Durchschnitt täglich zur Verfügung stehenden Kalorienwerte gingen – bezogen auf das Vorkriegsjahr 1913 – bis 1918 von 4000 Kilokalorien auf 2800 Kilokalorien zurück, wobei diese Durchschnitts-werte nichts über die individuellen Versorgungsmöglichkeiten etwa der Unter-schicht aussagen.[23]

Auderset/Moser unterscheiden in ihrem Aufsatz vier Phasen der Ernährungs-situation: erstens in den ersten Monaten die Phase der Anfangsturbulenzen der Grenzbesetzung; zweitens etwa seit Jahreswechsel 1914/15 eine Phase mit ausrei-chenden Nahrungsmittelimporten und entsprechend optimistischer Einschätzung, drittens ab Spätherbst 1916 eine Phase mit vermehrt auftretenden Mängeln (infolge des schlechten Wetters 1916 und des im Februar 1917 einsetzenden U-Boot-Krieges), viertens etwa seit Jahreswende 1917/18 bis zum Kriegsende eine Phase verschärfter Ernährungsdefizite. Die Autoren betonen, dass in dieser letzten Phase zum ersten Mal in der Geschichte des Bundesstaates breite Bevölkerungskreise auf gesamtschweizerischer Ebene von Mangel, Unterernährung und Hunger betroffen waren.[24]

Im Bereich der *Milchversorgung* ergriff der Bund allerdings bereits Ende 1914 indirekte Steuerungsmassnahmen, indem er einerseits die Milchverwertung für den lukrativen Käseexport einschränkte und andererseits die Subvention der Frischmilch zum Teil mit einer Beteiligung am Ertrag des Käseexports finanzierte. Im Interesse der eigenen Versorgung mit Milch wurde auch der Export von Kondens- und Pulvermilch sowie Kindermehl eingeschränkt, und Milch verarbeitende Unternehmen wurden verpflichtet, einen Teil ihrer Milch an die Städte abzugeben, Nestlé zum Beispiel im Januar 1917 über die Hälfte des Bestands.[25] So blieb die Milch bis im Sommer 1916 ein relativ günstiges Nahrungsmittel. Während die Inlandnachfrage zunahm (und auch der Bedarf für den Export stark anstieg), ging die Milchproduktion unter anderem auch wegen des Mangels an Futtermitteln zurück. Im August 1917 wurden sämtliche Milchprodukte (auch die Butterherstellung) unter die zentrale Aufsicht eines Eidgenössischen Milchamtes gestellt; im April 1918 beschlagnahmte das Volkswirtschaftsdepartement die gesamte Kuhmilchproduktion und wies die Kantone und Gemeinden an, eine gleichmässige Verteilung sicherzustellen. Auf den 1. Juli 1918 kam dann die eigentliche Milchrationierung. Anfang November 1918 war die Milch derart knapp, dass es nicht mehr für die Normalration von 5 Dezilitern reichte. Und der Literpreis von 40 Rappen war so hoch, dass einige trotz der Karten dieses Basislebensmittel nicht mehr in erlaubtem Mass einkaufen konnten.[26]

Erst im Februar 1917 verbot der Bundesrat den Verkauf von frischem Brot, vom Juni an durfte nur noch zwei Tage altes Brot verkauft werden, und am 1. Oktober 1917 wurden Brot und Mehl rationiert, das heisst, es wurden für diese Grundnahrungsmittel persönliche Bezugskarten eingeführt.

Der Konsum von *Kartoffeln* überstieg in der Schweiz die Produktion, und so war denn die Schweiz schon vor dem Krieg auf den Import von rund einer Million Zentner Kartoffeln angewiesen. Bereits im Herbst 1914 verbot der Bundesrat, um die Importabhängigkeit etwas zu reduzieren, das Branntweindestillieren von Kartoffeln. Die wegen des Wetters schlechten Ernteaussichten für den Herbst 1916 veranlassten die Behörden, eine Zentralstelle für Kartoffelversorgung mit umfassender Regelungskompetenz (Aufsicht über den Handel, Selbstkauf, kommunaler Anbau, Importmonopol, Verteilung, Menge, Höchstpreise, zeitweise Transportsperre der SBB) zu schaffen. Die Situation verschärfte sich gegen Ende des Jahres 1917, als sich zeigte, dass wegen der Rationierung des Brotes mehr Kartoffeln als erwartet konsumiert worden waren.

Im Frühjahr 1918 widmete der *Nebelspalter* der Kartoffelknappheit die Titelseite mit einer Frauenunterhaltung, in der festgestellt wurde: «Zuerst hatten wir Karten ohne Marken, dann Marken ohne Karten und jetzt endlich weder Karten noch Marken.»[27] Immer wieder wurden Mangel und grössere Knappheit von den Behörden über Steuerung etwas abgemildert oder gar behoben, doch verlief die Entwicklung jeweils nur bedingt nach den Prognosen. Dabei wurden auch Gemüse und Obst (bis hin zur Esskastanie) der Kontrolle und Regulierung unterworfen. Und Eiermangel führte zum Verbot der Herstellung von Eierteigwaren.

Ab dem 1. März 1918 brauchte man eine Fettkarte (für 500 Gramm Fett und Öl inkl. 150 Gramm Butter pro Kopf und Monat), ab dem 1. Juni 1918 eine Käsekarte (250 Gramm) und ab dem 1. Juli 1918 eine Milchkarte (Kinder/Alte einen Liter, Erwachsene einen halben Liter täglich). Schliesslich führte der Bund für Produkte, die vom schwieriger gewordenen Import abhingen (wie Reis, Zucker, Mais, Hafer, Gerste und Teigwaren) ein Monopol ein und setzte für die Verteilung die Kantone ein. Für Kranke und Rekonvaleszente sowie Schwerarbeiter waren Zusatzkarten vorgesehen, zum Teil wurde auch auf regionale Eigenheiten Rücksicht genommen. Auf eidgenössischer Ebene wurde erst im September 1918 ein Ernährungsamt installiert.[28]

Einiges versuchte man auf dem Weg des freiwilligen Verzichts zu erreichen. So wurden die Eidgenossen vom Schweizerischen Ausschuss zur Erhaltung wichtiger Nahrungsmittel aufgefordert, ein Glas Bier weniger zu trinken, was doch keine übertriebene Erwartung sei, wenn Bürger jenseits der Landesgrenze Gut und Blut fürs Vaterland opferten. Was steckte hinter dem Aufruf? Man hatte festgestellt, dass Gerste und Reis, die für die Bierproduktion verwendet wurden, zu zwei Dritteln ihren Nährwert verlieren würden, das wäre, wie wenn man von einem dreipfündigen Laib Brot von vornherein zwei Pfund zum Fenster hinauswerfen würde.

85 **Nach dem Tabak** die Besteuerung des Biers? Der Stammtisch meint, dass mit einer Biersteuer das Steuerzahlen zu einem Genuss würde. (*Nebelspalter* Nr. 18 vom 1. Mai 1915)

Diesbezüglich unbedenklich, so die Empfehlung, sei der Konsum von Bier, das aus eingeführtem Malz hergestellt werde.[29]

Die Fleischversorgung war durch ausländische Exportbeschränkungen (wie etwa die französische Weigerung, die Einfuhr von Schlachtvieh aus Madagaskar zuzulassen!), durch Viehseuchen und schlechte Heuernten beeinträchtigt. Zur Sicherung der Fleischversorgung griff der Staat regulierend auch im Viehhandel und im Schlachtwesen ein und schuf schliesslich auch in diesem Bereich eine neue Institution: die Eidgenössische Anstalt für Schlachtviehversorgung. Hier wie in anderen Bereichen gilt, dass solche Regulierungen die privaten Akteure hätten schwächen können, sie brachten aber eher eine tendenzielle Stärkung der privaten Wirtschaftsverbände, führten die Einzelnen zusammen und etablierten die Zusammenschlüsse zu Partnern. Aus der Problematik der Organisation der Fleischversorgung entstanden der Verband der schweizerischen Viehhändler und der Verband schweizerischer Metzgermeister.

Wie in der Armee weniger Fleisch konsumieren.

Zunächst versuchte das Volkswirtschaftsdepartement mit einem Appell an die Kantone vom 28. Juni 1915, den Fleischkonsum durch freiwilligen Verzicht zu reduzieren. Man solle sich die Armee zum Vorbild nehmen, die täglich eine kleinere Ration verabreiche oder an einem oder zwei Tagen die Woche kein Fleisch abgebe. «Ähnlich könnten wohl auch staatliche und kommunale Anstalten vorgehen.»[30] In der Armee war die Verpflegung aber für einige Wehrmänner besser als zu Hause. Jedenfalls publizierte der *Nebelspalter* im Herbst 1917 eine Karikatur mit der Aufforderung, Hänsel soll sich im Militär «de Ranze voll» packen, zu Hause seien die Lebensmittel rationiert.[31]

Die Beschränkung des Fleischkonsums erfolgte nicht über Karten, sondern mit der Einführung «fleischloser Tage» und mit einschränkenden Vorschriften für Wirtshäuser. Die am 5. März 1917 in Kraft getretene Anordnung von zwei fleischlosen Tagen pro Woche (Dienstag und Freitag) konnte in den Privathaushalten freilich nicht kontrolliert werden. Sie war als Massnahme gedacht, die signalisieren sollte, dass man einen sozialen Ausgleich anstrebte:

«Der Ernst der heutigen Zeit macht es wünschbar, dass die besser situierten Teile der Bevölkerung auch gewisse Einschränkungen auf sich nehmen, um das Gefühl der Bitterkeit, welche die finanziell weniger gut stehenden Volksteile angesichts der heutigen Teuerungsverhältnisse öfters empfinden, etwas zu mildern.»[32]

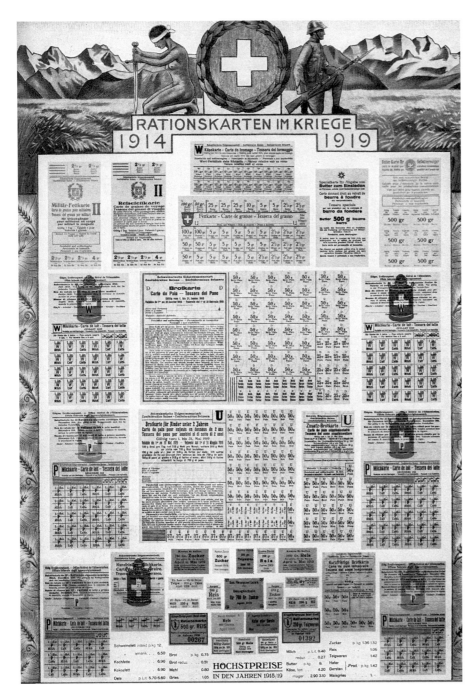

86 **Sonderbare Monumentalisierung**
des täglichen und kläglichen Kampfes gegen
Knappheit. Vor den Schweizer Alpen, das
Schweizerkreuz einrahmend, zwei Gestalten:
auf der einen Seite der kampfbereite Soldat
mit blankem Bajonett und neuem Helm,
auf der anderen Seite die verletzliche Frau
in der Pose der Niederlage, zwei Giebel-
figuren über dem Rationierungsgebäude, das
nicht schon 1914, sondern erst 1917 errichtet
wurde.

Die Seifenpreise vervierfachten sich zwischen 1914 und 1918. Als Gegenmassnahme 1917/18 die Herstellung von günstiger, aber auch minderwertiger Kriegsseife. (Quelle: Flaschberger, in: Rossfeld/Straumann, 2008, S. 279)

- weisse Kernseife nominal
- Kriegsseife nominal

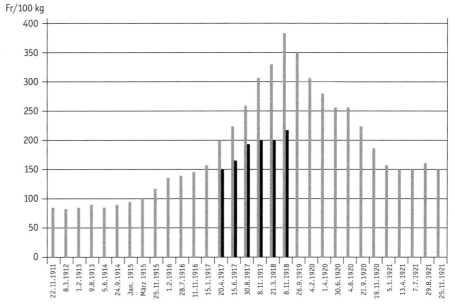

87 **Das Versuchsmodell** des neuen Stahlhelmes erscheint 1917 auch auf dem Stempel der Kriegsseife. (Quelle: Flaschberger, in: Rossfeld/Straumann, 2008, S. 278)

Da aber die Preise für die als Ausweichprodukte infrage kommenden Eier und Käse zu hoch waren, als dass sie als «Volksnahrung» gelten könnten, wurde die Vorschrift zu den fleischlosen Tagen bereits nach drei Monaten (am 12. Juni) wieder aufgehoben. Die Wirtshäuser wurden angehalten, bei Mahlzeiten nur eine Fleisch- oder Eierspeise anzubieten. Für sie galt übrigens auch die Vorschrift, dass der Zucker für Getränke auf 15 Gramm zu beschränken sei.

Wie man das aus dem Zweiten Weltkrieg kennt, brachte auch das Kriegsende von 1918 nicht eine sofortige Entspannung der Versorgungslage, im Gegenteil. Und mit dem anhaltenden Mangel kollidierte das unberechtigte Entspannungsgefühl, dass der Krieg doch jetzt vorbei sei. In dieser Situation verordnete der Bundesrat 1919 nochmals fleischlose Tage, ja sogar fleischlose Wochen.

Ein wichtiges Konsumgut war die *Seife*. Die Knappheit an Fetten und Ölen, der damit verbundene Anstieg der Produktionskosten und die entsprechende Teuerung der Seifenpreise veranlassten das Seifensyndikat im Frühjahr 1917, die Herstellung einer einheitlichen und preisgünstigen Kriegsseife mit geringerem Fettgehalt anzuregen. Die deutsche Schweiz sprach auf dieses Angebot gut an, die französische Schweiz dagegen nicht. Der tatsächliche Konsum war auch in diesem Fall das Ergebnis aus Angebotsmengen, Kaufkraft und Einstellung der Konsumenten.[33]

Knappheit wirkte sich auf die Preise aus und der Preis auf die Knappheit. Nach zweieinhalb Kriegsjahren machte die allgemeine Teuerung gegen 50 Prozent aus. Bis Kriegsende war der Lebenskostenindex wie folgt in die Höhe geklettert: 1914: 100; 1915: 119; 1916: 139; 1917: 180; 1918: 229.[34]

Hero Lenzburg warb im Februar 1915 in Gedichtform mit dem Argument für ihre Konfitüren, dass ihr Preis gleich geblieben, während doch alles teurer geworden sei:

«Allerorten klagt man heuer
Ach, wie ist das Leben teuer
Fleisch und Milch und leider
Auch die Kohlen und die Kleider.
Mancher wird sich ängstlich fragen,
was hat noch nicht aufgeschlagen?»[35]

Die Brennstoffpreise stiegen sogar auf über 300 Indexpunkte. Psychologisch stark wirkten sich die Milchpreisaufschläge aus, obwohl diese unter der allgemeinen Lebenskostenentwicklung lagen. 1913 lag der Milchpreis bei 26 Rappen pro Liter, sank 1914 auf 24 bis 22 Rappen, stieg 1915 wieder auf 26 Rappen und im Mai 1916 auf 27 Rappen. Ein Jahr später war er dann bei 33 Rappen und im Mai 1918 bei 36 bzw. 40 Rappen.

Wer unter solchen Bedingungen Vorräte hortete, um sie nachher zu verkaufen, konnte schnell zu grossen Gewinnen kommen. Das waren Verhältnisse, die den Wucher, die Spekulation und die Schieberei begünstigten (vgl. dazu Kapitel 7).

Nicht nur die Preise, auch die Löhne stiegen; sie hinkten aber der Entwicklung stark hintennach, sodass nach drei Kriegsjahren ein Reallohnverlust von 25 bis 30 Prozent entstanden war. Dem dadurch bewirkten Elend in breiten Kreisen stand eine Anhäufung von Reichtum bei der kleinen Gruppe der Vermögenden gegenüber. Dividenden von 25 Prozent waren keine Ausnahmeerscheinung, vor allem in Unternehmen, die vom blühenden Kriegsexport profitierten, zum Beispiel die Kondensfabrik Cham oder die Werkzeug- und Uhrenindustrie sowie die traditionelle Textil- und die neue Chemieindustrie.

Der Landbevölkerung ging es, was die Grundversorgung betraf, alles in allem besser, und viele Bauern konnten von den steigenden Lebensmittelpreisen profitieren. Dies wiederum verstärkte den ohnehin bestehenden Gegensatz zwischen Stadt- und Landbevölkerung – einen Gegensatz, den das städtische Bürgertum durch die ideologische Aufladung des Bauerntums als nationales Bollwerk gegen den internationalen Sozialismus noch verstärkte.[36] Bereits bei Kriegsbeginn hatte

88 **Gegen Kriegsgewinnler** war diese Darstellung gerichtet. Dabei wurde die Devise «Einer für alle ...» als bekannt vorausgesetzt und variiert. (*Arbeiterzeitung* vom 2. Juli 1917)

der Schweizerische Bauernverband die Gunst der Stunde genutzt, um die zentrale Bedeutung der Bauern zu unterstreichen:

> «Die Bedeutung, welche die Erhaltung des Bauernstandes und die Ermöglichung einer intensiven Landwirtschaft auch für unser Volk besitzt, dürfte in diesen Tagen den weitesten Kreisen wieder zum Bewusstsein gekommen sein. Möge die schweizerische Wirtschaftspolitik hieraus auch für die Zukunft eine Lehre ziehen.»[37]

Auch der untere Mittelstand, die Gruppe der Angestellten, sah sich mehr und mehr ernsthaften Entbehrungen ausgesetzt, sodass auch hier die Protestbereitschaft zunahm. Not und Protest bewirkten bei mehr oder weniger vermögenden Teilen der Gesellschaft kein Entgegenkommen, sondern führten zu Verhärtungen und Verlustängsten. Und die staatlichen Verantwortungsträger, noch immer und trotz Vollmachtenregime stark am liberalen Gesellschaftsmodell orientiert, nahmen sich der Problematik nur zögerlich an. Der FDP-Parteisekretär Ernst Steinmann räumte später ein, die wirtschaftliche Situation sei «unhaltbar» geworden und der Staat habe «relativ spät» eingegriffen.[38] Die Jungfreisinnigen zeigten zu jener Zeit Verständnis für die Sorgen der bedrückten Bevölkerung. Der Unternehmer Iwan Bally glaubte darum, ihnen vorwerfen zu dürfen, sie würden Ideen vertreten, «die sie wohl von russischen Führern abgelauscht haben».[39]

«Jungfreisinnige haben ihre Ideen von russischen Führern abgelauscht.»

Der liberal-konservative Publizist Peter Dürrenmatt bezog sich in seiner in den 1970er-Jahren herausgekommenen *Schweizer Geschichte* auf diese Situation, pflegte dabei aber ein zu symmetrisches Bild, wenn er bemerkte: «Man hatte eben in der Schweiz trotz der Kriegsgefahr noch nicht gelernt, sich im sozialen Leben als Partner ernst und gleichberechtigt zu nehmen.»[40]

Das Ausmass der Bedürftigkeit lässt sich mit folgenden Angaben beziffern: Ende 1918 war ein Drittel der St. Galler Stadtbevölkerung, etwa 23 000 Menschen, berechtigt, verbilligte Lebensmittel zu beziehen, und in 42 Gemeinden gab es Volksküchen, die an die «minderbemittelte Bevölkerungsklasse» Suppe zu reduziertem Preis abgaben.[41] In der Stadt Bern war über ein Viertel der Wohnbevölkerung berechtigt, verbilligte Lebensmittel zu beziehen. Und Ende 1918 waren gesamtschweizerisch 18,5 Prozent der Bevölkerung unterstützungsbedürftig, das waren etwa 700 000 Personen.[42]

89 **Zwei Hauptaussagen** vermittelt dieses Bild: Der kantonale Staat, in diesem Fall Basel-Stadt, wurde 1918 schliesslich doch mit der Subventionierung der Lebensmittel aktiv, und dies in einem Bereich, der, wie das Bild zeigt, offensichtlich ganz Frauensache war.

90 (oben) **Kinder bedürftiger Wehrmännerfamilien**
beziehen das Mittagessen in einer Zürcher Suppenanstalt.
Beim Buben im Vordergrund fragt man sich, wie gerne
er sich fotografieren liess. Der andere junge Mann in der
Mitte schien es eher von der lustigen Seite zu nehmen.

91 (unten) **Mangel an Brennmaterial:**
In einem Fabrikhof werden Schlackenhaufen nach Kohle-
resten durchsucht.

92 (oben) **1918 nahm der Kartoffelkonsum zu**, weil
anderer Konsum (Brot, Reis, Teigwaren) zurückging.

93 (unten) **Notspeisung in einer Basler Turnhalle.**
Angehörige mobilisierter Soldaten erhielten verbillig-
tes Essen. Warum wurde das fotografiert? Die Bedürftigen scheinen nichts dagegen gehabt zu haben.

General Wille, selber in sehr vermögenden Verhältnissen lebend, war sich bewusst, dass die Mobilisation der Bevölkerung Opfer abverlangte. Er orientierte sich an dem, was er für militärisch notwendig hielt, und bemerkte, die Bevölkerung der Krieg führenden Staaten müsste noch viel mehr erdulden, sodass das Schweizervolk sicher bereit sei, die zusätzlichen Anstrengungen zu erbringen, um vom Krieg verschont zu bleiben. Und zu den volkswirtschaftlichen Kosten der Verteidigungsmassnahmen sagte er, dass diese geringer seien als die Schäden im Falle eines Einfalls einer fremden Armee.[43]

Der General: «Verteidigungsmassnahmen kosten weniger als die Besetzung durch eine fremde Armee.»

Frauenleben und Selbstmobilisation der Frauen

Viele Frauen waren infolge der Mobilisation einer zusätzlichen Belastung ausgesetzt, nicht nur Mütter, deren Ehemänner im Militärdienst waren, auch Mütter von dienstleistenden Söhnen sowie Schwestern von dienstleistenden Brüdern. Besonders stark traf es die Bäuerinnen, die schon vor 1914 nicht nur für Gemüse und Obst, sondern auch für die Kleintiere, eventuell sogar für das Melken der Kühe verantwortlich und in vielen Fällen einer schweren Belastung ausgesetzt waren. Nach 1914 mussten sie zum Teil auf Mann und Pferd verzichten. Die zusätzlich geforderten Frauen

Beinahe eine Eheverstimmung während des Urlaubs

empfanden es nicht als amüsant, wenn ihre Männer in den Urlaub kamen und berichteten, wie jene teilweise ihre Zeit totschlagen mussten, während, wie sich eine Bauersfrau erinnerte, sie «in der Arbeit fast ertranken und kaum die nötige Nachtruhe fanden» – dies habe in ihrem Fall beinahe zu einer ernsthaften Eheverstimmung geführt.[44]

Hinzu kam, dass Teuerung und Güterknappheit das Leben schwieriger und aufwendiger machten. Die private Haushaltführung wurde zu einer Sache von öffentlichem Interesse: Aufrufe von Frauenvereinen wie behördliche Aufrufe ermahnten die Frauen, «richtig und rationell» zu haushalten. Es wurden entsprechende Rezepte entwickelt und Kurse angeboten, zum Beispiel für die Konservierung von Obst und Gemüse.[45] Dahinter stand die Einsicht, dass das gute Haushalten, nicht nur beim Kochen, sondern auch bei der Instandhaltung von Kleidung, der Reinigung und der richtigen Kinderbetreuung, dass allgemein der sorgfältige Umgang mit Geld ebenso wichtig sei wie das Verdienen von Geld.[46] Während der Staat die Hausfrauen zunächst zur Eigenverarbeitung der Nahrungsmittel drängte, änderte er später diese Haltung: So wurde etwa zuerst das Kochen von Konfitüre mit höheren Zuckerrationen unterstützt, 1918 jedoch sprach man sich für den Konsum von Fabrikmarmelade aus, weil deren Herstellung weniger Zucker und Brennmaterialien benötigte.[47] Die Kriegsjahre begünstigten generell den Konsum von Fabriknahrungsmitteln.

> Mit der Hygienebewegung hatte die Frau bereits zuvor wegen ihrer Stellung im Haus eine Aufwertung erfahren: Sie wurde als Hüterin der Gesundheit, verstanden als wertvolles Kapital des Staates, gesehen, was sie zur Inhaberin einer staatspolitisch wichtigen Funktion machte.[48] Zusätzliche Verantwortung hatten die Frauen beim Einkaufen wahrzunehmen. Dabei wurde vor allem in den späteren Kriegsjahren erwartet, dass sie schweizerische Produkte und nicht die «bisher oft gedankenlos gekauften fremden Waren» berücksichtigten.

In der Fabrikzählung von 1911 waren gegen 120 000 Frauen verzeichnet, die nicht nur «am Herd» tätig waren, sondern auch in Fabriken arbeiteten, und in den nachfolgenden Jahren wurden es mehr und nicht weniger.[49] Gemäss der gleichen Erhebung musste beinahe ein Drittel dieser Frauen neben ihrer zehnstündigen Fabrikarbeit auch noch die aufwendige und mühsame Haushaltsarbeit erledigen.[50] Die Entlöhnung war schlecht, sie bewegte sich zwischen 1 und 4 Franken 50 Rappen pro Tag. Es wurde aber errechnet, dass ein Einkommen von 3 Franken pro Tag nicht ausreichte, um die «notwendigsten Bedürfnisse einer alleinstehenden Frau auch bei den allerbescheidensten Ansprüchen» zu decken.[51] Oft handelte es sich bei Verheirateten um einen nötigen Zusatzverdienst neben dem Einkommen des Ehemannes. Dabei musste die «aktive» Generation mit ihrem Einkommen häufig auch die Elterngeneration unterstützen, die damals keine Altersrenten hatte. Trotz solcher Belastungen war es für viele Unterstützungsbedürftige keinesfalls selbstverständlich, Hilfe anzunehmen, galt doch Armengenössigkeit als Schande.

94 **Kollektives Flicken und Stricken** im Banne des Schweizerkreuzes. Eine Kriegswäscherei in Lausanne.

Die bereits vor 1914 bestehende und in verschiedenen Formationen engagierte Frauenbewegung hatte bei Kriegsausbruch zu befürchten, dass die neuen Verhältnisse sie in ihren Bemühungen zurückwerfen würden. Es sollte das Gegenteil eintreten. Denn einerseits war die Gesellschaft insgesamt und auch die Armee auf das freiwillige Engagement hilfsbereiter Frauen angewiesen und andererseits konnten die Aktivistinnen gerade deswegen eine grundsätzliche Besserstellung der Frauen anstreben – ohne allerdings sogleich im erhofften Mass diesbezüglich Erfolg zu haben.[52]

95 **Frauen stellten sich** als Krankenschwestern des Roten Kreuzes und dieses stellte die Frauen der Armee zur Verfügung. Sie wurden später zwar kaum gebraucht, aber zu Beginn richtig eingeordnet und eingereiht. Auf anderen Bildern sieht man, dass auch die Frauen kollektiv den Eid ablegten – also immerhin als behaftbar eingestuft wurden.

Die Selbstmobilisation erfolgte im zivilen wie im halbmilitärischen Bereich, und sie kam einzelnen Bedürftigen wie Organisationen von öffentlichem Interesse zugute. Die Vorstellungen der etablierten Autoritäten gingen von ganz anderen Idealen, das heisst von der traditionellen Rollenteilung, aus. Schon im bundesrätlichen Aufruf vom August 1914 kam dies zum Ausdruck: Die Männer wurden aufgefordert, draussen im Feld ihr «Blut und Leben» zu opfern; die Frauen dagegen hatten drinnen im Heim das Leben sicherzustellen, wobei diese alltäglichen Pflichten bezeichnenderweise nicht konkret ausgedeutscht wurden: «Du Schweizervolk, das Du am häuslichen Herd zurückgeblieben bist, bewahre Deine Ruhe und Besonnenheit. Vertraue auf Deine Behörden.»[53]

Die Hilfsbereitschaft der ersten Monate erging sich vor allem in der konkreten Hilfe traditioneller Art. Es wird leicht ironisierend berichtet, dass «um die Wette» gestrickt und genäht worden sei und Frauen, die vor 1914 nicht (oder nicht mehr) stricken konnten, es damals (wieder) lernten.[54] Als die Welle der spontanen Hilfsbereitschaft wieder verebbte, trat an ihre Stelle der Aufbau landesweiter Organisationen wie die Solda-

Es wurde «um die Wette» gestrickt und genäht.

tenstuben und die Kriegswäschereien, was zu einer «Professionalisierung der Mütterlichkeit» führte. Es kam aber auch zum Ausbau der eigenen Frauenorganisationen und darüber hinaus zu einer Politisierung der Frauenbewegung, die sich nicht mit der Fürsorge für andere begnügen, sondern umfassende Selbstbestimmung anstreben wollte.

Das Schweizerische Rote Kreuz (SRK) stellte der Armee ausgebildete Krankenschwestern zur Verfügung, insgesamt 24 Detachements zu je 40 Schwestern. Sie wurden dann aber, mit einer kurzen Ausnahme, doch nicht gebraucht und nach zehn Tagen wieder nach Hause geschickt.[55] Die Verhältnisse zwischen den beteiligten Institutionen waren nicht immer einfach. Wie das SRK durch Bundesbeschluss

96 **Eindrücklich** dieser veranschaulichte Leistungsausweis der Kriegswäscherei Lausanne mit genauen Angaben zur Zahl der legendären Wäschesäcke in den Jahren 1915–1919, hier allerdings nicht für den Austausch mit dem Privathaushalt, sondern mit den halböffentlichen, von den Sektionen des Schweizerischen Gemeinnützigen Frauenvereins betriebenen Kriegswäschereien. In den Ecken Stationen des Soldatenlebens: oben links im Schlafsaal, dann im Restaurant, dann engagiert in der Versorgung, dann zurück im Zivilleben. Und über allem die alte Devise «Einer für alle – alle für einen».

zu gewissen Dienstleistungen für die Armee verpflichtet wurde, war es der Schweizerische Gemeinnützige Frauenverein (SGF) gegenüber dem SRK. Dabei erwies sich der SGF als die dynamischere Kraft, sodass sich das SRK mehr und mehr an den Rand gedrängt sah. Der vom Militärdepartement eingesetzte, aber innenpolitisch bedeutungslose Rotkreuzchefarzt Oberst Karl Bohny verlegte sein Aktionsfeld auf die internationale Hilfstätigkeit (vgl. unten). Dort nahm Bohny bei den Verwundetentransporten auf den Bahnhöfen Repräsentationsfunktionen wahr, die Verwundetenversorgung und das Putzen der Züge waren dann aber Sache der Frauenvereine.[56]

Die Frauen hatten aufgrund der traditionellen Rollenteilung nach dem Konzept der schweizerischen Milizarmee seit eh und je für die Wäsche der Wehrmänner (Söhne, Ehemänner, Väter und Brüder) zu sorgen. Die Armee unterhielt keine eigenen Wäschereien, und die Herren des Kriegskommissariats dachten keinen Moment daran, dass da ein Problem gelöst werden musste. Da der private Wäschedienst nicht in allen Fällen gesichert war, entstanden an manchen Orten der Schweiz von Freiwilligen betriebene und von Behörden und Vereinen finanzierte Kriegswäschereien. Für 800 Neuenburger Soldaten seien während der Kriegsjahre über 26 000 Kleidungsstücke gereinigt, geflickt oder ersetzt worden. Oft seien mit unbeholfener Hand geschriebene Zettel eingetroffen mit der Erklärung, dass die Mutter tot, die Frau krank, die Schwester als Fabrikarbeiterin überarbeitet sei.[57] In der privaten Wäscheversorgung erfüllten die Säckchen neben dem (un)praktischen Nutzen auch eine symbolische Funktion, indem sie die Verbindung zwischen Heim und Feld sicherten. Mina Sommer aus Baden erinnert sich:

«Von Zeit zu Zeit brachte der Postbote Papas Wäschesack, abwechslungsweise einen braun- und einen grauleinenen. Wenn der graue Sack von Mama frisch gefüllt und von uns zur Post getragen wurde, rückte auch bald sein brauner Genosse wieder an. Wenn Mama ans Auspacken der schmutzigen, verschwitzten Wäsche ging, sassen wir eng um sie herum, und dann war mir immer, als spüre ich nun Papa ganz in der Nähe. Die Wäsche, die wollenen, von Mama selbst gestrickten Socken, das alles erinnerte so stark an Papa, und in meinem Halse würgte wieder das Heimweh.»[58]

In grösseren Orten entstanden – als «Kriegskinder» der Frauenbewegung[59] – sogenannte Frauenzentralen für Arbeitsvermittlung und Beratung, aber auch für materielle Unterstützung, zum Beispiel beim Abtragen von Schulden und durch Gewähren von Mietzinszuschüssen. Zur Abklärung der Bedürftigkeit fanden Familienbesuche statt, und es wurden Fragebögen eingesetzt. Diese Zentralen boten Berufsberatung an (zur Entwicklung des «weiblichen Potenzials»), in St. Gallen ging es konkret darum, arbeitslos gewordene Stickereiarbeiterinnen anderen Branchen zuzuführen. Auch Schulabgängerinnen wurden beraten. Dabei wurde versucht, die jungen Frauen für «moderne» Berufe zu gewinnen (für Zahntechnik, Fotografie, Blumenbinderei). Die traditionelle Ausbildung beschränkte sich auf Haushalt, allenfalls kam noch Schneiderei infrage.[60]

Das Frauenengagement war stark föderalistisch geprägt, zudem gab es neben den regionalen Unterschieden inhaltlich geprägte Unterschiede, und es bestand eine gewisse Rivalität zwischen den Organisationen. Als eine halbwegs verbindende Aktion kam 1915 eine schliesslich vom Schweizerischen Gemeinnützigen Frauenverein durchgeführte, aber beispielsweise vom Schweizerischen Verband für Frauenstimmrecht nicht mitgetragene Sammelaktion zustande.[61] Anstoss dazu gab die Einführung einer ausserordentlichen Kriegssteuer. Im folgenden Jahr lancierte der Schweizerische Gemeinnützige Frauenverein eine nationale Frauenspende, die sich zusätzlich zu den ordentlichen Steuern finanziell an den Mobilisationskosten beteiligen sollte.

> Ein Hauptargument für diese freiwillige «Zusatzsteuer» zielte auf die Dankbarkeit dafür, dass ihnen dank der Vorsorge von Behörden und Armee all die Schmerzen und all das Elend erspart geblieben seien, «welche ihre Mitschwestern in den kriegführenden Staaten zu erdulden haben».[62]

«Pflichten erfüllen heisst Rechte begründen.»

Mit solchen Aktivitäten verbunden war aber eine über Dankbarkeitsgefühle hinausgehende und deutlich ausgesprochene Erwartung. Man wollte zeigen, dass man sich für den Staatshaushalt mitverantwortlich fühlte, und daraus einen Anspruch ableiten: «In bewusster Verantwortlichkeit aber ruht der Wille zum Mitspracherecht, denn Pflichten erfüllen heisst Rechte begründen.»[63]

Im Mai 1916 wurde das eindrückliche Sammelergebnis von über 1,1 Millionen Franken dem Bundesrat überreicht, dabei nahm man mit Befriedigung zur Kenntnis, dass die Absicht bestand, das Frauenopfer nicht zur Anschaffung von Kanonen, sondern für die Soldatenfürsorge einzusetzen.[64] Bei der Zusammenstellung der für die Verwendung der Gelder geschaffenen Kommission wurden die Initiantinnen jedoch übergangen, und da der grösste Teil der Mittel der dem Armeestab angegliederten Organisation «Soldatenwohl» zur Verfügung gestellt wurde, konnte die Öffentlichkeit kaum wahrnehmen, dass die Mittel aus der Frauenspende stammten.[65]

Trotzdem erlebten die im Gemeinwohl engagierten Frauen generell eine Aufwertung. Dies führte dazu, dass gewisse Tätigkeiten (z. B. das Führen von Soldatenstuben, vgl. unten) nun nicht mehr als «Liebesdienst» ohne Entschädigung, sondern als zu entlöhnende Arbeit eingestuft wurden. Zugleich konnten Frauen ihre organisatorischen Fähigkeiten zeigen und sich auch als beinahe selbstständige Kleinunternehmerinnen betätigen.[66]

Frauen konnten ihre organisatorischen Fähigkeiten beweisen.

Ein Teil des von den Frauen praktizierten Diskurses war ausgesprochen «männlich» und «militärisch», es war von «straffer Zusammenarbeit» und von Disziplin die Rede. Und was die Stellung gegenüber den Behörden betraf, konnten die Frauen schon 1915 feststellen, dass sie etwa in den kommunalen und nationalen Notstandskommissionen nicht mehr «wie früher» nur mit beratender Stimme, sondern als vollberechtigte Mitglieder einbezogen wurden.[67]

In der Literatur wird darauf aufmerksam gemacht, dass die Intensivierung des Engagements «für andere» zu einer Zunahme der Bestrebungen führte, die eigene Position als soziale und politische Akteurin zu stärken. Bei Kriegsbeginn hatte noch die Befürchtung bestanden, dass der Status der Frauen leiden würde in einer Zeit, da nur geachtet werde, was «mit den Waffen in der Hand» errungen wird.[68] Die Aktivistinnen bemerkten, dass überall, ob Krieg führend oder neutral, die Arbeit der Frau geschätzt werde. «Die Achtung vor der Frauenbewegung ist gestiegen, und ihren Zielen wird ein grösseres Interesse entgegengebracht als vor dem Krieg.»[69] Solche Erfolge traten aber nicht von alleine ein und mussten mit zusätzlichem Engagement vorangetrieben werden.

Frauen stellten rückblickend übereinstimmend fest, dass die Kriegszeit der Frauenbewegung erheblichen Auftrieb verlieh, «Bewusstsein des eigenen Könnens» und Solidarität gebracht habe.[70] Schon 1916 stellte das im Vorjahr gegründete *Jahrbuch der Schweizerfrauen* fest: «Man kann uns brauchen.»[71] Eine andere Feststellung hätte lauten können: «Wir sind national wichtig.» Wegen dieser Wichtigkeit wurde die Frauenwelt vermehrt zum Objekt staatlicher – und dies hiess männlicher – Anordnungen. Andererseits ärgerte es die selbstbewusster werdenden Frauenorganisationen, wenn eidgenössische und kantonale Lebensmittel-, Ernährungs- und Fürsorgeämter Massnahmen erliessen, ohne die direkt betroffenen Frauen angehört zu haben.[72]

Das Postulat einer grundsätzlichen Änderung des gesellschaftlichen und politischen Status der Frau ergab sich aus konkreten Bedarfslagen. Diese führten zu punktuellen Interventionen im Stil der «action directe»: So führten Frauen im Juli 1916 an mehreren Orten, von Grenchen bis St. Gallen, auf den Gemüsemärkten Preiskontrollen durch und zwangen mit ihrem gemeinsamen Auftreten Bauern und Händler, mit den Preisen herunterzugehen.[73]

Exemplarisch kann man diese Entwicklung am Auftritt engagierter Frauen in Zürich beobachten: Frauen, die aufgrund ihrer «Herd»-Funktion den existenziellen Bedürfnissen näher, aber politisch rechtlos waren, demonstrierten im Sommer 1918 vor dem Kantonsrat, in dem die mit politischen Rechten ausgestatteten Männer tagten. Sie brachten mit Kundgebungen, die einmal 2000, ein andermal 10 000 Frauen versammelten, verschiedene Forderungen zur Lebenshaltung, insbesondere zur Milchversorgung, vor, mit einer Petition und mit der Forderung, in einer nächsten Sitzung mit einer Delegation im Rat auftreten zu dürfen. Die Intervention war teilweise erfolgreich: Nach einem knappen Abstimmungsausgang (88 zu 82 Stimmen) wurde eine Delegation zwar nicht im Ratsplenum und auch nicht sogleich, aber in der folgenden Woche von einer Ratsvertretung empfangen, und der Milchpreis von der Regierung schliesslich gesenkt.[74]

Die Forderung nach permanenter Mitbestimmung durch Einführung des Frauenstimmrechts war da nur folgerichtig. Eine andere Folgerichtigkeit bestand darin, die Wichtigkeit der weiblichen Ausbildung zu betonen und (schon damals) gleiche Entlöhnung für gleiche Arbeit zu fordern. Eine der frühen öffentlich erhobenen Forderungen nach dem Frauenstimmrecht ist Anfang 1916 auf einem Plakat in den Genfer Trams in die Chronik eingegangen mit der Frage: «Est-il juste que les femmes, qui travaillent, qui paient les impôts, qui sont soumises aux lois, n'aient pas le droit de vote?» Auf die rhetorische Frage folgte der Hinweis, dass die Frauen in Norwegen, Dänemark, Finnland, Australien und in elf US-Staaten mitbestimmen dürften.[75] Ende 1917 lagen in der grossen Schublade der Behörden von fünf Kantonen Motionen für die Einführung des Frauenstimmrechts.[76]

Genf 1916: «Ist es gerecht, dass die Frauen, die arbeiten, Steuern bezahlen und dem Recht unterworfen sind, kein Stimmrecht haben?»

Soldatenstuben

Vom militärischen Alltag heisst es, dass er mit den Jahren so grau geworden sei wie die neue feldgraue Uniform.[77] Und weiter ist zu lesen, dass das lange «Gewehr-bei-Fuss-Stehen» zermürbend und zersetzend gewesen sei, weil die Truppe keiner akuten Gefahr ausgesetzt gewesen sei.[78] Die Frage, wo sich die Soldaten ausserhalb der Dienstzeit aufhielten, war umso wichtiger, als die Truppenunterkünfte zum Teil sehr bescheiden waren, unfreundlich, kalt und kaum beleuchtet. Die Armee verstand es zunächst nicht als ihre Aufgabe, sich darum zu kümmern, wie die Soldaten ihre dienstliche Freizeit verbrachten. Naheliegend war der Besuch von Wirtshäusern und Trinkstuben, sofern es welche in der Nähe der Unterkünfte gab.

Im November 1914 nahm sich eine anfänglich kleine Gruppe von Frauen des Problems an. Die wichtigste Initiantin, das damals 33-jährige, zuvor auch in der Heilsarmee und in der Abstinentenbewegung engagierte Fräulein Spiller, liess sich durchaus von der traditionellen Vorstellung von Rollenteilung leiten.[79] Sie erklärte: «Hier fehlten vor allem Frauenhände, die ein bisschen Behaglichkeit und Schönheit bereiteten.» Und von den Herren Stabsoffizieren sagte sie, dass sie «immer ritterlich bereit» waren, die Arbeit der Frauen zu unterstützen. Bereits im

Frühjahr 1915 war sie so bekannt, dass der *Nebelspalter* ihr eine Titelseite widmete, auf der sie als «unbewaffneter Landsturm» abgebildet war.[80] Die Instruktionen an die Mitarbeiterinnen hielten fest, dass sie «in den Dienst des Vaterlandes» einträten und darum die Erwartung bestehe, «dass Sie wie ein Soldat treu und gewissenhaft zu Ihrer Pflicht stehen».[81] Die beim Einrichten von der Armee geleistete Unterstützung wurde dankbar entgegengenommen, und es wurde geschätzt, dass der Herr General Wille dem Unternehmen «grosses Interesse» entgegengebracht hat. Vom Januar 1915 an, nachdem die Wichtigkeit der Soldatenstuben erkannt worden war, wurde ein Teil der Betriebskosten von der Armee übernommen. Und 1916 wurde Else Spiller, die selber nie eine Soldatenstube geführt hatte, aber eine tüchtige und erfolgreiche Managerin und Lobbyistin war, auch noch die armeeoffizielle «Schweizerische Wehrmannshilfe» übertragen. Keine gute Meinung hatte sie von der zivilen Verwaltung: «Das Beamtentum ist ein Unglück für unser Land, weil es alle Initiative tötet.»[82]

«Das Beamtentum ist ein Unglück für unser Land, weil es alle Initiative tötet.»

Das Unternehmen lief unter der Verantwortung des kurz zuvor gegründeten Schweizer Verbands Soldatenwohl, der aus dem ebenfalls kurz zuvor gegründeten Schweizerischen Verband für die Unterstützung der alkoholfreien Truppenverpflegung hervorgegangen war. Erste Soldatenstuben wurden in Bassecourt und Glovelier im November 1914 eröffnet, bis Weihnachten waren es deren 30; 120 bis 180 seien schliesslich gleichzeitig betrieben worden und insgesamt annähernd 1000.[83] Dabei hatten sie – was nicht erstaunt – die traditionelle Gastwirtschaft gegen sich. Neben den vielen Stuben gab es auch ein paar Soldatenhäuser.

Die Soldatenstuben boten eine alkoholfreie, kostengünstige Alternative zu den Wirtshäusern. Ein Angebot muss besonders wichtig gewesen sein: «Das Verlangen der Soldaten nach Süssigkeiten war ein sehr grosses.»[84] Die Hälfte des Monatsumsatzes, monatlich 70 000 bis 80 000 Franken, kam mit dem Verkauf von Backwerk zustande. Tee mit 2 Zucker kostete 5 Rappen, Kaffee mit Milch 10 Rappen, Schokolade 15 Rappen je Tasse. Aufgrund des Umsatzes errechnete man, dass Soldatenstuben über 15 Millionen Mal aufgesucht worden seien.

97 **Multifunktionale Stube:** Tagsüber hauptsächlich als Schulstube verwendet, durften sich Soldaten, hier beim Schachspiel, dennoch im Raum aufhalten. Abends stand das Lokal, wie die hinten aufgestapelten Tische andeuten, ganz der Truppe zur Verfügung. Hinten ein Kruzifix an der Wand, leider kann man das daneben hängende Bild nicht identifizieren. Eine Mutter mit Kind?

98 **Ein karger Weihnachtsbaum** und Dekorationen schmücken diese Soldatenstube von Bassecourt. Auf den Tischen viele Tassen und Flaschen – mit Limonade oder Apfelwein. Zwei Ofenrohre auf diesem wie auf dem anderen Bild zeigen, dass hier gut geheizt wird.

Ebenfalls wichtig war eine andere Art von Verpflegung, nämlich der zur Verfügung gestellte Lesestoff. Nach der privaten Initiative des Christlichen Vereins Junger Männer (CVJM) entwickelten auch offizielle Stellen der Armee zahlreiche kleine Bibliothekseinheiten, um die Wehrmänner mit Lesestoff zu versehen. Einem Bericht kann man entnehmen, dass von 1915 bis 1917 rund 900 Bücherkisten zu 70 bis 80 Bänden verschickt worden seien. In den Soldatenstuben war es auch möglich, Briefe und Karten zu schreiben, für die Feldpost waren die Soldatenstuben offizielle Ablagestellen. Zudem waren sie Orte, wo die von den Kriegswäschereien besorgte Wäsche ausgetauscht werden konnte.

Beim Requirieren von Räumlichkeiten für die Soldatenstuben griff man auf unbenutzte Gebäude zurück, auf Ställe und Schober, Turnhallen, Käsekeller, auch auf eine alte Uhrenwerkstatt oder eine ehemalige Schnapsbrennerei. Aus Geheimhaltungsgründen wurden bei der offiziellen Benennung der Soldatenstuben keine Ortsangaben gemacht und die Lokale in der offiziellen Bezeichnung einfach durchnummeriert. Mobiliar und Geschirr mussten von den Frauen selber beschafft werden. Wichtig war die Ausschmückung der Räume mit Bildern, Girlanden, Efeuranken – man wollte Wohnlichkeit herstellen. Das Unternehmen wollte «draussen in den kleinen, grauen Dörfern» des Jura, wie es hiess, den Soldaten einen Ersatz für Heim und Familie bieten. Regula Stämpfli, die als Historikerin die Bedeutung der Soldatenstuben untersucht hat, kommt zum Schluss: «Die Kreation familiärer Ordnung in den Soldatenstuben sollte den Soldaten sowohl materiell als auch emotionell für die triste Eintönigkeit eines relativ schwer verständlichen Krieges, der sich weit weg von der Schweizer Grenze in den Schützengräben von Flandern abspielte, entschädigen.»[85]

Eine besondere, in den Köpfen der Wehrmänner herumgeisternde Frauengestalt war Gilberte de Courgenay – keine Soldatenmutter, sondern die Tochter des Gastwirts Montavon im Hôtel de la Gare von Courgenay, eher eine Kameradin, Schwester oder virtuelle Geliebte. Im Oktober 1917, nach drei Jahren Grenzbesetzung, tauchte sie in der Ajoie als viel besungenes Idol auf. Sie war nicht einmal besonders schön, aber geistreich und nicht schüchtern im Umgang mit dem im Jura stationierten Soldatenvolk – den «trois cent mille soldats» (so viele waren zwar nie mobilisiert). Im Bedarfsfall konnte die gewandte Wirtstochter auch als

Dolmetscherin zwischen Armee und lokalen Behörden wirken. Vom bekannten Lied auf die «petite Gilberte» nimmt man an, dass es wegen seiner halb deutsch-, halb französischsprachigen Verse eine wichtige Brückenfunktion zwischen den beiden grossen Landesteilen erfüllte. In Wirklichkeit aber war es ein Lied aus der deutschen Schweiz und für die deutsche Schweiz. Wer hat es geschaffen? Über den Urheber kursieren verschiedene Versionen. Genannt wird der «oberste Soldaten-sänger» Hanns In der Gand (vgl. Kapitel 4).[86] Entlebucher nennen aber zwei der Ihrigen (Robert Lustenberger und Oskar Portmann) als Schöpfer und können sich dabei sogar auf eine notariell beglaubigte Aussage aus dem Jahr 2008 stützen.[87]

Die andere «Gilberte», nämlich die von Develier, hiess Blanche und der dorti-ge «Raisin» war ihr Zuhause. Der attraktive Leutnant Hans Zurlinden tanzte mit ihr, wie er seinem Tagebuch anvertraute, «oft keck und eng» vor den anwesenden Offizieren. Trotzdem war ihm die Kameraderie wichtiger als die Frauen. In seinen Notizen lesen wir: «Nachdem wir aus den Sätteln gesprun-gen waren, zogen wir mit anderen Kameraden in den ‹Raisin›, zu dem jungen, hübschen Wirtstöchterlein und tranken und sangen, sangen und tranken, zechten und johlten, Bier, Wein, Schnäpse, schlimme Liedlein bis gegen den Morgen.»[88]

99 (links) **Gilberte de Courgenay** – Idol der letzten Monate der Grenzbesetzung und vor allem der Zwischenkriegszeit. Auf diesem Bild, das kaum ein Schnappschuss sein dürfte, posiert die ganze Runde; einige schauen intensiv in ihre Papiere, und die Wirtstochter sitzt an einer der damals ganz seltenen Schreibmaschinen, obwohl sie nie Maschine schreiben gelernt hatte.

100 (rechts) **Eine unbekannte «Gilberte»:** hier als «Soldatenwirtin» ausgegeben, die sich mit der Osterwache 1915 des Bat. 58 abbilden liess, das «Courgenay»-Phänomen etwas relativiert und zeigt, dass es etwas allgemeineren Verhältnissen entsprach.

In der «Etappe», wie man dem rückwärtigen Gebiet sagte, war Geselligkeit gefragt. An der «Front» konnte auch Einsamkeit ein geschätzter Zustand sein. Der Waadtländer Schriftsteller Charles Ferdinand Ramuz meinte, bei den zuvorderst stationierten Soldaten eine eigene Stimmung feststellen zu können. Der Dienst sei nicht weniger anstrengend, aber interessanter. «Il flatte le goût d'aventures et ce besoin d'émotion qu'il y a au cœur de chaque homme, d'autant plus que, quand on est soldat, si on ne peut pas faire la guerre, on aime du moins à n'être pas loin des endroits où autres la font.»[89]

Wahlen und Abstimmungen

Politik, insbesondere Wahlen und Abstimmungen, kann man als einen vom Alltag abgehobenen Bereich verstehen. Man kann aber geradeso gut die Auffassung haben, dass dies zum Alltag einer Demokratie gehört. In diesem Sinne sei dieser Bereich hier untergebracht und erörtert.

Gleich mit der Mobilmachung vom August 1914 stellte sich die Frage, ob die im Oktober 1914 anstehenden Erneuerungswahlen und die Abstimmung zu einer partiellen Verfassungsrevision suspendiert werden sollen. Der Bundesrat erklärte «nach reiflicher Überlegung» jedoch, «dass nur dann die verfassungsmässigen Vorschriften beiseitegesetzt und das konstitutionelle Leben aus seinen normalen Geleisen gebracht werden dürfen, wenn wirklich eine zwingende Notwendigkeit hiefür besteht».[90] Für die mobilisierten Wehrmänner wurde mit speziellen Regelungen eine Teilnahme an den Wahlen ermöglicht, zudem verzichteten die Parteien in den meisten Kantonen auf den Wahlkampf und akzeptierten wechselseitig weitgehend den Besitzstand. Eine gesamtschweizerische Regelung dieser Art kam aber nicht zustande, weil die kantonalen Verhältnisse doch zu unterschiedlich waren. Die Sozialdemokraten gingen knapp als Sieger aus diesen Wahlen hervor.

Ganz anders die Wahlen von Oktober 1917. In der Literatur wurden sie treffend unter einen den Kontrast betonenden Titel gestellt: «Vom Burgfrieden zum Burgkrieg»[91]. Die schweizerische Sozialdemokratie hatte sich bereits an ihrem Parteitag vom November 1915 vom Burgfrieden verabschiedet und am Parteitag vom Juni 1917 den Bruch mit dem demokratischen Staat erklärt sowie die Ablehnung der Landesverteidigung beschlossen. Seit der Zimmerwalder Zusammenkunft vom September 1915 (vgl. Kapitel 6) war der Einfluss des radikalen Flügels in der Partei

101 **Teuerungsdemonstration** vom 30. August 1917
vor dem Rathaus auf dem Basler Marktplatz.

stark angewachsen, die meisten Vertreter des moderaten Kurses resignierten oder
wurden abgewählt. Gefördert wurde diese Entwicklung durch die Zunahme des
Elends in der Bevölkerung und durch die Vorgänge in Russland. Ende August 1917
organisierte die SP in allen grösseren Städten wirkungsvolle Teuerungsdemonstra-
tionen. Systemüberwindung erschien nötig und möglich, es war vom Anbruch
einer neuen Ära die Rede. Die Wahlen wurden als die wichtigsten seit 1848 verstanden, das Bürgertum sollte vor ein «Volksgericht» in den Wahllokalen geladen
werden.

Die Kräfte der Rechten reagierten mit der Schaffung eines antisozialistischen Nationalen Blocks. Dabei kam es zu einer nicht untypischen Akzentverschiebung: Anstelle der von der Linken ins Zentrum gerückten sozialen Frage wurde die Frage der nationalen Unabhängigkeit gestellt und den Sozialdemokraten vorgeworfen, sie würden mit ihrem Antimilitarismus «den Krieg in's Land lassen».

Die Wahlen waren aber auch ein Test für die 1913 eingereichte und noch immer nicht zur Abstimmung vorgelegte Proporzinitiative. Es ging mehr um Stimmen als um Sitze. Die SP konnte zusätzliche 80 000 Wähler mobilisieren, erzielte aber nur drei zusätzliche Mandate. Parteiführer Robert Grimm behauptete, dass seine Partei bei Anwendung des Proporzes anstelle des geltenden Majorzes 60 statt nur 20 Sitze erhalten hätte. Die Klassenkampfstimmung beflügelte aber nicht nur die Linke, sondern durchaus auch die Rechte, die ihrerseits ebenfalls als Bürgerblock einen konfrontativen Wahlkampf führte.

Die darin zum Ausdruck kommende Radikalisierung entsprach einem transnationalen Trend, mit der Abdankung des russischen Zaren im Februar 1917 als bedeutendstem Vorgang.

In den Kriegsjahren fanden fünf Urnengänge zu eidgenössischen Volksabstimmungen statt. Drei betrafen Steuerfragen und wurden weiter oben bereits erörtert (vgl. Kapitel 2). Von den beiden andern fiel die erste mit den Nationalratswahlen am 25. Oktober 1914 zusammen und betraf ein altes Postulat, nämlich die Einführung der Verwaltungsgerichtsbarkeit, damit die Verwaltung nicht mehr Richterin in eigener Sache sei. Die Eidgenössischen Räte stimmten dieser Reform kurz vor Kriegsausbruch im Juni 1914 zu, und in der Volksabstimmung wurde die weitgehend unbestrittene Vorlage mit 62,3 Prozent komfortabel angenommen. Appenzell Innerrhoden scherte aus und «glänzte» mit einer Zustimmung von nur 22,6 Prozent.

Die letzte Volksabstimmung der Kriegsjahre galt erneut dem Wahlsystem und war in dieser Sache der dritte Anlauf.[92] Bereits 1900 und 1910 hatten Volksinitiativen für die Nationalratswahlen die Aufhebung der Majorzregel gefordert, die den Minderheiten der Wahlkreise keine Vertretung einräumte und den Mehrheiten sämtliche Mandate zusprach. Profiteure der alten Regel waren die Freisinnigen, Promotoren der neuen Regel die bisher benachteiligten Sozialdemokraten und Katholisch-Konservativen. In der ersten Abstimmung von 1900 wurde die

Reform mit 40,9 Prozent unterstützt, in der zweiten Abstimmung von 1910 mit 47,5 Prozent und in der Abstimmung vom 13. Oktober 1918 schliesslich mit 66,8 Prozent und einer grossen Mehrheit der Kantone, von denen einige mit dem Proporz auf ihrer Ebene gute Erfahrungen gemacht hatten.

Die Initiative war vor Kriegsausbruch eingereicht worden, die Abstimmung fiel in eine Zeit höchster Spannungen – und verschärfte diese zusätzlich. Dass man direkte Demokratie und Anforderungen der Kriegszeit nicht unbedingt als vereinbar hielt, zeigte der Ständerat, der 1915 die Vorberatung dieser Vorlage auf unbestimmte Zeit verschob, weil sei geeignet sei, «die während des gegenwärtigen europäischen Krieges besonders notwendige Eintracht des Schweizervolks zu stören» (Votum vom 13. April 1915). Nachdem der im Kanton Zürich eingeführte Proporz 1917 der Linken beängstigende Gewinne beschert hatte, versuchte der Freisinn mit einem Gegenvorschlag die eidgenössische Vorlage zu sabotieren, was aber nicht gelang. Im Abstimmungskampf vom Herbst 1918 bekämpfte er den Proporz mit dem

«Die staatstragende Kraft soll auf jeden Fall über eine Mehrheit verfügen.»

Argument, dass die staatstragende Kraft über eine Mehrheit verfügen müsse und der Proporz nur zu einer destabilisierenden Zersplitterung der Kräfte führe. Die Befürchtungen waren berechtigt, zeigte sich doch, dass mit dem Abstimmungsergebnis das Ende der freisinnigen Vormachtstellung im Bund eingeleitet wurde. Gemäss dem damals geltenden dreijährigen Wahlrhythmus wäre erst 1920 nach dem neuen Proporzwahlrecht gewählt worden. Die Linke wollte sich jedoch nicht so lange gedulden. Bereits im Generalstreik vom November 1918 (vgl. Kapitel 6) hatte sie sofortige Neuwahlen nach dem neuen Modus gefordert. Dem wurde erwartungsgemäss nicht entsprochen, hingegen kam es zu einer Übergangsbestimmung, die ihrerseits eine weitere Volksabstimmung erforderte und in der Folge ermöglichte, dass bereits nach zwei Jahren, im Oktober 1919, Neuwahlen abgehalten werden konnten. Diese brachten dann die von den Sozialdemokraten erhofften Sitzgewinne und die von den Freisinnigen befürchteten Sitzverluste. Die ganz grosse Siegerin war jedoch die Bauern-, Gewerbe- und Bürgerpartei (BGB), die bereits 1917 zu den Gewinnern gehört hatte.

Sitze der Nationalratswahlen 1914 bis 1919

Jahr	Soz.	Freis.	Lib.	KK	BGB	andere	Total
1914	19	111	16	37	6		189
1917	20	103	12	42	4	12	193
1919	41	60	9	41	29	9	189

Eine im August 1916 eingereichte Initiative, welche die Abschaffung der Militärjustiz forderte, wurde erst nach dem Krieg zur Abstimmung unterbreitet. Der Bundesrat nahm Ende 1918 Stellung und bekundete ein gewisses Verständnis für das weitverbreitete Unbehagen gegenüber den militärgerichtlichen Urteilen während der Kriegszeit. Er wies auf Verbesserungen des Militärstrafgesetzes hin und vertrat die Meinung, dass zivile Gerichte den «Eigenheiten des militärischen Gemeinschaftslebens» nicht gerecht würden und, wie man beifügen kann, dem im Zusammenhang mit der Drillerziehung vorgefundenen Verständnis der Armee als autonome Anstalt nicht entsprochen hätte. In den Jahren 1914 bis 1918 wurden rund 7500 Verurteilungen mit einer gleichmässigen Verteilung auf die Jahre, mit einem herausragenden Maximum 1915, ausgesprochen.[93] In dem um die Jahreswende 1920/21 geführten Abstimmungskampf wurde den sozialdemokratischen Initianten vorgeworfen, sie zielten eigentlich auf die Abschaffung der Armee und wollten so sogar den Umsturz vorbereiten. In Wirklichkeit ging es den Initianten nicht einmal so sehr um die Revision der Gesetzesinhalte als darum, die Strafjustiz ganz in die Hände ziviler Kantonsgerichte zu legen. Gewisse Strafmilderungen waren ebenfalls vorgesehen, so etwa die Beschränkung des Arrests auf zehn Tage, das Verbot von Kostschmälerung und Dunkelarrest und keine Zuständigkeit für Vergehen von Zivilpersonen. Hinzu kam das Interesse, mit dieser Initiative eine Annäherung zwischen dem radikalen und dem gemässigten Parteiflügel herbeizuführen.

Jacob Ruchti wertete die Vorlage aus rechtsbürgerlicher Warte als «Anschlag auf die Armee», der auch die «unzufriedenen Elemente aus dem bürgerlichen Lager, besonders von welscher föderalistischer Seite» einspannen wollte.[94]

In der am 30. Januar 1921 durchgeführten Abstimmung sprachen sich nur 33,6 Prozent der Volksstimmen und bloss drei Kantone für die Vorlage aus.[95] – Eine andere Abstimmung muss an dieser Stelle auch noch kurz erwähnt werden, obwohl sie an anderer Stelle (Kapitel 8) behandelt wird: die im Mai 1920 durchgeführte Abstimmung zum Völkerbundesbeitritt der Schweiz.

1 Alf Lüdtke (Hg.), Alltagsgeschichte. Zur Rekonstruktion historischer Erfahrungen und Lebensweisen. Frankfurt a. M./New York 1989. – Alltagskultur, Subjektivität und Geschichte. Zur Theorie und Praxis von Alltagsgeschichte. Hg. von der Berliner Geschichtswerkstatt. Münster 1994. – 2008 wurde zutreffend bemerkt, dass der Alltag der schweizerischen Bevölkerung im Ersten Weltkrieg noch wenig erforscht sei (Furrer u. a., 2008, S. 36).

2 Fuhrer, 1999, S. 529. Fuhrer ergänzt seine Studie zu den strategischen und operativen Fragen um ein Kapitel mit der Perspektive «von unten» (1999, 277 ff.).

3 Alltagsberichte erschienen im Zuge der in den 1930er-Jahren anhebenden Geistigen Landesverteidigung mit dem sich verstärkenden Bedürfnis, sich an die früheren Kriegsjahre zu erinnern: Die Grenzbesetzung 1914/1918 von Soldaten erzählt. Zürich o. D., aber mit einem Vorwort von Bundesrat Minger vom Herbst 1933. Vgl. auch die etwa zur gleichen Zeit erschienene Publikation in Anm. 58, an der ebenfalls der Publizist Eugen Wyler beteiligt war.

4 Generalstabsbericht, 1919, S. 316.

5 Ebenda, S. 310 und S. 322.

6 Mesmer, 2007, S. 33.

7 Die an sich inhaltsreiche Studie *Geschichte der Frauenarbeit in Zürich* (1962) von Emma Steiger hat den Zeitbezug weitgehend ausgeblendet.

8 Nora Escher, Entwicklungstendenzen der Frauenbewegung in der deutschen Schweiz 1850–1918/19. Zürich 1985 (Diss.), S. 228.

9 Adrian Knoepfli, in: Rossfeld/Straumann, 2008, S. 190.

10 Julie Merz, Die Schweizerfrauen im Krieg. In: 1. Jahrbuch der Schweizerfrau, 1915, S. 62.

11 Stämpfli, 2002, S. 52 ff. – Zu den allgemeinen Verhältnissen: Brigitte Studer, Arbeiterinnen zwischen Familie, Erwerbsarbeit und Gewerkschaft, 1880–1945. In: verflixt und zugenäht! Frauenberufsbildung – Frauenerwerbsarbeit 1888–1988. Berner Ausstellungsbegleitband. Zürich 1988, S. 55–64.

12 Pally, in: Rossfeld/Straumann, 2008, S. 136.

13 Ebenda, S. 138.

14 Rudolf Jaun, Management und Arbeiterschaft. Verwissenschaftlichung, Amerikanisierung und Rationalisierung der Arbeitsverhältnisse in der Schweiz 1873–1959. Zürich 1986.

15 Gautschi, 1968, S. 36.

16 Eidgenössische Armee, Soldatenfürsorge, Bern 1917, mit Änderungen vom 28. Juni 1917.

17 Ruchti, Bd. 2, 1929, S. 301 ff.

18 Ruchti, Bd. 2, 1929, S. 244 ff.

19 Politisches Jahrbuch 1917. Bern 1918, S. 537.

20 David Gugerli, zit. nach Martin Pally, in: Rossfeld/Straumann, 2008, S. 145.

21 Zit. nach Gast 1997, S. 27.

22 Tabelle mit den Rationierungsbeschlüssen bei Ruchti, Bd. 2, 1929, S. 242.

23 Rossfeld/Straumann, 2008, S. 42.

24 Auderset/Moser, 2012, S. 135. Den Autoren geht es darum zu zeigen, wie physische Entbehrung Handlungsdruck und Nachdenklichkeit erzeugte und sich Bereitschaft zu fundamentalem Lernen einstellte.

25 Thomas Fenner, in: Rossfeld/Straumann, 2008, S. 326.

26 Weiterführend: Juri Auderset/Peter Moser: Krisenerfahrungen, Lernprozesse und Bewältigungsstrategien. Die Ernährungskrise von 1917/18 als agrarpolitischer «Lehrmeister». In: Thomas David u. a. (Hg.), Krisen: Ursachen, Deutungen und Folgen. Zürich 2012, S. 133–149 (Schweizerisches Jahrbuch für Wirtschafts- und Sozialgeschichte).

27 Nebelspalter vom 23. März 1918.

28 Ruchti, Bd. 2, 1929, S. 197 ff.

29 Kreisschreiben des Volkswirtschaftsdepartements an die Kantonsregierungen vom 1. Juli 1915. Politisches Jahrbuch 1915, Bern 1915, S. 802 ff.

30 Ebenda, S. 798.

31 Nebelspalter vom 27. Oktober 1917.

32 6. Neutralitätsbericht vom 9. März 1917, S. 54.

33 Sabine Flaschberger, Kriegsseife und Glyzerinexport. Die Savonnerie Sunlight im Ersten Weltkrieg. In: Rossfeld/Straumann, 2008, S. 261–287. Insbesondere S. 277 ff.

34 Gautschi, 1968, S. 32. – Generell zu den Preisen Jean-Jacques Senglet, Die Preispolitik der Schweiz während des Ersten Weltkrieges. Historisch-systematische Untersuchung unter Heranziehung von Vergleichsmaterial des zweiten Weltkrieges. Bern 1950.

35 Raffaela Lütolf, in: Rossfeld/Straumann, 2008, S. 389.

36 Gautschi, 1968, S. 35.

37 Erklärung von Brugg, Die Lebensmittelvorräte der Schweiz, z. B. in der Mittagsausgabe der Basler Nachrichten vom 31. Juni 1914.

38 Ernst Steinmann, Aus Zeit und Streit. Notizen eines Politikers. Bern 1953, S. 135, S. 146 und S. 216.

39 Bally an Minister Hans Sulzer, 17. Mai 1918, zit. nach Gautschi, 1968, S. 40.

40 Peter Dürrenmatt, Schweizer Geschichte, Bd. 2, Zürich 1976, S. 795.

41 Max Lemmenmeier, Krise, Klassenkampf und Krieg. In: Sankt-Galler Geschichte. St. Gallen 2003, S. 57.

42 Walter, Bd. 4, 2010, S. 132.

43 In einer Diskussion mit dem Bundesrat um ein zusätzliches Aufgebot im September 1915, vgl. Heinz Christian Röthlisberger, Der politische Standort von Ulrich Wille. Stäfa 1975. S. 97.

44 E.T., Frauen arbeiten und Landwehrleute jassen. In: Grenzdienst der Schweizerin, S. 40–42.

45 Raffaela Lütolf, in: Rossfeld/Straumann, 2008, S. 390.

46 «Zirka Zweidrittel des Mannesverdienstes steht unter ihrer Disposition.» Dr. Helen Wild, Die Frau im schweizerischen Wirtschaftsleben. In: Jahrbuch der Schweizerfrauen, 4. Jg., 1918, S. 53.

47 Raffaela Lütolf, in: Rossfeld/Straumann, 2008, S. 391.

48 Beatrix Mesmer, Reinheit und Reinlichkeit. Bemerkungen zur Durchsetzung der häuslichen Hygiene in der Schweiz. In: Gesellschaft und Gesellschaften. Festschrift zum 65. Geburtstag von Ulrich Im Hof. Bern 1982, S. 470–494. – Vorher: Geneviève Heller, Propre en ordre. Habitation et vie domestique 1850–1930: l'exemple vaudois. Lausanne 1979.

49 M. Th. Schaffner, Die Fabrikarbeiterinnen der Schweiz. In: Jahrbuch der Schweizerfrauen, 2. Jg., 1916, S. 109.

50 Ebenda, S. 118.

51 Ebenda, S. 123.

52 Sibylle Hardmeier, Frühe Frauenstimmrechtsbewegung in der Schweiz (1890–1930). Argumente, Strategien, Netzwerk und Gegenbewegung. Zürich 1997.

53 Bundesblatt, Bd. 4, 1914.

54 Annie Leuch-Reinecke, Die Frauenbewegung in der Schweiz – ihr Werden, ihr Wirken, ihr Wollen. Zürich/Leipzig 1928, S. 44, Zit. nach Escher, 1985, S. 225.

55 Mesmer, 2007, S. 35.

56 Ebenda, S. 39.

57 Hans Georg Wirz, Zehn Jahre Schweizerische Soldatenfürsorge 1914–1924. In: Grenzdienst der Schweizerin 1914–18. Bern, o. J. S. 218–226. Zit. S. 221.

58 Grenzdienst der Schweizerin 1914–1918. Von Frauen erzählt, o. J. S. 139 ff.

59 Escher, 1985, S. 234.

60 Mesmer, 2007, S. 51 ff.

61 Ebenda, S. 353.

62 GV-Beschluss vom 22. Juni 1915, in: Politisches Jahrbuch 1915, Bern 1916, S. 858 ff.

63 Jahrbuch der Schweizerfrauen, 1915, S. 67. – Für den Frauenstimmrechtsverband hätten die Dinge umgekehrt laufen müssen: ohne Rechte eigentlich keine Steuerpflichten (vgl. Mesmer, 2007, S. 52).

64 Wirz, o. J., S. 218–226.

65 Mesmer, 2007, S. 55.

66 Stämpfli, 2002, S. 77.

67 Merz, 1915, S. 64. – Zu Merz vgl. Escher, 1985, S. 258.

68 Vorwort, in: Jahrbuch der Schweizerfrauen, 1915, S. 3.

69 Ebenda.

70 Leuch, 1928, S. 44

71 Jahrbuch der Schweizerfrauen, 1916, S. 38.

72 Escher, 1985, S. 231.

73 Ebenda, S. 108 ff. – Im weiteren Regula Pfeifer, Frauen und Protest. Marktdemonstrationen in der deutschen Schweiz im Kriegsjahr 1916. In: Anne-Lise Haed/Albert Tanner (Hg.), Frauen in der Stadt. Zürich 1993, S. 93–109.

74 Annette Frei, Rote Patriarchen. Arbeiterbewegung und Frauenemanzipation in der Schweiz um 1900. Zürich 1987, S. 111 ff. – Escher, 1985, S. 240. – Mesmer, 2007, S. 64.

75 Hardmeier (Anm. 52), 1997, S. 172.

76 Ebenda, S. 202. Die Kantone waren: GE, ZH, NE, VD und BS.

77 Kurz, 1970, S. 123.

78 Bonjour, Bd. 2, 1965, S. 639.

79 Seit 1920 mit einem Arzt verheiratet als Else Züblin-Spiller, vgl. Artikel von Regula Ludi im HLS. Ferner Stüssi, 1989, S. 105 ff., und ihr Tagebuch, S. 225 ff. – Ruchti, Bd. 1, 1928, S. 64. – Stämpfli, 2002, S. 70–81. – Mesmer, 2007, S. 40–50. – Die Soldatenstuben waren in gewisser Hinsicht die Vorläufer von Fabrikkantinen und des auch in der Nachkriegszeit erfolgreich tätigen Volksdienstes, vgl. Jakob Tanner, Fabrikmahlzeit. Ernährungswissenschaft, Industriearbeit und Volksernährung in der Schweiz 1890–1950. Zürich 1999, S. 273 ff.

80 Nebelspalter vom 17. April 1915.

81 Bestimmungen über die Leitung der Soldatenstuben 1915, 1916, 1917, zit. nach Mesmer, 2007, S. 43.

82 Tagebucheintrag vom 1. April 1918, vgl. Stüssi, 1989, S. 239.

83 Von diesem Verband herausgegebene Schrift Aus unseren Soldatenstuben mit einem Vorwort des Generalstabchefs und mit zahlreichen Abbildungen.

84 Bericht von Else Züblin-Spiller, Kilchberg, in: Grenzdienst der Schweizerin, o. D., S. 236–242. – Zuvor Else Spiller, Aus meinem Leben. Zürich 1929.

85 Stämpfli, 2002, S. 76.

86 Gilberte als Erinnerungsort, vgl. Georg Kreis, Schweizerische Erinnerungsorte. Aus dem Speicher der Swissness. Zürich 2010, S. 144–155. – Im Film von 1941 mit Anne-Marie Blanc musste Gilberte allerdings schön sein.

87 Franz Burgert, Wer schreibt, der bleibt – die schöpferische Seite: Komponieren im Entlebuch. Schüpfheim 2008, S. 106 ff. – Die Entstehungszeit wird in diesem Fall auf Silvester 1915/16 gelegt. Zit. nach Wicki/Kaufmann, 2009.

88 Eintrag vom 9. Dez. 1916. Zurlinden, 1968, S. 144.

89 Zit. nach Mittler, 2003, S. 684.

90 1. Neutralitätsbericht vom 1. Dezember 1914, Bundesblatt, Bd. 4, 1914, S. 733.

91 Erich Gruner, Die Wahlen in den schweizerischen Nationalrat 1848–1919. Bern 1978, Bd. 1, 2. Teil, S. 786. – Robert Grimm hat bereits in einer im Juni 1915 herausgegebenen Kampfschrift Unter dem Burgfrieden diesen aufgekündigt und die wesentlichen Forderungen des Oltener Aktionskomitees vorweggenommen.

92 Georg Kreis, Konfliktreiche Wege zur Konkordanzkultur. Ursprünge des schweizerischen Parteienpluralismus. In: Detlef Lehnert (Hg.), Demokratiekultur in Europa. Politische Repräsentation im 19. und 20. Jahrhundert. Köln 2011, S. 85–104.

93 Rapport des Generalstabchefs an den General. Bern 1919, S. 365.

94 Ruchti, Bd. 1, 1928, S. 75.

95 Artikel von Christian Bolliger, in: Linder, 2010, S. 136 f.

6 Spannungsfelder

Vereint in der Landesausstellung

Nach der ersten Landesausstellung in Zürich von 1883 und der zweiten in Genf 1896 war 1914 gewissermassen Bern an der Reihe. Seit etwa der Jahrhundertwende machte sich in der Schweiz eine Belebung des schweizerischen Nationalgefühls – des Helvetismus – bemerkbar.[1] Wie 25 Jahre später an der «Landi 39» profitierte auch diese Landesschau vom bestehenden Hochgefühl und steigerte dieses noch. Da war der berechtigte Stolz auf die vielen präsentierten Qualitätsprodukte, von den modernsten Präzisionsmaschinen über ein Musterhotel bis zum Kehrichtkübel Patent Ochsner.[2] Da war aber auch, wie der Genfer Schriftsteller Robert de Traz es formulierte, die Erfahrung, dass man zwischen den disparaten Ausstellungsobjekten die Seele einer Nation – «l'âme d'une nation» – entdecken konnte.[3]

1914 wurde von der Landesausstellung erwartet, dass sie das Zusammengehörigkeitsgefühl «unseres gesamtes Volkes» stärke. Bundespräsident Arthur Hoffmann machte indirekt auch auf die potenziellen oder schon existierenden Bruchlinien aufmerksam, als er die nationale Einheit beschwor, von «hoch und niedrig, arm und reich, mächtig und schwach, vom Direktor bis zum letzten Handlanger, vom Künstler bis zum bescheidensten Handwerker, vom Grossindustriellen bis zum einfachen Bauersmann».[4] Hoffmann hielt es aber nicht für nötig, die Verbundenheit von Deutsch und Welsch anzusprechen, obwohl schon damals der Gegensatz beträchtlich war und es auch um die Landesausstellung insbesondere im Bereich Architektur eine Kontroverse zwischen französischem und deutschem Geschmack gab. Vertreter der Romands hielten sich zudem über die Beschränkung auf deutschsprachige Beschriftungen der Ausstellung auf, obwohl 1896 in Genf auch nur französische Angaben das Publikum informiert hatten. Auch die Überpräsenz reichsdeutscher Mitarbeiter im Ausstellungspersonal irritierte. Anstoss erregte ferner die Tatsache, dass der Betreiber einer «Szenarienbahn» ein Deutscher (Haase aus Hannover) war.[5]

Zu viele Deutsche an der Landesausstellung?

Neu im Vergleich zur Vorgängerausstellung war, dass nicht mehr bloss einzelne Waren ausgestellt, sondern in Pavillons ganze Themen – Problembereiche – präsentiert wurden, zum Beispiel Hygiene oder Militärwesen. Nachdem 1896 an der Genfer Ausstellung erstmals Armeematerial ausgestellt worden war, um den guten Stand der eigenen Rüstung sichtbar zu machen, wollte man bei der Berner Ausstellung, wo es erstmals einen eigenen Armeepavillon gab, zeigen, was mit Steuergeldern gekauft wurde.[6]

102 (links) **Nach Kriegsausbruch** sorgt die Armee für die Sicherheit in der Landesausstellung. Wachtaufzug vor dem Hauptrestaurant «Studerstein». (Administrativer Bericht, Bern 1917)

103 (rechts) **Beispiel einer der neuartigen Themenhallen,** hier für Erziehung, Unterricht und Lehrlingsprüfungswesen. (Administrativer Bericht, Bern 1917)

Der Pavillon der Internationalen Organisationen rief den Besuchern in Erinnerung, dass die Schweiz auch eine internationale Einrichtung sei, nachdem in den vorangegangenen Jahrzehnten mehrere entsprechende Büros in die Schweiz gezogen waren: so die Telegraphenunion, der Weltpostverein, das Patentamt und die Organisation intergouvernementale pour les transports internationaux ferroviaires (OTIF). Der französische Botschafter würdigte im Mai 1914 bei der Ausstellungseröffnug als Doyen des diplomatischen Korps diese Rolle der Schweiz und erhob das Schweizervolk zu einem der besten «Fortschrittshandwerker» – «des meilleurs artisans du progrès et de la civilisation».[7]

Ein weiterer Pavillon hätte, als Gruppe 50, den «Friedensbestrebungen» gewidmet werden sollen; mangels Beteiligung wurde er jedoch nicht realisiert. Nach der Mobilmachung übernahm die Armee die Bewachung der Landesausstellung und erliess die Warnung, dass nach 20 Uhr scharf geschossen würde, wenn man auf Anruf nicht stehen bleibe. Die auf den 7. August 1914 geplante Eröffnung der Blumenausstellung wurde auf unbestimmte Zeit verschoben. Die reguläre Ausstellung dauerte aber bis in den November 1914, wobei die meisten Objekte des Militärpavillons vorher abgezogen wurden, weil man sie an der Grenze brauchte.

Die Landesausstellung wurde im Mai 1914 als Resultat idealer Zusammenarbeit und – wie schon 1883 – als «Fest der Arbeit» gefeiert und nahm damit indirekt eine Gegenposition zu dem seit 1890 begangenen «1. Mai» ein. Der konservativliberale Nationalrat Gustave Ador nutzte die Eröffnungsfeier vom 15. Mai 1914, um seinerseits ebenfalls zur Zusammenarbeit aufzurufen. Er forderte, der «Antagonismus der Klassen» müsse vermieden werden. Dabei richtete er sich allerdings nicht gleich stark nach allen Richtungen, sondern vor allem an oder gegen die Linke.[8] Das ist darauf zurückzuführen, dass das Jahrzehnt vor Kriegsausbruch, wie noch auszuführen ist, eine Zeit mit intensiven Arbeitskämpfen war.

In der von Bundespräsident Hoffmann gehaltenen Rede wurden die Frauen nicht besonders angesprochen. Hingegen erhielten die «Schweizerfrauen» am 1. August 1914 vom Bund schweizerischer Frauenvereine einen besonderen Aufruf:

> «Macht den Männern das Einrücken nicht schwer durch Klagen über Massnahmen, die zum Schutze unseres Landes absolut notwendig sind. Nehmt mit Tapferkeit und Umsicht die Lasten auf Euch, die ein Krieg mit sich bringt. Wirtschaftet sparsam …»[9]

Die zum 1. August 1914 erschienenen Leitartikel priesen die Einheit des Landes und gingen davon aus, dass die Gegensätze, die jetzt sogar in Krieg ausarteten, die Insel Schweiz unberührt liessen: «Das brandende Meer des internationalen Hasses reizt uns nicht.»[10] Der eidgenössische Bund habe seine Glieder (anders als dies auf dem internationalen Feld bei der Entente und dem Zweibund Deutschland/Österreich-Ungarn der Fall war) gut erzogen, zuerst von Tal zu Tal, dann von Ländchen zu Ländchen und schliesslich sogar von «Rasse zu Rasse», im Sinne von Toleranz, Respekt und Liebe. Im Süden würde man gleich denken wie im Norden, an der französischen Grenze wie an der österreichischen. Das war aber zu einem beträchtlichen Teil bloss Wunschrhetorik. In Wirklichkeit gab es in der französischen Schweiz starke Sympathien für Frankreich, wie es in der deutschen Schweiz entsprechende Sympathien für Deutschland und Österreich gab. Die gegenläufigen Aussenorientierungen hatten sich bereits Jahre zuvor verschärft und damals zu kontroversen Beurteilungen des Gotthardvertrags von 1909 geführt.[11]

Gräben und «Affären»

Der Gegensatz zwischen der deutschen und der französischen Schweiz vertiefte sich nach Kriegsausbruch zu einem eigentlichen Graben, einem *fossé*, oder gar zu einem Abgrund. Der Waadtländer Ernest Bovet, Professor für französische und italienische Literaturgeschichte in Zürich, notierte am 20. August 1914 in sein

Tagebuch: «Je suis effrayé de voir un abîme se creuser entre la Suisse latine et la Suisse germanique.»[12]

Die meisten Zeitungen beider Landesteile drückten ihre entgegengesetzten Sympathien mit den beiden benachbarten Kriegsmächten Deutschland und Frankreich recht offen aus. Die *Gazette de Lausanne* liess, wie Jacob Ruchti gern betont, ihren Antipathien gegen Deutschland völlig freien Lauf.[13] Dies mag etwas leidenschaftlicher geschehen sein als in deutschschweizerischen Blättern. Aber auch in jenen finden sich sehr deutliche Bekenntnisse. Das *St. Galler Tagblatt* sprach von Rassenkampf und erwartete, dass sich die Schweiz in diesem Zweifrontenkampf «gegen die Feinde im Osten und im Westen» an die deutsche Seite stelle.[14] Aufsehen erregte ein «Sturmlied», mit dem ein Schweizer, allerdings nicht in einem schweizerischen Organ, Siegeswünsche und Sterbebereitschaft für das Deutsche Reich verkündete. Sein Verfasser, der deutschstämmige Ernst Zahn, war nicht nur Gemeindepräsident von Göschenen, er war damals, 1913/14, auch gerade Präsident des gesamtschweizerischen Schriftstellervereins und stiess mit seiner einseitigen Stellungnahme die Kollegen der französischen Schweiz vor den Kopf. Aus Protest traten C. F. Ramuz und andere aus.[15]

In der französischen Schweiz wurden die Verletzung der Neutralität Belgiens durch die deutsche Kriegführung und das verbrecherische Vorgehen in der Stadt Louvain/Löwen nicht nur scharf verurteilt, es wurden solche Verurteilungen auch von der deutschen Schweiz erwartet.[16] Dort reagierte man auf die Verletzung des Völkerrechts und des Kriegsrechts aber auch mit Verständnis. Die NZZ bedauerte den Überfall auf Belgien, hielt ihn aber – «rein militärisch betrachtet» – für begreiflich.[17]

Im Gegensatz zur Parteinahme gegen aussen gab es die interne Ungehaltenheit über die Haltung des je anderen Landesteils. Die Sympathien für die Krieg führenden Nachbarländer dürften alles in allem eine symmetrische Erscheinung gewesen sein, innerhalb des Landes war die frankofone Schweiz jedoch eine Minderheit und fühlte sich als das, während in der deutschsprachigen Mehrheit das «Herr im Haus»-Denken stark verbreitet war (vgl. unten die beiden *Nebelspalter*-Karikaturen).

Ungleiche Parteilichkeit hüben und drüben

Auf der eigenen Seite wurde zur damaligen Zeit der Gegensatz zwischen Welsch und Deutsch zwar ebenfalls thematisiert, jedoch nicht als symmetrischer Gegensatz: Von welscher Seite wurde er viel schärfer und geschlossener betont, während man auf deutschschweizerischer Seite weniger einig und gemässigter war. Der Genfer Historiker François Walter ist ebenfalls der Meinung, der Deutschenhass («la haine du ‹boche›») sei stark verbreitet gewesen und man habe bei den Deutschschweizern mehr Deutschfreundlichkeit gesehen, als vorhanden war.[18] Dazu passt, dass 1915 gewisse Kreise in der Westschweiz eine Kampagne gegen die Konservenfabrik Hero in Lenzburg führten, da sie ein deutsches Unternehmen sei. Die Fabrik versuchte, der Kampagne mit einer notariell beglaubigten Erklärung, dass sich die überwiegende Mehrheit des Aktienkapitals in schweizerischen Händen befinde, entgegenzuwirken.[19]

Mit dem Redaktor des *Politischen Jahrbuchs* kann man feststellen, dass die welsche Schweiz die fordernde, die deutsche Schweiz die gewährende gewesen war, was, wie man beifügen kann, allerdings auch etwas über die reale Machtverteilung aussagt. Gefordert wurde aus der schwachen, gewährt aus der starken Position.[20]

Edouard Secretan, zur Zeit der Obersten-Affäre (1916) bereits 68-jährig, Chefredaktor der *Gazette de Lausanne*, LDP-Nationalrat und ehemaliger Oberstdivisionär (bis 1907) war der Wortführer gegen die deutschfreundlichen Kräfte in der Deutschschweiz. Seine kritischen Stellungnahmen trugen ihm in der deutschen Schweiz einen schlechten Ruf ein, der *Nebelspalter* bezeichnete ihn als «Lausanner Strassenkanaille» und warf ihm «Janusgesichtigkeit» vor.[21]

Ein bekannter Exponent der deutschfreundlichen Kräfte war der Zürcher Spitalpfarrer Eduard Blocher, Vater von Pfarrer Wolfram Blocher und Grossvater von Christoph Blocher, alle heimatberechtigt in Schattenhalb im Berner Oberland, wo

«Die Welschen sind im besten Fall historische Gäste auf dem Territorium der Schweiz.»

sich der 1833 aus dem Württembergischen eingewanderte Urgrossvater Johann Georg B. 1861 hatte einbürgern lassen.[22] Eduard Blocher ging von einer tiefen Stammesverwandtschaft mit den Deutschen aus und setzte sich im schweizerischen Sprachverein für die Verbreitung der deutschen Sprache ein.[23] Die Belgier, erklärte er, seien kein Volk, und das Glück der Schweiz sah er darin, dass keine nationale Mischkultur entstanden sei und es keine Mauer zwischen der deutschen Schweiz und Deutschland gebe.[24]

In diesem Milieu kursierte die Meinung, die «Welschen» seien im besten Fall historische Gäste auf dem Territorium der Schweiz; falls sie zu unverschämt würden, müsste man ihnen Vernunft beibringen.[25] Im Januar 1916 wurde im Zusammenhang mit einer weiteren Polemik gegen welsche Politiker bekannt, dass der

104 Einseitige Umsetzung der Einigkeitsparole: Aus der deutschsprachigen Mehrheitsschweiz kommt die freundliche Einladung oder unfreundliche Aufforderung, ins Schweizer Haus einzutreten. Doch zuvor, so lässt das Blatt die Romands sagen, möchten diese zuerst auf der Toilette ihren Mist loswerden. (*Nebelspalter* Nr. 38 vom 16. September 1916)

Hausfrau: Mais, mes garçons, mir hei doch im Hus e schöni Commodité!?
Garçons: Oui, Madame, aber für unsern Mist bedürfen wir einer eigenen Bedürfnisanstalt!

105 Die französische Schweiz als Enfant terrible und Mündel. Die deutsche Schweiz als weiblicher Vormund und die Gesamtheit des «Volkes» repräsentierend. Daneben der halbwegs schlafende Bundesrat. (*Nebelspalter* Nr. 14 vom 1. April 1916)

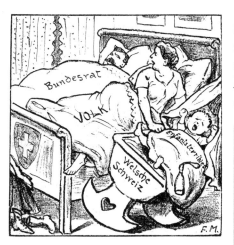

dreiköpfigen Trägerschaft der germanophilen *Stimmen im Sturm* bezeichnenderweise ein Sohn des Generals und ein Sohn des Generalstabschefs angehörten.[26] Noch 1917 wurde in dieser Gruppierung gegen die «Welschvölker» Stimmung gemacht und vom «romanisch-semitischen Geist» gesagt, dass er auf Ausbeutung bedacht sei.[27]

In dieser Situation erhoben besorgte Geister ihre warnende Stimme. Bereits am 1. Oktober 1914 hatte sich der Bundesrat an das Volk gewandt und Verständnis für die «naturgemäss auseinandergehenden Sympathien und Gefühle» gezeigt, doch warnte er vor «zentrifugalen Strömungen» und erwartete Mässigung in den Äusserungen aller Sprachen, Landesgegenden und Parteirichtungen. Weiter führte die Landesregierung damals aus:

> «(Es darf im Volk) keine unversöhnlichen Gegensätze der Rasse und der Sprache geben. Wir erblicken das Ideal unseres Landes in einer über Rassen und Sprachen stehenden Kulturgemeinschaft. Zuerst und allem weit voraus sind wir Schweizer, erst in zweiter Linie Romanen und Germanen. Höher als alle Sympathien für diejenigen, mit denen uns Stammesgemeinschaft verknüpft, steht uns das Wohl des einen gemeinsamen Vaterlandes. Ihm ist alles unterzuordnen.»[28]

Andererseits war es unbestritten, dass der einzelne Bürger in seiner persönlichen Meinung zum Tagesgeschehen nicht an den neutralitätsrechtlichen Status seines Landes gebunden war, dass es keine verpflichtende Gesinnungsneutralität gab und auch der Staat gegenüber Dritten nicht gehalten war, diese gegen innen durchzusetzen. Die Behörden erwarteten jedoch, dass Einzelne und auch die Presse die Glaubwürdigkeit der schweizerischen Neutralität nicht massiv infrage stellten.[29]

Der bekannteste Appell zur Zurückhaltung kam vom Baselbieter Schriftsteller Carl Spitteler, dem nachmaligen Literatur-Nobelpreisträger von 1919. Er verstand es als seine Bürgerpflicht, mit der Rede «Unser Schweizer Standpunkt» im Dezember 1914 vor dem aufgekommenen Stimmungsgegensatz zu warnen: «Alle, die jenseits der Landesgrenze wohnen, sind unsere Nachbarn, und bis auf weiteres liebe Nachbarn; alle, die diesseits wohnen, sind mehr als Nachbarn, nämlich unsere Brüder. Der Unterschied zwischen Nachbar und Bruder aber ist ein ungeheurer.» Spitteler rief seine Landsleute auf, bescheiden zu sein und sich nicht in billiger Parteinahme zu verlieren. «Wohin Sie mit dem Herzen horchen, sei es nach links, sei es nach rechts, hören Sie den Jammer schluchzen, und die jammernden Schluchzer tönen in allen Nationen gleich, da gibt es keinen Unterschied der Sprache.»[30]

«Die jammernden Schluchzer tönen in allen Nationen gleich.»

Dieser Aufruf ging in die Geschichte ein, wurde zu einem vielzitierten Referenzpunkt. Er war aber bei Weitem nicht der einzige, und er war – wie alle – nur von beschränkter Wirkung. Es wäre jedenfalls ein Irrtum zu meinen, dass mit dem «rechten Wort» im richtigen Moment die Sache erledigt gewesen wäre.

Eine subtile Differenz zwischen den Landesteilen zeigte sich in zwei universitären Stellungnahmen: Am 17. April 1915 gelangte eine von über 300 Hochschullehrern unterzeichnete Erklärung an die Öffentlichkeit, die sich in scheinbarer Überparteilichkeit für Menschentum einsetzte und ohne genaue Adresse diejenigen kritisierte, die in der Schweiz Hass und Verwirrung vermehrten, statt versöhnliche Gedanken zu pflegen.[31] Wenige Tage später erschien eine von Dozenten der Universität Neuenburg lancierte und von einigen Genfer Kollegen mitgetragene Gegenerklärung, die darlegte, warum man sich der ersteren nicht angeschlossen habe: Es gebe keine Versöhnung im Ungefähren und nicht zum Preis der Hinnahme von Ungerechtigkeiten; die Verletzung der belgischen Neutralität könne man nicht stillschweigend hinnehmen.[32] Während in der deutschen Schweiz lange Zeit die Idee eines ausgewogenen Arrangements zwischen den beiden

Kriegsparteien vorherrschte[33], dominierte in der französischen Schweiz die Auffassung, dass zwischen den beiden völlig unterschiedlichen Kriegsparteien keine Kompromisse möglich seien. Für eine weitverbreitete Einschätzung sprach Prof. A. Malche, wenn er die Westmächte als «champions de la démocratie» und «défenseurs de l'Europe pacifique» bezeichnete, Deutschland dagegen (Österreich-Ungarn war da weniger im Blick) als Militärpartei «qui a le culte de la force et le mépris de tout ce que toutes les civilisations appellent le droit».[34] Die gleiche Gegenüberstellung wird man 1919 auf dem Gedenkstein zur Unterzeichnung des Waffenstillstands in Compiègne anbringen.

> Der Maler Ferdinand Hodler unterzeichnete wie etwa der Komponist Ernest Jacques-Dalcroze und der Dirigent Ernest Ansermet einen Aufruf von 120 Westschweizer Künstlern und Intellektuellen gegen die Rücksichtslosigkeit der deutschen Kriegsführung gegenüber Kulturgütern (insbesondere der Kathedrale von Reims!) und wurde darauf prompt im Deutschen Reich geächtet mit Ausschluss aus sämtlichen Künstlervereinigungen, denen er – oft als Ehrenmitglied – angehört hatte.[35]

Da an den Universitäten der deutschen Schweiz in grösserer Zahl auch deutsche Professoren tätig waren, wirkte sich der Krieg in erheblichem Ausmass auf den Universitätsbetrieb aus. Acht Professoren der Universität Basel und selbst ihr Rektor Otto Eger folgten dem Ruf der Fahne. Eger, Professor für Römisches Recht, blieb in seiner Funktion als deutscher Reserveoffizier für unbestimmte Zeit weg, 1916 wurde er gemahnt, doch endlich nach Basel zurückzukehren: «Es ist Ihnen gewiss bekannt geworden, dass unsere juristische Fakultät seit Beginn des Krieges sich in einer unerwünschten Lage befindet. Herr Prof. iur. Ruck ist ins Feld gezogen – wir wissen nicht, wo er ist –, Herr Prof. Dr. iur. Meister ist gefallen, so dass sie z. Zt. nur noch zwei ordentliche Professoren hat statt fünf, da für Prof. Meister noch kein Ersatz gefunden worden ist. Wir befinden uns tatsächlich in einer misslichen Lage und fragen Sie daher an, ob es Ihnen denn durchaus unmöglich ist, für das Sommersemester Urlaub zu erhalten und zu lesen.» Eger kehrte noch im gleichen Jahr nach Basel zurück, was sich aber vor allem damit erklärt, dass er wegen einer schweren Erkrankung für den Frontdienst untauglich geworden war. Noch vor Kriegsende, im April 1918, nahm er einen Ruf an seine Heimatuniversität an.[36]

**Professor Sauerbruch:
«Die NZZ ist ein Saublatt.»**

Grösseres Aufsehen erregte der sehr autoritäre und deutschnationale Umgang, den der angesehene Chirurgieprofessor Ernst Ferdinand Sauerbruch im Zürcher Kantonsspital praktizierte. Er ging mit grösster Selbstverständlichkeit davon aus, dass auch in der Schweiz explizit die Respektierung deutscher Werte und Normen eingefordert werden dürfe. In seinen Augen war die NZZ ein «Saublatt», hatte sie doch Spittelers Rede abgedruckt. Sauerbruch erwartete als Vorgesetzter von seinen Untergebenen, dass sie Spittelers Standpunkt verurteilten, und führte entsprechende Gewissensprüfungen durch. Einer seiner Assistenten, Heinrich Freysz, beugte sich dieser Unterwerfungserwartung nicht. Von Elsässer Eltern abstammend, lagen seine Sympathien auf der Seite der Entente. Medizinisch konnte ihm nichts vorgeworfen werden, sein Chef kritisierte jedoch seine frankreichfreundliche Einstellung scharf, ebenso, dass er, als er Sauerbruch im September 1914 bei seinem Einsatz im Militärlazarett in Strassburg begleitete, mit verwundeten französischen Kriegsgefangenen französisch sprach.[37] Sauerbruch entliess seinen ungefügigen Mitarbeiter im Februar 1915, die Regierung deckte den Professor, und das Parlament verweigerte eine Debatte zur Angelegenheit.

«Ein Zeichen dafür, dass die Deutschen die Hand auf unseren Universitäten haben.»

Der in Lausanne geborene, seit 1898 aber an der ETH Zürich als Literaturprofessor lehrende Paul Seippel stellte bitter fest, dass auf Verlangen eines deutschen Professors eine Schweizer Regierung einen schweizerischen Assistenten entlassen habe, weil dieser Spittelers Rede verteidigt habe, und kam zum Schluss: «Cette affaire Sauerbruch est un indice de la mainmise des Allemands sur nos universités.»[38]

Hier sollen noch zwei wenig bekannte, aber interessante Episoden erwähnt werden: Um Fraternisierungen zu vermeiden, wurde im März 1915 entschieden, dass Eisenbahnzüge mit internierten französischen Soldaten auf der Durchfahrt in Freiburg nicht mehr anhalten durften. Frankophile Freiburger sahen in diesem Entscheid eine Massnahme der germanophilen Militärbehörden. Ein reichsdeutscher Professor der Universität wurde in diesem Zusammenhang belästigt, und Deutschschweizer Soldaten wurden ausgepfiffen und mit dem bekannten Schimpfwort «sales boches» eingedeckt, was wiederum deutschschweizerische Freiburger auf den Plan rief.[39] Und als am 15. Juli 1915 gegen 3 Uhr morgens ein Zug mit verwundeten französischen Soldaten den Bahnhof von Lausanne passierte, wurde dieser von gegen 10 000 Menschen jubelnd empfangen. Nichts dergleichen geschah jedoch, wenn Züge mit deutschen Verletzten eintrafen.[40]

106 **Unterwürfiger Protestversuch**
der französischen Schweiz gegenüber
der zivilen und militärischen
Bundeszentralgewalt, die gleichzeitig
so autoritär wie lächerlich dargestellt
wird. (Flugblatt zum 1. Mai 1917)

Einige Monate vor Kriegsausbruch, im Februar 1914, wurde in Bern die Neue Helvetische Gesellschaft (NHG) gegründet. Von ihr wird oft angenommen, sie habe sich für die Überwindung des schon damals bestehenden Grabens engagieren wollen und einen entsprechend wichtigen Beitrag dazu geleistet. Ihr primäres Ziel bestand aber nicht darin, die gegenläufige Orientierung der beiden grossen Landesteile abzubauen, ihr ging es sogar explizit darum, die Eigenart jeden Landesteils zu wahren. Diese überparteilich und in gewissem Sinne auch antiparteilich eingestellte Vereinigung wollte primär anderen «Gefahren, welche unser Land bedrohen», entgegenwirken.

Eine wichtige Zielsetzung der NHG lautete, das «nationale Erbgut» zu wahren, den «vaterländischen Gedanken» zu stärken und der Schweiz eine würdige Zukunft zu sichern. Ein Hauptpunkt bestand darin, über nationale Erziehung «das öffentliche Gewissen im Kampfe gegen das Eindringen eines ausschliesslichen Materialismus zu schärfen».

Damit waren in erster Linie die sozialpolitischen Forderungen der Linken, sekundär aber auch die Rücksichtslosigkeit der kapitalistischen Kräfte gemeint.[41] Dazu sagte der schon einmal zitierte Richard Bovet (vgl. Kapitel 1) zu Gonzague de

Reynold im Januar 1914: «Nous ne serons bientôt plus que la succursale d'une vaste entreprise de mercantis dont la maison mère sera à l'étranger.»[42]

Der Gegensatz zwischen Deutsch und Welsch zog sich durch den ganzen Krieg hindurch. Er manifestierte sich ganz deutlich im sogenannten Obersten-Handel (der «affaire des colonels») vom Dezember 1915, auf den im Februar 1916 die «affaire des trains», im Februar/März 1916 die «affaire des cartouches» (vgl. Kapitel 4), im Frühjahr 1916 die «affaire Lallemand» (vgl. Kapitel 7) und im August 1916 die «affaire de Loys» (vgl. Kapitel 2) folgten. Der Publizist C.A. Loosli bestätigte in seiner symmetrischen Problembeschreibung, dass noch 1917, wie er sagte, eine «kaum überbrückbare Kluft» bestand: «Ein Teil der schweizerischen Bevölkerung versteht den anderen nicht mehr, und ihre politischen, wirtschaftlichen und namentlich sittlichen Anschauungen gehen so weit auseinander, dass man heute ohne Übertreibung wohl von einer eigentlichen Spaltung der Schweiz in gesonderte Lager sprechen darf.»[43]

In den Nationalratswahlen von 1917 dominierte im französischsprachigen Landesteil der Kampf gegen das germanophile «Bundes-Bern». Bezeichnend ist ein leicht hämischer Bericht im *Politischen Jahrbuch*, dass Zeitungen der welschen Schweiz mächtig aufbegehrt hätten, als im April 1917 über Pruntrut Bomben abgeworfen worden waren, dass sich die Aufregung jedoch schnell wieder gelegt habe, als festgestellt wurde, dass die Neutralitätsverletzung von einem französischen Flugzeug begangen worden war.[44] Die gegenläufige Orientierung der beiden grossen Landesteile manifestierte sich auch noch oder sogar erst recht wieder in der unterschiedlichen Einstellung zum Kriegsausgang 1918/19 (vgl. Kapitel 8).[45]

Jurafrage

Der deutsch-französische Gegensatz dürfte auch die in Wellen immer wieder aufkommende Jurafrage belebt haben. Die Diskussion um die Unabhängigkeit des Jura wurde aber auch durch andere Umstände begünstigt: durch die bereits vor 1914 als Reaktion auf den damaligen Modernisierungsschub einsetzende Belebung eines lokal-regionalen Identitätsbedürfnisses; sodann durch die im Vollmachtenregime angelegten Zentralisierungstendenzen sowie durch die militärische «Besetzung» infolge der Tatsache, dass das Hauptaufmarschgebiet der Armee eben der Jura war. Das 100-Jahr-Gedenken der 1815 vorgenommenen Inkorporierung

«Seit 100 Jahren werden wir tyrannisiert, seit 100 Jahren germanisiert!»

des Jura in den Kanton Bern trug ebenfalls zur Belebung der Frage bei. Léon Froidevaux, militanter Redaktor des *Petit Jurassien*, schrieb am 20. Februar 1915 unter dem Titel «Autonomie jurassienne», der Jura sei das Elsass-Lothringen der Berner, und protestierte: «Depuis cent ans, on nous tyrannise! Depuis cent ans, on nous germanise!»[46]

Froidevaux hätte wegen seiner insbesondere gegen die Armee gerichteten und als Verrat und Verleumdung eingestuften Polemik nach dem Willen des zuständigen Divisionsgerichts für 13 Monate ins Zuchthaus gesteckt werden und während fünf Jahren ohne Aktivbürgerrecht auskommen müssen. Im Appellationsverfahren wurde die Strafe auf vier Monate Gefängnis reduziert. Der Unterschied beim Strafmass erklärt sich unter anderem damit, dass die zweite Instanz nur die wirklich erwiesene Gefährdung und nicht die Möglichkeit einer solchen als ausschlaggebend ansah.[47]

Im August/September 1917 bildete sich ein Aktionskomitee für die Gründung eines eigenen, von Bern getrennten Kantons Jura. Das kam vor allem in der deutschen Schweiz und im traditionell gestimmten Bürgertum nicht gut an. Den Separatisten wurde vorgeworfen, in der Kriegszeit die innere Festigkeit des Landes infrage zu stellen und latente Bedürfnisse für andere Gebietsveränderungen zu wecken, den ganzen Ständerat durcheinanderzubringen, weil auch das Verhältnis von Ständeratssitzen und Bevölkerungsgrössen berührt würde, und schliesslich die traditionelle Rolle Berns als Brückenkanton zwischen Deutsch und Welsch infrage zu stellen. Weiter wurde argumentiert, dass die Zugehörigkeit zu einem starken Kanton wirkliche Vorteile bringe, die Nachteile nur eingebildet seien und die Separation den Jura in wirtschaftlicher wie kultureller Beziehung «verengern» würde.[48] Dem *Nebelspalter* war das Ansinnen eine Karikatur auf dem Titelblatt wert, dabei warf er den Jura-Initianten «Kantönligeist» vor.[49]

Das vom amerikanischen Präsidenten Wilson im Januar 1918 verkündete Programm, das am Schluss auch das Selbstbestimmungsrecht der Völker forderte, wurde im Jura vernommen und sorgte für weiteren Auftrieb. Die nachfolgende Zwischenkriegszeit und die erneute Kriegszeit waren für die Separatisten wieder weniger günstig. Erst das Ende des Aktivdienstes, 1945/47, sorgte wie eben schon das Ende des Grenzdienstes 1918 für eine neue Welle in den jurassischen Unabhängigkeitsbestrebungen.

Fremde Dienste

107 Internationale Kämpfer an Frankreichs Seite. Der 1916 in die Fremdenlegion eingetretene Albrecht von Tscharner (hier nicht abgebildet, aber bei anderer Gelegenheit ausgezeichnet) wurde in der Zwischenkriegszeit zum Commandeur de la Légion d'honneur ernannt. (Der Schweizer Freiwillige L. E. Augustin, Sur le Front français, 1917–1918, Lausanne 1918, mit Vorwort von Oberstleutnant de Tscharner, S. 64)

Kaum bekannt ist die Tatsache, dass zahlreiche Schweizer im Ersten Weltkrieg in der «Légion étrangère» der französischen Armee Militärdienst leisteten: rund 14 000 waren es, von denen 8000 umkamen. Diese Zahlen konnten, weil das glorreiche Engagement erst bevorstand, noch nicht im grossen Buch stehen, mit dem der Waadtländer Berufsoffizier Paul de Vallière 1913 der Tradition der Fremden Dienste ein Denkmal setzte. Sie wurden aber in der mit Grussworten der Generäle Wille und Guisan ausgestatteten Ausgabe von 1940 stolz nachgetragen.[50] Oberstleutnant Albrecht von Tscharner, von Guisan 1940 zum Chef der Internierung fremder Soldaten ernannt, war im Ersten Weltkrieg Kommandant einer französischen Kampfeinheit.[51]

Was bewog Männer mit schweizerischer Staatsbürgerschaft, auf französischer Seite zu kämpfen? Hervorgehoben wurde das ideelle Motiv der gerechten Sache («cause juste»). Einige fühlten sich, weil als Auslandschweizer in diesem Land lebend, mit Frankreich eng verbunden. Anderen bot der Fremde Dienst die Möglichkeit, mit der persönlichen Teilnahme am Krieg der nicht Krieg führenden Heimat unter rein militärhandwerklichem Gesichtspunkt – also unabhängig von der «cause juste» – einen ruhmreichen Dienst zu erweisen und Erfahrungen zu sammeln. Dabei konnte man einer Usanz folgen, die als anerkannte und geschätzte Tradition galt.[52] Für manche war klar, dass sie, wenn die Schweiz direkt in den Krieg verwickelt würde, sogleich zur Armee ihres Heimatlandes zurückkehren würden.[53] Im Moment, da es im Juli 1915 den Anschein machte, dass die an die Juragrenze herangeschobene «Division marocaine» zu einem Umgehungsangriff über schweizerisches Territorium eingesetzt werden könnte, desertierten schweizerische Fremdenlegionäre, deren Regiment zu dieser Division gehörte, und informierten den schweizerischen Nachrichtendienst.[54]

Bei einigen Legionären dürfte auch schlicht Abenteuerlust im Spiel gewesen sein. Der Hallauer Legionär Hans Ormund Bringolf, der 1914/15 in den Schützengräben der Somme stand und dort nach eigenen Worten «Dreck und Nässe» als Hauptfeind hatte, erklärte unumwunden: «Erst der Weltkrieg von 1914/18 gab mir Gelegenheit, meinem Temperament entsprechend zu leben.»[55] Die Kombination von patriotischer Motivation und Kriegsbegeisterung findet sich zum Beispiel bei dem 1915 zunächst nördlich von Arras verwundeten, dann in den Ardennen gefallenen Genfer Hauptmann Edouard Junod, der von schweizerischen Mit-

«Erst der Weltkrieg von 1914/18 gab mir Gelegenheit, meinem Temperament entsprechend zu leben.»

kämpfern als Winkelried gewürdigt wurde. Im August 1914 hatte dieser sich, gerade vom Legionsdienst in Indochina zurückgekehrt, der Schweizer Armee zur Verfügung stellen wollen, er wurde aber nicht angenommen, weil es bereits zu viele Reserveoffiziere gab. So ging er eben an die französische Front und erklärte, dort für die Schweizer Fahne Ehre einlegen und an den gleichen Orten wie seine Ahnen kämpfen zu wollen. Im Januar 1915 schrieb er seinen Schwestern, seine Stabsstelle sei auf herrliche Weise beschossen worden, es sei ein tolles Spektakel, wenn es die Menschen nicht zu sehr in Mitleidenschaft ziehe («Quand cela n'endommage pas trop les hommes, c'est un spectacle superbe»).[56]

Das Engagement auf der Seite der Franzosen liess sich leicht zusätzlich mit Rückgriffen auf die alteidgenössischen Befreiungsmythen rechtfertigen: Die preussischen Junker der Gegenwart entsprächen den Habsburgern von damals, sie würden ebenfalls das Recht verletzen, die Freiheit mit Füssen treten und fremdes Gebiet besetzen, aber sie würden an der Marne, in Verdun und an der Somme ihre «Morgarten» erleben.[57] Es erstaunt nicht, wenn sich aufgrund der Listen, die allerdings unvollständig sind, der Eindruck einstellt, dass der grösste Teil der Freiwilligen Romands waren. Über analoge Engagements auf der deutschen Seite, die es in Einzelfällen wohl gab, sind wir schlecht informiert.[58]

Eine besondere Kategorie «Fremder Dienste» bildeten schweizerische Piloten und Flugzeugkonstrukteure, die, wie in der Literatur betont wird, gerne in der Schweiz gedient hätten und 1914 deswegen sogar ihre Stellungen im Ausland aufgaben und schnellstens nach Hause eilten, da aber von ignoranten und arroganten Offizieren abgewiesen worden seien. Von drei Piloten heisst es, dass sie sich darauf in die französische Militäraviatik eingereiht hätten und zwei von ihnen «für die Ehre des fremden Landes» gefallen seien. Auf der deutschen Seite steuerte ein anderer Schweizer «mit dem Eisernen Kreuz» seine Maschine gegen Frankreich. Wiederum ein anderer ging nach Italien. Schon im Balkankrieg von 1912 hatten sich ein paar Schweizer Piloten engagiert.

Von grösserer kriegsrelevanter Tragweite waren die Beiträge schweizerischer Flugzeugingenieure, etwa der von H. Burkhard konstruierte Gothaer Riesenbomber, der 1918 gegen London eingesetzt wurde.[59] In den Jahren 1913 bis 1916 bildete der Schweizer Albert Rupp über 150 zivile und militärische Piloten aus, vor allem in Deutschland, vor dem Krieg aber auch in St. Petersburg. Und von Franz Schneider, Chefkonstrukteur bei den LVG Berlin, heisst es, dass er die besten Kriegsflugzeuge der Jahre 1914 bis 1916 hergestellt habe.[60]

108 **In den Vorkriegsjahren** gab es auch umgekehrte Konstellationen: Ausländische Piloten machten sich verdient um die schweizerische Luftfahrt. Der *Nebelspalter* nahm diese Problematik aufs Korn, als er zu diesem Bild schweizerische Autoritäten sagen liess: «Herr Biélovucie, nach dem bewunderungswürdigen Flug über den Simplon möchten wir Sie bitten, eine Zeitlang im Land herumzufliegen und das nötige Geld für unsere Militäraviatik einzusammeln. Hernach schenken wir Ihnen mit Vergnügen das Bürgerrecht und ernennen Sie zum eidgenössischen Oberfluginspektor.» (*Nebelspalter* vom 15. Februar 1913) Zur Sammelaktion für die Flugwaffe vgl. Kapitel 4.

Internationale Sozialistentreffen

Die Schweiz blieb trotz ihrer akzentuierten Inselposition in mannigfaltiger Weise international verknüpft. Dafür mag das Bild stehen, das sich in Bern gleich neben dem Bundeshaus im Nobelhotel Bellevue zeigte: Im Zentrum der mit viel Aufwand bewachten Schweiz lebte es sich hier bemerkenswert unbesorgt. Ulrich Willes Armeekommando hatte da sein Quartier aufgeschlagen. Major Max Huber, stellvertretender Armeeauditor und ständiger Gast an der Tafel des Generals, charakterisierte mit deutlichen Worten die Fragwürdigkeit dieses Domizils:

«Schlimm war es, dass wir in einem internationalen, von Spionen verschiedenster Art wimmelnden Hotel lebten, dass zum Teil ausländische Kellner uns servierten, wenn bei Tisch die heikelsten politischen Themata behandelt wurden oder in der öffentlichen Halle neben unbekannten Fremden sorglos über die inneren Verhältnisse der Armee debattiert wurde.»[61]

Die generelle internationale Verknüpfung zeigte sich nicht nur in den wichtigen, in Kapitel 3 aufgezeigten Wirtschaftsbeziehungen sowie in den militärischen Allianzplänen (vgl. Kapitel 4) und in den wenigen friedensvermittelnden Kontakten und Guten Diensten (Kapitel 2), sondern auch in den internationalen Sozialistentreffen.

Die Zweite Sozialistische Internationale, die 1912 in Basel noch einen eindrücklichen Friedenskongress zustande gebracht hatte (vgl. Kapitel 1), war bei Kriegsausbruch auseinandergebrochen, die sozialistischen Fraktionen hatten die Kriegskredite ihrer Länder und die als «Verteidigungsmassnahmen» präsentierten Kriegsmobilisationen gebilligt. Doch schon bald nach dem Sommer 1914 gewann die fundamentalkritische Haltung wiederum die Oberhand und regten sich die entsprechenden Bemühungen, die internationalen Beziehungen wiederherzustellen. Eine gewisse Bedeutung erlangten die italienischen Sozialdemokraten aus dem neutral gebliebenen Italien; dies mit anfänglichen Kontakten zu dem damals noch im linken Lager agierenden *Avanti*-Chefredaktor Benito Mussolini.

Auf Schweizer Seite war der Berner Stadt-, Kantons- und Nationalrat Robert Grimm die treibende Kraft.[62] Er organisierte im September 1915 im stadtnahen Bauerndorf Zimmerwald ein Geheimtreffen, an dem 37 Sozialisten aus Deutschland, Frankreich, Italien, Russland, Polen, Rumänien, Bulgarien, Schweden, Norwegen und Holland teilnahmen. Von schweizerischer Seite waren ausser Grimm der Neuenburger Nationalrat Charles Naine und der in Zürich wohnhafte Fritz Platten, von 1917 bis 1922 ebenfalls Nationalrat, dabei. Mit dabei war auch der später zu grösster Berühmtheit gelangende Russe Wladimir Ulianow, genannt Lenin. Grimm hatte ihm im Vorjahr die Einreise in die Schweiz ermöglicht. Lenins Ziel war nicht die Wiederherstellung des Friedens, sondern die Umwandlung des imperialistischen Kriegs in einen Bürgerkrieg, in dem das Proletariat in einem revolutionären Akt die kapitalistische Herrschaft der Bourgeoisie beseitigen sollte.[63]

Lenin konnte sich in Zimmerwald mit dieser Haltung nicht durchsetzen und musste sich mit einer sehr allgemein gehaltenen Erklärung zufriedengeben. Dem Kapitalismus wurde die Schuld am Krieg zugewiesen, der Burgfriede von August 1914 wurde verurteilt und immerhin der Klassenkampf als Mittel empfohlen, um die Regierungen zu zwingen, den Krieg aufzugeben. Es blieb aber bei der Neuauflage der alten und allgemeinen Parole «Proletarier aller Länder, vereinigt Euch!», und es wurden keine weiteren Perspektiven aufgezeigt oder entsprechende Konsequenzen gefordert. Dagegen enthielt die Resolution die Sympathie der Konferenzteilnehmer für alle Kriegsopfer und verfolgten Kriegsgegner und verwies speziell auf das Schicksal der Polen, Belgier, Armenier und Juden.[64] Zuletzt wurde als Keimzelle einer neuen «Internationalen» eine international zusammengesetzte Kommission ins Leben gerufen, deren Sekretariat in Bern angesiedelt sein sollte. In der Folge fand im April 1916 in Kiental, einem Dorf im Berner Oberland, eine weitere internationale Sozialistenkonferenz statt. Der Verlauf und die gegen den Sozialpatriotismus gerichtete Schlussresolution zeigten, dass der revolutionäre Flügel inzwischen Terrain gutgemacht und die gemässigten Kräfte entsprechend Boden verloren hatten.

Als Wendepunkt in der Politik der schweizerischen Sozialdemokratie ist der Parteitag von Juni 1917 zu betrachten, an dem zu den Kientaler Beschlüssen Stellung bezogen, die Verschärfung des proletarischen Klassenkampfes ins Auge gefasst und mit 222 gegen 77 Stimmen die Landesverteidigung abgelehnt wurde. Lenin und Grimm waren nicht anwesend, sie weilten beide in Russland. Der 31-jährige Ernst Nobs, damals Chefredaktor des Zürcher *Volksrechts* und 1943 erster sozialdemokratischer Bundesrat, erklärte als einer der radikalen Wortführer, die Zustimmung zur Landesverteidigung sei für das Proletariat «ein Abhang, den man hinuntergleitet, auf dem es keinen Halt gibt, auf dem man rettungslos hinuntersinkt in die Ideologie der Bourgeoisie».[65] Dieser Beschluss war für das

Selbstverständnis der Linken wichtiger als für das Gros der Bevölkerung, die sich davon kaum beeindrucken liess. Auch auf den Grenzschutz hatte der Parteibeschluss keinerlei unmittelbare Auswirkung.

Der Historiker Otto Lezzi bemerkt: «Die im Militärdienst stehenden Delegierten kehrten, nachdem sie vermutlich für die Ablehnung der Landesverteidigung gestimmt hatten, pünktlich und pflichtbewusst in ihr Kantonnement zurück.»[66]

109 **Wahlpropraganda der Rechten** von Oktober 1917 gegen die Linke mit dem Vorwurf, zum Entsetzen der wehrlosen Bevölkerung mit ihrer neuerlichen Ablehnung der Landesverteidigung Verhältnisse zu schaffen, in denen der Kriegsgott Mars mit seinem schrecklichen Gefolge ins Land einbrechen kann. Einige der SP-Kandidaten haben die ihnen zugeschriebenen Arbeitermützen auf dem Kopf.

Landesstreik

Die Idee einer in Zeiten der Gefahr zutiefst einigen Nation entsprach bereits 1914 nicht der Realität, zu unterschiedlich waren die von Anfang an bestehenden gegenläufigen Sympathien mit den Krieg führenden Nachbarländern. Im Laufe der Zeit, etwa ab 1916, vertieften sich aber auch die sozialen Gegensätze und führten zu einem weiteren «Graben». Der Bauernvertreter Ernst Laur räumte in seiner Erinnerungsschrift ein: «Der vaterländische Opferwille der ersten Kriegszeit war bei einem immer grösseren Teil der Bevölkerung, auch bei vielen Bauern, von egoistischen Überlegungen zurückgedrängt worden. Die grossen Kriegsgewinne in Handel und Industrie wirkten aufreizend.»[67]

Gegenläufig zu der gewiss bestehenden Notwendigkeit, eine nationale Überlebensgemeinschaft zu bilden, bestanden auch divergierende, in ihrer Divergenz grundsätzlich aber völlig legitime Gruppeninteressen. Der Hauptgegensatz bestand, sicher sehr allgemein umschrieben, bei den Bedürfnissen und Möglichkeiten zwischen Stadt- und Landbevölkerung. Der in sozialer Hinsicht bestehende tendenzielle Gegensatz wurde durch ideologisch aufgeladene Bilder verschärft, die eine Polarität von «städtischen Arbeitermassen» und «traditioneller Bauernsame» schufen und unbeachtet liessen, dass es auch in den Städten wohlhabende und auf dem Land bedürftige Menschen gab. Diese Polarität erhielt durch die im November 1918 sich zuspitzenden sozialen Unruhen eine weitere Bestätigung.

Der bei Kriegsende, am 11./12. November 1918, ausgerufene unbefristete und doch schon am 13./14. November 1918 wieder abgebrochene Landesstreik erwies sich für die bürgerlich dominierte Schweiz in der nahezu ganzen Zwischenkriegszeit als bestimmendes Schlüsselereignis. Grössere Streiks hatte es bereits vor 1914 häufig gegeben. Für die Jahre 1880 bis 1914 liegen eindrückliche Zahlen vor: Es kam zu über 1000 Streiks mit über 100 000 Beteiligten und dabei zu 39 Einsätzen der Armee gegen Streikende.[68]

Landesstreik nicht aus heiterem Himmel

Der Landesstreik vom November 1918 kam in mehrfacher Hinsicht nicht aus heiterem Himmel: Es gab die erwähnten älteren Vorläufer, der Krieg brachte anfänglich einen Unterbruch, eine Art Moratorium. Und da waren die jüngeren Vorläufer schon 1916/17.[69] Hinzu kam die Verschärfung des Elends sowie, in der allerletzten Kriegsphase, noch die Wiederkehr des Jahrestags der Revolution in St. Petersburg sowie des Jahrestags der Novemberunruhen in Zürich, beide 1917.[70]

Die Streiks haben eine längere Vorgeschichte innerhalb der Arbeiterbewegung: Seit etwa 1900 intensivierte sich die Debatte in der internationalen Arbeiterbewegung über die Frage, unter welchen Umständen ein Massenstreik sinnvoll sei und welche Chancen man ihm einräumen könne. Gemeint war ein Streik, der nicht nur spezielle Arbeitsbedingungen zum Gegenstand hat, sondern politische Zielsetzungen bis hin zur revolutionären Überwindung der kapitalistischen Gesellschaftsordnung. Im Gegensatz zu Barrikadenkämpfen und Staatsstreichen konnte eine breit angelegte Arbeitsniederlegung für sich in Anspruch nehmen, eine zivilisierte Kampfmethode zu sein. Andererseits hatte sie doch den Anstrich des Undemokratischen, wenn sie in einem politischen System eingesetzt wurde, das gewisse Veränderungen über Abstimmungen möglich machte. In der schweizerischen Arbeiterbewegung machte man sich allerdings kaum Illusionen über die Möglichkeit, mit dem Zettel an der Urne fundamentale Änderungen («Diktatur des Proletariats» als Endziel) herbeizuführen. Der Gewerkschaftsbund erklärte im Mai 1913, dass ein Massenstreik als Mittel zur Eroberung der politischen Macht im Falle der Schweiz «kaum empfehlenswert» sei. Aber ganz ausschliessen wollte man ihn doch nicht und die Zustimmung von den «besonderen Umständen» abhängig machen.[71]

Zur jüngeren Vorgeschichte gehören erste Massenaktionen gegen die Teuerung, die bereits im Sommer 1916 stattgefunden hatten, so kam es etwa in Basel zu «Volksversammlungen», verbunden mit einer Flugblattaktion und einer Petition.[72] Am 30. August 1917 gab es gesamtschweizerische Demonstrations- bzw. Warnstreiks mit Spitzenteilnahmen in Zürich und Bern von je 15 000 Teilnehmerinnen und Teilnehmern, ebenso in Aarau und Arbon und vielen anderen Orten vor allem in der deutschen Schweiz. Aber auch Genf und La Chaux-de-Fonds finden sich auf der Liste der Protestaktionen. In der neuenburgischen Uhrenstadt war schon im Mai 1917 in einer aufstandsähnlichen Aktion der sozialdemokratische Nationalrat Ernest-Paul Graber aus dem Gefängnis befreit worden.[73] Die Oktoberrevolution in St. Petersburg stärkte in der Schweiz das Vertrauen der Arbeiterschaft in ihre Möglichkeiten. Allerdings stand nicht die Idee eines schnellen Erfolgs im Vordergrund. Der Basler *Vorwärts* schrieb am 28. November 1917: «Die nächsten drei Jahre werden von den wichtigsten in der Geschichte unseres Landes sein.» Vor dem Hintergrund der weltgeschichtlichen Vorgänge in Russland war es am 15./16. November 1917 in Zürich zu unkontrollierten, von der organisierten Arbeiterschaft entschieden abgelehnten Unruhen gekommen, nachdem der Pazifist

«Die nächsten drei Jahre werden von den wichtigsten in der Geschichte unseres Landes sein.»

Max Daetwyler verhaftet worden war, weil er öffentlich zur Schliessung von zwei Munitionsfabriken aufgerufen hatte. Militär wurde eingesetzt, es gab vier Tote sowie 28 Schwer- und Leichtverletzte.[74]

Von der weiteren Verschärfung der sozialen Misere ist im Kapitel zum Alltag bereits die Rede gewesen. Und zum besonderen Aggregatszustand vom Spätherbst 1918 ist zu sagen, dass nicht nur die emotionale Nähe zu den Geschehnissen im Vorjahr die Stimmung beeinflusste, sondern auch der aktuelle revolutionäre Aufbruch insbesondere in Deutschland. Man rechnete damit, dass der Funke von jenseits der Grenze auf die Schweiz überspringen könnte. Wie nah die ausländischen und inländischen Vorgänge beisammenlagen, kann man an der damaligen Sonderausgabe der *Schweizerischen Illustrierten Zeitung* vom 16. November 1918 ablesen. Die ausländischen Ereignisse wurden auf der Titelseite in Kombination mit den entsprechenden Porträts mit folgendem Titel bedacht: «Die vom Volk gestürzten Herrscher. Auf dem Wege zur Welt-Demokratie.» Und auf der Rückseite brachte das Blatt eine Reportage zum Landesstreik. Am 1. Oktober 1918 streikten in Zürich, sogleich von der Arbeiterunion mit einem Generalstreik unterstützt, die Bankangestellten, um eine Lohnaufbesserung und die Anerkennung ihrer Organisation (Koalitionsrecht) durchzusetzen. Sie mussten es sich dabei gefallen lassen, ebenfalls als Bolschewiki hingestellt zu werden.[75]

Bankangestellte als Bolschewiki?

Der Oktober verlief alles in allem ruhig. Ein wichtiger, die Hoffnungen belebender Moment war die Annahme der sozialdemokratischen Volksinitiative zur Einführung des Proporzwahlrechts am 13. Oktober 1917. Die Zürcher Kantonsregierung befürchtete, dass schon bald wieder ein weiterer Generalstreik ausgerufen würde und dieser dann in eine Revolution ausarten könnte. Sie wünschte darum ein Truppenaufgebot mit Stationierung, aber nicht in der Stadt, sondern nur in der Nähe der Stadt, und mit Truppen des eigenen Kantons. Der General wollte sogleich die ganze Kavallerie und andere Einheiten aufbieten, der Bundesrat dagegen noch zuwarten aus Rücksicht auf die Grippeepidemie und um einen Provokationseffekt zu vermeiden.

Am 5. November 1918 erneuerte die Zürcher Regierung ihren Wunsch nach militärischem Schutz. General Wille, der auf diesen Einsatz drängte, hatte zuvor Truppen aus der Region abgezogen und die Stadt militärisch entblösst, um auf diese Weise den Auftrag zum Schutz zu erwirken. Gerüchte etwa über den Plan einer revolutionären Besetzung der Telefonzentrale verunsicherten die Regierung und veranlassten diese, am 6. November 1918 ihre ordentliche Sitzung in der Stadtkaserne abzuhalten. Der General reagierte beinahe belustigt auf die Ängste der Zürcher Bürgerschaft und erklärte, dass er sein «bisschen Vermögen» nicht aus dem Tresor der Kreditanstalt geholt habe, um es in dunkler Nacht im Wald zu vergraben. Aber er traute dem «verbrecherischen Willen» der «Bolschewiki»-Führer allerhand zu.[76]

Vom 6. November 1918 an folgte ein Ereignis auf das andere, sie verselbstständigten sich – wie bei einer Kettenreaktion:

6. November	Aufgebot von zwei Infanterie-Regimentern und zwei Kavallerie-Brigaden
7. November	Demonstrativer Einmarsch dieser Truppen. Beschluss eines 24-stündigen Proteststreiks
9. November	Durchführung dieses Streiks in 19 Schweizer Städten; Zürcher Beschluss, den Streik unbefristet weiterzuführen
10. November	Schiesserei auf dem Fraumünsterplatz mit vier verletzten Zivilisten und einem getöteten Soldaten. Nach erfolglosen Verhandlungen zwischen Streikleitung (dem sog. Oltener Komitee) und Landesregierung Ausrufung eines unbefristeten Landesgeneralstreiks mit einem 9-Punkte-Programm
11. November	Weitere Truppenaufgebote, Gesamtumfang rund 8000 Mann. In der Nacht vom 11. auf den 12. Nov.: Beginn des Landesstreiks
12. November	Bundesversammlung spricht sich für Unnachgiebigkeit aus
13. November	Ultimatum des Bundesrats an die Streikleitung
13./14. Nov.	Streikabbruch
14. November	In Grenchen werden drei flüchtende Demonstranten erschossen
16. November	«Siegesparade» des Militärs in Zürich.[77]

Die Armee als Retterin der Nation – diese Leistung wurde dem Militär bei diesem inneren Ordnungseinsatz stärker zugeschrieben als bei der Aussenverteidigung.

Ob und wie der Gang der Entwicklung anders hätte verlaufen können, lässt sich im Rückblick auch hier nicht sagen. Das Aufgebot vom 6. November war so etwas wie ein Brandbeschleuniger; es mag aber auch gerechtfertigt gewesen sein, jedenfalls beruhte es auf dem Gedanken, dass von einem grossen Aufgebot eine abschreckende und damit präventive Wirkung ausging, während die zivilen Stellen deswegen zunächst einen gegenteiligen, provozierenden Effekt befürchteten. General Wille wollte gegen die erwarteten Strassentumulte vor allem Kavallerie und nicht Infanterie einsetzen und begründete dies mit deren Effektivität, aber auch mit folgender Einschätzung: «Unsere Kavallerie ist die einzige Waffe unserer Armee, von der man mit Sicherheit sagen kann, dass sie gar nicht von Bolschewismus und Soldatenbünden infiziert ist.»[78] Auf der Streikseite hatte man gehofft, es vor allem mit «proletarischen» Infanteristen zu tun zu haben, die man, wenn der Einsatz nur lange genug anhielt und weil sie «kriegsmüde» waren, ins eigene Lager ziehen könnte.[79] Wie ernst die Lage aufseiten der Armee eingeschätzt wurde, zeigt der Befehl, wonach die geladenen Gewehre während der Schlafzeit neben den Soldaten im Stroh liegen und beim sonntäglichen Kirchgang mitgenommen werden mussten.[80]

«Unsere Kavallerie ist die einzige nicht infizierte Waffe unserer Armee.»

Was wäre geschehen, wenn die Streikpartei die Oberhand gewonnen hätte? Wäre aus der Schweiz eine Räterepublik geworden? Die formulierten Streikziele waren alles in allem – in Kategorien bolschewistischer Zielsetzungen – nicht revolutionär. Die neun Forderungen lauteten:

1. Sofortige Neuwahl des Nationalrats auf der Grundlage des Proporzes
2. Aktives und passives Frauenstimmrecht
3. Einführung der allgemeinen Arbeitspflicht
4. Einführung der 48-Stunden-Woche in allen öffentlichen und privaten Unternehmungen
5. Reorganisation der Armee im Sinne eines Volksheeres
6. Sicherung der Lebensmittelversorgung
7. Alters- und Invalidenversicherung
8. Staatsmonopole für Importe und Exporte
9. Tilgung aller Staatsschulden durch die Besitzenden.

Wie man sieht, sind dies zu einem grossen Teil keineswegs unvernünftige Erwartungen. Der 6. Punkt wurde noch präzisiert, denn er wollte die Sicherung der Lebensmittelversorgung «im Einvernehmen mit den landwirtschaftlichen Produzenten», also mit den Bauern, um den bereits erwähnten Stadt/Land-Gegensatz zu mildern. Die Armee dagegen stützte sich auf diesen Gegensatz und mobilisierte insbesondere Landtruppen für den Ordnungsdienst in den Städten, damit die Gefahr des Fraternisierens gering blieb. Wie beispielsweise für die Entlebucher überliefert ist, war die Wut der Aufgebotenen gross, weil sie erneut ihren Hof oder ihren Handwerksbetrieb verlassen mussten; die Wut richtete sich aber nicht gegen die aufbietenden Stellen, sondern gegen die «Revolutionäre».[81]

Manche der Forderungen hatten einen staatsmonopolistischen Zug, doch ergab sich daraus – in jener Zeit – nur eine geringe Differenz zur bereits etablierten Kriegswirtschaft (vgl. Kapitel 3). Enteignungscharakter hatte der neunte Punkt, und die Forderung nach sofortigen Neuwahlen kam in die Nähe eines möglichen forcierten Regimewechsels. Trotzdem war diese Forderung eine Bekräftigung der Demokratie und konnte sich auf den wenige Wochen zuvor errungenen Sieg vom Oktober 1918 in der Abstimmung zur Einführung des Proporzwahlrechts berufen (vgl. Kapitel 2).

Wie bereits dargelegt, kam der Bundesrat dieser Forderung so weit entgegen, dass die neuen Wahlen nicht gerade «sofort» durchgeführt, aber immerhin um ein Jahr vorgezogen wurden. Und da die Fraktionsstärken die Basis der Regierungsbeteiligung bilden sollten, hatte der Bundesrat schon am 12. November 1918 vor dem Parlament explizit erklärt, man sei bereit, die Landesregierung «möglichst rasch» in einer Weise umzugestalten, dass auch die sozialdemokratische Partei darin eine «ihrer Bedeutung entsprechende Vertretung» erhalte.[82] Das «möglichst rasch» sollte allerdings noch zwei Jahrzehnte auf sich warten lassen ...

So sehr sich die Forderungen beschränkten, sie waren doch eingebettet in eine vorherrschende Revolutionsrhetorik. Ende Oktober 1918 hatte die Geschäftsleitung der SPS zum ersten Jahrestag der russischen Revolution verkündet:

> «Schon rötet die nahende Revolution den Himmel über Zentraleuropa; der erlösende Brand wird das ganze morsche blutdurchtränkte Gebäude der kapitalistischen Welt erfassen. Eine neue Geschichtsaera eröffnet sich, die Aera des Kampfes um die Befreiung der Volksmassen von Druck und Ausbeutung, von Hunger und Krieg, die Aera des Sozialismus.»[83]

Der erste dieser beiden Sätze war umstritten, blieb aber mit Stichentscheid des die Sitzung präsidierenden Ernst Nobs stehen. Nobs, Chefredaktor des *Volksrechts* und Mitglied des Zürcher Stadtparlaments, 1919 Nationalrat, wurde 1943 erster sozialdemokratischer Bundesrat.

Die bürgerliche Mehrheit stärkte in der extra einberufenen Bundesversammlung dem Bundesrat den Rücken. Die Bürgerlichen weigerten sich, unter dem Druck der Strasse irgendwelche Verhandlungen zu führen, und erwarteten den

110 (oben) **Aufgebrachte Demonstranten** blockieren auf dem Aeschenplatz in Basel eine Strassenbahn.

111 (rechts) **Sicherung des Bundeshauses** durch Truppen mit dem neuen Stahlhelm.

bedingungslosen Streikabbruch. Da half es nicht, dass der greise und besonnene Gewerkschaftsführer Herman Greulich beteuerte, dass sie keinerlei Umsturzabsichten verfolgten und man im Falle von Hausdurchsuchungen bei «allen ernsten Arbeitsorganisationen» keine entsprechenden Pläne finden würde.[84] Keinen Moment ging es in der zugespitzten Situation um konkrete Reformfragen, die auch Bürgerliche allenfalls hätten unterstützen können. Es ging einzig um die Machtfrage: Wer ist der Stärkere? Auch der als Landesstreikgeneral auftretende Nationalrat Robert Grimm konnte erklären, dass in diesem zugespitzten Konflikt nur «Triumph oder Tod» die Alternative sei.[85] Die drei im Nationalrat zu diesem Konflikt durchgeführten Abstimmungen zeigten stets das gleiche erdrückende Verhältnis von etwa 130 zu 15 Stimmen.[86]

Die eingesetzten Soldaten wurden von vielen bürgerlich eingestellten Bürgern willkommen geheissen. Mitrailleur O.B. aus Neuhausen berichtet, dass die Truppe bei ihrer Verlegung nach Basel mit Liebesgaben überschüttet worden sei: «Wir kommen fast nicht nach mit Rauchen und Schlecken.» Die Stimmung wird weder als bedrückt noch als bedrohlich geschildert: «In den Strassen herrscht reges Treiben, wie wenn ein Fest wäre. Müssiggänger und Neugierige strömen hin und

«Misthaufen» und «Chabisköpfe»

her und warten auf grosse Ereignisse. Viele tragen weisse Armbinden. Wenn wir vorbeifahren, rufen manche Bravo, manche Pfui.»[87] Die Armbinden dürften Kennzeichen der privaten Bürgerwehren gewesen sein. Andere Überlieferungen gaben die ausgeteilten Schimpfwörter noch etwas

112 Erinnerungsbild an den vorübergehend eingetretenen Ernstfall: Die Hauswache der Schweizerischen Rückversicherung liess sich im Direktionszimmer verewigen.

expliziter wieder (etwa «Misthaufen» für die Bolschewisten und «Chabisköpfe» für die Landsoldaten), und es wurde darüber geklagt, dass die Truppe unflätig gedemütigt und angespuckt und mit Flüssigkeiten beworfen worden sei und sich nicht habe wehren dürfen. In Zürich und wohl auch andernorts wurde der Tagessold von 80 Rappen auf 8 Franken hinaufgesetzt. Die Georg-Fischer-Werke in Schaffhausen leisteten einen Beitrag an den Ehrensold der Ordnungstruppe[88], und die Schweizerische Rückversicherungs-Gesellschaft belohnte ihre extra gebildete und mit Waffen und Munition aus dem Zeughaus ausgestattete Hauswache mit einem Sold von 60 Franken und zwei zusätzlichen Ferientagen.[89]

Die Bürgerwehren entstanden als private Organisationen aus der Meinung, dass das Land über die offizielle Armee hinaus, die immerhin rund 100 000 Mann aufgeboten hatte, diese teils demonstrativ offen auftretenden, teils konspirativ sich organisierenden Wehrgruppen brauche. Die Bürgerwehr der Gemeinde Entlebuch liess sich vom Luzerner Zeughaus 60 Gewehre mit Munition und fünf Revolver geben. Damit legte sie in ihrem Schulhaus ein geheimes Lager an. Eindrücklich ist, dass die braven Bürger auch in anderer Hinsicht vorsorgten: Sie schlossen bei der Winterthur eine Versicherung ab für Todesfälle und Invalidität in den eigenen Reihen und für Haftplicht in der Höhe von 20 000 Franken pro Einzelgewehr.[90]

Der Landesstreik hatte vor allem in der deutschen Schweiz Erfolg, in der französischen Schweiz und im Tessin wurde der Streikaufruf weit weniger befolgt.[91] Aus der französischen Schweiz ist die folgende Pressestimme überliefert: «Cette grève est boche. C'est le reste du poison de la bête.» («Dieser Streik ist deutsch. Er ist der Rest vom Gift des Tieres.»)[92] Tendenziell fielen die beiden Gräben, der kulturelle und der sozialpolitische, zusammen. Es ist bezeichnend, dass der im April 1881 im zürcherischen Wald geborene Landesstreikführer Robert Grimm in der Presse der französischen Schweiz verdächtigt wurde, ein erst kürzlich naturalisierter Deutscher zu sein.[93]

Auf dem Lande zeigten sich da und dort auf der Seite der Streikgegner bedenkliche Reaktionen. Mit der Bildung von sogenannten Bürgerwehren hätte dem Staat die Kontrolle über die Situation entgleiten, und es hätte tatsächlich zu bürgerkriegsähnlichen Auseinandersetzungen kommen können. Bauern drohten, bei der «rebellierenden Industriebevölkerung» der Städte selber für Ordnung zu sorgen. Aus dieser Haltung heraus verbot der Thurgauer Regierungsrat sogar Milchlieferungen an den Industriekanton Zürich, sodass der Zürcher Regierungsrat des-

«Wenn die Ruhe zurückkehrt, sind Arbeiter und Bauern wieder aufeinander angewiesen.»

wegen bei der Landesregierung vorstellig werden musste.[94] Der Schweizerische Bauernverband rief öffentlich dazu auf, solche Sperren zu unterlassen.[95] General Wille sah sich genötigt, die Berner Bauern von einem Marsch nach Bern abzuhalten; er wollte jede Verschärfung der Gegensätze zwischen Stadt und Land vermeiden und vertrat einen Standpunkt, wie ihn der Vorgänger Dufour schon im Sonderbundskrieg von 1847 bezüglich der beiden Konfessionslager eingenommen hatte: «Wenn die Ruhe wieder zurückkehrt, sind sie (Arbeiter und Bauern, d. Vf.) wieder aufeinander angewiesen.» Willi Gautschi würdigt in seiner Streikgeschichte General Willes Versöhnlichkeit, er bemerkt aber auch, dass Wille der Arbeiterschaft gegenüber davon erst Gebrauch machte, nachdem die Armee ihr den Meister gezeigt hatte.[96]

Mit zwei Stunden Verspätung teilte das Streikkomitee, wie vom bundesrätlichen Ultimatum erwartet, in der Nacht auf den 14. November 1918 seine bedingungslose Kapitulation mit. Der Bundespräsident gab die Nachricht mit der Bemerkung weiter: «Der Alpdruck ist gewichen. Frei und stolz erhebt die schweizerische Demokratie ihr Haupt.»[97]

«Frei und stolz erhebt die schweizerische Demokratie ihr Haupt.»

In der Uhrenstadt Grenchen störten Demonstranten nach Streikabbruch die Wiederaufnahme des Bahnbetriebs. Waadtländer Militärs verfolgten die Demonstranten und erschossen dabei drei Männer, einen weiteren verletzten sie am Arm. Dieser höchst fragwürdige Ordnungseinsatz blieb ohne Sanktionen, hingegen wurde der Streikführer, Gemeinde- und Kantonsrat Max Rüdt zu vier Wochen Gefängnis verurteilt, zehn weitere Grenchner bekamen ebenfalls Haft- und Geldstrafen, Entschädigungsforderungen der Hinterbliebenen und Verletzten blieben erfolglos.[98]

Doch war mit diesem Nachbeben die Phase der harten Streikkonflikte noch nicht abgeschlossen. Ende Juli 1919 führten Arbeitskämpfe mit Aussperrungen von Färbereiarbeitern infolge Agitationstätigkeit zu einem Generalstreik in Basel und Zürich. In Basel eskalierte der Konflikt, ein Militärlastwagen wurde mit Steinen beworfen, die Reaktion des Militärs forderte fünf Tote – darunter eine Mutter, die ihr Kind von der Strasse holen wollte, und zwei weitere Frauen – sowie zahlreiche Verletzte.[99]

Streiks waren grundsätzlich nicht verboten.[100] Der Bundesrat untersagte aber aufgrund seiner Vollmachten am 11. November 1918 den Bundesangestellten die Teilnahme an einem Streik. Nach dem Generalstreik wurden gegen 3500 Personen, vor allem Eisenbahner, militärgerichtliche Untersuchungen durchgeführt und 147 Verurteilungen ausgesprochen.[101] Die Streikführer sahen sich dem Vorwurf der

Gefährdung der inneren und äusseren Sicherheit ausgesetzt und mussten sich deswegen vor dem Militärgericht verantworten. Bei neun angeklagten Nationalräten wurde die parlamentarische Immunität aufgehoben. Das Gericht nahm vier Verurteilungen vor, blieb beim Strafmass jedoch beim Minimum. Die Rechtsbrüche seien weder aus gewinnsüchtigen noch aus ehrlosen Motiven erfolgt. Drei Angeklagte erhielten sechsmonatige Gefängnisstrafen, der bereits erwähnte Ernst Nobs wurde zu vier Wochen Gefängnis verurteilt, und alle mussten einen Teil der Gerichtskosten übernehmen. Der Nichthistoriker Robert Grimm nutzte seine Haftzeit auf Schloss Blankenburg im Obersimmental, um eine Schweizergeschichte auf der Grundlage des historischen Materialismus zu verfassen.[102]

Aus rechtsbürgerlicher Sicht handelte es sich beim Landesstreik unzweifelhaft um ein «frevlerisches, gegen die gesetzliche Ordnung und Regierung gerichtetes revolutionäres Unternehmen, zu dem intensive bolschewistische Wühlarbeit getrieben hatte».[103]

Der zur bürgerlichen Mitte zählende Militärhistoriker und EMD-Sprecher Hans-Rudolf Kurz kam Jahrzehnte später zu einem ganz anderen und treffenderen Urteil, wenn er festhielt, dass der Streik «vor allem aus wirtschaftlicher und sozialer Not» erwachsen sei.[104] Thomas Bürgisser seinerseits bemerkte, dass die Wahrnehmung der Behörden und Armee von «Hysterie» geprägt war.[105]

Angesichts des unmittelbaren Ausgangs des Streiks und der Abrechnungen in der historiografischen Bilanzierung des Landesstreiks wird leicht übersehen, dass der Streik schon kurzfristig und mehr noch mittelfristig auch im Sinne seiner Zielsetzungen Wirkung zeitigte. Bereits 1919 wurde die Arbeitszeit von 59 Wochenstunden auf die im Landesstreikmanifest geforderten 48 Stunden verkürzt, und im gleichen Jahr wurde das Gesetzgebungsrecht zur Einführung der AHV geschaffen.[106]

Der Landesstreik war primär ein aus innen- beziehungsweise sozialpolitischen Gegebenheiten hervorgegangenes Unterfangen, auch wenn der internationale Stimmungskontext einen wichtigen Rahmen bildete. Die schweizerischen Behörden sahen zwischen der zunehmenden Protestbereitschaft und der Anwesenheit der provisorischen Vertretung der russischen Revolutionsregierung einen direkten Zusammenhang. Trotz der heimlichen Kontrolle der Kurierpost liessen sich aber keine direkten Anhaltspunkte einer Einmischung in schweizerische Angelegen-

113 **Lenin lebte** 1914 bis 1917 als unscheinbarer Emigrant in der Schweiz. Hier hatte er sich in den von ihm gelobten öffentlichen Bibliotheken weitergebildet, aber auch ein paar Kraftausdrücke auf «Schwyzertüütsch» gelernt. Sein Porträt als «meistgenannter Mann Russlands» kam als «erste authentische Aufnahme» erst auf die Titelseite der *Schweizer Illustrierten Zeitung*, nachdem er in seine Heimat zurückgekehrt war und als er sich um einen Separatfrieden zwischen den Zentralmächten und Russland bemühte. Ein entsprechender Waffenstillstand kam am 3. März 1918 in Brest-Litowsk zustande. (Ausgabe Nr. 50 vom 15. Dezember 1917)

heiten nachweisen. Hingegen konnten agitatorische Interventionen vom Botschaftspersonal bei russischen Kriegsflüchtlingen sehr wohl festgestellt werden.[107]

Nachdem genügend Truppen zum Ordnungsdienst gegen den Landesstreik aufgeboten worden waren, wagte der Bundesrat die überfällig erscheinende Ausweisung der «éléments étrangers», von denen man annahm, dass sie die Schweiz als Versuchsfeld («champs d'expériences») benutzt hätten. Da der Eisenbahndienst bereits durch den Streik lahmgelegt war, musste die sowjetische Mission (33 auf acht Wagen verteilte Personen) in einer längeren und von Militär mit Schiessbefehl begleiteten Wagenkolonne ausgeschafft werden. Die klägliche und dilettantisch angegangene Fahrt an die Grenze bei Kreuzlingen dauerte über 20 Stunden, die offenen Wagen waren teils dem Regen, teils der mit Heugabeln drohenden Landbevölkerung ausgesetzt. Städte als potenzielle Unruheherde wurden bewusst umfahren.[108]

Bolschewiken werden mit Heugabeln bedroht.

Ein Bild von der Abfahrt in Bern mit eskortierenden Dragonern wurde der Leserschaft der *Schweizer Illustrierten Zeitung* vorgesetzt. Neben der tatsächlich bestehenden Befürchtung heimlicher Machenschaften der sowjetischen Delegation dürfte hinter der Aktion auch die demonstrative Absicht gestanden haben, die in der Schweiz ausgebrochenen Unruhen als Produkt auswärtiger Agitation hinzustellen und die Erwartung zu fördern, dass mit der vorgenommenen Ausschaffung zugleich eine wichtige Konfliktursache gleichsam abgeschafft wäre. Die mit der Ausweisung der Mission des Sowjetdiplomaten Berzine beendeten diplomatischen Beziehungen mit der Sowjetunion sollten erst 1946 wiederhergestellt werden. Nach der spektakulären Ausweisung vom 12. November 1918 nahmen die schweizerischen Behörden die Gelegenheit wahr, um mit vier «Russenzügen» weitere russische Staatsangehörige ausser Landes zu schaffen. Ein erster Schub war bereits im Juni 1918 durchgeführt worden.

Einerseits sah man in den Russen gerne im Sinne von Sündenböcken die Verursacher der sozialen Unruhen, andererseits wurde nüchtern eine ideal erscheinende Gelegenheit genutzt, um sich von schriftenlosen Russen und Osteuropäern zu «befreien», wie es wörtlich in einem Schreiben des EJPD an die kantonalen Polizeidirektoren hiess.[109] Daneben bestand freilich auch die Befürchtung, dass die Schweiz von der in Deutschland um sich greifenden kommunistischen Agitation erfasst werden könnte. Antibolschewistische Denunzianten stellten zum Beispiel das Hotel Simplon, wo russische Internierte untergebracht waren, als «Bolschewistennest» dar, von dem aus die Revolution in Italien geplant worden sei.[110]

114 **Von Dragonern eskortiert** verliess die Sowjetgesandtschaft am 12. November 1918 Bern, nachdem der Bundesrat die De-facto-Beziehungen für beendet erklärt hatte. (*Schweizer Illustrierte Zeitung* vom 23. November 1918)

Die Festsetzung der schweizerischen Vertretung in St. Petersburg im Sinne einer Retorsion liess nicht auf sich warten. Um deren Freilassung zu erwirken, wollten die schweizerischen Behörden ein paar Russen als Geiseln nehmen, sie hatten aber Mühe, welche zu finden, weil sie schon zuvor fast alle ausgewiesen hatten; schliesslich fanden sie 16 Personen, zumeist Frauen und Kinder.[111]

In den Streiktagen zirkulierten Gerüchte, wonach die Entente die Absicht habe, in die Schweiz einzumarschieren, wenn der schweizerischen Regierung die Macht entgleiten sollte. Für die Eroberung des Elsass an der Juragrenze zusammengezogene amerikanische Truppen und in der Nähe von Genf retablierende Truppen mit algerischen Soldaten wurden als Bestätigung dieser Gefahr interpretiert. Als das französische Blatt *Le Temps* die Liquidation des Bolschewismus forderte und – ohne Bezug zur Schweiz – erklärte, dass die Flotten der Entente auch im Schwarzen Meer operieren und so den Herd des Übels erreichen könnten, nutzte das in Zürich herauskommende *Volksrecht* diese Meldung, um vorlaut zu erklären, dass die Schweiz einstweilen nicht das Schwarze Meer sei und darum von keiner Flotte ungestraft befahren werden könne.[112]

Der Bundesrat beauftragte die Gesandten in Paris, London, Rom und Washington mit einer Klarstellung, wonach man für die Aufrechterhaltung der Ordnung selbst sorgen könne und von niemandem Hilfe verlangen oder annehmen würde.[113] Die Hinweise auf die Invasionsgefahr, für die es keinerlei wirklichen Anhaltspunkt gab, könnten auch die Funktion gehabt haben, das eigene schnelle Durchgreifen zu rechtfertigen. Der General glaubte seinerseits, mit diesem Argument Druck auf die zivile Oberbehörde ausüben zu müssen:

> «Wenn die Regierung die Umstürzler nicht niederdrückt, kann es keinem Nachbarstaat verdacht werden, wenn er, um sein eigenes Territorium und Volk vor der Vergiftung zu schützen, in unser Land einmarschiert, um zu besorgen, was uns zu tun obgelegen wäre.»[114]

Selbst das Streikkomitee nutzte die drohende Invasionsgefahr als Argument, um den Streikabbruch vor dem unzufriedenen Teil der Arbeiterschaft zu rechtfertigen.

Spanische Grippe

In der Landesstreikdebatte des Nationalrats vom 12. November 1918 kam es zu einem innersozialdemokratischen Disput um den Zusammenhang von Streik und Grippegefahr: Nationalrat August Rikli, Arzt, appellierte an seinen Kollegen, Nationalrat Robert Grimm, Streikführer, er solle mit dem Abbruch des Streiks dafür sorgen, dass die Grippe nicht weiter um sich greife. Wenn man mit einem «angeblich notwendigen» Generalstreik einige politische Forderungen durchdrücken wolle, dann sei dies «eine unverantwortliche Gefährdung unseres Volkes». Grimm gab die Verantwortung weiter: «Wir haben keine Volksversammlungen veranstaltet, bevor die Truppen die Städte überschwemmten.»[115]

Die Streikversammlungen und – noch mehr – das Truppenaufgebot gegen den Streik dürften die Ausbreitung der oft tödlichen Grippe tatsächlich erleichtert haben. Weniger in der Zeit selbst als im historischen Rückblick ist die Aufmerksamkeit sehr einseitig auf die Grippetoten der Armee ausgerichtet gewesen.[116] Gewiss, es waren immerhin gegen 1000 Armeetote zu beklagen (genau 913 und etwa die doppelte Zahl an registrierten Erkrankungen). Einige der Armeeopfer, die der signifikanten Risikogruppe der 20- bis 40-jährigen Männer angehörten, wären allerdings auch gestorben, wenn sie nicht zum Dienst aufgeboten worden wären. Die Gefährdung der Grenztruppe in den kleinen Dörfern etwa des Wallis könnte im Übrigen grösser gewesen sein als bei der Ordnungstruppe in den gut organisierten städtischen Zentren Zürichs oder Berns. Dennoch wurde ein Zusammenhang gesehen. Der *Entlebucher Anzeiger* suggerierte in seiner Meldung zur Heimkehr der lokalen Truppe, dass wegen der «anarcho-sozialistischen Revolutionsgelüste» einige der aufgebotenen Entlebucher nur noch als Leichen nach Hause zurückgekehrt seien.[117] Fotokarten aus den gleichen Orten geben mit Beschriftungen zu verstehen, dass das Aufgebot gegen die «Bolschewiki Zürich's» gegangen sei.[118]

Die Überlieferung der Erinnerung an die Grippe lebte in den Militärdiensterinnerungen kräftiger weiter als in den bloss privaten – da wurde dann auch, wie im folgenden Text, der Zusammenhang zwischen Grippeerkrankung und streikbedingtem Militärdienst sehr eng gesehen. Nach der ersten Grippewelle vom Juli 1918 sei es in der zweiten Welle vom November 1918 mit dem Generalstreik zu weiteren Opfern gekommen. «Wie vorher hatten die Autos in einem fort zu fahren. Die Zahl der Todesfälle mehrte sich, und wieder war jeden Morgen die erste Frage nach der Zahl der Verstorbenen, die meist zehn, zwölf und mehr überschritt.

«Jeden Morgen die erste Frage nach der Zahl der Verstorbenen»

Frühmorgens fuhr eine traurige Last zum Tor hinaus, hinunter zum Spital. Der unsinnige Generalstreik hat manchen Soldaten das Leben gekostet.» (Wachmeister Kammerer, Bat. 63)[119]

Ein anderer Erinnerungsbericht nahm eine sich anbietende Parallelisierung vor und deutete den Streik als politische Infektionskrankheit:

115 und 116 **Kaum wirksame, aber patentierte und in den Zeitungen angepriesene Medikamente** gegen das Grippevirus. Die Verwendung von Schutzmasken wird mehrfach mit diesem Bild illustriert, es muss jedoch aus einer späteren Zeit stammen.

«Da droht gleichzeitig neben der Grippe eine andere verderbliche Macht an Mark und Leben des Volkes zu zehren: Der böse Geist der Revolution, der die bestehende Ordnung zu zertrümmern versucht. Irregeleitete Elemente spekulieren in ihrem Wahnwitz, mit Hilfe des Wehrmannes das Land durch unreife, verfängliche Ideen lenken zu können. Doch wir widerstehen der Versuchung.»[120]

Insgesamt starben 1918/19 in der Schweiz gegen 25 000 Menschen an der Grippe. Die vielen Ziviltoten waren aber nicht «politische» Opfer. Viele waren bloss Opfer des Elends, weil sich Ernährung und Wohnverhältnisse auf die Abwehrkräfte auswirkten.[121] Die Kritik an den Unzulänglichkeiten in der Armee war – trotz der in dieser Sache stark eingeschränkten Presse – auffallend viel grösser als an den ebenfalls bestehenden Unzulänglichkeiten im Zivilbereich. Als der General die allgemein geforderte Untersuchung der Armeesanität nicht unter seiner Oberaufsicht durchführen konnte, sondern die Abklärung durch eine zivile Kommission hinnehmen musste, drohten er und der Generalstabschef mit dem Rücktritt.[122]

Der Armeeleitung wie dem Bundesrat war die Risikoerhöhung infolge des Aufgebots durchaus bewusst. Der General wollte trotz des Risikos schnell mobilisieren, der Bundesrat wartete aber noch zu, und die Streikleitung machte aus der Geringschätzung der Grippegefahr, nachdem das Aufgebot doch ergangen war, einen zusätzlichen Skandal.[123]

Als die Schweiz im Herbst 1918 von der zweiten Grippewelle heimgesucht wurde und diese auch die mobilisierten Soldaten traf, kamen sogleich – auch von sozialdemokratischer Seite – Stimmen auf, welche die organisatorische Verbindung von Armeesanität und Internierungswesen kritisierten und darin eine Benachteiligung der eigenen Leute sahen.

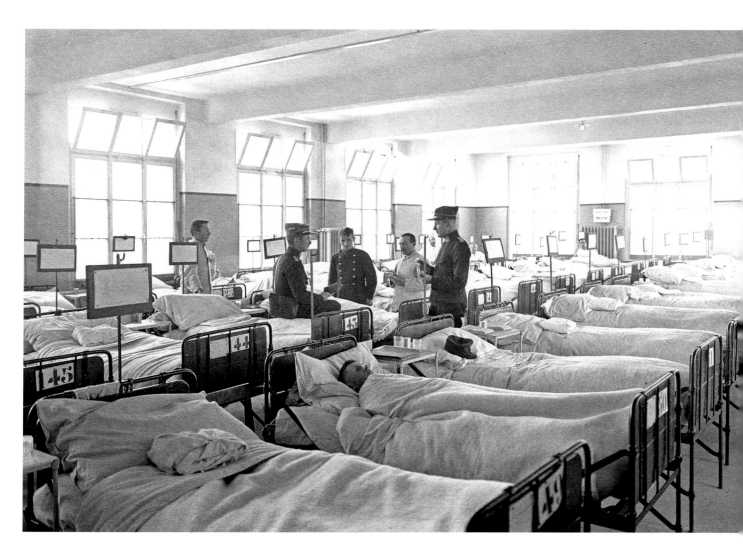

Die Spanische Grippe kam über Asien und Amerika 1918 nach Europa und wurde so genannt, weil die spanische Presse über die Ausbreitung in ihrem Land frei berichten konnte. Insgesamt sollen 25 bis 50 Millionen Menschen infolge der Epidemie ihr Leben verloren haben. Von den rund 3,5 Millionen Menschen der schweizerischen Bevölkerung sollen rund 2 Millionen erkrankt gewesen sein.

117 **Vermittelt eine Ahnung** des Ausmasses: der grosse Krankensaal der Etappensanitätsanstalt Zofingen. Nach der ersten Welle im Juni kam im Oktober 1918 die zweite Welle.

Die Gesellschaft war auf eine derartige Gefahr ungenügend vorbereitet und reagierte wegen des schlechten Wissensstandes falsch, hilflos und sonderbar. Entsprechend kurios waren die Mittel, die unter vielversprechenden Namen und gegen gutes Geld zum Schutze vor Ansteckung angepriesen wurden, zum Beispiel das Zahnpulver Serodent mit Kampfer oder ein nicht weiter spezifiziertes, aber ärztlich empfohlenes Mittel mit dem Namen Sirolin. Impfversuche scheiterten. Mit der Zeit wurde klar, dass die Gefahr nicht von einem Bazillus, sondern einem Virus kam. Dieses liess sich aber mit den damaligen Labormethoden nicht identifizieren; das gelang erst in den 1930er-Jahren.

Die Behörden untersagten öffentliche Ansammlungen, nicht nur Theatervorstellungen, auch Gottesdienste. Sie schränkten den Wirtshausbetrieb ein und verlängerten dagegen die Öffnungszeiten der Apotheken. Die Trams durften nicht mehr vollbesetzt fahren, auch öffentliche Bestattungen waren verboten. Ein gut gemeinter Vorschlag aus der Leserschaft regte an, den infektiösen Leihverkehr der Bibliotheken einzustellen. Räume und Strassen wurden mit Formalin desinfiziert, viele trugen Gesichtsmasken, die Erkrankten wurden separiert (unter Quarantäne gestellt), dem besonders gefährdeten Pflegepersonal wurde besonderer Schutz angeboten in Form von Krankengeld und Entschädigung an die Hinterbliebenen im Todesfall.

Die Gesellschaft erlebte ein spannungsreiches Zusammenfallen von Schicksalsgemeinschaft und individuellem Selbstschutz. Das bildete sich ab in der Telefonie, die der Verbindung mit anderen diente und zugleich wegen der infizierten Sprechmuscheln eine Gefahr bedeutete; darum wurde unter dem Namen Grippsano auch eine – patentgeschützte – aufsetzbare und nach dem Gespräch wieder abnehmbare Deckklappe angepriesen. Das tief greifende Pandemieerlebnis förderte in der Gesellschaft die Bereitschaft, in anderen Menschen auch aus politischen und fremdenfeindlichen Vorbehalten eine Seuchengefahr zu sehen.

1 Hans Ulrich Jost, Les avant-gardes réactionnaires. La naissance de la nouvelle droite en Suisse 1890–1914. Lausanne 1992. – Alain Clavien, Les Helvétistes. Intellectuels et politique en Suisse romande au début du siècle. Lausanne 1993.

2 Hermann Büchler, Drei schweizerische Landesausstellungen. Zürich 1883, Genf 1896, Bern 1914. Zürich 1970, S. 113–148. – Georg Kreis, Schweizerische Landesausstellungen – zu welchem Zweck? In: Ausgewählte Aufsätze, Bd. 1, Basel 2003, S. 13–21.

3 «Et il est même fort curieux de dégager de tous ces objets entassés et disparates de toute cette matière immobile, l'âme d'une nation.» Vgl. Semaine littéraire vom 25. Juli 1914.

4 Alle Reden zur Ausstellungseröffnung vom 15. Mai 1914 im Politischen Jahrbuch 1914, Bern 1915, S. 702–731.

5 Auch der Leiter der Medienabteilung der Ausstellung war ein Reichsdeutscher, vgl. Büchler, 1970, S. 144. – Arnold, 2001, S. 65.

6 Bundespräsident Hoffmann würdigte in seiner Eröffnungsrede den «kleinen Pavillon» als Wahrzeichen für den festen Verteidigungswillen «unseres» Volkes. Vgl. Politisches Jahrbuch 1914, Bern 1915, S. 720.

7 Ebenda, S. 723.

8 Ebenda, S. 714.

9 Präsidentin K. Honegger, Tagespresse vom 3. August 1914.

10 Hier und im Folgenden nicht gezeichneter Leitartikel der Basler Nachrichten vom Samstag, 1. August 1914.

11 Georg Kreis, Krisenreaktionen in der französischen Schweiz vor 1914. In: Die neue Schweiz? Eine Gesellschaft zwischen Integration und Polarisierung (1910–1930). Hg. v. Andreas Ernst und Erich Wigger. Zürich 1996, S. 21–39; auch in den Ausgewählten Aufsätzen, Bd. 1. Basel 2003, S. 413–427.

12 Markus Mattmüller, Leonhard Ragaz und der religiöse Sozialismus. Eine Biographie, Bd. 2. Zürich 1968. S. 60. – Georges Büttiker, Ernest Bovet, 1870–1941. Basel 1971.

13 Ruchti, Bd. 1, 1928, S. 113. – In ihrem Titel auf den militärischen Grad des Chefredaktors Edouard Secretan anspielend: Alain Clavien, Histoire de la Gazette de Lausanne: le temps du colonel, 1874–1917. Vevey 1997.

14 Gottlieb August Graf, Der Ausbruch des Weltkrieges 1914 im Lichte der deutschschweizerischen Presse. Zürich 1945. S. 71.

15 Veröffentlicht in der deutschen Zeitschrift *Über Land und Meer*. – Vgl. Ulrich Niederer, Geschichte des Schweizerischen Schriftsteller-Verbandes. Tübingen/Basel 1993, S. 55 ff.

16 Sehr lesenswert die Präsentation der verschiedenen nationalen Stereotypen (der Deutsche, der Franzose usw.) und die beigefügten Pressebelege bei Ruchti, Bd. 1, 1928, S. 98 ff. – Zur rücksichtslosen Kriegführung: Alan Kramer, Dynamic of destruction. Culture and mass killing in the first world war. Oxford 2007.

17 NZZ vom 5. und vom 7. August 1914.

18 Walter, Bd. 4, 2010, S. 128.

19 Raffaela Lütolf, in: Rossfeld/Straumann, 2008, S. 396.

20 Politisches Jahrbuch 1916/17, Bern 1917, S. 555 ff. und S. 592: Die deutsche Schweiz habe zu viel nachgegeben, Romands sollten duldsamer werden …

21 Nebelspalter vom 1. und vom 8. April 1916.

22 Bruno Vanoni, Die Mär von Blochers Einbürgerung. In: Tages-Anzeiger vom 8. September 2004.

23 Aus dem reichen Schrifttum: Eduard Blocher, Der Rückgang der deutschen Sprache in der Schweiz. Berlin 1900. – Ders., Sind wir Deutsche? In: Wissen und Leben, H. 8, 15. Januar 1910. – Ders., Belgische Neutralität und schweizerische Neutralität. In: Stimmen im Sturm. Zürich 1915. – Stephan Winkler, Die «Stimmen im Sturm» (1915–1916) und die «Deutschschweizerische Gesellschaft» (1916–1922). Basel Manuskript 1983 (Lizentiatsarbeit; der Vf. war Korreferent dieser Arbeit). Weiter zu den *Stimmen im Sturm* bei Mittler, 2003, S. 666–676.

24 Stimmen im Sturm, 1915, S. 6 ff.

25 Mittler, 2003, S. 666–676, Zit. S. 668.

26 Röthlisberger, 1975, S. 140.

27 Kury, 2003, S. 102 ff., gestützt auf den Nachlass E. Blocher.

28 Abgedruckt z. B. in der NZZ vom 2. Oktober 1914 und im Politischen Jahrbuch 1915, Bern 1916, S. 679 ff.

29 Bonjour, 1965, S. S. 571 ff.

30 Gegen Spitteler polemisierte beispielsweise der Basler Geschichtsprofessor Hermann Bächtold, vgl. Mittler, 2003, S. 664.

31 Aufruf im Politischen Jahrbuch 1915, Bern 1916, S. 777 ff. – Vgl. auch Hans Marti, Paul Seippel, 1858–1926. Basel 1973, S. 274–281.

32 Ebenda, S. 782 ff. – Ablehnung «d'une paix achetée au prix de l'acceptation des injustices qui ont été commises, d'une abdiction des principes qui ont été foulés au pieds». Zit. nach Marti, 1973.

33 Um 1917 soll die Befürwortung eines Gleichgewichts ohne Niederlage der Zentralmächte allerdings auch in der deutschen Schweiz nicht mehr vorhanden gewesen sein. Vgl. Soiron, 1973, S. 42.

34 A. Malche, La Société des Nations et la Paix, 18. Mai 1918. In: Mouvement 4/8 1918, S. 56, zit. nach Soiron, 1973, S. 25.

35 Jura Brüschweiler, in: Ferdinand Hodler. Ausstellungskatalog. Berlin/Paris/Zürich 1983, S. 158.

36 David Trefas, Deutsche Professoren in der Schweiz. Fallbeispiele aus der Geschichte der Universität Basel im 19. und 20. Jahrhundert. In: Basler Zeitschrift für Geschichte und Altertumskunde, Bd. 109, 2009, S. 103–128. – 1919 gründete Eger ein studentisches Freikorps, später wurde er Mitglied der NSDAP und betätigte sich als Betreuer von Doktorarbeiten mit nationalsozialistischem Inhalt.

37 Ausführlich bei Mittler, 2003, S. 845–847, gestützt auf Rudolf Dubs-Buchser, Die Memoiren des Dr. med. Heinrich Freysz. Hintergründe zum Sauerbruch-Skandal Zürich 1915. Zürich 1993.

38 Marti, 1973, S. 257.

39 Roland Ruffieux, Vom Krieg zur Krise (1914–1929). In: Geschichte des Kantons Freiburg. Bd. 2. Freiburg 1981, S. 1006. – Kurz, 1970, S. 70, mit einem Kreisschreiben des Bundesrats vom 26. März 1915.

40 Walter, Band 4, 2010, S. 129.

41 Catherine Guanzini/Peter Wegelin, Kritischer Patriotismus, Neue Helvetische Gesellschaft, 1914–1989. Bern 1989. – Paul Meier-Kern, Die Grabenproblematik und die Rolle der Neuen Helvetischen Gesellschaft. In: Basler Zeitschrift für Geschichte und Altertumskunde 1988, S. 109–132.

42 Bovet an de Reynold, 10. Januar 1914 (Nationalbibliothek, Bestand Reynold, Correspondance Choix V), zit. nach Luciri, 1976, S. 286. Dort auch eine ähnlich Aussage von Alexis François, S. 287.

43 Carl Albert Loosli, Wir Schweizer und unsere Beziehungen zum Ausland. Zürich 1917, S. 3.

44 Politisches Jahrbuch 1917, Bern 1918, S. 438.

45 Christophe Büchi, «Röstigraben». Das Verhältnis zwischen deutscher und französischer Schweiz. Geschichte und Perspektiven. Zürich 2000, S. 203–213.

46 Zu Froidevaux vgl. Ruchti, Bd. 1, 1928, S. 220. Zur Jurafrage vgl. P.-O. Bessire, Histoire du Jura Bernois. Moutier 1977 (Neuauflage), S. 335. – Nouvelle Histoire du Jura. Pruntrut 1984, S. 257. – Georg Kreis, Konjunkturen in der Bewegung für die Schaffung eines Kantons Jura. Entwurf eines Erklärungsversuches. In: Festschrift für Roland Ruffieux. Fribourg 1991, S. 117–130. Reprint in: Ausgewählte Aufsätze, Bd. 2, Basel 2004, S. 347–357.

47 Ruchti stufte den *Petit Jurassien* als «Skandalblättchen übelster Sorte» ein und ging davon aus, dass er mit diesem Urteil den «Grossteil des Schweizervolkes» hinter sich habe (Bd. 1, 1928, S. 220).

48 Politisches Jahrbuch 1917, Bern 1918, S. 593 ff.

49 «Der 23. Kanton», Nebelspalter vom 18. August 1917.

50 Paul de Vallière, Treue und Ehre. Geschichte der Schweizer in Fremden Diensten. Mit einem Vorwort von Gonzague de Reynold. Lausanne 1940, S. 744. – Die Zahl wäre noch grösser, wenn nicht viele wegen körperlichen Ungenügens nicht angenommen worden wären.

51 Bei de Vallière, 1940, S. 745, in Uniform der Fremdenlegion abgebildet. – Im Vorwort zu einer 1934 erschienenen Schrift eines als vorbildlich gewürdigten Legionärs polemisierte von Tscharner gegen Pazifisten, welche den Bürgerkrieg predigten. Vgl. L. E. Augustin, Sur le Front français, 1917–1918. Lausanne o. D., S. 9.

52 In einem Text vom Juni 1916 wurde von den Freiwilligen in französischem Dienst gesagt, sie würden nur «obéir à un instinct de notre forte race, à une sorte d'atavisme qui leur a fait renouveler le geste de leurs glorieux ancêtres». Vgl. Conférence Gauthey-Des-Gouttes, Les Suisses au service de la France. Paris 1917, S. 6 (Bibliothek am Guisanplatz Ba 416).

53 Edouard Junod, Lettres et souvenirs. Paris/Genf 1918, S. 275. Mit einem Vorwort des angesehenen Literaturprofessors Paul Seippel.

54 Ehrbar, 1976, S. 75.

55 Hans Bringolf, Ein Schweizer Abenteurer in fremden Diensten. Hallau o. J., 3. Aufl., S. 57. – Das Exemplar der Bibliothek am Guisanplatz (BaG, ehem. Militärbibliothek) hat eine vom Autor im Sept. 1949 eingetragene Widmung, ein Zitat aus den *Nationalen Heften*: «Bringolf gehört zu jenen ewig Rast- und Ruhelosen, denen es in der Heimat zu eng ist, die aber mit einer bereits rührenden Anhänglichkeit an dieser Heimat hängen …» Der Vf. dankt Jürg Stüssi-Lauterburg und seinen Mitarbeiter/innen für die Vermittlung.

56 Junod, 1918, S. 249 und S. 253.

57 1.-August-Ansprache des Präsidenten des französischen Hilfswerks für die schweizerischen Freiwilligen. Jahresbericht des Œuvre en faveur des Volontaires Suisses, 1917, Bibliothek am Guisanplatz: B 620.

58 Als Einzelfall Walther von Meiss, der bereits 1887 als 18-Jähriger Bürger des Grossherzogtums Baden geworden war und 1914 im deutschen Generalstab diente. Vgl. HLS. – Weitere Einzelengagements gab es auch in anderen Armeen, etwa von Rudolf Archibald Reiss, Jg. 1875, eingebürgerter Waadtländer, hat im Ersten Weltkrieg als Hauptmann in der serbischen Armee gekämpft und deren Evakuation nach Korfu mitgemacht, dann die Kämpfe gegen die Deutschen und die Bulgaren an der Mazedonienfront (Mttlg. David Vogelsanger). Der sehr ausführliche HLS-Artikel von Philippe Henry berücksichtigt zwar die Publizistik des 20. Jahrhunderts (eben de Vallière), er geht aber auf die Dienste im 20. Jahrhundert mit keinem Wort ein. – Hans Rudolf Fuhrer/Robert-Peter Eyer, Schweizer in «Fremden Diensten»: verherrlicht und verurteilt. Zürich 2006.

59 Erich Tilgenkamp, Schweizer Luftfahrt. Zürich 1941/42, Bd. 2, S. 214.

60 Ebenda, S. 214.

61 Max Huber, Denkwürdigkeiten 1907–1924. Zürich 1974, S. 68. Zit. nach Mittler, 2003, S. 681, wo auch eine ähnlich bunte Umschreibung von Robert Faesi zitiert wird.

62 Zu Robert Grimm vgl. Adolf McCarthy, Robert Grimm. Der schweizerische Revolutionär. Bern 1989.

63 Gautschi, 1975, S. 140 ff. – Und neuerdings: Bernard Degen/Hans Schäppi/Adrian Zimmermann (Hg.), Robert Grimm. Marxist, Kämpfer, Politiker. Zürich 2012.

64 Text bei Kurz, 1970, S. 187 ff.

65 Otto Lezzi, Sozialdemokratie und Militärfrage in der Schweiz. Frauenfeld 1996, 92 ff., Zit. S. 97.

66 Ebenda, S. 99.

67 Ernst Laur, Erinnerungen eines schweizerischen Bauernführers. Bern 1942, S. 142.

68 Hans Hirter, Die Arbeitskämpfe in der Schweiz 1880–1914. Bern 1989. – Zuvor Erich Gruner, Die Arbeiter in der Schweiz im 19. Jahrhundert. Bern 1980, S. 908 ff. – Zur einseitigen Verwendung der Truppen zugunsten der Unternehmer vgl. Jaun, 1999, S. 233 ff.

69 Vgl. Streikgrafik ab 1914 bei Degen in: Halbeisen u. a., Wirtschaftsgeschichte, 2012, S. 882 und S. 886, und im internationalen Vergleich, ebenda, S. 917.

70 Markus Mattmüller betonte zu Recht, dass die Zürcher Arbeiterschaft «nicht eine einzige revolutionäre Masse ist, sondern dass sich in ihr sehr divergierende Strömungen bekämpft haben». Vgl. Die Zürcher Arbeiterbewegung während des Ersten Weltkrieges. In: Zürcher Taschenbuch auf das Jahr 1970. 90. Jg., 1969, S. 65–87, zit. S. 85.

71 Gautschi, 1968, S. 26. – Gautschi hatte 1955 seine Dissertation zum gleichen Thema publiziert. Mehrere Jahrzehnte später veröffentlichte er eine Kurzversion in: Fuhrer/Strässle, 2003, S. 341–358.

72 Markus Bolliger, Die Basler Arbeiterbewegung im Zeitalter des Ersten Weltkrieges und der Spaltung der Sozialdemokratischen Partei. Basel 1970, S. 81 ff. – Im weitern Regula Pfeifer, Frauen und Protest. Marktdemonstrationen in der deutschen Schweiz im Kriegsjahr 1916. In: Anne-Lise Haed/ Albert Tanner (Hg.), Frauen in der Stadt. Zürich 1993, S. 93–109.

73 Marc Perrenoud, La vie politique de 1914 à 1945, in: Histoire du Pays de Neuchâtel. – Hauterive 1993, t. 3, S. 66–83.

74 Bruno Turnherr, Der Ordnungseinsatz der Armee anlässlich der Zürcher Unruhen im November 1917. Bern 1978. – Max Daetwyler, Friedensapostel, 1886–1976. Bern 1996, S. 60. Bundesarchiv Dossier 2.

75 Gautschi, 1968, S. 225 ff.

76 Memorial vom 4. Nov., 1918, S. 170 und S. 174, vgl. Anm. 78.

77 Gute Chronologie in: Gautschi, 1971, S. 433 ff. – Neben Gautschi vgl. auch den Artikel von Bernard Degen im HLS.

78 Wichtig dazu General Willes Memorial vom 4. November 1918, in: Gautschi, 1971, S. 167 ff., Zit. S. 174.

79 Gautschi, 1968, S. 310.

80 Bericht von Franz Wicki, Ober Rohrigmoos/Flühli, in: Wicki/Kaufmann/ Dahinden, 2009, S. 162.

81 Wicki/Kaufmann/Dahinden, 2009, S. 67.

82 Gautschi, 1971, S. 319 ff.

83 Veröffentlicht z. B. im *Volksrecht* vom 31. Oktober 1918. In: Gautschi, 1971, S. 155 ff.

84 Gautschi, 1971, S. 280–292.

85 Gautschi, 1968, S. 313.

86 Der Nationalrat hatte u. a. darum keine Vollbesetzung, weil manche Parlamentarier wegen der bestreikten Eisenbahnen nicht nach Bern reisen konnten.

87 Ebenda, S. 366.

88 Adrian Knoepfli in: Rossfeld/Straumann, 2008, S. 193.

89 R. C. Bach in: Rossfeld/Straumann, 2008, S. 508.

90 Tagebuch des Bürgerwehrchefs Alfred Ackermann, in: Wicki/Kaufmann/ Dahinden, 2009, S. 52 ff. – Zum Phänomen der Bürgerwehr die breit angelegte Dissertation von Andreas Thürer, Der Schweizerische Vaterländische Verband 1919–1930/31. Universität Basel, Basel 2010. 2 Bde. mit 1068 S., und ein 3. Bd. mit Anhängen. – Ders. zum gleichen Thema als Lizentiatsarbeit 1976/78 und Artikel im HLS. – Und noch immer nicht überholt: Willi Gautschi, Geschichte des Kantons Aargau. Bd. 3. Baden 1978, S. 234–447. – Sowie Daniel Heller, Eugen Bircher. Zürich 1988, S. 66–72.

91 Andrea Ghiringelli berichtet in einem kurzen Abschnitt von einer Häufung von Protestdemonstrationen und Streiks im Tessin, aber das Wort Landesstreik fällt nicht. Auch die Grabenproblematik wird nicht angesprochen. Vgl. La transizione verso la politica consociativa, in: Storia del Cantone Ticino. Bellinzona 1998, S. 428.

92 Gazette de Lausanne vom 12. November 1918, zit. nach Ruchti, Bd. 1, 1918, S. 364.

93 Grimm am 12. November 1918 im Nationalrat, stenografisches Bulletin, S. 458.

94 Gautschi, 1968, S. 315.

95 Aufruf an die Bauernsame, Basler Nachrichten vom 12. November 1918.

96 Gautschi, 1968, S. 316. – Für die Zeit unmittelbar nach dem Landesstreikeinsatz: Thomas Greminger, Ordnungstruppen in Zürich. Der Einsatz von Armee, Polizei und Stadtwehr. Ende November 1918 bis August 1919. Basel 1990. – Vgl. auch René Zeller, Ruhe und Ordnung in der Schweiz. Die Organisation des militärischen Ordnungsdienstes von 1848 bis 1939. Bern 1990.

97 Gautschi, 1968, S. 323.

98 Bei Gautschi, 1968, nur ganz am Rande, S. 328. – Hans Hartmann mit Literaturüberblick in: Wochenzeitung vom 5. November 1998. – Wichtige Dokumentation des Kultur-Historischen Museums Grenchen: «Aufschrei sozialer Not», Ausstellung vom Okt. 2008–Feb. 2009.

99 Hanspeter Schmid, Generalstreik 1919: Krieg der Bürger. Zürich 1980.

100 Bernard Degen, Artikel «Streiks» im HLS.

101 Bernard Degen, Artikel «Landesstreik» im HLS.

102 Robert Grimm, Geschichte der Schweiz in ihren Klassenkämpfen. Bern 1920.

103 Ruchti, Bd. 1, 1928, S. 80.

104 Hans-Rudolf Kurz, Die Geschichte der Schweizer Armee. Frauenfeld 1985, S. 85.

105 Bürgisser, 2010, S. 75.

106 Gautschi, 1968, S. 374. – Die bisher eingehendste Beschäftigung mit den Auswirkungen bei Markus Mattmüller, Leonhard Ragaz und die Schweiz in den Jahren nach dem Landesstreik. Teile I und II, in: Der Aufbau, No. 4 und No. 5 vom 12. bzw. 26. Februar 1977, S. 26–33 und 38–45.

107 Bürgisser, 2010, S. 57.

108 Gautschi, 1968, 216 ff.

109 Patrick Kury, Die Gründung des Grenzsanitätsdienstes im Jahr 1920 und die Pathologisierung des «Ostens», in: Claudia Opitz, Brigitte Studer, Jakob Tanner (Hg.): Kriminalisieren, Entkriminalisieren, Normalisieren, Schweizerische Gesellschaft für Wirtschafts- und Sozialgeschichte, Band 21, Zürich 2006, S. 243–260. Zit. S. 252 ff.

110 Bürgisser, 2010, S. 141.

111 Gautschi, 1968, S. 224.

112 Volksrecht vom 5. November 1918, zit. nach Gautschi, 1968, S. 228.

113 Telegramme vom 11. November 1918. Vgl. Gautschi, S. 333.

114 Briefentwurf um den 10. Nov. 1918, zit. nach Gautschi, 1968, S. 338.

115 Nationalratsdebatte vom 12. November 1918; stenografisches Bulletin des Nationalrats, S. 451 und S. 460.

116 Die bisher einzige tiefergreifende Arbeit zu diesem Thema ist die unpublizierte Berner Lizentiatsarbeit von Christian Sonderegger, Die Grippeepidemie 1918/19 in der Schweiz. Bern 1991, weitervermittelt von Peter H. Hufschmid im Tages-Anzeiger vom 17. Juni 1991. Vorbehalte von Christoph Mörgeli im gleichen Blatt vom 27. Juni 1991 sowie Christoph Mörgeli, Wenn der Tod umgeht. In: NZZ-FOLIO, November 1995, S. 31–39. – Im Herbst 2005 wurde die Spanische Grippe im Kontext der Auseinandersetzung mit der Vogelgrippe in verschiedenen Medien wieder thematisiert; vgl. etwa einen grossen Dreiteiler von Jana Kouril in der Basler Zeitung vom 4., 10. und 18. November 2005. Während Gautschi, 1918, kaum auf die Grippeproblematik einging, berücksichtigte das Gedenken 90 Jahre nach dem Streik vermehrt dann doch auch das Grippethema. Vgl. etwa die Auszüge aus einem Schülertagebuch in einem Artikel von Helene Arnet im Tages-Anzeiger vom 20. November 2008. – Aus den beiden Konjunkturen von 2005 und 2008 Armin Rusterholz, Die Spanische-Grippe-Epidemie 1918/19 im Kanton Glarus. In: Neujahrsbote für das Glarner Hinterland, 40. Jg., Glarus 2006. – Manuskript des gleichen Autors: «Das Sterben will nicht enden!» Die Spanische Grippe-Epidemie 1918/19 in der Schweizer Armee mit besonderer Berücksichtigung der Glarner Militäropfer.

117 Bericht des Entlebucher Anzeigers vom 18. Januar 1919, zit. nach Wicki/ Kaufmann/Dahinden, 2009, S. 138.

118 Ebenda, 2009, S. 103 und S. 148.

119 Die Grenzbesetzung 1914–1918 von Soldaten erzählt. Zürich 1933, S. 350.

120 Ebenda, S. 362.

121 Christoph Mörgeli will diesen Zusammenhang nicht gelten lassen und verweist auf eine sehr gut ernährte Abteilung mit Bauernsoldaten mit einer sehr hohen Zahl von Grippeerkrankungen, vgl. oben Anm. 116.

122 In diesem Fall spürt man den Einfluss der am 30. Juli 1918 intervenierenden Neutralitäts- bzw. Vollmachtenkommission. Vgl. Carl Helbling, General Ulrich Wille. Biographie. Zürich 1957, S. 292 ff.

123 Aufruf des Oltener Komitees zum Proteststreik vom 7. November 1918. Vgl. Gautschi, 1971, S. 204.

7 Humanität und Fremdenabwehr

Bei Ausbruch des Krieges war es, wie die spontanen Manifestationen der Bevölkerung im August 1914 gezeigt haben, eine vorherrschende Selbstverständlichkeit, dass sich die neutral aus den kriegerischen Auseinandersetzungen heraushaltende Schweiz im humanitären Bereich besonders hervortat, dies gewissermassen als Kompensation für das selbstgewählte Abseitsstehen. Bundespräsident Giuseppe Motta hob in einer im September 1915 gehaltenen Ansprache diese kompensatorische legitimierende Funktion des Humanitären erneut hervor:

> «Erst die Idee der Humanität (hat) der wachsamen Neutralität den Charakter des Mitleides und der menschlichen Zärtlichkeit gegeben und ohne diese allgemeinmenschlichen Eigenschaften wäre die Neutralität inhalts- und leblos geblieben.»[1]

In der Folge wurde diese Haltung zu einem breit abgestützten Credo. Daran beteiligt war in hohem Masse die Presse, welche die humanitäre Mission zu einem zentralen Element des Selbstbildes machte. 1916 hielt der damals 58-jährige Lausanner Journalist Albert Bonnard, sich indirekt auf die Chiffre der «Liebestätigkeit der Schweiz» stützend und über die anderen Länder erhebend, fest: «Notre pays, sans ambitions, se comporte comme un honnête homme dans la société des peuples. (...) Il ignore la convoitise du bien d'autrui; il a les mains propres.»[2]

Vermittlungen des Roten Kreuzes

Eine zentrale Rolle kam dabei dem Internationalen Komitee vom Roten Kreuz (IKRK) und der nationalen Rotkreuz-Gesellschaft (SRK) zu. Der Genfer Gustave Ador, Regierungsrat und Nationalrat sowie seit 1910 Präsident des IKRK, veranlasste bereits im ersten Kriegsmonat die Schaffung eines Ermittlungsbüros für Kriegsgefangene.[3] Diese für die direkt Betroffenen und ihre Angehörigen hochwichtige Einrichtung funktionierte dank der grösstenteils unentgeltlich erbrachten Freiwilligenarbeit von bis zu 1200 Hilfskräften, insbesondere Studenten, Hausfrauen und in freien Berufen Tätigen. Es ging darum, den Angehörigen Informationen über das Verbleiben und den Gesundheitszustand von Kriegsgefangenen zu vermitteln, aber auch Andenken etwa in Form von gepressten Blumen oder Amuletten, auch in der

An Spitzentagen bis zu 30 000 schriftliche Anfragen

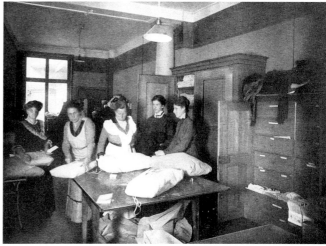

118 (links oben) **Die freiwilligen Mitarbeiter** des
Ermittlungsbüros für Kriegsgefangene. Nachdem
das Palais Eynard zu klein geworden war, stellte die
Stadt Genf das ehemalige Kunstmuseum, das Musée
Rath, zur Verfügung, doch bald wurden weitere
Räume benötigt. Die Legende zum in der Presse ver-
öffentlichten Bild besagt, dass 1200 Freiwillige in
den IKRK-Büros engagiert seien und damit grosser
Segen gestiftet worden sei und dies «unserem Lande
überall Dank und Ehre eingebracht hat». (*Schweizer
Illustrierte Zeitung* Nr. 5 vom 30. Januar 1916)

119 (rechts oben) **Packraum** der Basler Hilfsstelle
für Kriegsgeiseln. (Nagel, Bd. 1, 1916, S. 145)

120 (links unten) **Privatfirmen übernehmen**
in Genf Gratistransporte von Hilfspaketen für Kriegsgefangene.

entgegengesetzten Richtung liess man Schreiben, Naturalgaben und Geld zukommen. An Spitzentagen gelangten bis zu 30 000 schriftliche Anfragen in das Büro,
hinzu kamen die persönlichen Vorsprachen.[4] Die Krieg führenden Länder waren
nicht fähig oder nicht willens, über das Schicksal von eingerückten und dann im
Kampf gefallenen Soldaten zu informieren. Offizielle Todesnachrichten kamen
manchmal sogar erst nach zwei Jahren zu den Angehörigen.[5]

Im Dezember 1914 übernahm die Eidgenössische Postverwaltung die Spedition
der Briefpost, bis Ende 1919 sollten es über 700 Millionen portofreie Sendungen

werden. Gemäss einem noch in der «guten alten Zeit» des Weltpostvereins gefassten Beschluss waren alle Staaten gehalten, allfälligen Kriegsgefangenen und Internierten die Portofreiheit zu gewähren. Die Genfer Agentur vermittelte während des Krieges rund 1 885 000 persönliche Paketsendungen, diese wurden von den Firmen Natural und Le Coultre ebenfalls kostenlos spediert. Abgesehen von der Linderung des persönlichen Leids ging von dieser Vermittlung auch eine gewisse entschärfende Wirkung im Verhältnis zwischen den Kriegsparteien aus, weil festgestellt werden konnte, dass entgegen herrschender Befürchtungen insbesondere auch die verwundeten Gefangenen vom Gegner recht gut behandelt wurden.

Das im Herbst 1914 geschaffene Büro für Heimschaffung (vgl. Kapitel 1) übernahm es, die unterbrochenen Kontakte zwischen den Internierten und ihrem Herkunftsland wiederherzustellen. Bis zum 1. April 1915 betreute es gegen 53 000 ein- und ausgehende Briefe. Vergleichbare Hilfe leistete es im Zahlungsverkehr. Alles in allem bestand, wie wir heute sagen würden, eine absolute Win-win-Situation: tiefer Dank bei den Hilfsbedürftigen, mit entsprechenden Schreiben dokumentierter diplomatischer Dank bei den Nachbarstaaten, Befriedigung und stolzes Selbstbewusstsein in den zahlreichen Hilfskomitees und in der einheimischen Bevölkerung.

Verwundetentransporte

«Blinde, Lahme, Einäugige, Krieger mit Stelzbeinen, kurz: Krüppel aller Art»

Eine andere wichtige Vermittlungsleistung, die die Schweiz übernahm, bestand darin, dass sie den Austausch von Sanitätspersonal und Kriegsverwundeten ermöglichte. Gemäss Genfer Konvention erhielten in Gefangenschaft geratene Sanitätstruppen der sich bekämpfenden Parteien die Möglichkeit, in ihr Land zurückzukehren. So passierten in den ersten Kriegswochen ganze Einheiten von uniformierten Soldaten auf dem Heimweg nach Deutschland oder Frankreich schweizerisches Territorium.

1915 kam ein Pendeldienst mit Verwundetentransporten hinzu. Das Schweizerische Rote Kreuz betrieb zwei Transportzüge, die speziell eingerichtet waren und, so weit möglich, gleichzeitig zwischen Lyon und Konstanz verkehrten. Die Züge bestanden aus 18 Wagen: einem Wagen erster Klasse für den Kommandanten, den begleitenden Arzt und den Rotkreuzdelegierten («eine Rotkreuzdame»), fünf Wagen zweiter Klasse für die Leichtverletzten, zehn Wagen dritter Klasse für die Passagiere, die liegen mussten, sowie zwei Materialwagen. Von den Liegewagen hiess es, dass sie «beinahe behaglich» eingerichtet seien, an Gurten waren 14 Tragbahren, je zwei übereinander, aufgehängt, jede Bahre ausgestattet mit einem Strohsack, einem Kopfkissen und einer Wolldecke. Es gab sogar, wie herausgestrichen wurde, einen Stufentritt, um den Zugang zur oberen Bahre zu erleichtern. 14 Schwestern, unterstützt von 17 Schweizer Sanitätssoldaten, betreuten unter der Leitung einer Oberschwester die Verwundeten.

Vorne an der Lokomotive und an jedem Wagen prangte eine Rotkreuzfahne, und die Bahnhöfe waren «festlich» geschmückt. Beim ersten Transport vom März 1915 war auch Prominenz zugegen, Rotkreuzchefarzt Oberst Karl Bohny und seine Frau Mary, die französischen Verwundeten begleitete zusätzlich Frankreichs Botschafter, Monsieur Beau, und sein Militärattaché, die deutschen Verwundeten Exzellenz Baron von Romberg. Überall waren die hilfreichen Samaritervereine auf dem Plan, und von Genf wurde berichtet, dass «junge Damen» Vaterlandslieder gesungen hätten.

Die Situation an den Bahnhöfen wurde als sonderbare Mischung aus Beklommenheit und Begeisterung geschildert. Beim Verladen in Konstanz sah man «Blinde, Lahme, Einäugige, Krieger mit Stelzbeinen, kurz: Krüppel aller Art» und in der bedrückenden Stille ertönte das «klappernde Aufschlagen» der Krücken und Holzbeine überlaut. Dazwischen waren die aufwallenden Zeichen der Verbundenheit zu hören: Vivat-Rufe auf der einen Seite, spontane Ovationen und Winken mit Händen und Tüchern auf der anderen Seite. Manche wollten ihre Liebesgaben nicht den offiziellen Empfangsstellen, sondern direkt einem Verwundeten übergeben, sie drangen darum in die Wagen ein und füllten diese mit den mitgebrachten Paketen. Da die Durchfahrtzeiten der Züge in der Presse bekanntgegeben wurden, konnte sich die einheimische Bevölkerung darauf einrichten. Offenbar nahm die Anteilnahme mit der Zeit sogar zu. 1916 wurde berichtet:

121 und 122 **Zwei beinahe identische Situationen:** einmal deutsche, einmal französische Verwundete.

> «Selbst von weit entfernten Ortschaften her kamen die Leute zu Fuss und mit Verkehrsmitteln aller Art, mit Geschenken wie Zigarren und Zigaretten, Schokolade und Obst, Kuchen, Blumen beladen, um die Invaliden mit Liebesgaben zu erfreuen. Viele Geber, denen es gelang, sich an die Züge heranzumachen, wurden zum Andenken mit Knöpfen aller Waffengattungen beschenkt, welche kurzerhand von den Röcken gerissen wurden.»[6]

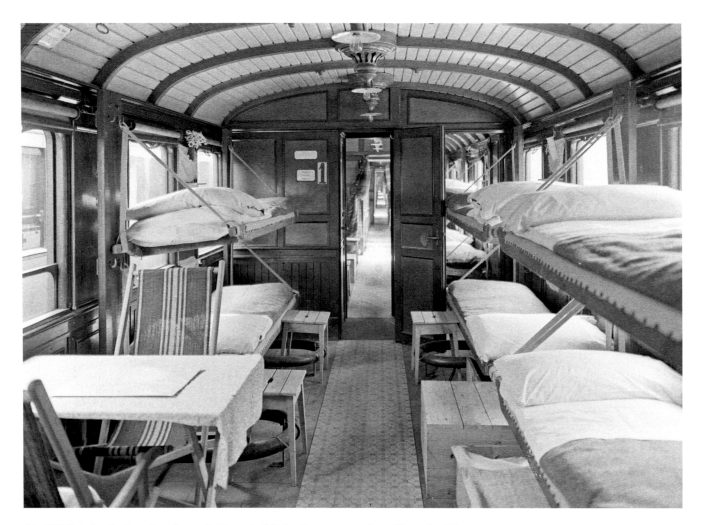

123 **Lazarettwagen der SBB** – in der Literatur als «beinahe behaglich» gewürdigt.

Die Hilfsbereitschaft nahm derart leidenschaftliche Formen an, dass die Bedürftigen mit «Liebesgaben» geradezu überschüttet wurden und die Behörden es für nötig erachteten, diese stürmische Barmherzigkeit einzuschränken. Im Februar 1915 untersagten die Behörden den Zutritt zu den Zügen und erliessen eine Perronsperre.

In der Zeit vom März 1915 bis Februar 1916 wurde mit fünf Transporten rund 8200 Franzosen und rund 2200 Deutschen die Heimreise durch die Schweiz ermöglicht. Der deutsche Kaiser soll ausdrücklich sein Einverständnis dafür gegeben haben, dass auf Ausgewogenheit der Transporte verzichtet wurde. Beiden

Schweizer

Illustrierte Zeitung

No. 11 ♦ 11. März
♦ Jahrgang 1916 ♦
Erscheint Samstags

Einzelpreis 20 Cts.
Abonnementspreis
Halbjährlich Fr. 4.–

Verlagsanstalt Ringier & Cie., Zofingen

Mit Gaben überhäuft!

Ankunft der kranken deutschen Kriegsgefangenen in Luzern. Ein schwer am Auge verletzter Soldat kann die Geschenke fast nicht mehr tragen, die ihm von mildtätigen Händen überreicht werden.

124 **Elend und Anteilnahme** auf der Titelseite der Illustrierten. Eine Menschenmenge will sich hier in Luzern die Begegnung mit dem Kriegselend nicht entgehen lassen, wenn nötig und möglich sogar unter Einsatz von Kletterkünsten (im Hintergrund). Im Vordergrund ein deutsches Kriegsopfer. Dazu der Kommentar: «Ein schwer am Auge verletzter Soldat kann die Geschenke fast nicht mehr tragen, die ihm von mildtätigen Händen überreicht werden.» (*Schweizer Illustrierte Zeitung* vom 11. März 1916)

125 **Wie auf der Schrifttafel** zum Ausdruck gebracht, wurden auch Kinder, wie hier aus Winterthur, in die kollektiven Hilfsaktionen, im gestellten Bild beim Scharpiezupfen, einbezogen. (Nagel II, 1916, S. 59)

Seiten war jedoch wichtig, dass die Entlassenen nicht wieder in der gegnerischen Armee, zum Beispiel als Instruktoren, tätig wurden. Später, 1917, kamen weitere Verwundetentransporte zwischen Österreich und Italien auf dem Transitweg von Buchs nach Chiasso hinzu.

Internierungen

Als weiteres humanitäres Engagement der Schweiz kam im Februar 1916 die Aufnahme von französischen und deutschen Kriegsgefangenen hinzu, die aus besonderen Gründen (bereits seit über 18 Monaten in Gefangenschaft, weil von einer ansteckenden Krankheit befallen, oder Vater von mindestens drei Kindern) entlassen, aber nicht dem Heimatstaat überlassen wurden. Man einigte sich zwischen Deutschland, Frankreich und der Schweiz auf eine Internierung in der Schweiz. Für die Schweiz war diese Hilfe in mehrfacher Hinsicht vorteilhaft: Die «Kriegs-

«Kriegsgäste» brachten dem darniederliegenden Hotelgewerbe willkommene Belegungen.

gäste» brachten dem darniederliegenden Hotelgewerbe willkommene Belegungen, für die Logierkosten kamen die Herkunftsländer auf, die Internierten bildeten ein gutes Argument beim Einfordern von Importbewilligungen. Internierte wurden, sofern die Gesundheit es gestattete, als qualifizierte Fachkräfte eingesetzt. Ein weiterer Vorteil bestand darin, dass Ärzte mit der Verwundetenpflege die Wirkung moder-

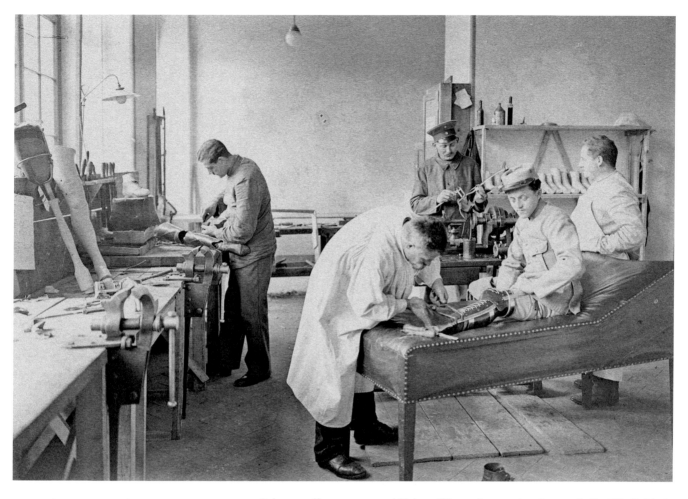

126 **Prothesenanpassung** in einer orthopädischen Anstalt. Die Schweiz sammelt Erfahrungen.

ner Schusswaffen am menschlichen Körper kennenlernten und die Möglichkeit erhielten, sich in der Kriegschirurgie «zur hohen Vollkommenheit» auszubilden.[7]

Wie sehr die einheimische Tourismusbranche an der Einquartierung von Kriegsverletzten interessiert war, zeigt ein Schreiben des Verkehrsvereins Brienz von August 1915 an die Behörden: Es pries das Klima, die Milch und die Gasthöfe sowie die zentrale Lage im Herzen der Schweiz und die kaum vorhandenen öffentlichen Verkehrsmittel, was allfällige Fluchtversuche erschwere.[8] Später meldeten einzelne Hotels beim Bund besondere Entschädigungsansprüche an, weil die Zimmer durch die Invaliden mit ihren Krücken und die überdurchschnittliche Benutzung der Betten stark in Mitleidenschaft gezogen worden seien.[9]

127 **Ein «weiterer Zug» aus Lyon** brachte im Februar 1916 199 kranke deutsche Kriegsgefangene nach Luzern. Ein Bericht betont, dass auch diese Aktion im Zeichen der Unparteilichkeit und mit dem «sicheren Gefühl» durchgeführt worden sei, «wie es den Hütern des heiligen Feuers am Herde des Weltasyls angeboren ist» (Nagel, Bd. 2, 1916, S. 83 ff.). Von Luzern aus wurden sie mit dem Dampfboot «Uri» an verschiedene Orte weitertransportiert und dort in den leer stehenden Hotels untergebracht, in Weggis, Gersau, Buochs, Brunnen und Flüelen.

Franzosen und Belgier kamen nach Montana, Montreux und Leysin, Deutsche nach Davos und an den Vierwaldstättersee, Briten nach Mürren und Château-d'Oex. Diese neuen Gäste hätten, heisst es in der Literatur, fröhliches Treiben in die verlassenen Kurorte gebracht, und einige Internierte hätten da auch eine «tüchtige Gattin» gefunden. Ein Teil der Internierten konnte einem Handwerksberuf zugeführt werden (Schuhmacherei, Tischlerei, Schlosserei usw.), einem anderen Teil wurde der Besuch einer schweizerischen Hochschule gestattet. So waren im Sommersemester 1917 insgesamt 1650 internierte Kriegsgefangene an Mittel- und Hochschulen eingeschrieben.

Die Bestandszahlen wurden, nach Ländern und Dienstgraden sortiert, regelmässig veröffentlicht. Für den 15. August 1917 etwa finden sich folgende Zahlen: 8868 Deutsche, 1829 Engländer, 14 285 Franzosen, 1809 Belgier und 231 Österreicher/Ungarn; Italiener sind keine auf dieser Liste vermerkt. Über 27 000 waren es insgesamt, alles in allem seien es aber sehr viel mehr, wurde betont, weil Tausende bereits heimgeschafft worden seien.[10] Alles in allem kamen in den Jahren 1916 bis 1918 bemerkenswert hohe Interniertenzahlen zusammen, nämlich gegen 70 000: 45 922 Angehörige der Entente und 21 804 Angehörige der Zentralmächte; aber es waren nie mehr als 30 000 Internierte zur gleichen Zeit im Lande.[11]

Schweizer Universitäten machten sich auch Sorgen um das intellektuelle Wohl junger Akademiker in ausländischen Gefangenenlagern. Sie organisierten in Absprache mit den Krieg führenden Mächten Ausbildungskurse in den Gefangenenlagern und beschickten diese mit Unterrichtsmaterialien. Im März 1916 waren es rund 3000 akademische Lehrer und Studenten der sieben Universitäten, die sich in der Fernbetreuung von 130 Lagern engagierten. Diesen breit angelegten Hilfsaktionen lagen zwei Überlegungen zugrunde: Zum einen seien junge Intellektuelle in der Kriegsgefangenschaft in besonderem Masse der Gefahr der geistigen Verkümmerung ausgesetzt; und zum anderen würden diese Menschen später besonders benötigt, wenn es nach dem Krieg um die «Wiederherstellung der Nationen und die Neuschaffung der Kultur» gehe. Nach einer Anlaufphase wurde die intellektuelle Fürsorgetätigkeit auch auf bereits ausgebildete Akademiker (Lehrer, Pfarrer, Ärzte, Juristen, Techniker) ausgedehnt. Stolz wurde 1916 berichtet, die Hilfsaktionen würden in Holland und in Skandinavien nachgeahmt.[12]

Die Schweiz – ein Samariterland?

Im Tagebuch des Pfarrerleutnants Hans Zurlinden findet sich kein Wort zu der seit 1915 sich ausbreitenden Fremdenfeindlichkeit, die das Thema des folgenden

Abschnitts sein wird. Aber es finden sich im Frühjahr 1917 sehr kritische Passagen zum idealisierenden Selbstbild, das die Schweiz als grosse Wohltäterin gegenüber dem Fremden sieht. Sein Urteil soll diesen Abschnitt beschliessen und das humanitäre Engagement ein klein wenig relativieren:

«Wir rühmen uns als Samariterland der Liebe. Wir rühmen uns mit den Internierten und Ferienkindern und ersetzen damit nur etwas die fehlende Fremdenindustrie. Wir rühmen uns mit dem Gefangenenaustausch, mit dem Heimtransport Schwerverwundeter, mit der Gefangenenpost und sehen diese Dinge heimlich als moralische Kompensationsmittel an, weil wir keine anderen haben. Wir rühmen uns der edlen Fürsorge für alle Kriegführenden und liefern hauptsächlich Kriegsartikel.»[13]

Grenzkontrollen und Fremdenpolizei

Neben dem hohen humanitären Engagement lauerte die niederträchtige Fremdenfeindlichkeit. Sie mag bei Kriegsbeginn latent schon vorhanden gewesen sein, sie wurde aber erst 1917 zu einer das allgemeine Fühlen und Denken leitenden Kraft.

«Der Krieg hat in weiten Kreisen unseres Landes eine gewisse Xenophobie und nationalistische Engherzigkeit erzeugt.»

Ein nicht namentlich genannter Mitarbeiter des EDA schätzte im Frühjahr 1917 die Verhältnisse so ein, dass es schwierig sein werde, für die Einbürgerungsfrage eine gedeihliche Lösung zu finden, «da der Krieg in weiten Kreisen unseres Landes eine gewisse Xenophobie und nationalistische Engherzigkeit erzeugt hat.»[14] Der Krieg? Wie müsste man es sagen, wenn man es differenzierter ausdrücken wollte? Verändert hat sich vor allem die Einstellung zum eigenen Land und zu den «Fremden». In deren Beurteilung wurde weniger die Menge als die Substanz wichtig. Die quantitative Einschätzung wich einer qualitativen, gestützt auf die Kategorie des biologisch Unverträglichen und auf die Idee, dass «Fremdkörper» nicht zum «Volkskörper» passen würden.

Es ist nicht so, dass man in der Schweiz vor 1914 Fremdes nicht als fremd empfunden hätte, es gab – dann und wann – sogar Krawalle zwischen Einheimischen und Zugezogenen.[15] Die Anwesenheit von Fremden war aber vor 1914 eine mehr oder weniger selbstverständliche gesellschaftliche Gegebenheit. Fremdenfeindlichkeit gab es gewiss in einzelnen Köpfen der intellektuellen Elite. Berühmt sind die arroganten Formulierungen des damals erst 30-jährigen Freiburger Aristokraten Gonzague de Reynold von 1910, die sich bezeichnenderweise gegen die als «anarchisch» eingestuften städtischen Verhältnisse und gegen die Aufnahme von Asylsuchenden richteten:

> «Aber wir werden auch noch von den Barbaren überfallen. (...) Diese Slaven, diese Griechen, diese Südamerikaner, diese Orientalen sind alles grosse, unzivilisierte Kinder, die mit geschmacklosem Tand und grossem Luxus, mit nebulösen Philosophien, mit subversiven Ideen und mit moralischen und physischen Krankheiten zu uns kommen.»[16]

«Wir sehen nicht mehr länger geduldig zu, wir lassen uns nicht auf der Nase herumtanzen!»

Doch es gab noch keine Politik, keine Doktrin und keine Ideologie, die den Schutz der Schweiz vor Ausländischem zur nationalen Aufgabe und damit zu einem Teil der nationalen Identität gemacht hätte. Die zunächst als Einzelmeinungen vorhandene Haltung sollte 1917/18 einen breiten gesellschaftlichen Konsens bekommen. Im Herbst 1917 äusserte sich der St. Galler Historiker Wilhelm Ehrenzeller zunächst an der Hauptversammlung der renommierten Schweizerischen Gemeinnützigen Gesellschaft, dann in deren Zeitschrift und später noch in einer separaten Schrift von 70 Seiten (!) zum Thema «Geistige Überfremdung» der Schweiz. Er bezog sich – wie viele – auf die völlig überholten Ausländerzahlen von 1910. Er wollte ausdrücklich nicht fremdenfeindlich sein, trotzdem wetterte er gegen die «indésirables» und warnte: «Wir sehen nicht mehr länger geduldig zu, wir lassen uns nicht auf der Nase herumtanzen!»[17] Mit seinem moderaten Alarmismus bemerkte er, dass das Übel der Überfremdung noch nicht hoffnungslos sei, die «zähe Art unsers Volkes», besonders des Bauerntums, und die einheimische Sprache (Dialekt) seien ein starkes Bollwerk gegen die «fremde Hochflut». Gegen Ende der Kriegszeit war Überfremdung als Chiffre so stark geworden, dass sie bis in die linke Frauenbewegung hineinwirkte. Ein 1918 publizierter Aufsatz schloss mit dem Aufruf an die Schweizer Frauen, mit der richtigen Kindererziehung ein Kapital zu schaffen, «das gegen jede Überfremdung die beste Gewähr bietet».[18]

Als im Mai 1914 der bundesrätliche Bericht zur «Überfremdung der Schweiz» in den eidgenössischen Amtsstuben auf den Pulten lag, war der Begriff, der in den folgenden Jahren noch wichtiger werden sollte, bereits über zehn Jahre alt.[19] Bemerkenswerterweise bestand damals das empfohlene Mittel gegen das so benannte Phänomen aber nicht – wie später – in Abstossung und Ausschaffung, sondern in Hereinnahme der Fremden in die nationale Gemeinschaft – durch Einbürgerung, ja Zwangseinbürgerung! Diese Forderung ist nicht bloss als Entgegenkommen gegenüber den Ausländern zu sehen, vielmehr wollte man erklärtermassen die bisherigen Nichtschweizer ebenfalls der Militärdienstpflicht unterstellen.[20] Nach Kriegsausbruch wurde gerade dieser Aspekt als noch wichtiger empfunden.

Ebenso selbstverständlich war in den Jahren vor 1914 die Freizügigkeit in der grenzüberschreitenden Mobilität und in der Niederlassung. Die «goldene Zeit», da man ohne Grenzkontrollen von Land zu Land reisen konnte, ging mit dem Kriegsausbruch zu Ende. Schon am 6. August 1914 wandte sich die Direktion des Eisen- und Stahlwerks Georg Fischer von Schaffhausen an die deutsche Gesandtschaft in Bern und erbat sich Pässe, um ihre Filiale im nahen Singen aufsuchen zu können.[21] Einschneidende Konsequenzen hatte dies vor allem auch für die Handwerksgesellen, die gemäss jahrhundertealtem Brauch auf die Walz gingen und nun stärker in die Nationalstaaten eingebunden wurden. Im August 1914 waren die auf deutscher Seite durchgeführten Grenzkontrollen für die Lokalbevölkerung strenger als für die grosse Zahl derjenigen, die in ihr Heimatland zurückkehren wollten und «ohne Anstand» und «ohne Zollkalamitäten» durchgelassen wurden.[22]

Etwa im Sommer 1915 wurde die Haltung gegenüber den «Fremden» zunehmend negativer. Indikatoren sind harmlos sein wollende Karikaturen, etwa jene «Zur Verhinderung eines unerwünschten Fremdenzustroms»: Da wurde vorgeschlagen, das persönliche und das finanzielle Gleichgewicht der Fremden zu schätzen oder die Polizeistunde genauer einzuhalten. Wichtiger als die konkreten Empfehlungen ist der doch frühe Zeitpunkt ihrer Veröffentlichung, nämlich bereits im Sommer 1915.[23]

Zunächst wachte das Militär darüber, dass die Exportverbote von kriegswichtigen Gütern eingehalten wurden. Im Laufe des Jahres wurden aber Stimmen laut, die Massnahmen für eine strenge Personenkontrolle an den Grenzen forderten. Offenbar waren die Nachbarländer mit solchen Kontrollen vorausgegangen, was es der Schweiz schwer machte, unerwünschte Ausländer abzuschieben. Indessen klagte noch im September 1917 die *Appenzeller Zeitung*, dass für die Schweiz kein Passzwang bestehe und es zur Einreise keinen Ausweis brauche, obwohl die meisten Staaten, ob Krieg führend oder neutral, einen solchen schon längst verlangten.[24]

128 **So neu**, dass sie fotografiert und publiziert wurde: die Ausweiskontrolle an der Grenze. Sonderbar nur, dass das Gewehr geschultert bleibt und nicht im Anschlag gehalten wird. Sicher ein halbwegs gestelltes Bild: Die Passanten mögen echt sein, sie mussten wohl zusammen mit dem Wachmann die Szene durchspielen, bis das Bild im Kasten war. (Die Schweizerische Grenzbesetzung, H. I, Basel 1914, S. 15)

Auf diesem Hintergrund ist der bei den Behörden (vorläufig noch nicht in der breiten Bevölkerung) stärker gewordene Wunsch zu sehen, solche «Elemente» gar nicht erst ins Land kommen zu lassen. Jetzt wurden Ausweise eine Notwendigkeit, und wer dieser Forderung nicht nachkommen konnte, war neuerdings «schriftenlos». Eine mögliche Lösung, die schliesslich nicht umgesetzt wurde, sah man im September 1915 in der Vorverlegung der Grenzkontrollen ins nahe Ausland, und zwar durch eidgenössische Beamte, weil diese von Nachbarstaaten eher akzeptiert würden als kantonale Funktionäre. Die auf der schweizerischen Seite erwogenen Lösungen litten unter der Kompetenzrivalität zwischen Bund und Kantonen.[25]

Am 25. September 1915 schickte der Bundesrat an sämtliche Kantonsregierungen ein Kreisschreiben, in dem er dazu aufforderte, an allen «Eingangsstellen» Polizeiposten zu schaffen und eine Schriftenkontrolle durchzuführen, «der sich jeder Ausländer beim Betreten des schweizerischen Gebietes zu unterwerfen hat». So könne verhindert werden, dass schriften- und mittellose Ausländer hereinkämen, «die dem Lande leicht zur Last fallen würden».[26] Die alten, sehr liberalen Niederlassungsverträge waren grundsätzlich nicht aufgehoben, aber man wollte von den «Fremden» einen Ausweis, der zeigte, ob sie unter diese Verträge fielen.

Der konzeptionelle Grundstein für die im Mai 1919 formell ins Leben gerufene Fremdenpolizei wurde bereits im Spätherbst 1917 mit einer Notverordnung zur Ausländerkontrolle (vom 17. November 1917) gelegt. Dabei ging es selbstverständlich um die Grenz- und Einreisekontrollen, aber in nicht geringerem Mass auch um eine permanente Inlandkontrolle der Ausländer. Voraussetzung für die eine Kontrolle war der Visumszwang und ein Obligatorium für Gesundheitsatteste. Für die andere Kontrolle wurden Ausländerausweise und Gasthofkontrollen eingeführt und bei Ortswechseln die An- und Abmeldepflicht. «Verdächtige» Ausländer wurden einer periodischen Meldepflicht unterworfen. Heinrich Rothmund, erster Vorsteher der eidgenössischen Fremdenpolizei, erinnerte sich im Rückblick: «Alles musste neu geschaffen werden, vor allem auch die Einsicht in die Notwendigkeit einer solchen Prüfung.»[27] Während sich die Kantone normierende Bundesvorschriften im Einreisebereich eher gefallen liessen, wehrten sie sich zunächst gegen eine Mitwirkung des Bundes im Innenbereich, liessen sich aber mit der Zeit bezüglich der Kontrollkriterien eine gewisse vereinheitlichende Mitsprache des Bundes gefallen. Es wurde streng darauf geachtet, dass befristete Aufenthaltsbewilligungen nicht in feste Niederlassungen mündeten und diese nicht leichthin zu Einbürgerungen führten.

«Alles musste neu geschaffen werden, vor allem auch die Einsicht in die Notwendigkeit einer solchen Prüfung.»

Einbürgerungen

Die Zahl der Einbürgerungen nahm während des Krieges stark zu. Nachdem es 1913 noch rund 4800 gewesen waren, stiegen die Zahlen 1915 auf 7900, 1916 auf 9100 und 1917 auf 10 200. 1918 sanken sie wiederum auf 6700 und 1919 auf 4900. Die weitaus grösste Gruppe bildeten die Deutschen.[28] Zur Sanierung belasteter Gemeindekassen wurden Niederlassungsrechte samt Einbürgerung angeboten (Stichwort: «Einbürgerungsschacher»). Der *Nebelspalter* zeigte im November 1915 auf der Titelseite unter dem Titel «Neue Industrie» eine Verkaufsbude, die «zu allen Preisen» die Verpachtung des Bürgerrechts für die Kriegszeit anbot.[29]

Im Oktober 1919 klagte Rothmund, der eben ernannte Polizeichef, über das verantwortungslose Verhalten gewisser Gemeinden und Kantone:

> «Anstatt dass Ausländer, die durch ernste Arbeit unserem Lande hätten nützen können, bei der Erteilung von Niederlassungen bevorzugt worden wären, nistete sich vielerorts ein arbeitsscheues Gesindel ein, das mit meistens auf unehrliche Weise verdientem Gelde in der Schweiz weiter wucherte, so die Klassengegensätze verschärfen half und denjenigen Elementen, die die bestehende Staatsordnung umzustürzen versuchen, das arbeitende Volk in Massen in die Gefolgschaft treibt.»[30]

In dieser Beurteilung wurde zwar noch zwischen guten und schlechten Ausländern unterschieden, im Weiteren konzentrierte sich der politische Diskurs dann aber ganz auf die schlechten, und es wurden, schon damals, die Ausländer für innenpolitische Schwierigkeiten verantwortlich gemacht.

Schon im Laufe des Jahres 1916 hatte sich eine neue Problemkategorie bemerkbar gemacht: die sogenannten Spekulanten, Schieber, Schmuggler und Kriegsgewinnler. Obwohl es darunter auch Schweizer gab, wurden diese hauptsächlich, wenn nicht sogar ausschliesslich, als «fremd» wahrgenommen. Schon am 10. August 1914 hatte der Bund eine Verordnung gegen Wucher erlassen, die jedoch von gewissen Kantonen kaum umgesetzt wurde.[31] Im Frühjahr 1916 sah sich der Bundesrat genötigt, mit weiteren Beschlüssen gegen Vorratsbildungen zu Spekulationszwecken vorzugehen.[32] Die Presseberichterstattung über Prozesse gegen Wucherer gab der ausländerfeindlichen Stimmung und dem Ruf nach strengeren

Von der Einreise über die Niederlassung zur Einbürgerung?

129 (links) **Die Bereitschaft**, als schädlich eingestufte «Elemente» möglichst rasant aus der Schweiz zu spedieren, kommt in dieser Darstellung zum Ausdruck. Der «Bundesschuh» zielt auf Hetzer, Schieber und Krakeeler, dabei konnte es aber auch andere treffen, auf die diese Etiketten nicht zutrafen. (*Nebelspalter* vom 16. März 1918)

130 (rechts) **Eine sehr beschränkte Zahl** von Problemgestalten bildeten den Vorwand für eine breiter angelegte und auch breiter wirkende Problematisierung des Fremden. Hier zwei Schmarotzer, die nicht daran denken, sich der für Internierte geltenden Arbeitspflicht zu unterziehen. (*Nebelspalter* vom 19. Januar 1918)

Grenzkontrollen Auftrieb.[33] Auch der «linke» beziehungsweise religiös-soziale Theologe Leonhard Ragaz wetterte gegen die skrupellosen Kriegsgewinnler: «Schacher, Wucher, Erpressung, Gaunerei, kurz: Korruption überfluten uns wie ein stinkender Strom.»[34] Aber seine Kritik richtete sich nicht gegen die «Fremden», sondern an die Adresse der Eigenen – an das «Krämervolk» Schweiz.

Die Lebensmittelknappheit verstärkte im Herbst 1917 die fremdenfeindliche Grundhaltung und führte zu negativen Kommentaren zum Beispiel über eine deutsche Reisegruppe, die in die Schweiz gekommen sei, um sich wieder einmal satt zu essen, oder über die vielen Ausländer in den städtischen Konditoreien, wo sie mit ihren «parfümierten, wenig angezogenen, Stöckelschuhe tragenden, bemalten Gespielinnen» tellerweise Süssigkeiten verzehrten.[35]

Diese irrationale Haltung begründete ein pseudorationales Dispositiv gegen Infektionen aus Regionen, in denen nach den herrschenden Vorstellungen Typhus, Flecktyphus, Cholera, Ruhr und Pest verbreitet waren. Unmittelbar nach dem Krieg und vor der eigentlichen Gründung eines solchen Dienstes im Jahr 1920 wurden Grenzsanitätskontrollen eingerichtet, die alle aus dem «Osten» einreisenden Personen einer peniblen Kontrolle (mit Entlausungsobligatorium) unterwarfen und zum Teil speziell eingerichteten Quarantänelagern zuwiesen. Soziale Abneigung verband sich hier mit hygienisch-biologischen Befürchtungen.[36]

Abwehr von Typhus, Flecktyphus, Cholera, Ruhr und Pest

Emigranten und Flüchtlinge

Im folgenden Abschnitt geht es vor allem um Flüchtlinge, die akut aus Bedrohungslagen in die Schweiz geflohen sind. Daneben gab es die Gruppe der Emigranten, die allenfalls ein ihnen besser entsprechendes politisches Umfeld suchten und sich unabhängig von den Kriegsverhältnissen in der Schweiz niedergelassen hatten. Der Schriftsteller Hermann Hesse lebte bereits um die Jahrhundertwende in der Schweiz (in Basel), 1914 wollte er sich in die deutschen Streitkräfte einreihen lassen, wurde aber für untauglich befunden. Darauf engagierte er sich von der Schweiz aus in der deutschen Kriegsgefangenenfürsorge, wirkte in einem Bücherdienst mit und gab eine Zeitung für Internierte heraus. Dies hinderte ihn nicht, bei Kriegsbeginn in der NZZ die Intellektuellen und Künstler davor zu warnen, in nationalistische Polemik zu verfallen.[37] Dafür kassierte er den Vorwurf, «innerlich längst den Staub der heimischen Erde von seinen Schuhen geschüttelt» zu haben.[38]

War Hesse ein Emigrant?

Wenn bedrängende Verhältnisse im Herkunftsland zur Definition von «Emigrant» gehörten, hatte der österreichische Journalist Alfred Fried eindeutig diesen Status. Der Friedensnobelpreisträger von 1911 zog 1914 mit seiner «Friedens-Warte» in die Schweiz und fand in der NZZ eine publizistische Plattform.[39] Kein wirklicher Emigrant war der französische Schriftsteller Romain Rolland, der sich bereits vor 1914 häufig in der Schweiz aufgehalten hatte und dann beschloss, während des Krieges dazubleiben; auch er hatte hier seine publizistische Plattform, und zwar im *Journal de Genève*.[40] Seine Stellungnahmen, insbesondere der Artikel «Über dem Getümmel» («Au-dessus de la mêlée»), erregten in der französischen Schweiz grosses Aufsehen, in der deutschen Schweiz dagegen wurden sie entweder totgeschwiegen oder kurz abgetan.[41] Als drittes Beispiel sei der ebenfalls publizistisch tätige Elsässer Schriftsteller René Schickele genannt, der von 1916 bis 1920 in der Schweiz lebte und unter dem Titel *Die weissen Blätter* eine pazifistische Zeitschrift herausgab.[42]

Flüchtlinge, vor allem solche mit militärischem Status, Deserteure (Dienstverweigerer) und Refraktäre (Aufgebotsverweigerer), waren erstaunlicherweise zunächst nicht im Visier der Behörden. Politisch brisant wurde diese Gruppe jedoch aus mehreren Gründen: Ihre Aufnahme belastete die Beziehungen zu den Herkunftsstaaten, die Aufnahme konnte als Aufmunterung zur Fahnenflucht verstanden werden. Zudem waren manche, die zu dieser Flüchtlingskategorie gehörten, poli-

«Duldung der Deserteure steht im Widerspruch zur Wehrpflicht im eigenen Land.»

tisch engagiert und setzten selbst auf neutralem Boden ihre Agitation fort. Hinzu kam bei einem Teil die Furcht vor einem Kontrollverlust: Während Deserteure meistens an Uniformen erkennbar waren, konnten echte Refraktäre nicht von Leuten unterschieden werden, die nur vorgaben, Refraktäre zu sein, um so eine Aufnahme zu erwirken. Schliesslich wurde die Duldung der Deserteure auch als im Widerspruch zur Wehrpflicht im eigenen Land stehend empfunden.

Die meisten Funktionsträger hatten unter Berufung auf die bestehende Werteordnung eine negative Einstellung zu Dienstverweigerern. Der Basler Polizeidirektor Rudolf Miescher erklärte im Juli 1915: «Die europäischen Schmarotzer, die nur die Vorteile, nicht aber die Lasten auf sich nehmen, welche der Militärdienst in allen Staaten mit sich bringt, verdienen keine besonders wohlwollende Behandlung.»[43] Von Generalstabschef Sprecher gibt es das Urteil vom Februar 1916: «Deserteure werden in allen Armeen als zu verachtende Elemente angesehen. Hätten sie ein hochentwickeltes patriotisches Empfinden, so wären sie nicht desertiert, sondern wären ihrem Eide treu geblieben.»[44] Und im März 1918 stufte das Eidgenössische Justiz- und Polizeidepartement die Fluchtmotive von Deserteuren prinzipiell als «unehrenhaft» ein, ein Militärflüchtling würde «in der Regel aus Feigheit handeln oder die Wahrung rein persönlicher Interessen der Erfüllung seiner Bürgerpflicht voranstellen».[45] Wie gering die Bereitschaft war, für Deserteure Verständnis aufzubringen, zeigte der öffentliche Spott, den sich Ernst Delaquis, Chef der Eidgenössischen Polizeiabteilung, leistete, indem er jenen über ein Zitat nachtäglich (1921) noch vorwarf, Angst vor den *«blauen Bohnen»* zu haben.[46]

Die Schweiz nahm anfänglich gegenüber Militärflüchtlingen keine einheitliche Haltung ein. Über Aufnahme oder Rückweisung entschieden die Kantone innerhalb eines breiten Ermessensspielraums. Eine entgegenkommende Behandlung erfuhren in der Regel bereits seit Längerem in der Schweiz lebende Ausländer, die dem Aufgebot ihres Herkunftslandes keine Folge leisteten und darum zu Refraktären wurden. Für die Haltung gegenüber Militärflüchtlingen waren auch finanzielle Überlegun-

Sozialdemokrat Wullschleger will keine Belehrungen von seinen Genossen.

gen bestimmend. Rückschaffungen wurden jedenfalls unter anderem damit gerechtfertigt, dass eine entgegenkommende Haltung mit der Zeit für den Kanton untragbare finanzielle Belastungen bedeuten könnte. Weil Deserteure aus naheliegenden Gründen nicht wie die offiziellen Internierten vom Herkunftsland finanziell unterstützt wurden und darauf angewiesen waren, ihren Lebensunterhalt selbst zu finanzieren, war ihnen die Erwerbsarbeit gestattet. Für sie wurde auch ein Arbeitsdienst eingerichtet. Schweizer Unternehmen, die französische Refraktäre beschäftigten, bekamen aber – wie beispielsweise der «Fall Guillaume» zeigt – Probleme mit ihren Exporten nach Frankreich.[47]

Proteste gegen die Abschiebungspraxis gab es von sozialistischer Seite, von kirchlichen Institutionen und schliesslich auch in der bürgerlichen Presse. Betraf die Abschiebung elsässische Militärflüchtlinge, kam heftiger Protest auch aus der französischen Schweiz. Das zeigte der Fall des Elsässers Léon Lallemand.[48] Dieser hatte sich der Stellungspflicht entzogen und war als Refraktär in die Schweiz geflohen. Am 9. Januar 1916 wurde er jedoch, weil schriftenlos, von der Basler Polizei wieder ins Elsass beziehungsweise ins deutsche Reichsland zurückgeschafft. Dies löste in der französischen Schweiz heftige Proteste aus.

Mit klaren Worten protestierte *La Liberté* aus Fribourg: «Ce geste, qui ne fait pas honneur à la Suisse, ne sera jamais approuvé par ceux qui sont imprégnés des traditions de loyauté de notre pays. C'est au nom de ces Suisses que nous protestons.»[49]

Im April 1916 kam eine Petition mit 17 000 Unterschriften zusammen. Die Bundesadministration stellte sich zunächst auf den Standpunkt, dass Deserteure und Refraktäre nicht als politische Flüchtlinge einzustufen seien und die spezifische Herkunft des Elsässers keine Rolle spiele, weil die Schweiz die Zugehörigkeit des Elsass zum Reich anerkannt habe.[50] Doch in der nationalrätlichen Beratung des dritten Neutralitätsberichts vom 15. Juni 1916 wurde der Fall von Vertretern der lateinischen Schweiz (Henri Calame, Louis Willemin und Brenno Bertoni) als schwere Missachtung des Asylrechts aufs Heftigste verurteilt. Die Basler Vertretung wies die Vorwürfe nicht weniger vehement zurück, Basel habe nur das geltende Gesetz angewendet. Selbst der Sozialdemokrat Eugen Wullschleger verwahrte sich gegen «Belehrungen» durch seine welschen Genossen aus der gleichen Fraktion.[51] Die basel-städtische Regierung forderte damals beim Bund, dass man «durch Einrichtung einer Internierungsanstalt diese sehr lästigen Ausländer unschädlich» mache.[52]

Die «affaire Lallemand» warf ein Licht nicht nur auf den Umgang mit Deserteuren, sondern auch auf die Gemeinschaft der in der Schweiz lebenden Elsässer und ihre besonders schwierige Situation, die sich darin zeigte, dass sie es keiner Seite recht machen konnten und entsprechend einem doppelten Misstrauen aus-

131 **Die Ausschaffung wurde nicht** fotografiert, will man dazu ein Bild, muss man auf eine Protestkarte zurückgreifen: Basel liefert den Elsässer der Germania aus und die Helvetia im Hintergrund billigt es.

gesetzt waren. Besonders tragisch war die Lage für die Familien, deren Angehörige teils in der einen, teils in der anderen der sich bekämpfenden Armeen dienten.[53]

Das Aufbegehren hatte immerhin zur Folge, dass der Bund auf den 30. Mai 1916 eine Konferenz der kantonalen Polizeidirektoren einberief, um etwas mehr Ordnung in die unklaren Verhältnisse zu bringen. Dabei zeigte sich, dass die tendenziell frankophilen Kantone Genf und Waadt bisher gar keine französischen Refraktäre aufgenommen hatten. Am 30. Juni 1916 wies der Bund die Kantone an, inskünftig keine Deserteure und Refraktäre mehr auszuschaffen. Schon im Frühjahr 1915 hatte der Bundesrat erklärt, dass man «zur Zeit» aus Gründen der Menschlichkeit nicht daran denken könne, Deserteure und Refraktäre auf das Gebiet ihres Heimatstaates zurückzuschicken.[54]

Auf den 1. Mai 1918 schloss der Bund für alle Deserteure die Grenzen, wofür er sowohl Lob wie Kritik bekam: Auf der rechten Seite unterstützte eine von rund 285 000 Personen – etwa einem Drittel der Stimmberechtigten – unterzeichnete Petition die Regierung, damit diese wisse, dass eine grosse Mehrheit des Schweizervolkes einmütig und geschlossen hinter ihr stehe:

«Schweizerbürger! Die Zeit ist da, wo wir unser Schweizerhaus vor verhängnisvollen und revolutionären Wirren im Innern beschützen müssen! Schon seit Jahren haben ausländische Hetzer und Wühler begonnen, an den Fundamenten unserer Staatsordnung zu rütteln. Sie haben unsere echt schweizerische Arbeiterschaft zur Unzufriedenheit und zur Verleugnung ihrer vaterländischen Gesinnung aufgewiegelt ...»[55]

Die Linke, aber auch kirchliche Kreise und einzelne bürgerliche Pressestimmen protestierten gegen das, was als Willfährigkeit gegenüber Erwartungen der Nachbarstaaten beklagt wurde, aber mindestens so sehr aus Gründen der innern Sicherheit vorgekehrt worden war. Und das Politische Departement vertrat die Meinung, dass es nicht angehe, Deserteure an ihre «eventuellen Henker» auszuliefern.[56]

Über die Herkunft der insgesamt rund 26 000 Deserteure und Refraktäre gibt eine Statistik aus dem Jahr 1919 Auskunft. Die Zahlen sagen viel über die Grössenordnungen aus, zeigen aber auch die Vielfalt auf: 11 818 Italiener, 7203 Deutsche, 2463 aus Österreich/Ungarn, 2451 Franzosen, 1129 Russen, 226 Türken, 195 Serben, 116 Belgier, 106 Bulgaren, 20 Engländer, 14 Griechen und 10 Amerikaner.[57]

Beides, Gruppengrösse wie Vielfalt, dürfte durch die Verhältnisse bei Kriegsende stark beeinflusst gewesen sein. Während des Krieges dürfte die Zahl der Deserteure wesentlich geringer, aber die Konflikte vor allem mit Deutschland und Frankreich wegen der Aufnahme von Deserteuren wesentlich grösser gewesen sein.

Von Flüchtlingen weiss man in der Regel wenig: kaum etwas über das zuvor geführte Leben, am ehesten etwas über ihre Flucht, wiederum kaum etwas über ihr Leben danach, sofern sie nicht in der Schweiz geblieben sind. Um nicht, wie es zumeist geschieht, nur mit Zahlen zu reden, folge hier, gestützt auf eine exzellente Studie von Thomas Bürgisser eine kleine Momentaufnahme, die das Menschliche etwas sichtbarer macht:

> Der 25-jährige Peter Temnikov, zuvor Bauer in Westsibirien, durch den Krieg nach Süddeutschland geraten, wo er als Arbeiter eingesetzt war, flüchtete im Frühling 1916 an einem Sonntagmorgen, während seine Arbeitgeber in der Kirche waren, bei Bregenz in die Schweiz und wurde mit völlig durchnässten Kleidern in der Nähe von Wolfhalden (AR) entdeckt. Ein Bauer der Gegend gab ihm Nahrung und ein «reines Hemd und Hosen».[58]

Wiederholt kann man feststellen, dass diese Fremden, mit denen keine wirkliche Verständigung möglich war, von der Bevölkerung bemerkenswert freundlich aufgenommen wurden. Soldaten und Grenzpolizisten nahmen Rückweisungen oft nur unwillig vor, die Aufgabe wurde als «Schergendienst» bezeichnet.[59] In der Administration dagegen häuften sich die Bezeichnungen «unerwünschte Gäste» und «indésirables», und so wurden sie in wachsendem Masse auch in der Bevölkerung gesehen.[60] In den Jahren 1915 bis 1920 erreichten rund 3000 aus österreichischer und deutscher Gefangenschaft entwichene russische Militärflüchtlinge die Schweiz.

Noch 1916 war die Asylpraxis auch gegenüber russischen Revolutionären tolerant.[61] Spätestens mit der Russischen Revolution im Herbst 1917 wurden die Russen zu einer «véritable danger national».[62] Eine besondere Kategorie bildeten die Angehörigen des Expeditionskorps, das in der Zarenzeit zum Verbündeten nach Frankreich geschickt worden war. Viele von ihnen wollten nach dem Regimewechsel in Russland nach Hause und setzten sich zunächst in der Schweiz ab, wobei der französische Nachbar, der diese Soldaten loswerden wollte, dies begünstigte. Die Schweiz fasste sie in Arbeitsbrigaden zusammen und setzte sie bei Meliorationsarbeiten ein. Die neue diplomatische Vertretung des bolschewistischen Russland interessierte sich sehr für ihre versprengten Mitbürger und war offensichtlich bemüht, sie auf ihre ideologische Linie zu bringen. Die rechtsbürgerliche Schweiz erblickte in ihnen eine Landesgefahr. Aus diesen Kreisen stammte die Meinung, es handle sich um:

Was treiben die Russen in der Schweiz?

«Heuschreckenschwärme, die zerstörend, zersetzend, vergiftend wirken» und aus einem falschen Verständnis der Schweizer Freiheit ableiteten, dass sie sich beliebig verhalten dürften, «wie sie sich in ihrem Hirnkasten die Freiheit zurechtgelegt haben. (...) Die plötzlich entdeckte Vaterlandslosigkeit dieser Maulhelden ist stark übelriechend wie ein faules Ei.»[63]

Von der Heftigkeit der Proteste nach dem im Mai 1918 ergangenen Aufnahmestopp für Deserteure überrascht, machte der Bundesrat seinen Beschluss nur gerade zwölf Tage vor Kriegsende (am 29. Oktober 1918) wieder rückgängig und trug unter anderem auch dem Widerwillen Rechnung, der sich bei den mit der Abschiebung betrauten Wehrmännern bemerkbar gemacht hatte.[64] Hinzu kamen die fragwürdigen Staatszugehörigkeiten bei Elsässern, die nicht Deutsche, und bei Tschechen, die nicht Österreicher sein wollten.[65] Bei Kriegsende wurde allen, auch den ordentlich entlassenen Wehrmännern fremder Heere, insbesondere aus «hygienischen Gründen» der Zutritt zu schweizerischem Territorium verweigert. Der militärische Grenzschutz wirkte bei dieser Sperre mit, dem Generalstabschef Sprecher ging es darum zu verhindern, dass sich in der Schweiz «grosse Massen von wahrscheinlich unbotmässigen, möglicherweise durch den mehrjährigen Kriegsdienst und die Revolution in Deutschland und Österreich verwilderten Leuten ansammeln».[66] Ausländer, die einen langjährigen Aufenthalt in der Schweiz bis 1914 nachweisen konnten und jetzt in die Schweiz zurückkehren wollten, waren dagegen ein bisschen willkommener.

Bereits in der zweiten Hälfte des Jahres 1917 waren in den hehren Kreisen der damaligen Neuen Helvetischen Gesellschaft (NHG) in verschiedenen Varianten ausländerfeindliche Slogans lanciert worden. «Abwehr der Kriegskrüppel» forderte beispielsweise ein Text; es bestehe die Gefahr, dass «möglichst viel vom Kriegselend auf unsere gutmütigen Schultern» abgewälzt würde.[67] Nach Kriegsende war die Stimmung gegenüber Asylsuchenden derart schlecht, dass der 14. Neutralitätsbericht von 1920 meinte, festhalten zu müssen:

«Würde sich die Zentralstelle der Fremdenpolizei (...) Fremden gegenüber entgegenkommend zeigen, wie es bei der Tradition unseres Landes als Asylort für durch politische Ereignisse Vertriebene unter anderen Verhältnissen eine Selbstverständlichkeit wäre, so hätte das eine Überschwemmung der Schweiz mit Tausenden solcher unglücklicher Flüchtlinge zur Folge.»[68]

Dieser Satz hätte zur Zeit der Grenzsperre von 1942 wörtlich wieder so verkündet werden können.

Die Vorbehalte gegen Ausländer setzten sich aus zwei Hauptkomponenten zusammen, die sich teilweise wechselseitig stützten: einerseits aus einer rassistischen Komponente, die in der Zuwanderung von Juden aus Zentral- und Osteuropa eine «gesundheitliche» Bedrohung des schweizerischen «Volkskörpers» sah; andererseits aus einer politischen Komponente, die befürchtete, dass die Schweiz infolge der Einwanderung vermehrt der sozialistischen/bolschewistischen Agitation ausgesetzt sei. Die Zürcher Novemberunruhen von 1917 und der Landesstreik ein Jahr später wiederum mit Zentrum in Zürich (vgl. Kapitel 6) schienen diese Befürchtungen, die sich nach Kriegsende nicht auflösten, zu bestätigen.

Die weiterhin bestehenden rigorosen Ausländerkontrollen kollidierten allerdings mit den Interessen der Tourismusbranche, die für den Sommer 1919 eine Wiederbelebung des Geschäfts erwartete. Für Philippe Mercier, den schweizerischen Gesandten in Berlin, war die Priorität indessen klar, Bekämpfung des Bolschewismus war wichtiger als Förderung der Hotellerie: «Es ist eben nicht ausser Acht zu lassen, dass der Bolschewismus alles ruiniert und dass er, falls er in der Schweiz Fuss

«Grenzen möglichst hermetisch schliessen, bis die Gefahr des Bolschewismus vorbei ist.»

fassen sollte, auch den Untergang der Hotelindustrie bedeuten würde.» Und er fügte bei: «Meines Erachtens müssen die Grenzen so hermetisch als möglich geschlossen bleiben, bis die Gefahr des Bolschewismus vorbei ist.»[69] Markant offener war man gegenüber britischen Touristen, weil man explizit den «Bergbahnen usw.» entgegenkommen wollte.[70] Unter strenger Beobachtung standen dagegen Pensionate und Universitäten.

1 Bundesblatt 1915, III, S. 275–279, Zit. S. 275. – Auch bei Gysin, 1998, S. 34 (vgl. Anm. 8). – Dipl. Dok., Zur humanitären Politik, in DDS, Bd. 6, 1981, LXVI-VIII.

2 Albert Bonnard, La patrie suisse et l'impérialisme. In: Le témoignage d'un citoyen. Neuenburg 1918, S. 213. Aus einem 1916 in Genf gehaltenen Vortrag.

3 Ador war vor seiner Wahl zum Präsidenten bereits seit 40 Jahren Mitglied des IKRK gewesen, er war dann von 1917 bis 1919 auch Bundesrat, ein Jahr lang sogar Bundespräsident, behielt aber auch in dieser Zeit und bis zu seinem Tod 1928 das Präsidium des IKRK.

4 Der 1. Neutralitätsbericht vom Dezember 1914 spricht sogar von 150 000 täglich eintreffenden Schreiben.

5 Hinweis auf eine private Abklärungsaktion der belgischen Schwester Elisabeth Barbier in Charleroi in Ruchti, Bd. 2, 1929, S. 416.

6 E. Nagel, Die Liebestätigkeit der Schweiz im Weltkriege. Bilder aus grosser Zeit. Basel 1916. Bd. 2, S. 21.

7 Ruchti, Bd. 2, S. 410.

8 Zit. nach Gysin, 1998, S. 37.

9 Gysin, 1998, S. 38.

10 Gestützt auf den 8. Neutralitätsbericht, Politisches Jahrbuch 1917. Bern 1918, S. 457.

11 Ruchti, Bd. 2, S. 411.

12 Nagel, Bd. 2, S. 111–114. – Die Initiative war vom Lausanner Professor Louis Maillard ausgegangen.

13 Eintrag vom 2. April 1917, Zurlinden, 1968, S. 160.

14 Zit. nach Kury, 2003, S. 112.

15 Peter Manz, Emigrazione italiana a Basilea e nei suoi sobborghi 1890–1914. Comano 1988. – Eduard Weckerle, Der Käfigturm-Krawall zu Bern: ein Rückblick nach fünfzig Jahren. Bern 1993 (Krawall von 1893 lag eigentlich 100 Jahre zurück). – Tindaro Gatani, Der Italienerkrawall von Zürich (Juli 1896). In: Ernst Halter (Hg.), Das Jahrhundert der Italiener in der Schweiz. Zürich 2003. S. 35 f.

16 Wissen und Leben, 5. Jg., 1909/10, S. 261–264.

17 Wilhelm Ehrenzeller, Die geistige Überfremdung der Schweiz. Zürich 1917, S. 62.

18 Dr. Helen Wild, Die Frau im schweizerischen Wirtschaftsleben. In: Jahrbuch der Schweizerfrauen, 1918, S. 55.

19 Eine Art von Gründungsurkunde für diesen zukunftsträchtigen Begriff war die Schrift von C. A. Schmid, Unsere Fremdenfrage. Zürich 1900. Gleicher Titel nochmals 1915. – Zur Wirkungsmacht dieses Diskurses vgl. Kury, 2003, S. 41 ff. – Ausdruck der selbstverständlicher werdenden Fremdenfeindlichkeit und diese weiter verstärkend Max Koller, Die Fremdenfrage in der Schweiz. Zürich 1915. – Eine weitere Schrift vom gleichen Autor mit leicht variiertem Titel nach einem NHG-Vortrag 1916.

20 Bundesratsbeschluss vom 2. Juli 1914, wegen des Krieges nicht umgesetzt, teilweise in der 80 Seiten umfassenden bundesrätlichen Botschaft vom 9. Nov. 1920 wieder aufgenommen. Vgl. Kury, 2003, S. 68.

21 Adrian Knoepfli, in: Rossfeld/Straumann, 2008, S. 177.

22 Basler Nachrichten vom 2. August 1914.

23 Basler Nachrichten vom 14. August 1915.

24 Uriel Gast, Von der Kontrolle zur Abwehr. Die eidgenössische Fremdenpolizei im Spannungsfeld von Politik und Wirtschaft 1915–1933. Zürich 1997, S. 31.

25 Kreisschreiben des Bundesrats vom 25. September 1915. In: Politisches Jahrbuch 1915. Bern 1916, S. 854 ff. – Und Gast, 1997, S. 21 ff.

26 Integraler Text im Politischen Jahrbuch 1915. Bern 1916, S. 854.

27 Vortrag vom April 1937, zit. nach Kury, 2003, S. 109.

28 Gast, 1997, S. 46.

29 Nebelspalter vom 13. November 1915.

30 Gast, 1997, S. 44.

31 Text der Verordnung in Kurz, 1970, S. 114.

32 Ruchti, Bd. 2, 1929, S. 314 ff.

33 Gast, 1997, S. 27 ff.

34 Leonhard Ragaz, Die Schweiz vor der Lebensfrage. In: Neue Wege, Juni 1917, S. 314. – Weiter zu Ragaz vgl. Kapitel 8.

35 Schweizer freie Zeitung, Organ des Aargauer Nationalrats Josef Jäger, Beitrag mit dem Titel «Her mit dem eisernen Besen!», o. D. Zit. nach Gast, 1997, S. 31. – Die zugleich antimodernistische Kritik ertönte auch in den 1930er-Jahren und in der Zeit des Zweiten Weltkrieges.

36 Kury, 2006, S. 243–259.

37 Hermann Hesse, O Freunde, nicht diese Töne. In: NZZ Nr. 1487 vom 3. November 1914, als Feuilleton-Beitrag in der Rubrik «Unter dem Strich». – Hesse lehnte das öffentliche Engagement von «Schreibtischtätern» zwar allgemein ab, er meinte aber insbesondere den verklausuliert als unerfreulich eingestuften Protest gegen die Beschiessung der Kathedrale von Reims durch deutsches Militär: «Gewinnt Frankreich etwas, wenn alle Künstler der Welt gegen die Gefährdung eines schönen Bauwerks protestieren?»

38 Zit. nach Beatrice von Matt, Kriegsverherrlichung und Kriegsverneinung. Die Sprache des Widerstands – wie Intellektuelle und Schriftsteller in der Schweiz auf die Ereignisse zwischen 1912 und 1918 reagierten. In: NZZ vom 22. Juni 2013.

39 Zu Frieds häufigen Veröffentlichungen in der NZZ vgl. Gustav Adolf Lang, Die Kontroverse um Kriegsursachen und Friedensmöglichkeiten 1914–1919 im Rahmen der Neuen Zürcher Zeitung. Zürich 1968. (Dissertation 1966). – Stefan Zweig hielt sich 1917/18 ebenfalls in der Schweiz auf und unterstützte Fried in seinen Bemühungen. – Zu den Kontakten unter den Friedensaktivisten vgl. Mittler, 2003, S. 850–857.

40 Bekannt ist seine 1915 unter dem Titel *Au-dessus de la mêlée* erschienene Artikelsammlung.

41 Journal de Genève vom 22./23. Sept. 1914. – Vorher «Offener Brief an Gerhart Hauptmann», 1. September 1914. – Diesen Artikeln ist der Verf. erstmals bei der Editionsarbeit für den zweiten Band der Briefe von Leonhard Ragaz begegnet (Zürich 1982).

42 Friedrich Bentmann, René Schickele. Leben und Werk in Dokumenten. Nürnberg 1974. – Sowie Albert M. Debrunner, «Freunde, es war eine elende Zeit». Frauenfeld 2004.

43 Philipp Schneider, Basel und die ausländischen Deserteure und Refraktäre zur Zeit des Ersten Weltkrieges. Manuskript Basel März 2013, S. 24 (Masterarbeit).

44 Stellungnahme vom 5. Februar 1916 (BAR E 27 13934), zit. nach Schneider, 2013, S. 14.

45 EJPD an Bundesrat, 7. März 1918 (BAR E 27/13928), zit. nach Bettina Durrer, Auf der Flucht vor dem Kriegsdienst. Deserteure und Refraktäre in der Schweiz während des Ersten Weltkrieges. In: Carsten Goehrke/Werner G. Zimmermann, «Zuflucht Schweiz». Der Umgang mit Asylproblemen im 19. und 20. Jahrhundert. Zürich 1994, S. 197–216. Zit. S. 197.

46 Kury, 2003, S. 128.

47 Der Refraktär Guillaume wurde aufgrund einer französischen Intervention bei einer Lausanner Firma entlassen, vgl. Ochsenbein, 1971, S. 117. – Bei manchen Refraktären handelt es sich allerdings um Franzosen, die schon vor Kriegsausbruch in der Schweiz gelebt hatten und nicht eingerückt waren. Durrer, 1994, S. 201.

48 Gérald et Silvia Arlettaz, Les Chambres fédérales face à la présence et l'immigration étrangère (1914–1922). In: Studien und Quellen, 1991, S. 9–156. – Gérald Arlettaz: La Suisse une terre d'accueil en question. L'importance de la première Guerre mondiale. In: L'émigration politique en Europe aux XIXe et XXe siècles. Actes du colloque de Rome (3–5 mars 1988). Rom 1991, S. 139–159. (Publications de l'École française de Rome, 146).

49 La Liberté, zit. nach Schneider, 2013, S. 30.

50 Gleich bei Kriegsbeginn setzten sich 3000 von ihnen nach Frankreich ab; manche flohen aber auch, wie verschiedene Fälle belegen, in Richtung Schweiz.

51 Arlettaz, 1991, und www.amtsdruckschriften.bar.admin.ch/detailView.do? id=80000101#1 (Zugriff Juli 2013).

52 Schneider, 2013, S. 33.

53 Mittler, 2003, S. 853–856.

54 Schneider, 2013, S. 27 und S. 33.

55 Kurz, 1970, S. 101 ff. – Durrer, 1994, S. 207 ff.

56 Zit. nach Gysin, 1998, S. 40.

57 Durrer, 1994, S. 198.

58 Bürgisser, 2010, S. 32.

59 Ebenda, S. 90.

60 Ebenda, S. 93.

61 Willi Gautschi, Lenin als Emigrant in der Schweiz. Zürich 1973. S. 218.

62 Kury, 2006, S. 250 ff.

63 Correspondenzblatt, Organ für Auslandschweizerinnen und Auslandschweizer in Berlin, 15. März 1918, zit. nach Bürgisser, 2010, S. 79.

64 Gysin, 1998, S. 40. – Durrer, 1994, S. 208.

65 Gast, 1997, S. 55.

66 Zit. nach Gast, 1997, S. 58.

67 NHG-Mitteilungen vom Sept. 1917, S. 10, zit. nach Gast, 1997, S. 30.

68 Bundesblatt 1930 III, S. 275.

69 Mercier an Bundesrat Müller, 6. März 1919, in: DDS Bd. 7,1 Nr. 225. – Gast, 1997, S. 78 ff.

70 Gast, 1997, S. 84.

8 Warten auf Frieden und eine bessere Endzeit

Das Kriegsende vom 11. November 1918, das zunächst bloss ein Waffenstillstand war, bildete nur bedingt eine Zäsur. Einerseits setzten die Diskussionen um die Nachkriegsordnung lange vorher ein, andererseits brauchte die Installierung der Nachkriegsordnung wiederum Jahre, im Übrigen, wie man weiss, ohne je zu einer gesicherten Ordnung zu gelangen.

Am Ende des Kriegs

Bei Kriegsende suchten, wie bei Kriegsbeginn, wiederum zahlreiche Menschen Schutz auf schweizerischem Territorium. Aus deutscher Kriegsgefangenschaft entwichene Soldaten suchten an der Elsässer Grenze Einlass. «Es war eine bunt gewürfelte, armselige Gesellschaft in den mannigfaltigsten Uniformen, vom knappen Offiziersrock bis zum lumpigen Überwurf.» Die Schweizer Soldaten bewunderten die Geduld und den Gleichmut, womit diese Menschen den ganzen Tag am gleichen Fleck ohne Erfolg vor den aufgestellten Maschinengewehren ausharrten. Am anderen Tag seien sie wieder da gewesen. Der diese Szene überliefernde Soldat wurde abgezogen, sodass er nicht erfuhr, was aus ihnen wurde.[1]

Die 1914 eingeführte Vollmachtenordnung bestand bis 1919. Was weiterhin Geltung behalten sollte, musste gemäss Bundesbeschluss vom 3. April 1919 von den Eidgenössischen Räten gutgeheissen werden.[2] Trotzdem dauerte das Notrechtregime noch mehrere Jahre über das Kriegsende hinaus, der 20. und letzte Vollmachtenbericht wurde erst am 29. Mai 1928 vorgelegt.

Bei Kriegsende war der Bundesrat darauf bedacht, den General möglichst schnell loszuwerden. General Wille selber war grundsätzlich ebenfalls der Meinung, dass er jetzt «nach Hause» gehen könne. Sorgen bereitete ihm allerdings, dass es im Innern des Landes erneut zu Unruhen kommen könnte. Vom Bundesrat an die abgegebene Rücktrittsbereitschaft erinnert, ersuchte er am 23. November um seine Entlassung. Der Bundesrat sprach formelhaft dem Oberkommandierenden seine «dankbare Anerkennung» aus. In der Bundesversammlung wollten sich aber nicht alle Parlamentarier dieser Haltung anschliessen. Der Genfer liberal-demokratische Nationalrat Frédéric-Jules de Rabours beantragte für eine ganze Gruppe von armeekritischen Romands und Tessinern, Wille den Dank der Nation zu verweigern.[3] Bei Namensaufruf folgten 138 Stimmen dem Bundesrat, 34 Stimmen dem Antrag de Rabours', und neun Räte enthielten sich. Nationalratspräsident Heinrich Häberlin

«General Wille ist durch und durch ein lauterer Eidgenosse.»

(FDP/TG, zwei Jahre später, 1920, zum Bundesrat gewählt) schloss diese Beratung immerhin mit der Anerkennung, dass Wille «durch und durch ein lauterer Eidgenosse» sei.[4] Seine Verdienste selbst beurteilend, erklärte der General, er verdiene keinen besonderen Dank für die Bewahrung des Landes vor den Schrecknissen des Krieges, «wohl aber verdiene ich den Dank dafür, dass ich nach Abschluss des Weltkrieges unser Land vor den Schrecknissen des Bürgerkriegs bewahrt habe».[5] Der Generalsbericht wurde in den Räten erst viel später beraten und formell kurz und knapp «zur Kenntnis» genommen, im Nationalrat im Dezember 1922 und im Ständerat im Juni 1923.

Gut überliefert ist, wie 1945 das Ende des Zweiten Weltkriegs begangen wurde.[6] Was aber wissen wir über die Reaktionen auf den Waffenstillstand vom 11. November 1918? Trompeter-Wachmeister Kammerer vom Bat. 63 erinnert sich, dass der Waffenstillstand die Bevölkerung von Pruntrut in einen wahren Freudentaumel versetzt habe. «Zwei Tage lang wurde gefestet. Ganz Pruntrut war beflaggt, alles ausser Rand und Band. Überall Freude und Begeisterung! Kein französischer Posten war mehr zu sehen. Die Drahtzäune waren stellenweise offen. In Beurnevésin sahen wir Poilus in den Strassen jubeln und singen.»[7]

Die unterschiedliche Einstellung in den beiden grösseren Landesteilen zeigte sich – wie hätte es auch anders sein können – auch in den Reaktionen auf das Kriegsende: Deutschlands Niederlage beziehungsweise Frankeichs Sieg wurde in der französischen Schweiz mit Flaggenschmuck und Glockengeläut gefeiert, Menschen paradierten mit Fahnen und bei Trommelklang durch die Strassen, schwungvolle Reden wurden gehalten, und in Lausanne wurden vor dem französischen Konsulat die Marseillaise

«Die Schweiz ein grosses Tanzlokal»

und die Schweizerhymne gesungen.[8] Ähnliches wurde aus der deutschen Schweiz nicht berichtet. Und das wiederum wurde in der französischen Schweiz bemerkt. Die *Gazette de Lausanne* stellte fest: «Berne est morne et Zurich isolée du reste de la Suisse» («Bern bleibt düster …»).[9] Die Aufmerksamkeit der deutschen Schweiz galt vielmehr dem Landesstreik. Es bleibt zu prüfen, was Bauernsekretär Ernst Laur in seinen Erinnerungen schreibt: «In der Stadt jubelte die Jugend wochenlang, und es schien, als ob die Schweiz ein grosses Tanzlokal geworden sei.»[10]

Die sich in den Reaktionen auf den Waffenstillstand vom 11. November 1918 zeigenden Unterschiede sollten ein halbes Jahr später erneut in den Kommentaren zur Unterzeichnung des Vertrags von Versailles vom 28. Juni 1919 zum Vorschein kommen. Die *Gazette de Lausanne* räumt zwar ein, dass die Siegerbedingungen hart seien, jedoch «honnêtement dures». Es sei ein guter Friede, weil er dem Besiegten ein Minimum an Strafe für seine Irrtümer und Verbrechen auferlege. («La paix inflige au vaincu le châtiment minimum des ses erreurs et de ses crimes…»)[11]

In der deutschen Schweiz waren die Kommentare weit weniger zustimmend. Jacob Ruchti zitiert in seiner Darstellung ausführlich die Berichterstattung in der NZZ, er stuft sie aber als «matte Analyse» und «seltsam gewundene Erklärung» ein und erklärt, dass diese weder der Bedeutung des Paktes noch dem Ansehen des Blattes entsprächen:

> «Vom Standpunkt der Aussöhnung der Gegensätze aus betrachtet, wird man sagen müssen, dass das Friedensinstrument durch die Härte der Bedingungen den Weg viel länger bemisst, als selbst wenig optimistische Hoffnungen annehmen. Wo man die deutsche Zunge spricht, wird das Drückende und Bedrückende, das in ihnen zum diktatorischen Ausdruck gelangt ist, tief empfunden. Doch wird der Neutrale davor zurückschrecken, sie als unannehmbar zu bezeichnen, der an die Folgen einer solchen Beurteilung für das schwer geprüfte deutsche Volk denkt.»[12]

Wo man die deutsche Zunge spricht: Das tat man eben auch in Zürich…

Im Ausland, das am Krieg direkt beteiligt war, wurde schon bald nach Kriegsende mit der Schaffung von Gedenkstätten für den «unbekannten Soldaten» ein spezieller Totenkult entwickelt.[13] Am 11. November 1920 wurde gleichentags je ein anonymer Soldat in Paris unter dem Triumphbogen als *soldat inconnu* und in London in der Westminster Abbey als *unknown warrior* stellvertretend für die vielen Kriegsverschollenen ehrenvoll bestattet. Am 4. November 1922 folgte die pompöse Beisetzung des *milite ignoto* in Rom. Neben diesen zentralen Gedenkorten wurden in der Folge an vielen Orten auch lokale Gefallenendenkmäler errichtet, jetzt oft mit den Namen der Toten. Kein Dorf war mehr ohne sein Kriegsdenkmal. Dessen Produktion war eine auf Katalogangeboten beruhende Massenindustrie.

In der Schweiz bestand das Bedürfnis nach ähnlichen Gedenkstätten, obwohl es da keine Kriegstoten als Folge von Kampfhandlungen gegeben hatte. Die offiziellen Angaben sprechen von 3065 Toten, wovon 1876 Grippetote und 244 Unfalltote waren.[14] Auf die ganze Schweiz verteilt entstanden Dutzende von sogenannten Wehrmännerdenkmälern.[15]

Dieses Gedenken kreierte da und dort auch in der Schweiz die Figur des «unbekannten Soldaten». In einem Gedenktext würdigte R. T. den einfachen Füsilier B., der nie Post bekam und dessen Namen darum nie aufgerufen wurde. Von der Grippe befallen sei er dann gestorben, «ohne viel Wesens von sich zu

Auch in der Schweiz gab es «unbekannte Soldaten».

machen, still und unbekannt, wie er gelebt unter seinen Kameraden». Man habe den Leichnam nicht «nach Hause» fahren müssen, weil er kein Zuhause hatte, und ihn darum in Pruntrut begraben, «an dem Ort der Erde, wo er zuletzt seine Pflicht getan hatte». Der sich erinnernde Kamerad fragte sich, was der Sonnenschein über dem sich schliessenden Grab sagen wollte, und sah die Antwort darin, dass dieser stille, einsame und unbekannte Soldat nun zwar aus dem Bürgerbuch der Heimat und der Mannschaftskontrolle der Kompanie gestrichen werde, «aber dein Name ist im Himmel geschrieben, wo keine Menschenhand ihn auslöschen kann».[16]

Paradoxerweise machten aber ausgerechnet die auf gemeinsames Gedenken angelegten, dieses aber in den Dienst eines rechtsnationalen Verständnisses gestellten Manifestationen die innergesellschaftlichen Gegensätze sichtbar. Im September 1922 wurde die Einweihungsfeier des Wehrmännerdenkmals auf der Forch von den vier sozialdemokratischen Regierungsmitgliedern der Stadt Zürich boykottiert, so dass die rechtsnationalen Kräfte unter sich waren.[17] Kontroversen gab es auch um das Liestaler Wehrmännerdenkmal, hier jedoch, weil es zunächst zu wenig militaristisch war.[18]

Polarisierte Einheit

Wenn Gegenwart vorbei ist, setzt Erinnerung ein. Die Erinnerungspflege stand aber im Dienste neuer Gegenwart. Einerseits ging es darum, erbrachte Verteidigungsleistungen der Jahre 1914 bis 1918 ehrbezeugend im Gedächtnis zu behalten. Andererseits wollte man aber auch mit Monumentalisierungen in einer von Gegensätzen geprägten Gesellschaft normativ Si-

Einheitsmonumente in einer gespaltenen Gesellschaft

gnale setzen. Das Komitee, das sich für das 1924 – zehn Jahre nach der Mobilisation von 1914 – im Jura bei Les Rangiers errichtete Wehrmännerdenkmal einsetzte, argumentierte in seinem Subventionsgesuch denn auch, dass gerade in den gegenwärtigen Verhältnissen ein solches Monument wünschbar

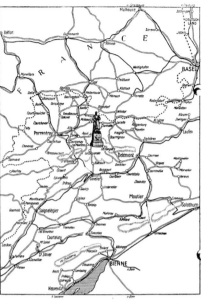

132 und 133 **Der Anstoss zur Schaffung** des Grenzbesetzungsdenkmals von Les Rangiers ging 1919 vom Zentralkomitee des jurassischen Verkehrsvereins aus und wurde 1923/24 verwirklicht. Ohne einen Wettbewerb auszuschreiben, wurde der Neuenburger Künstler Charles L'Eplattenier, Designer des Helms von 1917, mit der Gestaltung beauftragt. Das Sujet – die Sentinelle – war von Anfang an klar. Hier einmal die «Inthronisierung» des Denkmals und einmal die «Verewigung» in der Broschüre des Verkehrsvereins.

sei – «par les temps troublés que nous traversons».[19] Die auf dezimale Einheiten ausgerichtete Vergangenheitspflege leistet auch hier ihren Beitrag: nach 1924 bereits 1928 (zehn Jahre Kriegsende) und 1934 wieder mit 20 Jahren seit Kriegsbeginn. Der letztere Termin fiel in eine Zeit, in der man aus anderen Gründen gerne an den Grenzdienst von 1914 bis 1918 erinnerte.[20]

Es macht den Eindruck, dass die Kriegsperiode 1939 bis 1945 für die Aktivdienstgeneration weit stärker einheitsbildend war als die Periode der Jahre 1914 bis 1918 für die vorangegangene Grenzbesetzungsgeneration. Allerdings kann man in beiden Fällen eine wohl nicht untypische Zeitverschiebung feststellen: Die Jahre, auf die sich die Erinnerung bezieht, werden mit zunehmender Entrückung bedeutsam. Im Falle der Grenzdienstzeit fallen gewichtige Belege für Rückbezüge erst in die 1930er-Jahre. Die verschärften innergesellschaftlichen Auseinandersetzungen, wie sie in der Schiesserei von Genf 1932 zum Ausdruck kamen, sowie die Zunahme der internationalen Spannungen dürften das Bedürfnis nach einer stabilisierenden Rückbesinnung auf gemeinsame Anstrengungen der Landesverteidigung in den Jahren 1914 bis 1918 gefördert haben.[21] Dabei mag ein gewisser Erinnerungswettbewerb am Werk gewesen sein. Auf der einen Seite das Zentralität beanspruchende vaterländische Erinnern an die Mobilisation der Armee (mit Denkmälern eben auf der Forch, in Liestal und andernorts), auf der anderen Seite eine eher marginale und Parteilichkeit pflegende (und lange ohne Denkmäler auskommende) Erinnerung an den Landesstreik, über die wir allerdings wenig wissen.

Die Schweiz ging 1918 nicht als geschlossene Nation aus der Kriegszeit hervor. Ganz im Gegenteil, seit 1917 zeichnete sich eine immer stärkere Polarisierung ab, in der sich ein ziemlich einheitlicher Bürgerblock und eine ziemlich uneinheitliche Linke einander gegenüberstanden. Wenn ein bürgerlicher Kommentator im Jahr 1917 mit Blick auf die Nachkriegszeit erklärte, dass die Schweiz «schon jetzt» innerlich gefestigt und stärker dastehe als in den Jahren vor dem Krieg[22], dann ist zu sagen, dass er damals den Landesstreik noch nicht erlebt hatte und dass sein Befund nicht für die ganze Schweiz, sondern vor allem für das rechtsbürgerliche Lager galt.

«Die Schweiz steht schon jetzt innerlich gefestigt und stärker da als in den Jahren vor dem Krieg.»

Es gab in den jetzt einsetzenden Gesamtbeurteilungen in nur geringem Mass eine Bewährungsidee, wie sie nach 1939 bis 1945 auf die Landesverteidigung bezogen herrschte, nämlich dass die Entbehrungen nicht umsonst gewesen seien. Die Vorstellung, sich bewährt zu haben, konzentrierte sich, wie bei General Wille, auf das Novemberaufgebot von 1918, mit dem der Landesstreik in Schach gehalten wurde. Gleichzeitig gab es von anderer Seite aber scharfe Kritik an den Kriegsprofiteuren und an den Behörden sowie der Bürgermehrheit, die dies zugelassen hatten. Für eine solche Kritik dürfte es 1945 weniger Grund gegeben haben, doch sie fand auch wegen der geringeren Kritikbereitschaft nicht statt.

Der 25-jährige Berner Jungpfarrer Hans Zurlinden, der 1914 den Krieg willkommen geheissen hatte (vgl. Kapitel 1)[23], kam im Frühjahr 1917 stark ernüchtert von einem Auslandsemester in Deutschland zurück und stellte fest, dass nicht nur bei ihm, sondern auch allgemein in der Schweiz ein tiefer Stimmungsumschwung eingetreten war, sodass er eine neu anbrechende Zeit und eine Neuorientierung feststellen zu können meinte. Bemerkenswert ist, dass er schon im Juni 1917 neue soziale Bewegungen wahrnahm, die man gemeinhin erst als Produkt der Nachkriegszeit versteht:

> «Die Jugend vor allem nimmt teil am Suchen. Ihre Organisationen, Wandervögel, Pfadfinder, Jungburschen und wie immer sie heissen, sind nur Erklärungen der gesamten Jugendbewegung, in welcher dieselbe Unbefriedigtheit von der Gegenwart, ein Gegensatz dazu, das Suchen nach dem wahren Leben treibend ist.»[24]

Wie verbreitet war die Grundstimmung gewesen, dass es – mit der Welt wie mit der Schweiz – so nicht weitergehen könne, dass die Vergangenheit überwunden, ein neuer Anfang unternommen und eine radikale Reform eingeleitet werden müsse, die sich von der alten Zeit lossagt und eine neue Zeit herbeiführt?

Vorwärts und rückwärts

Einer, der am markantesten diese Art von Erneuerung der Schweiz forderte, war der christlich-soziale Theologe Leonhard Ragaz. Er verstand das sich nähernde Kriegsende als grosse Chance für die Menschheit – und für die Schweiz.[25] Sie sollte, wie er in seinem schon 1917 verfassten und in kürzester Zeit vier Auflagen erlebenden Buch *Die Neue Schweiz* ausführte, zu ihren Ursprüngen («Quellen») zurückfinden und zugleich zu neuen Ufern aufbrechen. Damit war gemeint: Rückkehr zur echten Demokratie und Mitwirkung beim Aufbau einer neuen Weltordnung.

Auffallend sind die Parallelen zwischen dem Programm des amerikanischen Präsidenten Woodrow Wilson vom Januar 1917 und dem im gleichen Jahr von Ragaz verfassten Aufruf. In einer eigenartigen Mischung erwartete er von seinem Land, dass es ein gewöhnlicher Teil der Weltgemeinschaft sei und doch eine Spezialmission wahrnehme – «Vorhut» sei. Er erwartete den Eintritt eines «neuen Geschlechts», das den bisherigen «Murmeltierstandpunkt» aufgebe. Er ging aber davon aus, dass die Kleinstaatlichkeit ein ideales Modell sei. In den nationalen Eigenarten sah er einen Wert und in der Vorherrschaft «von einigen sogenannten Weltvölkern» eine Gefahr.

Den «Murmeltierstandpunkt» aufgeben

Das Verständnis der aktuellen Situation entsprach einem alten eschatologischen Deutungsmuster – Niedergang und Krisenverschärfung, beides bereits vor Kriegsausbruch angesiedelt, würden jetzt und nicht zuletzt wegen des Kriegs die Wende zu einer neue Epoche einläuten:

«Nun schlägt die Stunde der Erlösung. Mitten aus der Todesnot strahlt sie auf. Das Reich der Gewalt und damit der blossen Masse zerbricht. Im Reiche des Rechts dürfen die Kleinen so stolz und getrost atmen wie die Grossen. Ja, der Unterschied von Gross und Klein im Völkerleben zerbricht.»

In einem Moment, da die USA und die künftige UdSSR auf dem Weg waren, die beiden massgebenden Weltmächte zu werden, diagnostizierte Ragaz hoffnungsvoll: «Die Zeit der Grossmächte geht vorüber, die Genossenschaft der Völker kommt.»[26]

Die Überwindung der alten Welt sollte zu einer Zähmung auch neuerer Erscheinungen führen. Neben der Wiederherstellung der guten Gemeinschaft (des «vertrauensvollen, familienhaften, wahrhaft volkstümlichen Verhältnisses von Führern und Geführten»[27]) soll auch das Dorf vor der «Überflutung mit kapitalistischem Geist» bewahren und so sicherstellen, dass die Städte frischen und unverbrauchten Zustrom bekämen – die Städte, in denen Ragaz Sammelpunkte des Lasters und «Brutstätten der Frechheit» sah. Gleichzeitig verurteilte er aber die Verherrlichung des Bauerntums als Träger aller Gesundheit, Tugend und Vaterlandsliebe.[28] Ragaz hielt die fortschreitende Industrialisierung der Schweiz zwar für unaufhaltsam. Sein Biograf, Markus Mattmüller, bemerkt, der Bündner Bergbauernsohn Ragaz habe «einen fast forcierten Sprung in die neue Zeit» unternehmen müssen, um die neue Lebensform zu akzeptieren.[29] Ragaz wünschte sich aber, dass sein Land nicht uneingeschränkt dem ökonomischen Denken ausgeliefert sei.

«Städte sind Brutstätten der Frechheit.»

In Ragaz' ganz auf eine bessere Zukunft ausgerichteter Schrift gab es trotz der Kritik an den Auswüchsen der Moderne keine Sehnsucht nach verlorenen «alten Zeiten». Bei anderen war diese noch für lange Zeit vorhanden. Sie konnte zum einen den Zeiten vor 1914 gelten, zum anderen aber auch den jüngeren Zeiten der Grenzbesetzung. Für die da und dort bald nach Kriegsende einsetzende Melancholie lieferte die «Soldatenmutter» M. Elsener-Kaufmann ein schönes Beispiel. Aus Palm Springs, Kalifornien, berichtete sie in den 1930er-Jahren, wie nach der letzten «Kriegsweihnacht» allmählich ein neuer Geist die Wehrmänner in Besitz genommen habe, weil sich diese langsam auf die Rückkehr in den zivilen Beruf vorbereitet hätten:

«Mir kam es vor, als ob sich das Zusammengehörigkeitsgefühl unter den Kameraden zu lockern begänne, und natürlich verlor jetzt auch die Soldatenstube ihre Bedeutung. Eine komische Verlassenheit und Leere kam nach der fieberhaften Tätigkeit der letzten Monate über mich. Das Heimweh packte mich. Auch ich wollte wieder mein eigenes Leben leben.»[30]

Für den Rückblick auf die ältere Zeit steht der Senior des Sulzer-Konzerns Heinrich Wolfer, wenn er als Zeitzeuge von den Verhältnissen vor 1914 wie von einem «Lost Paradise» schwärmte und damit meinte, dass «unter dem mächtigen Impuls der liberalen Ideen die Wirtschaft der privaten Initiative überlassen wurde».[31] Andere beklagten den Verlust der guten «alten Zeiten» weniger als plötzliches Wegbrechen, sondern als schleichendes Abhandenkommen von Wichtigem und Wertvollem. Zu dieser Kategorie gehörte der konservative, 1918 in der Bürgerwehr gegen den Landesstreik engagierte und in der NHG aktive Historiker Emil Dürr, der zu Beginn der 1920er-Jahre glaubte, dass neuerdings die materielle oder materialistische Einstellung die zuvor ideell bestimmte Politik

Haben die Kriegsjahre den ohnehin laufenden Modernisierungsprozess beschleunigt?

dominiere und darum eine ungute «Verwirtschaftlichung der Politik» eingetreten sei; dabei fällt nicht das Wort «Moderne», aber das Wort «neuzeitliche Wandlungen», was etwa das Gleiche meint.[32]

Ragaz' Ausführungen zeigen, dass auch in dieser Zeit – und vielleicht speziell in dieser Zeit – die gesamtgesellschaftlichen Veränderungen, die man gemeinhin und ohne weitere Präzisierung als Modernisierung bezeichnet, ein häufig erörterter Diskussionspunkt war. Es ist hier nicht der Ort, diese Problematik vertieft zu behandeln. Aber ein Hinweis darauf sei wenigstens gestattet, dass die Kriegsjahre den ohnehin laufenden Modernisierungsprozess beschleunigt haben. Herausragende Modernisierungsindikatoren sind die Veränderungen in der gesellschaftlichen Stellung der Frauen und die Ausdehnung der Staatsaufgaben – von beidem ist hier bereits die Rede gewesen und wird später nochmals die Rede sein.

Die Entwicklung des Kunstschaffens könnte ein weiterer Indikator sein. Erinnert sei an die Dada-Bewegung, die 1916 in Zürich (im Cabaret Voltaire mit Hugo Ball, Hans Arp u.a.) ihren Anfang nahm. An ihr sieht man jedoch, was ein verbreitetes und stets gegebenes Phänomen ist: die Ungleichzeitigkeit des Gleichzeitigen (Ernst Bloch). Die nicht klassifizierbare Anti-Kunst mit ihrer totalen Infragestellung und ihrem absoluten Individualismus lebte von der Andersartigkeit des vorher und weiterhin Bestehenden, das heisst, der normalen und normierten Bürgerlichkeit. In ihr sah die künstlerische Avantgarde Ursache und Verantwortung für den gegenwärtigen Vernichtungskrieg.

> Hugo Ball: «Ich will keine Worte, die andere erfunden haben. Alle Worte haben andere erfunden. Ich will meinen eigenen Unfug, und Vokale und Konsonanten dazu, die ihm entsprechen. [...] Jede Sache hat ihr Wort; da ist das Wort selber zur Sache geworden. Warum kann der Baum nicht Pluplusch heißen, und Pluplubasch, wenn es geregnet hat? Und warum muss er überhaupt etwas heißen? Müssen wir denn überall unseren Mund dran hängen? Das Wort, das Wort, das Weh gerade an diesem Ort, das Wort, meine Herren, ist eine öffentliche Angelegenheit ersten Ranges.»[33]

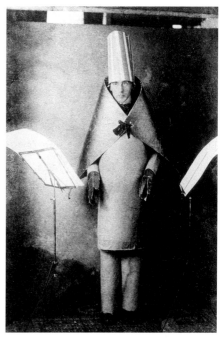

134 **Dada-Bild.** Hugo Ball als magischer Bischof in kubistischem Kostüm, Zürich 1916.

Wir haben davon auszugehen, dass es zu jeder Zeit beide Tendenzen gegeben hat und auch weiterhin geben wird: rückwärts und vorwärts gerichtete Kräfte. Das kann man übrigens an der Landesausstellung von 1914 ablesen. Auf die modernisierenden Tendenzen dieser Schau wurde bereits hingewiesen (vgl. Kapitel 1). Daneben gab es aber auch starke Retro-Tendenzen. Der Geist des 1905 entstandenen Heimatschutzes, der sich selbst allerdings überhaupt nicht als rückwärtsgewandte Bewegung verstand, wirkte auf die Ausstellung ein. Der «Heimatstil» wurde zu einer Leitidee, Trachtenfrauen traten losgelöst vom traditionellen Alltag auf, soweit dieser noch bestand. Ein wichtiger Treffpunkt der Landesausstellung war, wie später 1939 wieder, das «malerische», aber keineswegs kitschige «Dörfli». In der Deutschschweiz erfuhr in dieser Zeit (und vielleicht als Abgrenzungspraktik gegenüber dem Hochdeutschen) der Dialekt eine Aufwertung, mit Gedichten, Liedern, Theaterstücken.[34]

Hat man je ein grünes Pferd gesehen?

Während man im Kulturellen «dekadente Massenkultur» vermeiden wollte, meldeten sich als integraler Teil der aufsteigenden neuen Welt die Anfänge des Fussballs. Ein im Rahmen der Landesausstellung errichtetes Sportstadion fasste 15 000 Zuschauer (was als viel empfunden wurde); die NZZ sah in den vielen Sportlern zu Recht «das Wahrzeichen der Moderne».[35]

Eine heute als klein erscheinende Abweichung vom traditionellen Geschmack wagte das von Emil Cardinaux gestaltete Plakat für die Landesausstellung von 1914. Das Skandalöse bestand darin, dass der Künstler es gewagt hatte, ein grosses Pferd in grüner Farbe zu zeigen. Die Empörung war so gross, dass die Ausstellungs-

135 **Grosses Ärgernis** für konservative Geister – ein grünes Pferd. Gibt es doch nicht! (Plakat von Emil Cardinaux.)

Amerikanisierung auch der Schweiz

leitung das Plakat auswechseln und gegen ein Alpenplakat austauschen musste.[36] Cardinaux orientierte sich teilweise am Schaffen Ferdinand Hodlers. Auch Hodler hatte, heute ebenfalls schwer nachvollziehbar, eine heftige Kunstkontroverse ausgelöst, die in den Jahren 1897 bis 1900 um sein Landesmuseum-Fresko zum Motiv «Rückzug bei Marignano» geführt worden war.[37] Bemerkenswert ist, dass es in beiden Fällen immerhin die etablierten Entscheidungsträger waren, welche die Ausdrucksformen guthiessen, die nicht dem vorherrschenden Geschmack entsprachen.

Die Moderne des 20. Jahrhunderts hatte sich – zum Beispiel in Form der Warenhäuser – schon vor 1914 auch in der Schweiz angebahnt. Die weitere Modernisierung könnte, wenigstens äusserlich, durch den Krieg etwas gebremst worden sein. Wenn mit Moderne jedoch Rationalisierung und Straffung von Organisation gemeint ist sowie Erweiterung der Staatskompetenzen, dann wurde sie durch den Krieg gerade gefördert. Der ebenfalls durch den Krieg verstärkte Nationalismus (selbst ein Produkt der Moderne) stellte sich als Verteidiger traditioneller Lebensweise gegen die Moderne und die sie begleitenden Erscheinungen, ohne sie aber eliminieren zu können.

Interessant ist die ambivalente Haltung, die Helen Wild, eine bekannte Vorkämpferin für Frauenrechte, einnehmen konnte, indem sie einerseits «fortschrittlich» für die Stärkung der Rolle der Frau in der Gesellschaft eintrat und andererseits von den Frauen eine Verteidigung des Traditionellen erwartete. Der «Massenausbildung» und der «Schablonisierung des Erwerbslebens» müssten sie «das individuelle Moment» entgegenhalten. Statt bei unseriösen Warenhäusern («Grossstadtschundbasaren») einzukaufen, sollen sie einheimische Qualität unterstützen und «unsere Kinder» zu wirklichen Schweizern machen und damit «unser neu erwachtes nationales Leben» befestigen.[38]

Moderne zeigte sich auch in den Fragebögen, die von der Fürsorgeabteilung des Verbands Soldatenwohl eingesetzt wurden, denen man aber zum Teil mit Misstrauen begegnete.[39] Else Spiller, die hinter dieser Innovation stand, war als Managerin selbst eine Verkörperung des modernen Organisationswillens. Dazu passt, dass sie bei Kriegsende als Delegierte dieses Verbandes eine Studienreise in die USA unternahm.[40] Frauen verschiedenster Couleur nahmen gerade in dieser Zeit eine zuversichtliche Haltung ein und erwarteten mit grosser Selbstverständlichkeit und unter Verwendung des Schlüsselbegriffs «Sozialstaat», dass sich der Staat zu einem solchen entwickle und dies zwangläufig auch den Status der Frauen verbessere:

> «Der moderne, sich immer mehr zum Sozialstaat entwickelnde Staatskörper wird ohne die Kreierung einer weiblichen Beamtenschaft nicht auskommen können.»[41]

In welchem Mass mit dem Kriegseintritt der USA, aber auch davon völlig unabhängig, der amerikanische Einfluss auf den europäischen Kontinent, und damit auch auf die Schweiz, zunahm, ist weitgehend unbekannt. Dass da aber etwas im Gang war, zeigen gewisse zeitgenössische Bemerkungen. Ein Vater hielt sich etwa über die in jüngster Zeit auch in der Schweiz Fuss fassenden amerikanischen Jugendorganisationen auf, die Pfadfinder und die CVJM (YMCA), die Teile der Jugend der Familie teilweise entzogen. Von seinem Pfadfindersohn sagte er, er wandere am Samstagnachmittag in einer Kleidung (amerikanischer Anzug und Hut) ins Gelände, «die nicht so in die schweizerische Landschaft passten».[42]

Mit dem Kriegsende verband sich, wie Ragaz und andere gezeigt hatten, in mancher Hinsicht die Erwartung einer besseren Zeit, einer besseren Gesellschaftsordnung, einer besseren Welt. Dazu gehörte auch die Erwartung, dass die Stellung der Frau verbessert würde. Und dies wiederum verband sich mit der naheliegenden Erwartung, dass die Frauen einen wichtigen Beitrag beim erwarteten gesellschaftlichen Aufbruch leisten könnten. 1919 sprach sich Ida Bosshardt in diesem Sinn aus:

> «Der Krieg hat – auch im Friedensland – einen Teil der Frauen geweckt, zum Teil aus dumpfer Arbeitsüberlastung, zum Teil aus Behaglichkeit und Sorglosigkeit.»[43]

Der wichtigste konkrete Schritt beim Einbezug der Frauen hätte in der politischen Gleichstellung bestanden. Diese Forderung war allerdings nicht eine erst in den Kriegsjahren, sondern schon lange zuvor aufgekommene. Und bereits ein Jahr vor Kriegsausbruch war im Mai 1913 erstmals in einem kantonalen Parlament, in St. Gallen, über die Frage der Einführung des integralen Frauenstimmrechts debattiert und – natürlich mit negativem Ausgang – abgestimmt worden.[44]

Im Herbst 1917 fragt Pfarrer Hans Zurlinden in seinem Tagebuch: «Soll die Frau wie der Mann zum Ausbau der menschlichen Gesellschaft herangezogen werden, oder soll sie rein innerhalb der Familie ihre Kraft anwenden? Gehört der Frau auch

das öffentliche Leben, die Welt, oder gehört sie zu den Kindern, in die Küche?
(...) Warum nicht von den Frauen etwelche Hilfe erwarten?» Diese Frage aufzu-
werfen bedeutete, sie positiv zu beantworten. Zurlinden vermerkte, die Frauen
hätten selbst die Initiative ergriffen, und er war der Meinung, man solle sie nicht
erst noch lange erkämpfen lassen, was ihnen tatsächlich gehöre. Man solle mit
Freuden «schenken».[45]

Wie dargelegt, hatte das Programm des Generalstreiks vom November 1918
unter anderem die Einführung des Frauenstimmrechts gefordert. Der Schweizerische Verband für Frauenstimmrecht begrüsste sogleich per Telegramm diesen Punkt «aufs wärmste», zugleich distanzierte
er sich aber von der Streikaktion. Nur drei Wochen später, am
4. und 5. Dezember 1918, nahmen zwei nationalrätliche Mo-

> **«Die Frauen zur Mitbeteiligung an den öffentlichen Geschäften herbeiziehen.»**

tionen die Forderung auf. Der Sozialdemokrat Herman Greulich erklärte in seiner
Begründung, es gehe hier nicht um parteipolitische Interessen, und verwies auf
die besonderen Zeitumstände: «Die Frage hat noch nie so dringlich eine Lösung
verlangt wie jetzt, wo so viel Neues geschaffen wird.» Und der Freisinnige Emil
Göttisheim unterstrich in seiner Motion, dass der Staat ein Interesse daran haben
sollte, «die Frauen zur Mitbeteiligung an den öffentlichen Geschäften herbeizu-
ziehen».[46]

Beide Motionen wurden angenommen (für erheblich erklärt). Der Bundesrat
blieb in dieser Sache aber passiv. Im Nationalrat wurde die Frage erst 1944/45,
also erneut nach Kriegsende, wieder aufgegriffen. Auf kantonaler Ebene fanden
nach 1918 erste Abstimmungen zur Einführung des Frauenstimmrechts statt, sie
ergaben jedoch alle deutliche Ablehnungen, im Juni 1919 in Neuenburg, im Februar 1920 in Zürich und in Basel.[47] Die ablehnende Einstellung zur Ausdehnung
der demokratischen Mitwirkungsrechte auf die Frauen konnte sich paradoxerweise gerade in der direktdemokratisch ausgestatteten Männergesellschaft halten;
dies in einer Zeit, da in mehreren anderen Ländern als direkte oder indirekte
Folge des Krieges das Frauenstimmrecht eingeführt wurde: 1917 in Russland, 1918
in Irland, 1919 in Deutschland, Österreich, Tschechoslowakei, Polen und Schweden,
1920 in den USA.[48]

In der Völkergemeinschaft

Das Kriegsende kam nicht überraschend – abgesehen davon, dass es schon lange ersehnt war. Im Laufe des Jahres 1917 wurde die Nachkriegsordnung zu einem immer intensiver erörterten Thema. Die nordischen Neutralen hatten bereits im November 1916 eine Initiative zur Vorbereitung einer Konferenz zur Nachkriegsordnung ergriffen und eine Einladung auch an die Schweiz gerichtet. In den Instruktionen, die Bundespräsident Schulthess für den schweizerischen Delegierten

«Nicht die Fehler aus der Zeit des Wiener Kongresses wiederholen.»

verfasst hat, offenbart sich ein – nicht unschweizerisches – starkes Stück an überheblicher Nichtansprechbarkeit: Der Diplomat solle angeben, nicht auf dem Laufenden zu sein, nur zum Hören und Referieren anwesend zu sein und selbst unter den Neutralen eine «Sonderstellung» einzunehmen, zumal man selbst ja noch nicht wisse, wie man sich gemäss eigenen Interessen verhalten solle.[49]

Diese Ausgangslage traf Gustave Ador, der im Juni 1917 als Nachfolger Hoffmanns die Leitung des Departments für auswärtige Angelegenheiten übernommen hatte, an. Trotzdem versuchte er, im Oktober 1917 mit einem Bericht zum «Après-Guerre» seine Bundesratskollegen für eine vorausschauende Haltung in der grossen Frage der Nachkriegsordnung zu gewinnen.[50] Es dürfe sich, so mahnte Ador, die Situation von 1813 nicht wiederholen, als die Schweiz auf den Wiener Kongress ungenügend vorbereitet war.[51] In Adors Vorschlag war vorsichtigerweise nur von einem «futur Congrès de la Paix» und noch nicht vom geplanten Völkerbund die Rede.

Einige Zeitgenossen empfanden die Verhältnisse von 1918/19 als ähnlich offen und verhandelbar wie die Verhältnisse zur Zeit des Wiener Kongresses. Nicht zufällig hatte Edouard Chapuisat, ein guter Bekannter Adors, bereits 1917 eine Studie zur Frage publiziert, welche Bedeutung der Wiener Kongress für die Schweiz gehabt hatte.[52] Gute oder ungute Möglichkeiten lagen gleichsam in der Luft. Daher auch die Erörterungen von Gebietsveränderungen. In diesen Monaten wurden nicht nur unter den Mächtigen der Welt, sondern auch in der kleinen Schweiz, da aber nie ernsthaft, allfällige Gebietsverschiebungen erörtert. Am weitesten gedieh die Frage des Anschlusses des österreichischen Vorarlbergs an die Schweiz.[53] Mit der Idee, Konstanz in die Schweiz zu integrieren, wurde ein «uraltes Projekt» reaktiviert[54], geredet wurde aber auch von einer Angliederung des Tirols gegen einen allfälligen Abtausch des Tessins und schliesslich auch von einer Übernahme des Elsass …[55]

136 **Nach dem «Schach»** während des Krieges (vgl. Abb. 2, S. 22) die Unterzeichnung des Waffenstillstands am 11. November 1917 in Compiègne. Auf diesem bekannten Bild sind aber nur die Sieger abgebildet. Nicht zu sehen ist die von Staatssekretär Matthias Erzberger angeführte deutsche Delegation. (Postkarte von Compiègne)

Adors Initiative wurde von Bundesrat Edmund Schulthess, Chef des Volkswirtschaftsdepartments und jetzt der starke Mann im Kollegium, erfolgreich ausgebremst. Sein Argument gegen eine vertiefte Auseinandersetzung mit Zukunftsvarianten war:

> «Es ist uns (...) nicht ganz klar, in welche Richtung sich diese Studien heute bewegen sollen, wenn wir den festen Boden der realen Verhältnisse nicht unter den Füssen verlieren wollen. Mit bloss theoretischen Erörterungen, die dann oft den Fehler haben werden, in Beziehung auf den Ausgang des Krieges von der einen oder anderen vielleicht unrichtigen Supposition auszugehen, ist uns nicht geholfen.»[56]

Der Widerstand ergab sich aus zwei Vorbehalten: Zum einen wollte das Bundesratskollegium keine brüske Umorientierung in der Aussenpolitik, die der Entente zu sehr entgegenkäme. In der deutschen Schweiz war man stärker als in der französischen Schweiz an ausgeglichenen Kräfteverhältnissen interessiert, man wollte keinen dominanten Sieger und schon gar nicht ein Diktat, sondern Verständigung, sogar Versöhnung.

Zum anderen wollte die Landesregierung nach der zu persönlichen Aussenpolitik Hoffmanns (vgl. Kapitel 2) jetzt nicht eine zu persönliche Aussenpolitik Adors haben. Noch im November 1917 lehnte es der Bundesrat ab, sich mit der Frage der künftigen Friedensorganisation formell zu befassen. Bewegung kam in die Sache erst im folgenden Jahr, als nicht mehr Schulthess, sondern der Bündner Felix Calonder Bundespräsident war.

Calonder, weniger belastet als sein Kollege Ador, konnte sich leichter für eine schweizerische Mitwirkung in einem internationalen Friedenssystem einsetzen. Noch im gleichen November 1917, nicht im Rahmen des Bundesrats, aber in einer öffentlichen Versammlung seiner freisinnigen Partei, legte Calonder erstmals in der Öffentlichkeit ein warmes Bekenntnis zum Völkerbund ab. Er knüpfte am schweizerischen Selbstbekenntnis an, sprach sogar von der «Vorsehung», die der Schweiz die besondere internationale Aufgabe zugewiesen habe, Friede und Freundschaft unter den Völkern zu fördern...

«... und der Menschheit zu beweisen, dass verschiedene Sprachstämme und Rassen auf der Grundlage des gegenseitigen Vertrauens zu einer glücklichen Nation verbunden werden können».[57]

Ein halbes Jahr später, im Juni 1918, konnte Calonder sich als Bundespräsident auch im Namen der Regierung vor dem Nationalrat positiv über den Völkerbund äussern. Er stufte ihn unumwunden als nötiges und ernst zu nehmendes Projekt ein. Die Katastrophe des Krieges habe gezeigt, dass dem rücksichtslosen Konkurrenzkampf zwischen den europäischen Staaten ein Ende bereitet werden müsse. Aus dieser Not hätten sich in den verschiedensten Ländern Stimmen erhoben, die sich schon früh für die Idee des Völkerbunds eingesetzt hätten (genannt wurden Frankreich, England und die USA, aber auch Deutschland und Österreich und natürlich die Neutralen).

«Eine Idee, die früher lediglich den oft verspotteten Pazifisten und Theoretikern überlassen war, ist heute in die Kreise der Politik und Diplomatie eingedrungen und wird sich dort behaupten und wird nicht zur Ruhe kommen.»

Die kleine Schweiz müsse ganz besonders an diesem Projekt interessiert sein, und sie dürfe durchaus Abstriche an ihrer Souveränität in Kauf nehmen. Die wichtigste, auch heute noch gültige Feststellung lautete: «Auf die Dauer kann unbegrenzte Eigenmacht und völlige internationale Ungebundenheit keinem Volk wirkliche Vorteile bieten.»[58]

Das war auch ein Votum gegen den traditionellen Bilateralismus und ein Bekenntnis für den aufkommenden Multilateralismus. Die geplante multilaterale Organisation war integraler Bestandteil des am 28. Juni 1919 unterzeichneten Siegervertrags von Versailles.[59] Ein Mitwirken in diesem Verband dürfte für Vertreter eines Ultraneutralismus störend gewesen sein, war aber nicht zu ändern.

In der Schweiz war die erste fassbare Aktivität zur Schaffung einer Organisation für einen dauerhaften Frieden dem an der Universität von Bern tätigen Völkerrechtsprofessor Otfried Nippold zu verdanken. Er hatte im Oktober 1914 den Anstoss zur Gründung der Schweizer Vereinigung zum Studium eines dauerhaften Friedens gegeben.[60] Im Laufe der Jahre entstanden weitere Gruppierungen, die sich dem gleichen Ziel verschrieben. Nippold gelang es im Winter 1916/17, diese zahlreichen Gruppierungen zu einem «Comité d'action des Sociétés suisses pour l'étude du problème de la paix et de l'ordre juridique international» zu sammeln. Deren Hauptziel war es, die Landesregierung für die Mitarbeit am Aufbau einer Friedensordnung zu gewinnen. Auch die NHG schloss sich der Bewegung an.[61]

Diesem Engagement kam entgegen, dass sich die Schweiz als Vorläuferin eines nun internationalen Bundes verstehen konnte. Der Zürcher Schriftsteller Robert Faesi schrieb bereits 1915, dass «wir Schweizer» berufen seien, im Kleinen vorzumachen, was die Völker im Grossen nachmachen müssten, wenn sich Europa nicht selbst vernichten wolle.[62] Der Genfer L. Favre erklärte 1918, dass die geplante Friedensorganisation nichts anderes als die Fortsetzung der Bewegung sei, die 1291 vom Rütli ausgegangen sei.[63] Und selbst der Bauernsekretär Ernst Laur war der Meinung, dass die künftige Genfer Friedensgöttin «weitleuchtend auf dem goldenen Stirnband» ein Schweizerkreuz tragen sollte, damit die Völker der Erde sähen, dass eidgenössischer Geist auch den Völkerbund durchdringen und durchglühen solle.[64]

«Die Schweiz macht im Kleinen vor, was die Völker im Grossen nachmachen sollen.»

Nicht alle waren in der Schweiz, wie die spätere Abstimmung dann zeigte, gleichermassen enthusiastisch. Es gab welche, die sagten, dass sie die Souveränität sehr wohl mit Liechtenstein teilen wollten, aber nicht mit den Grossen wie Frankreich. Eine spezielle Sorge galt der Frage, ob wegen der neuen Ordnung die Aufrechterhaltung einer eigenen Armee als überflüssig erscheinen oder gar untersagt werden könnte. Generalstabschef Sprecher warnte bei Kriegsende davor, nun zu glauben, dass die Schweiz keine «Wehrmacht» mehr brauche und sich ganz auf den geplanten Völkerbund verlassen könne. Dieser sei nichts als der Ausdruck der augenblicklichen Kräftegruppierung der Weltmächte, einer Gruppierung, «die jedenfalls mit der Zeit sich ändern wird und auf die unser Dasein aufzubauen töricht wäre».[65]

Ein paar Tage nach Kriegsende, am 20. November 1918, wandte sich der Bundesrat mit der Bitte an die Alliierten, zum künftigen Friedenskongress eingeladen zu werden, um die schweizerischen Vorstellungen präsentieren zu können, wie der Völkerbund strukturiert sein sollte. Soweit sollte es nicht kommen. Der Bund hatte zwar eine Arbeitsgruppe eingesetzt und den Organisationsvorschlag sogar im Februar 1919 in der Presse veröffentlicht, wo er allerdings wenig Beachtung fand.[66] Die Schweiz steckte ihre Ambitionen danach schnell zurück und begnügte sich mit der Bitte, bei Fragen, die sie direkt beträfen, wenigstens angehört zu werden. Zwei Fragen standen

«Kommt der amerikanische Präsident nach Genf?»

deutlich im Vordergrund: die Anerkennung der Neutralität und die Versorgung mit Rohstoffen.

Auch eine andere, intern dezidiert ausgesprochene Hoffnung erfüllte sich nicht: Gastgeber eines solchen Kongresses zu werden.[67] Man hatte an Genf als Stadt des Roten Kreuzes gedacht, und dass Bern Gastgeber für andere internationale Institutionen war, die der Schweiz den Charakter einer internationalen Institution verliehen, hätte diese Ambition unterstützen können.[68] Im Dezember 1918 gab es leise Anzeichen dafür, dass der amerikanische Präsident Wilson an eine Reise in die Schweiz dachte.[69]

Wilson stand in der Schweiz schon früh hoch im Kurs. Darum konnten sich in der Schweiz lebende Amerikaner im Dezember 1915 und, wie später betont wurde, vor Kriegseintritt der USA mit einem speziellen Geschenk einbringen: Sie stifteten in Bern eine nach dem Präsidenten benannte Soldatenstube und liessen sich von Wilson einen Widmungstext geben, der dann als Inschrift verwendet wurde und die Freundschaft bekräftigte, «welche gestützt ist auf die gemeinsamen Lebens-Prinzipien, gemeinsamen Ideale und gemeinsame Aspirationen».[70]

Der wie ein Messias erwartete amerikanische Präsident Woodrow Wilson hatte am 13. Dezember 1918 in Brest europäischen Boden betreten. Am 18. Januar 1919 wurde in einer Atmosphäre hektischer Betriebsamkeit die Friedenskonferenz jedoch in Paris eröffnet. Frankreich wollte die Verhandlungen in Paris und die Unterzeichnung in Versailles haben. Die Befürchtung, dass die Schweiz wegen des Landesstreiks vom November 1918 ein unsicheres Pflaster sei, dürfte nicht ins Gewicht gefallen sein. Genf wurde immerhin am 28. April 1919 zum Sitz des Völkerbunds bestimmt.[71]

Da der Friedenskongress nicht in die Schweiz kam, musste die Schweiz zu ihm nach Paris gehen: Mit Ador reiste erstmals ein Schweizer Magistrat ins Ausland, im Januar 1919 zwar noch in inoffizieller Mission, im April 1919 erneut, nun etwas offizieller, und im Januar/Februar 1920 gleich ein drittes Mal. Beim ersten, beim «privaten» Besuch frohlockte die *Gazette de Lausanne*, Paris beherberge gleich drei republikanische Präsidenten in seinen Mauern. Gemeint war damit neben den Präsidenten Ador und Poincaré auch Präsident Wilson, der damals mit dem Kreuzer «George Washington» ebenfalls seine erste Auslandreise unternommen hatte, um in Europa mit direkten Begegnungen die künftige Friedensordnung einzurichten.[72]

1919 war Ador nicht mehr Leiter der Aussenpolitik, er war nur noch Innenminister, aber er war Bundespräsident, und er war Genfer. Ein anderer «Genfer» spielte damals eine wichtige Rolle als Verbindungsmann zum Lager der Sieger und überhaupt zur internationalen Welt: der aus einer Thurgauer Familie stammende, 36-jährige, in New York geborene Auslandschweizer William Rappard, der 1911/12 Assistenzprofessor in Harvard war und 1913 Professor für Wirtschaftsgeschichte an der Universität Genf wurde.[73] Ihm wird zugeschrieben, erwirkt zu haben, dass die Schweiz den Völkerbundssitz zugesprochen erhielt: Er konnte die Angelsachsen (USA/UK) für Genf gewinnen und so den französischen Vorstoss abwehren, der sich für das von Frankreich abhängige Brüssel stark machte.

In Paris ging es darum, neben der Völkerbundsfrage auch die Frage der Genfer Zonen und der Neutralität Nordsavoyens zu besprechen.[74] Bezüglich des Völkerbunds ging es überhaupt nicht mehr darum, irgendwelche Organisationsvorschläge zu machen. Jetzt ging es nur noch darum, dass die Völkergemeinschaft die ureigenen Interessen der Schweiz berücksichtigte.

Militärische, aber keine wirtschaftliche Neutralität

In erster Linie forderte die Schweiz die uneingeschränkte Anerkennung der militärischen Neutralität und damit die Befreiung von der Verpflichtung, Völkerbundstruppen bei internationalen Hilfsaktionen Durchmarschrechte gewähren zu müssen.[75] Die Schweiz wollte auf jeden Fall an der militärischen Neutralität festhalten. Dem kam das schweizerische Domizil des Völkerbunds entgegen, denn mit dem Festhalten an der militärischen Neutralität würde auch das Risiko gebannt, dass der Völkerbundssitz in den Krieg einbezogen würde. Hier war man einmal mehr beim Bild der «friedlichen Insel».[76]

Die Mitwirkung bei Wirtschaftssanktionen musste jedoch zugestanden werden, darum der Übergang zu einer als «differenziell» bezeichneten Neutralität (vgl. Art. 435 des Versailler Friedensvertrags). Die Neutralität, die, wie ausgeführt (vgl. Kapitel 4), in der ersten Phase des Kriegs keineswegs als sakrosankt eingestuft worden war, wurde gerade in dieser Phase wieder vermehrt zur Umschreibung der eigenen Position in Anspruch genommen. Ador erklärte bei seinem dritten Besuch in Paris vor dem Völkerbundsrat, dass die Schweiz ihre Neutralität wie ein «Dogma» behandle. Dazu hatte die zuvor in der schweizerischen Öffentlichkeit geführte Debatte beigetragen.[77] Die Neutralität wurde aber als nicht nur im eigenen Interesse der Schweiz präsentiert, sondern als nützlich und vorteilhaft für den Völkerbund.

«(Die Schweiz) wird fortfahren, mit ihrer eigenen Wehrkraft die Festung im Herzen Europas zu schützen und dem Internationalen Roten Kreuz sowie diesem angegliederten Unternehmen ein sicheres Obdach zu gewähren.»[78]

Erleichterung trat ein, als der in London tagende Völkerbundsrat (nicht mit der erst später eröffneten Völkerbundsversammlung zu verwechseln) in einer Erklärung vom 13. Februar 1920 festhielt, dass die Neutralität zwar mit dem Prinzip der internationalen Solidarität unvereinbar sei, dass man aber im Falle der Schweiz eine Ausnahme machen könne. «La Suisse est dans une situation unique, motivée par une tradition de plusieurs siècles, qui a été incorporée dans le Droit des Gens.»[79]

Die Schweiz hatte indessen bereits zuvor an der inneren Front erste Schritte einleiten müssen, um – auch aus terminlichen Gründen – den Anschluss an die geplante Völkerorganisation nicht zu verpassen: mit einer schnell verfassten Botschaft vom 4. August 1919, mit einer ersten parlamentarischen Beratung im November 1919, mit einer Ergänzungsbotschaft vom 17. Februar 1920, die dann im Februar/März 1920 beraten wurde, und schliesslich mit der Volksabstimmung vom 16. Mai 1920.[80]

Im Frühjahr 1920 konnte man sich fragen, was von dem Projekt, das eine neue Menschheitsepoche hätte einleiten sollen, übrig geblieben war. Der Völkerbund erwies sich statt als universale Institution mehr und mehr als ein Ausführungsorgan der Siegerstaaten. In der Schweiz verstärkten sich aber nicht nur deswegen die Vorbehalte. Für einen Beitritt stimmten nur gerade (aber immerhin) 54 Prozent der Bürger. Der positive Ausgang wäre aber beinahe am fehlenden Ständemehr

«Die Schweiz befindet sich aufgrund ihrer jahrhundertealten Geschichte in einer einzigartigen Lage.»

gescheitert: Hätten 94 von 10 941 Appenzellern (Innerrhoden) anders gestimmt, hätte die Schweiz nicht Mitglied der ersten internationalen Organisation für kollektive Friedenssicherung werden können.

Die Beitrittsfrage hatte die Schweiz vorübergehend gespalten. Auf der befürwortenden Seite standen vor allem die Romands, auf der ablehnenden Seite der harte rechtsnationale Kern, der mit dem Verlierer des Weltkriegs sympathisierte – und die Linke, die im Völkerbund ein Instrument des kapitalistischen Westens sah. Damals stellte sich, aus unterschiedlichen Gründen, sowohl die Rechte als auch die Linke gegen eine stärkere Einbettung der Schweiz in ein multinationales

137 **Der Völkerbund**, im Januar 1920 gegründet und Teil des Siegervertrags von Versailles, trat am 15. November 1920 erstmals zusammen. Giuseppe Motta, Bundespräsident und zuständig für die Aussenpolitik, hält die Begrüssungsansprache. Die Verlierer sitzen noch nicht im Saal, sie werden erst 1925 einbezogen.

Gebilde mit supranationalen Kompetenzen. Der Völkerbundsbeitritt war das Werk der Mitte, und für diese war der Schritt in den Völkerbund tatsächlich ein Beschreiten von Neuland.

Nach der Zustimmung in der Volksabstimmung vom Mai 1920 konnte der Tessiner Bundesrat Giuseppe Motta nicht nur als Aussenminister und oberster Magistrat der Gastgebernation, sondern auch im Namen der «ältesten Demokratie der Welt, die als einzige nur auf dem Weg des Plebiszits in den Völkerbund treten wollte», am 15. November 1920 im Genfer Palais Wilson die erste Völkerbund-Mitgliederversammlung eröffnen. Mottas Rede begann mit einer Hommage an das vom Krieg leidgeprüfte Belgien, einem Dank an den Völkerbund für dessen entgegenkommende Haltung in der Neutralitätsfrage (Zustimmung zum Wunsch, sich an militärischen Sanktionen nicht beteiligen zu müssen) sowie einer Würdigung der Kräfte, die sich seit Jahren für die Schaffung eines Völkerbunds eingesetzt hatten.[81]

Motta sprach die Hoffnung aus, die sich bekanntlich nicht erfüllen sollte, doch für ihn «mehr noch als Hoffnung ein heisser Wunsch» war, dass die USA bald im Völkerbund den «ihnen gebührenden Platz» einnähmen. Er verband diese Erwartung mit einer Eloge auf Amerika, die es wert ist, hier ausführlich zu Wort zu kommen:

«Das Land, das für sich alleine eine mit allen Glücksgütern der Erde gesegnete Welt darstellt – die ruhmreiche Demokratie, die gleichsam in einem riesigen Schmelztiegel alle Rassen vereinigt hat, um ihnen eine Sprache und eine Geistesrichtung zu geben – das Volk, das alle Höhen des Idealismus kennt und das durch das Fortschreiten des materiellen Wohlstandes emporgehoben wird – der Staat, der das entscheidende Gewicht seines Reichtums und seiner Armeen in die, das neue Schicksal der Erdteile und namentlich Europas bestimmende Waagschale warf, die Heimat des Freiheitshelden George Washington...»

Motta, der 1934 eine unversöhnliche Stellungnahme gegen die Aufnahme der Sowjetunion abgeben wird, erklärte 1920, er sehne sich nach dem Tag, «an dem auch ein von seinem Taumel geheiltes und von seinem Elend befreites Russland im Völkerbunde die zu seinem Wiederaufbau unentbehrliche Ordnung, Sicherheit und wechselseitige Hilfe suchen wird». Motta rief im Weiteren die Sieger zu einer

No. 24. 41. Jahrgang. Zürich, den 12. Juni 1915. Einzelnummer 30 Cts.

Nebelspalter

Humoristisch-satyrische Wochenschrift

Die vollständige Isolation der Schweiz

138 **Isoliert und doch verbunden:** ein Bild zur schweizerischen Situation nicht nur im Sommer 1915. Die Schweiz balanciert auf einem Leitungsmast, mehr oder weniger bedroht von Aeroplanen und schwirrenden Geschossen. (*Nebelspalter* vom 15. Juni 1915)

versöhnlichen Haltung gegenüber den Besiegten auf, auf deren Mitarbeit man angewiesen sei. «Die wechselseitige Mitarbeit ist eine notwendige Lebensbedingung des Völkerbundes.»

Der Repräsentant der kleinstaatlichen Schweiz erwartete, dass der Völkerbund, dem er die Funktion eines «Weltgewissens» zuschrieb, künftige Konflikte vor allem durch das Recht regeln werde. Darum die Aufforderung, nicht auseinanderzugehen, bis ein ständiger Internationaler Gerichtshof geschaffen sei. Gewaltanwendung werde sich auch in Zukunft nicht ganz vermeiden lassen, diese würde aber durch den «Geist» beherrscht. Die Wirtschaft solle nach liberalen Regeln (ohne Protektionismus) organisiert und die Menschenwürde des Arbeiters solle respektiert werden. Motta sprach dem Krieg eine sozialisierende Wirkung zu, er habe die «hehre Grösse» des Menschen (Vaterlandsliebe, Heldentum, Militärgenie usw.) erstrahlen lassen. «Die im Schützengraben erwachte Brüderlichkeit der Menschen hat nicht nur die bittere Unduldsamkeit überwunden, mit der sich zuvor entgegengesetzte Gedankenrichtungen gegenüberstanden; sie durchbrach auch den Wall des kleinlichen und eisigen Stolzes, der die Klassen trennt, sie fasste Fuss auf den Feldern und lebt in den Werkstätten fort.»

Die Schweiz – eine Insel?

Bei Kriegsausbruch sprach der Katholische Volksverein das Gelübde aus, im Falle einer Verschonung der Schweiz eine Weihgabe zu stiften. Bleibendes Produkt dieses nach 1918 eingelösten Versprechens ist das Votivbild in der unteren Ranftkapelle, dem bekannten Pilgerort in Obwalden. Es zeigt Bruder Klaus' Einsatz – seine Fürbitte auf dem Berg der schweizerischen Friedensinsel – als den entscheidenden Grund für die Rettung des Landes – «Unser liebes Vaterland blieb wunderbar behütet und verschont».[82]

Ist die Schweiz besser als die Welt? Robert Durrer, Nidwaldner Historiker und Archivar, Gemeinderat, Kirchenrat und Richter, hat 1921 dieses komplexe und vielschichtige Panoramabild geschaffen. Das Weltenmeer ist ein Schädelmeer, aus dem wie ein apokalyptischer Reiter der gestürzte Kaiser Wilhelm II. emporsteigt. Guy P. Marchal, der sich eingehend mit dem Gemälde befasst hat, erkennt im Meer die von einem U-Boot getroffene «Lusitania» und die in Brand geschossenen Städte Reims und Ypern. Zu einer nur internen Kontroverse (und nicht wie im Falle von Hodlers «Marignano» öffentlichen Debatte) führte die kritische und ironisierende Darstellung der Schweiz und insbesondere der Schweizer Armee: Die dargestellten Offiziere seien lächerliche Figuren, die Landsturmsoldaten «minderwertig». Nicht ohne Weiteres Gefallen fand die Repräsentation der Schweiz als Land der «Käseschieber» und der

139 **Wandbild von Robert Durrer**
in der unteren Ranftkapelle in Obwalden.

Oberkellner-Beflissenheit und der damit verbundene Hinweis, dass die Aufnahme der Flüchtlinge, die hier aus dem Meer auf einer Rampe zur ersten Stufe der Insel-Schweiz emporstreben, nicht nur selbstlos war. Auf dieser ambivalenten Darstellung durften auch die beiden Wasserfälle nicht fehlen, welche die traditionelle Metapher der Alpenschweiz als heilen Ursprungquell aufnehmen. Kurz zuvor hatte auch der religiös-soziale Leonhard Ragaz in seinem Buch *Die neue Schweiz* (1917) verkündet, das Reinhalten ihrer Quelle sei ihr «heiliger Beruf». Der explosive Gehalt des Durrer'schen Gemäldes vom Ranft blieb in der Öffentlichkeit beinahe unbemerkt. Uns Nachgeborene erinnert es aber, dass die Grenzbesetzungszeit in der Zeit selber nicht nur mit heroisierenden Blicken betrachtet wurde.

Das Bild der Schweiz als Insel gab es bereits vor 1914, und es lebte auch nach 1918 weiter – bis heute: bis zu Bundespräsidentin Micheline Calmy-Reys auch über eine Negation noch bestätigende Diktum von 2007: «Die Schweiz ist keine Insel im europäischen Ozean.» Wesentlich häufiger tauchen die Belege heute nur noch verbal (wie bei Calmy-Rey) und nicht mehr visualisiert auf.[83] Als bildliche Darstellung war die Insel-Schweiz wohl nie so sehr präsent wie in den Jahren des Ersten Weltkriegs.

Es gibt Anhaltspunkte, die darauf hinweisen, dass die noch heute bestehende starke Abgrenzung gegenüber dem Ausland, insbesondere gegenüber dem europäischen Umfeld, nicht erst mit dem Reduit-Erlebnis des Zweiten Weltkrieges, sondern bereits im Ersten Weltkrieg aufgekommen ist. Mit 1914 ist in der Tat ein Prozess eingeleitet worden, der zu einer starken, aber doch nur partiellen Verschlossenheit führte. Unter anderem darum konnte man die Epoche vor 1914 als verlorenes Paradies verstehen.

Die Verhältnisse der Jahre 1914 bis 1918 begünstigten tatsächlich die Vorstellung der Schweiz als Reduit (*avant la lettre*) oder eben als Insel. Das muss aber nicht heissen, dass damit bloss Abgrenzung zelebriert wurde. Die für einen Kleinstaat auch ohne Krieg naheliegende Inselmetapher nährte nämlich zwei Seiten der einen und gleichen Gegebenheit: die Vorstellung der Schweiz als isolierter und entsprechend selbstgenügsamer und geschützter Fleck – und die Vorstellung der Schweiz als offener, verknüpfter und extrem abhängiger Fleck auf der Welt. Die eine Seite sprach eine Wunschvorstellung an, die andere eher eine stets vorhandene Angstvorstellung. Die Pflege der einen Seite diente dem Verdrängen der anderen. Damit nährte man aber geradezu das, was man unterdrücken wollte. Denn je abgrenzender die Haltung war, desto stärker musste man die Abhängigkeit empfinden.

Der Zürcher Jungakademiker Robert Faesi, Privatdozent für Literaturgeschichte, beschränkte sich in seinem in der gleichnamigen kleinen Schrift von 1917 erschienenen Gedicht «In der Brandung» nicht auf das helvetische Eiland. Die Brandung – eben – war ihm mindestens so wichtig. Einerseits beschwor er das Bollwerk, es müsse den Wellenschlägen standhalten, andererseits erinnerte er in der zweiten Strophe daran, dass in diesen Wellenschlägen «der Menschheit Herz pocht». Das Bollwerk könnte im Schirme der Mauern ersticken, es soll sich taufen lassen «von zeugender Feuchte», soll sich durchfegen lassen «vom donnernden Atem der Welt».

140 Angeschwemmte Totenköpfe des Lebens.
Illustration von Otto Baumberger zu Robert Faesis
Gedicht und dessen erster Zeile: «Brandung
blutiger Flut schlägt rings uns entgegen...»

1917 war offensichtlich ein Jahr, in dem sich Aufbruchwille manifestierte. Mit der Vorstellung vom Aufbruch verband sich auch die Vorstellung der Öffnung gegen aussen, und das wiederum bedeutete eine Relativierung der zuvor gepflegten Inselmetapher. Was Leutnant Zurlinden im Frühjahr 1917 in seinem Tagebuch festhält, könnte einer breiter werdenden Tendenz entsprochen haben: der verstärkten Neigung, die in der Schweiz gern betonte Differenz und Distanz zum «Rest der Welt» jetzt als hinfällig und die Stunde einer neuen Schicksalsgemeinschaft als angebrochen zu sehen. Goethes *Faust* zitierend, bemerkte er:

> «Es ist nicht mehr so, dass ‹hinten weit in der Türkei die Völker aufeinanderschlagen›, sondern längst sind aus dem Chaos des Krieges Probleme und Prinzipien heraufgestiegen, welche alle Welt angehen, auch die Schweizer.»[84]

Noch 1920 hielt sich, wie Mottas Ausführungen vor dem Völkerbund zeigen, ein den Aufbruch und Wandel betonender Diskurs. Das führt uns nochmals zur Frage nach den Auswirkungen des Krieges und nach den durch den Krieg eingetretenen Veränderungen. Wegen des Aufbruchdiskurses könnten die kriegsbedingten Veränderungen überschätzt werden. Die Veränderungen könnten sich vor allem darauf beschränkt haben, dass Veränderungen herbeigewünscht wurden.

Trotzdem sei hier zum Schluss die Frage aufgeworfen, inwiefern die Schweiz von 1918 eine andere als diejenige von 1914 und inwiefern das «Anderswerden» eine Konsequenz des Krieges oder bloss die Folge einer breiten Zivilisations- und Gesellschaftsentwicklung war, die, einigermassen unabhängig davon, auch so stattgefunden hätte.

Die Frage nach den Veränderungen kann mehr den aussen- oder mehr den innenpolitischen Bereich betreffen, obwohl substanzieller Wandel, wenn es ihn denn gab, wohl ein beide Bereiche gleichzeitig erfassender Prozess gewesen sein musste. Eher innenpolitischer Art war die Ausdehnung der Staatszuständigkeit, der Bürokratisierungsschub, von dem die Rede war, aber auch der weitere Ausbau der Verbandswirtschaft und die nur leichten Veränderungen beim Status der Frauen. Gleichzeitig muss man auch die Vorgänge im Auge behalten, die nicht eintraten: vor allem das Ausbleiben der Einführung des Frauenstimmrechts und des Weiterbauens am Sozialstaat (mit der AHV, der Verdienstausfallentschädigung für die Wehrmänner u.a.m.).

Was änderte sich in den Aussenbeziehungen? Der Beitritt der Schweiz zum Völkerbund ist trotz seiner Umstrittenheit ein Indiz dafür, dass am Ende der Kriegsjahre die für eine Öffnung der Schweiz eintretenden Kräfte stark genug waren, dass sie den Aufbruch durchsetzen und die weiterhin und trotzdem und sogar erst recht vorhandenen isolationistischen Kräfte überflügeln konnten. Herbert Lüthy hat in einem noch immer lesenswerten Aufsatz die nach dem Ersten Weltkrieg die Verhältnisse bestimmende Offenheit der Schweiz gewürdigt. Diese hätte einen positiven Kontrast zu der verschlosseneren Haltung nach 1945 gebildet.[85] Die Landesregierung hatte die Öffnung nach dem Ersten Weltkrieg vorgespurt, indem sie im Laufe der Jahre 1918/19 ihre eigene Haltung grundlegend revidierte.

Das Völkerbundprojekt löste dann allerdings nicht ein, was von ihm erwartet wurde, sodass die Befürworter einer vertieften internationalen Integration in den 1930er-Jahren an Boden einbüssten, und die Schweiz 1938 zur integralen Neutralität zurückkehrte, indem sie die Verpflichtung zur Mitwirkung an wirtschaftlichen Sanktionen aufkündigte. Dies geschah, um einer angedrohten Volksinitiative zuvorzukommen, die eine verstärkte Verankerung der Neutralität in der Verfassung anstrebte. Aber es geschah auch, um ein wenig den Erwartungen der Achsenmächte (und Nachbarn) entgegenzukommen, die beide den Völkerbund bereits verlassen hatten.[86]

Die Verschliessung im Sinn eines Rückzugs auf sich selber und einer Abwehr von «Fremdem» war demnach weniger die Folge des Krieges als das Resultat der folgenden Krisenjahre. Das mentale Reduit der Schweiz entstand, gestützt auf Vorläufer, im Laufe der 1930er-Jahre; ein Reduit, das wiederum zwei Seiten umfasste: ein heute eher kritisch beurteiltes Kultivieren nationaler Eigenart, aber auch eine heute noch zu wenig gewürdigte Absage an autoritäre Staatskonzepte und radikale Kräfte auf dem linken wie auf dem rechten Flügel des Politspektrums.

Zu den Antworten auf die Frage nach den Veränderungen in den Jahren 1914 bis 1918 gehört die Feststellung, dass sich im Laufe des Krieges ein fremdenfeindliches Potenzial entwickelte, das es vor 1914 kaum gegeben hatte. Mit ihm musste die Schweiz fortan weiterleben. Und in ihm vermischte sich die Bekämpfung des «Fremden» im Inneren des Landes mit der Vorstellung einer grundsätzlich bedrohlichen Aussenwelt. Zu dieser Disposition kam in der folgenden Phase noch die durchaus reale Bedrohung im Inneren wie von aussen durch faschistische und nationalsozialistische Kräfte hinzu. Und dies wiederum verlieh der Vorstellung einer bedrohten und zu verteidigenden Reduit- und Insel-Schweiz weiteren Auftrieb.

1 Otto Beutel, Grenzbesetzung, 1933, S. 367.

2 Fritz Fleiner, Schweizerisches Bundesstaatsrecht. Tübingen 1923, S. 417 ff.

3 Die beiden freisinnigen Nationalräte, der Genfer Jacques-Louis Willemin und der Tessiner Emilio Bossi, hatten bereits im Herbst 1917 im Nationalrat die Abberufung des Generals gefordert.

4 Kurz, 1970, S. 332.

5 Zit. nach Carl Helbling, General Ulrich Wille. Biographie. Zürich 1957. S. 307.

6 Simone Chiquet, Pascale Meyer und Irene Vonarb (Hg.), Nach dem Krieg. Grenzen in der Regio 1944–1948. Zürich 1995. – Zu diesem Moment ebenfalls Albert Schoop, Als der Krieg zu Ende ging. Frauenfeld 1985. – Ernst Ziegler, Als der Krieg zu Ende war. St. Gallen 1996.

7 Die Grenzbesetzung 1914/18. Zürich (1933). S. 350. – Poilu war die Bezeichnung für den einfachen Soldat.

8 Ruchti, Bd. 1, 1928, S. 364. – Und: Bericht aus Bern, Basler Nachrichten vom 12. November 1918. – Hinweis auch von Alfred Demiani. In: Themenheft «Die Schweiz spricht zu uns» der Süddeutschen Monatshefte, August 1919, S. 331. Offensichtlich parteiische Betrachtung eines deutschen Autors, die deswegen aber nicht ganz unzutreffend sein muss. Im Weiteren bemerkt er: «… hätte das Rassegefühl in der deutschen Schweiz die gleiche Rolle gespielt wie im Welschland, die Schweizer Neutralität wäre zerbrochen.» (S. 328) Im gleichen Heft vertrat der Genfer Horace Micheli eine dezidiert andere Position: Gemeinsame Sprache und Zuneigung zu Frankreich hätte die französische Schweiz nie veranlasst, der französischen Politik gegenüber die geistige Unabhängigkeit aufzugeben. Er verwies auf die «schönsten Erinnerungen», die man als Welscher von Studienjahren in Deutschland in sich trage, die aber durch den Imperialismus und Militarismus beeinträchtigt worden seien. Die Sympathien mit der Entente würden auf der Überzeugung beruhen, «dass auf ihrer Seite das gute Recht war» (S. 367 ff.).

9 Gazette de Lausanne vom 12. November 1918.

10 Ernst Laur, Erinnerungen eines schweizerischen Bauernführers. Bern 1942, S. 148.

11 Gazette de Lausanne vom 10. Mai und vom 30. Juni 1919.

12 NZZ Nr. 681 und 694 vom 9. und vom 11. Mai 1919, zit. nach Ruchti, Bd. 1, 1928, S. 371, mit weiteren Ausführungen.

13 Manfred Hettling, Gefallenengedenken im internationalen Vergleich. München 2013.

14 Hans-Rudolf Kurz, Hundert Jahre Schweizer Armee. Thun 1979, S. 133.

15 Georg Kreis, Pro patria mori. Zum republikanischen Totenkult seit dem 18. Jahrhundert – oder: Alle müssen offenbar Winkelried sein. In: Hettling, 2013, S. 395–412.

16 Grenzbesetzung 1933, S. 360.

17 Vgl. dazu Konrad J. Kuhn/Béatrice Ziegler, Heimatfilme und Denkmäler für Grippetote. Geschichtskulturelle Reflexionen zur wirtschaftlichen Nutzbarmachung des Ersten Weltkriegs in der Schweiz. In: Christoph Kühberger u. a. (Hg.), Vergangenheitsbewirtschaftung. Public History zwischen Wirtschaft und Wissenschaft, Innsbruck/Wien/Bozen 2012, S. 199–215, insbes. S. 201–205.

18 Ruedi Brassel-Moser, Vom offenen Buch zum Helm. Deutungsmacht und Erinnerung am Beispiel des Baselbieter Wehrmannsdenkmals in Liestal. In: Schweizerische Zeitschrift für Geschichte 51/2001, S. 1–17.

19 Georg Kreis, Zeitzeichen für die Ewigkeit. 300 Jahre schweizerische Denkmaltopografie. Zürich 2008, S. 407 ff. – Ders., Die «Sentinelle» von Les Rangiers. Aus dem Leben eines nationalen Denkmals. In: Vorgeschichten der Gegenwart. Ausgewählte Aufsätze, Bd. 1. Basel 2003, S. 91–97.

20 Verwiesen sei auf die beiden bereits mehrmals zitierten Erinnerungsbände «Die Grenzbesetzung 1914–1918 von Soldaten erzählt» und «Grenzdienst der Schweizerin», (beide um 1933), sie wurden vielleicht im Hinblick auf das Jubiläum von 1934 vorbereitet. Das erste dieser beiden Bücher erlebte eine Auflage von mindestens 21 000–30 000 Exemplaren.

21 In diese Richtung gehen auch die Deutungen von Kuhn und Ziegler (vgl. Anm. 17).

22 Wilhelm Ehrenzeller, Die geistige Überfremdung der Schweiz. Zürich 1917.

23 Offenbar hatte er gewisse Hoffnungen auf die Sozialdemokraten gesetzt, im April 1917 erklärte er aber, von ihnen enttäuscht zu sein: zu viel gewöhnliche Parteipolitik und zu viel Klassenkampf (S. 160). Später (1938–1940) war Zurlinden als Diplomat im Bereich des Völkerbunds und des Roten Kreuzes tätig. Bereits im Herbst 1917 äusserte sich Zurlinden positiv zu einem kollektiven Sicherheitssystem: «Der Ruf nach einer Gesamtorganisation wird immer dringlicher zu vernehmen sein.» (Tagebucheintrag vom 10. Sept. 1917, S. 197).

24 Eintragung vom 3. Juni 1917, S. 174. – Zum gleichen Phänomen stellte er weiter fest: «Das Suchen äussert sich in den unübersehbaren Organisationen und Gründungen von Vereinen, Gesellschaften, Kommissionen, Konferenzen, Kongressen, Sitzungen, Kränzchen, Clubs für alle möglichen und unmöglichen Zwecke.» (Zurlinden, S. 173, 1968) Zurlinden ist selbst von dieser Bewegung erfasst, er verurteilt die alten Parteien und wünscht die Schaffung einer neuen, die gar nicht mehr Partei sei und «in junger Unbescholtenheit, ungehindert durch Altersgebrechen die neuzeitlichen Forderungen stellt und verwirklicht» (Eintrag vom 18. Sept. 1917, S. 198). Es fällt auf, dass der Pfarrer und Theologe Zurlinden kein Wort zu Ragaz verliert.

25 Markus Mattmüller, Leonhard Ragaz und der religiöse Sozialismus, Bd. 2, Basel 1968, S. 433 ff.

26 Leonhard Ragaz, Die neue Schweiz, 1917, S. 168 ff.

27 Ebenda, S. 48

28 Ebenda, S. 59.

29 Mattmüller, 1968, S. 458.

30 Grenzdienst der Schweizerin, o. D., S. 245 ff.

31 Zürcher Vortrag von 1955, zit. nach Florian Adank. In: Rossfeld/Straumann, 2008, S. 89.

32 Emil Dürr, Neuzeitliche Wandlungen in der schweizerischen Politik. Eine historisch-politische Betrachtung über die Verwirtschaftlichung der politischen Motive und Parteien. Basel 1928.

33 Aus dem Eröffnungsmanifest des ersten Dada-Abends, Zürich, 14. Juli 1916 (members.peak.org/~dadaist/English/Graphics/er-manifest.html).

34 Martin Arnold, Von der Landi zur Arteplage. Schweizer Landes- und Weltausstellungen (19.–21. Jh.). Hintergründe und Erinnerungen. Zürich 2001, S. 63 ff.

35 NZZ vom 23. Juni 1914.

36 Gérald Arlettaz, La crise nationale et l'exposition de Berne 1914. In: Les Suisses dans le miroir. Les expositions nationales suisses. Lausanne 1991, S. 66–76.

37 Ernst Heinrich Schmid, Ferdinand Hodlers «Rückzug bei Marignano» im Waffensaal des Landesmuseums. Affoltern a. Albis 1946.

38 Dr. Helen Wild, Die Frau im schweizerischen Wirtschaftsleben. In: Jahrbuch der Schweizerfrauen, 1918, S. 53 und S. 55.

39 Mesmer, 2007, S. 46.

40 Ebenda, S. 5.

41 Jahrbuch der Schweizerfrauen, 1917, S. 19.

42 Anonymer Artikel über «Fremde Propaganda in der Schweiz». In: Themenheft «Die Schweiz spricht zu uns» der Süddeutschen Monatshefte, August 1919, S. 389–394. – Wichtig zur Problematik: Angelika Linke/Jakob Tanner (Hg.), Attraktion und Abwehr. Die Amerikanisierung der Alltagskultur in Europa. Köln/Weimar 2006.

43 Ida Bosshardt, Frau und Staat. Gedanken einer Schweizerfrau zum Frauenstimmrecht, in: Themenheft «Die Schweiz spricht zu uns» der Süddeutschen Monatshefte, August 1919, S. 361–365, Zit. S. 365.

44 Sibylle Hardmeier, Frühe Frauenstimmrechtsbewegung in der Schweiz (1890–1930). Argumente, Strategien, Netzwerk und Gegenbewegung. Zürich 1997. S. 152.

45 Eintrag vom 30. September 1917, S. 200 ff.

46 Zit. nach Lotti Ruckstuhl, Frauen sprengen Fesseln. Bonstetten 1986. S. 26.

47 Hardmeier, 1997, S. 207 ff. (vgl. Kap. 5, Anm. 52) – Mesmer, 2007, S. 88 ff.

48 www.bv34.admin.ch/2011/06/06/zum-40-jahrestag-des-frauenstimmrechts-in-der-schweiz/ (Zugriff Juli 2013).

49 Schulthess an Ador, 16. August 1917, zit. nach Rolf Soiron, Der Beitrag der Schweizer Aussenpolitik zum Problem der Friedensorganisation am Ende des Ersten Weltkrieges. Basel 1973. S. 62.

50 Empathische Ausführungen in der Basler Dissertation (1973, S. 58) meines Studienkollegen Rolf Soiron, der sich heute trotz wichtiger Funktionen in der Wirtschaft auch als Mitglied des IKRK engagiert.

51 Bundesratssitzung vom 4. Oktober 1917. In: DDS, 1981, Bd. 6, Nr. 345, «secret». – Mittler, 2003, S. 830 ff.

52 Edouard Chapuisat, La Suisse et les traités de 1815. Genf 1917.

53 Daniel Witzig, Die Vorarlberger Frage: die Vorarlberger Anschlussbewegung an die Schweiz: territorialer Verzicht und territoriale Ansprüche vor dem Hintergrund der Neugestaltung Europas 1918–1922. Basel 1974.

54 Bonjour, Bd. 2, 1965, S. 741.

55 Mittler, 2003, S. 896 ff. – Pfarrerleutnant Zurlinden registriert in seinem Tagebuch ebenfalls: «Es gibt zwar auch wieder Schweizer, die nur erst das quantitative Ideal kennen, sehnsüchtig nach Genua, ins Veltlin, nach Savoyen, ins Elsass hinüberschauen.» (Eintragung vom 30. August 1917, S. 195).

56 Zit. nach deutscher Version des Mitberichts in: Soiron, 1973, S. 64. – Franz. Version in: DDS, 1981, Bd. 6, Nr. 345, S. 606.

57 Rede vom 24. November 1917, zit. nach Soiron, 1973, S. 70.

58 Calonder im Nationalrat vom 6. Juni 1918, DDS, 1981, Bd. 6, Nr. 432 und zahlreiche weitere Dokumente.

59 Zur allgemeinen Vorgeschichte: Alfred Pfeil, Der Völkerbund. Darmstadt 1976. – Speziell etwa: Ursula Fortuna, Der Völkerbundsgedanke in Deutschland während des Ersten Weltkriegs. Zürich 1974 (Diss.).

60 Hier und im Folgenden, vgl. Soiron, 1973, S. 28 ff.

61 Ebenda, S. 29.

62 Robert Faesi, in: Wir Schweizer, unsere Neutralität, S. 59 ff. – Vgl. auch Faesis Europa-Gedicht «In der Brandung» im gleichnamigen Band, 1917, S. 36 ff.

63 L. Favre, in: Mouvement 4/8 vom 18. Mai 1918, zit. nach Soiron, S. 30.

64 Ernst Laur, Die Schweiz und der Völkerbund. Brugg (1919). S. 11.

65 Generalsbericht, 1919, S. 519 ff. Interne Stellungnahme ausführlich bei Bonjour, Bd. 2, 1965, S. 750, zititiert.

66 Gemäss Soiron, der sich am eingehendsten mit dem Entwurf befasst hat, handelte es sich beim Projektpapier um «kodifizierte Politik», also nicht um ein extravagantes Modell, vgl. Soiron, 1973, S. 103 und S. 214 ff. Zur Veröffentlichung vgl. NZZ Nr. 216, 220 und 223 vom 12./13. Februar 1919.

67 Bonjour, Bd. 2, 1965, S. 742.

68 Vgl. auch Herbert Lüthy, Die Schweiz als internationale Institution. In: Festschrift für Walther Hug. Bern 1968. S. 653–666.

69 Soiron, 1973, S. 202 und S. 206 mit Verweis auf ein Vorbereitungspapier vom Nov. 1918.

70 Rekapitulation in der Schweizer Illustrierten Zeitung vom 7. Dezember 1918, S. 592. Eine andere Soldatenstube wurde nach George Washington benannt.

71 Soiron, 1973, S. 206.

72 Georg Kreis, Umstrittene Reisediplomatie in Vorgeschichten zur Gegenwart. Ausgewählte Aufsätze, Bd. 3, Basel 2005, S. 205–215. Aufsatz von 1979.

73 1927 führte Rappard die in der Schweiz bisher nicht bekannten Studien der internationalen Beziehungen mit der Gründung des Genfer Institut Universitaire de Hautes Études Internationales de Genève (IUHE). – Vgl.

auch Victor Monnier, William E. Rappard, Défenseur des libertés, serviteur de son pays et de la communauté internationale. Genève 1995. – Zur Tätigkeit in den Kriegsjahren William Emmanuel Rappard, La mission suisse aux Etats-Uni août–novembre 1917. Genf 1918.

74 Zur Neutralität Nordsavoyens Bonjour, Bd. 2, 1965, S. 679 ff. und S. 755 ff. sowie Rita Stöckli, Der Savoyerhandel von 1860. Die mediale Konstruktion eines politischen Ereignisses. Zürich 2008. – Zur Zonenfrage Ruchti, Bd. 1, 1928, S. 384 ff. – Peter Stettler, Das aussenpolitische Bewusstsein in der Schweiz (1920–1930). Zürich 1969.

75 Zur Durchmarschproblematik, Bonjour, Bd. 2, 1965, S. 792 ff.

76 Soiron, 1973, S. 205 ff.

77 Bonjour, Bd. 2, 1965, S. 760 und S. 762.

78 Botschaft des Bundesrats vom 4. August 1919, S. 323 ff.

79 Ganze Erklärung bei Bonjour, Bd. 2, 1965, S. 763 ff.

80 Roland Ruffieux, La Suisse et la Société des Nations, in The League of Nations in retrospect. Berlin 1983, S. 182–195. – Weitere schweizerische Beiträge in diesem Band von Antoine Fleury und Ania Peter. – Stettler, 1969.

81 Französischer Originalwortlaut in DDS, Bd. 7,2, Nr. 431. Bern 1984. Zit. hier nach einer speziellen Druckschrift, die 1921 in Deutsch und zugleich in der sich als Weltsprache empfehlenden Sprache Ido herausgegeben und zum Preis von 2 Franken verkauft wurde.

82 Nach dem Entwurf des Bruder-Klaus-Historiografen und Obwaldner Staatsarchivars Robert Durrer. Vgl. Guy P. Marchal, Die alpine Friedensinsel. Robert Durrers grosses Votivbild im Ranft und der schweizerische Alpenmythos, in: Ders., Schweizer Gebrauchsgeschichte. Geschichtsbilder, Mythenbildung und nationale Identität. Basel 2006, S. 445–462. – Frühere Version in Guy P. Marchal/Aram Mattioli, Erfundene Schweiz. Konstruktionen nationaler Identität. Zürich 1992, S. 37–49.

83 François Walter, La Suisse comme île, in: Armin Heinen/Dietmar Hüser (Hg.), Tour de France. Eine historische Rundreise. Festschrift für Rainer Hudemann. Stuttgart 2008, S. 419–428. – Walter verschiebt seine Aufmerksamkeit im Laufe des Artikels vom Visuellen auf die Begrifflichkeit «Sonderfall» und «Einzigartigkeit». – Gleichsam eine «negative Insel» ist das Bild des «Lochs in der Schallplatte», wie es vom italo-schweizerischen Komiker Massimo Rocchi einmal benutzt wurde.

84 Eintragung vom 2. April 1917. Zurlinden, 1968, S. 159.

85 Herbert Lüthy, La Suisse des deux après-guerres, in: Die Schweiz. Jahrbuch der NHG 1964, S. 63–75. – Dazu teilweise eine Gegenposition einnehmend: Georg Kreis, Erste Blicke auf die schweizerische Aussenpolitik nach 1945. Einleitung zum Itinera-Band 18, Die Schweiz im internationalen System der Nachkriegszeit 1943–1945. Basel 1996, S. 5–17.

86 Gilbert Grap, Differenzen in der Neutralität. Der Volksbund für die Unabhängigkeit der Schweiz (1921–1934). Zürich 2011. – Die «Enttäuschungen», die der Völkerbund bereitet haben soll, wurden nach 1945 allerdings überzeichnet, um die Distanz zur Uno zu rechtfertigen.

Anhang

Chronologie

1912	3.–7. September: Kaisermanöver
	24./25. November: Basler Friedenskongress
1913	27. Mai: Ablehnung des ersten Vorstosses für das integrale Frauenstimmrecht in einem Kantonsparlament (SG)
1914	1. Februar: Gründung der Neuen Helvetischen Gesellschaft
	15. Mai–2. Dezember: Dritte Landesausstellung in Bern
	1. August: Mobilmachung und Grenzbesetzung
	3. August: Vollmachten und Generalswahl
	4. August: Neutralitätserklärung
	25. Oktober: Eidgenössische Wahlen
	14. Dezember: Carl Spittelers Aufruf
1915	12. Juni: Schaffung der Schweizerischen Treuhandstelle (TST)
	5.–8. September: Zusammenkunft von Zimmerwald
	4. Oktober: Schaffung der Société de Surveillance Suisse (SSS)
1916	Januar/Februar: Obersten-Affäre
	5. Februar: Eröffnung des Cabaret Voltaire
	24.–30. April: Zusammenkunft von Kiental
1917	9. April: Ausreise Lenins
	15.–29. April: erste Mustermesse in Basel
	9./10. Juni: Militärparteitag der SPS
	Juni: Affäre Grimm/Hoffmann
	26. Juni: Gustave Ador wird Bundesrat
	17. November: Verordnung betr. Grenzpolizei und Ausländerkontrolle
	1. Oktober: Rationierung von Brot und Mehl
	28. Oktober: Eidgenössische Wahlen
	15.–17. November: Unruhen in Zürich
	10. Dezember: IKRK erhält Friedensnobelpreis
1918	Juli: erste Welle der Spanischen Grippe
	13. Oktober: Annahme des Proporzwahlrechts für den Nationalrat
	29. Oktober: Mietpreiskontrolle
	8. November: Ausweisung der Sowjetmission
	11. November: Waffenstillstand an der Westfront
	12.–14. November: Generalstreik
1919	15. November: Eröffnung des Völkerbunds in Genf
	26. Oktober: vorgezogene Eidgenössische Wahlen
1920	13. Februar: Londoner Erklärung zur differenziellen Neutralität
	16. Mai: Volksabstimmung über den Beitritt zum Völkerbund

Bibliografie

Nur allgemeinere und neuere Literatur; die übrige ist am entsprechenden Ort in den Fussnoten angegeben.

Arlettaz, Gérald et Silvia: Les Chambres fédérales face à la présence et l'immigration étrangère (1914–1922). In: Studien und Quellen, 1991, S. 9–156.

Auderset, Juri/Moser, Peter: Krisenerfahrungen, Lernprozesse und Bewältigungsstrategien. Die Ernährungskrise von 1917/18 als agrarpolitischer «Lehrmeister». In: Thomas David u. a. (Hg.), Krisen: Ursachen, Deutungen und Folgen, Zürich 2012, S. 133–149. (Schweizerisches Jahrbuch für Wirtschafts- und Sozialgeschichte)

Bondallaz, Patrick: «Inter Arma Helvetia»: faits, représentations et usages politiques de la Suisse charitable pendant la Grande Guerre (Diss. Fribourg in Vorbereitung).

Bonjour, Edgar: Geschichte der schweizerischen Neutralität, Bd. 2. Basel 1965.

Brodbeck, Beat: Paradigmenwechsel in der Agrarpolitik. Der Erste Weltkrieg und die Agrarmarktordnungen in der Schweiz am Beispiel des Milchmarktes 1914–1922. In: Jahrbuch für Geschichte des ländlichen Raumes, 2005, S. 185–191.

Bürgisser, Thomas: «Unerwünschte Gäste». Russische Soldaten in der Schweiz 1915–1920. Zürich 2010.

Degen, Bernard u. a. (Hg.): Gegen den Krieg. Der Basler Friedenskongress 1912 und seine Aktualität. Basel 2012.

Diplomatische Dokumente der Schweiz, Bd. 6, 1914–1918. Leitung: Jacques Freymond. Bern 1981.

Ehrbar, Hans Rudolf: Schweizerische Militärpolitik im Ersten Weltkrieg. Die militärischen Beziehungen zu Frankreich vor dem Hintergrund der schweizerischen Aussen- und Wirtschaftspolitik 1914–1918. Bern 1976.

Elsig, Alexandre: «Les Schrapnels du mensonge». La Suisse face à la propagande allemande de la Grande Guerre (Diss. Fribourg in Vorbereitung).

Fuhrer, Hans Rudolf: Die Schweizer Armee im Ersten Weltkrieg. Bedrohung, Landesverteidigung und Landesbefestigung. Zürich 1999.

Fuhrer, Hans Rudolf/Strässle, Paul Meinrad: General Ulrich Wille. Vorbild den einen – Feindbild den anderen. Zürich 2003.

Furrer, Markus/Messmer, Kurt/Weder, Bruno/Ziegler, Béatrice: Die Schweiz im kurzen 20. Jahrhundert. 1914 bis 1989 – mit Blick auf die Gegenwart. Zürich 2008. S. 27–44.

Gast, Uriel: Von der Kontrolle zur Abwehr. Die eidgenössische Fremdenpolizei im Spannungsfeld von Politik und Wirtschaft 1915–1933. Zürich 1997.

Gautschi, Willi: Der Landesstreik 1918. Zürich 1968.

Gautschi, Willi: Dokumente zum Landesstreik 1918. Zürich 1971.

Gautschi, Willi: Lenin als Emigrant in der Schweiz. Zürich 1973.

Geering, Traugott: Handel und Industrie der Schweiz unter dem Einfluss des Weltkrieges. Basel 1928.

Gysin, Roland: Sanitätsfestung Schweiz. Über das Erheben der Stimme der Menschlichkeit: internierte fremde Militärpersonen in der Schweiz 1916–1919. Manuskript Zürich 1993 (Liz.-Arbeit).

Gysin, Roland: Die Internierung fremder Militärpersonen im 1. Weltkrieg. Vom Nutzen der Humanität und den Mühen in der Asylpolitik. In: Sébastien Guex u. a. (Hg.), Krisen und Stabilisierung: Die Schweiz in der Zwischenkriegszeit. Zürich 1998. S. 33–46.

Guex, Sébastien: La politique monétaire et financière de la Confédération suisse 1900–1920. Lausanne 1993.

Halbeisen, Patrick/Müller, Margrit/Veyrassat, Béatrice (Hg.): Wirtschaftsgeschichte der Schweiz im 20. Jahrhundert. Basel 2012.

Herren, Madeleine/Zala, Sacha: Netzwerk Aussenpolitik: Internationale Kongresse und Organisationen als Instrumente der schweizerischen Aussenpolitik, 1914–1950. Zürich 2002.

Hildebrandt, Carl: Luftschiffer: die Ballontruppen der Schweizer Armee, 1893–1937. Ostermundigen 2008.

Jost, Hans Ulrich: Bedrohung und Enge (1914–1945). In: Geschichte der Schweiz und der Schweizer. Basel 1983, S. 101–189. Mehrere Folgeauflagen.

Koller, Christian: Die schweizerische ‹Grenzbesetzung 1914/18› als Erinnerungsort der ‹Geistigen Landesverteidigung›. In: Kuprian, Hermann J. W./Überegger, Oswald (Hg.): Der Erste Weltkrieg im Alpenraum: Erfahrung, Deutung, Erinnerung. Innsbruck 2006, S. 441–462.

Kreis, Georg: Frankreichs republikanische Grossmachtpolitik. 1870–1914. Innenansicht einer Aussenpolitik. Mainz 2007.

Kreis, Georg: Die Schweiz im Zweiten Weltkrieg. Innsbruck 2011.

Kreis, Georg: Schweizer Postkarten im Ersten Weltkrieg. Baden 2013.

Kuhn, Konrad J./Ziegler, Béatrice: Dominantes Narrativ und drängende Forschungsfragen. Zur Geschichte der Schweiz im Ersten Weltkrieg. In: traverse 2011/3, S. 123–141.

Kuhn, Konrad J./Ziegler, Béatrice: Heimatfilme und Denkmäler für Grippentote: Geschichtskulturelle Reflexionen zur wirtschaftlichen Nutzbarmachung des Ersten Weltkriegs in der Schweiz. In: Christoph Kühberger/Andreas Pudlat (Hg.), Vergangenheitsbewirtschaftung. Public History zwischen Wirtschaft und Wissenschaft, Innsbruck/Wien/Bozen 2012, S. 199–215.

Kuhn, Konrad J./Ziegler, Béatrice (Hg.): Spuren und Traditionen zur Schweiz im Ersten Weltkrieg, Baden 2014 (in Vorbereitung). Darin: Konrad J. Kuhn, Politik in Bronze und Stein: Denkmäler für die ‹Gefallenen› des Ersten Weltkriegs.

Kury, Patrick: Über Fremde reden: Überfremdungsdiskurs und Ausgrenzung in der Schweiz 1900–1945. Zürich 2003.

Kury, Patrick: Die Gründung des Grenzsanitätsdienstes im Jahr 1920 und die Pathologisierung des «Ostens». In: Claudia Opitz, Brigitte Studer, Jakob Tanner (Hg.): Kriminalisieren – Entkriminalisieren – Normalisieren. Zürich 2006, S. 243–259.

Kurz, Hans Rudolf: Dokumente der Grenzbesetzung 1914–1918. Frauenfeld 1970.

Lezzi, Otto, Sozialdemokratie und Militärfrage in der Schweiz. Frauenfeld 1996.

Linder, Wolf/Zürcher, Regula/Bolliger, Christian: Gespaltene Schweiz – geeinte Schweiz. Gesellschaftliche Spaltungen und Konkordanz bei den Volksabstimmungen seit 1874. Baden 2008.

Linder, Wolf/Bolliger, Christian/Rielle, Yvan: Handbuch der eidgenössischen Volksabstimmungen 1848–2007. Bern 2010.

Luciri, Pierre: Le prix de la neutralité. La diplomatie secrète de la Suisse en 1914–1915 avec des documents d'archives inédits. Genf 1976.

Maissen, Thomas: Geschichte der Schweiz. Baden 2010. S. 240–252.

Mesmer, Beatrix: Staatsbürgerinnen ohne Stimmrecht. Die Politik der schweizerischen Frauenverbände 1914–1971. Zürich 2007.

Métraux, Joséphine: «Héros et anti-héros au service de la critique politique romande. Les cartes postales suisses censurées par la poste fédérale pendant la Première Guerre mondiale» (Manuskript Juli 2013, Diss. Fribourg).

Mittler, Max: Der Weg zum Ersten Weltkrieg. Wie neutral war die Schweiz? Kleinstaat und europäischer Imperialismus. Zürich 2003.

Ochsenbein, Heinz: Die verlorene Wirtschaftsfreiheit 1914–1918. Methoden ausländischer Wirtschaftskontrollen über die Schweiz. Bern 1971.

Rapold, Hans: Der Schweizerische Generalstab. Zeit der Bewährung? Die Epoche um den Ersten Weltkrieg 1907–1924. Basel 1988.

Ritzmann-Blickenstorfer, Heiner: Historische Statistik der Schweiz. Zürich 1996.

Rossfeld, Roman/Straumann, Tobias (Hg.): Der vergessene Wirtschaftskrieg. Schweizer Unternehmen im Ersten Weltkrieg. Zürich 2008.

Rossfeld, Roman (Hg.): 1914–1918: Neue Zugänge zur Geschichte der Schweiz im Ersten Weltkrieg/Nouvelles approches et perspectives de recherche en Suisse. Themennummer der Schweizerischen Zeitschrift für Geschichte SZG 3/2013.

Ruchti, Jacob: Geschichte der Schweiz während des Weltkrieges 1914–1919. Bern 1928/29 (2 Bände).

Sprecher, Daniel: Generalstabschef Theophil Sprecher von Bernegg. Eine kritische Biographie. Zürich 2000 (Diss. St. Gallen).

Stämpfli, Regula: Mit der Schürze in die Landesverteidigung. Frauenemanzipation und Schweizer Militär 1914-1945. Zürich 2002.

Stauffer, Paul: Die Affäre Hoffmann/Grimm. In: Schweizer Monatshefte, Sonderbeilage zu Heft 1, 53. Jg., 1973/74, S. 1–30.

Stüssi-Lauterburg, Jürg: Helvetias Töchter. Frauen in der Schweizer Militärgeschichte von der Entstehung der Eidgenossenschaft bis zur Gründung des Frauenhilfsdienstes (1291–1991). Frauenfeld 1989.

Walter, François: La création de la Suisse moderne (1830–1930). In: Histoire de la Suisse, vol. 4., Neuchâtel 2002, S. 127–144.

Wicki, Otto/Kaufmann, Anton: Der Erste Weltkrieg. Die Entlebucher an der Landesgrenze. Iragna/Schüpfheim 2008.

Wicki, Otto/Kaufmann, Anton/Dahinden, Erwin: Oh wär ich doch ein Schweizer: das Soldatenleben im Ersten Weltkrieg. Iragna/Schüpfheim 2009.

Wiedmer, Jo: Motorisierung der Schweizer Armee. Goldach: Fachpresse Goldach, 1989.

Zurlinden, Hans: Die Symphonie des Krieges. In: Ders.: Letzte Ernte. Zürich 1968, S. 113–203 (Tagebuch Mai 1914–Mai 1918).

Bildnachweis

Administrativer Bericht der Landesausstellung, Bern 1917: 102, 103

Album des services des Transports: Etapes, Chemins de fer, Postes, Automobiles. Genf 1916: 44, 56, 82

Arbeiterzeitung vom 2. Juli 1917, aus: Gautschi, Willi: Lenin als Emigrant in der Schweiz, Zürich 1973, 88

Archiv Georg Fischer, Schaffhausen: 34

Archiv Schweizer Rück, Zürich, Rossfeld/Straumann, 2008: 112

Atelier Mühlberg: Grafik S. 123, 171

Basler Zeitung (18.11.2005, Repro): 115

Bibliothek am Guisanplatz, Militärpostkartensammlung, Nr. 2144: 95

Bucher Industries AG: 40

Chytil-Montavon, Eliane: 99

Augustin, L. E., Sur le Front français, 1917–1918, Lausanne 1918, mit Vorwort von Oberstleutnant de Tscharner, S. 64: 107

Drucksachen Schweizerisches Wirtschaftsarchiv: 37, 38

Dürrenmatt, Peter: Schweizer Geschichte, Bd. 2, Zürich 1976, S. 782: 106

Familienarchiv Wille, Mariafeld, Feldmeilen. Fotograf: Franz Henn, Bern: 17

Fischer, Lorenz, Luzern (Foto): 139

Flaschberger, in: Rossfeld/Straumann, 2008, S. 278: 87

Fonds Albert Perronne, collection du Musée de l'Hôtel-Dieu Porrentruy (MHDP): 47

Fotoarchiv Felix Hoffmann Basel: 110

Gautschi, Willi: Der Landesstreik 1918, Zürich 1968, S. 97: 109

Geigy 1758 bis 1933. Basel 1958, S. 241/242: 32, 33

Grenzdienst der Schweizerin 1914–1918, Bern, o. J., bei S. 33: 90, 91; bei S. 112: 92; bei S. 273: 94, 121

Hildebrandt, Carl: Luftschiffer: die Ballontruppen der Schweizer Armee, 1893–1937, Ostermundigen 2008, S. 125: 70

Historisches Archiv ABB Schweiz: 35

Keystone/Fotostiftung Schweiz: 28, 100; Keystone/Photopress-Archiv/Str: 43, 120

Kreis, Dokumentation, Basel: 2, 132, 133, 136

Kunsthaus Zürich, 2013: 134

L'Arbalète, Nr. 2, 1916: 19

Laur, Ernst: Erinnerungen eines schweizerischen Bauernführers, Bern 1942, bei S. 142: 24

Musée de l'Elysée, Lausanne: 10

Nagel, Ernst: Die Liebestätigkeit der Schweiz im Weltkrieg: Bilder aus grosser Zeit, Bd. 1, Basel 1916, S. 14: 8; S. 18: 9; S. 79: 15; S. 145: 119; Bd. 2, S. 59: 125

Nebelspalter Verlag, Horn/Schweizerische Nationalbibliothek, Bern: 18, 20, 21, 22, 23, 25, 26, 64, 85, 104, 105, 108, 129, 130, 138

Phot. International Graphic Press.: 116

ProLitteris, Zürich, 2013: 7; Frauenfeld, Huber Verlag 1917/ProLitteris, Zürich, 2013: 140

Promachos-Verlag Belp/Bern 1917: 84

PTT-Zensurarchiv, Köniz; auch in: Kurz, Hans Rudolf: Dokumente der Grenzbesetzung 1914–1918, Frauenfeld 1970, S. 59: 71; 131

Rapold, Hans: Der Schweizerische Generalstab. Zeit der Bewährung? Die Epoche um den Ersten Weltkrieg 1907–1924, Basel 1988, S. 237: 41

Rossfeld, Roman/Straumann, Tobias (Hg.): Der vergessene Wirtschaftskrieg. Schweizer Unternehmen im Ersten Weltkrieg, Zürich 2008, S. 331, 347, 431: 31

Sammlung Fotostiftung Schweiz/Anonym: 80; Sammlung Fotostiftung Schweiz/ATP-Bilderdienst: 72

Sammlung U. Gribi, Büren an der Aare: 39

Schweizer Illustrierte Zeitung: 12, 13, 14, 49, 113, 114, 118, 124

Schweizerisches Bundesarchiv:
E27#1000/721#14095#27*: 11 und Umschlagbild;
E27#1000/721#14095#1392*: 29; E27#1000/721#14095#2167*: 30;
E27#1000/721#14093#919*: 42; E27#1000/721#14095#1486*: 45;
E27#1000/721#14095#2917*: 51; E27#1000/721#14096#2086*: 52;
E27#1000/721#14095#737*: 53; E27#1000/721#14095#3475*: 55;
E27#1000/721#14095#4497*: 57; E27#1000/721#14093#227: 58;
E27#1000/721#14093#1505*: 59; E27#1000/721#14095#4991*: 60;
E27#1000/721#14095#1248*: 61; E27#1000/721#14095#1270*: 62;
E27#1000/721#14095#2374*: 63; E27#1000/721#14095#4111*: 66;
E27#1000/721#14095#2318*: 67; E27#1000/721#14095#4324*: 68;
E27#1000/721#14095#2156*: 69; E27#1000/721#14095#2873: 73;
E27#1000/721#14095#2927*: 79; E27#1000/721#14095#5267*: 81;
E27#1000/721#14095#2172*: 97; E27#1000/721#14095#5036*: 98;
E27#1000/721#14095#5454*: 111; E27#1000/721#14095#2122*: 117;
E27#1000/721#14095#2345*: 123; E27#1000/721#14095#4253*: 126

Schweizerische Grenzbesetzung, Basel 1914, Heft I, S. 8: 4, 5; S. 19: 6; S. 100: 16; S. 15: 128

Schweizerische Grenzbesetzung, Basel 1915, Heft II, S. 20: 48

Schweizerische Grenzbesetzung, Basel 1915, Heft III: 46; S. 8: 122; S. 58: 78

Schweizerische Grenzbesetzung, Basel 1916, Heft IV, S. 12: 74, 75

Schweizerische Nationalbibliothek, Bern: 135

Staatsarchiv Basel-Stadt, Bild 13, 606: 93; AL 45, 3-89-7: 89; AL 45, 3-76-1: 101

Stadtarchiv Schaffhausen: 77

Stüssi-Lauterburg, Jürg: Helvetias Töchter. Frauen in der Schweizer Militärgeschichte von der Entstehung der Eidgenossenschaft bis zur Grün-

dung des Frauenhilfsdienstes (1291–1991), Frauenfeld 1989, S. XXVII:
  83; S. XXIV (Foto Erling Mandelmann): 96

Teichmann, A., Basel (Foto): 76

Tilgenkamp, Erich: Schweizer Luftfahrt, Zürich 1941/42, S. 118: 65

UBS: 36

UNOG Library, League of Nations Archives: 137

Wicki, Otto/Kaufmann, Anton: Der Erste Weltkrieg. Die Entlebucher an der
  Landesgrenze, Iragna/Schüpfheim 2008: 50

Wicki, Otto/Kaufmann, Anton/Dahinden, Erwin: Oh wär ich doch ein Schweizer: das Soldatenleben im Ersten Weltkrieg. Iragna/Schüpfheim 2009,
  S. 233: 27

Wiedmer, Jo: Motorisierung der Schweizer Armee, Goldach 1989, S. 23: 1

Wolf-Grumbach, Bernhard (Foto): 3

ZHB Luzern Sondersammlung: 86; 127 (Eigentum Korporation)

Register

«Kreis ist zweifellos ein Standardwerk gelungen, das sowohl zum Kennen-
lernen als auch zum gezielten lexikalischen Suchen eines Denkmals dienen
kann. Dass er dabei in unnachahmlicher Art mit träfen Bemerkungen ins
helvetische Schwarze trifft, macht dieses Buch zum Lesevergnügen.»
Basler Zeitung

Georg Kreis

Zeitzeichen für die Ewigkeit

300 Jahre schweizerische Denkmaltopografie
540 Seiten, gebunden
311 Abbildungen
ISBN 978-3-03823-417-3

NZZ Libro
Buchverlag Neue Zürcher Zeitung
www.nzz-libro.ch

«Die assoziationsreichen Essays lesen sich leicht und lehrreich und bieten eine pointierte Einführung in die Eigenheiten schweizerischer Kultur und Geschichte. Selbst wer diese gut zu kennen glaubt, erfährt Neues.»
Neue Zürcher Zeitung

Georg Kreis

Schweizer Erinnerungsorte
Aus dem Speicher der Swissness

352 Seiten, Klappenbroschur
120 Abbildungen
ISBN 978-3-03823-591-0

NZZ Libro
Buchverlag Neue Zürcher Zeitung
www.nzz-libro.ch

«Imboden will keinen Rundumversorgerstaat. Er will etwas anderes: eine zeitgemässe, leistungsfähige Politik – eine Politik, die sich nicht, ohne zu zögern, der ‹urhelvetischen Neigung› unterwirft, ‹das Urteil über das sachlich Mögliche von vornherein auf das politisch Tragbare auszurichten›. Der Satz mag knapp 50 Jahre alt sein. Gut ist er noch immer.»
Tages-Anzeiger

Georg Kreis

Das «Helvetische Malaise»

Max Imbodens historischer Zuruf
und seine überzeitliche Bedeutung

164 Seiten, Broschur
ISBN 978-3-03823-707-5

NZZ Libro
Buchverlag Neue Zürcher Zeitung
www.nzz-libro.ch

Die Postkartenmotive, die von Soldaten als Zeichen der Verbundenheit nach Hause gesandt, aber auch sonst im Lande herumgeschickt und schon früh gerne gesammelt wurden, zeigen eine Schweiz im Ausnahmezustand. Die Serien unterschiedlicher Motive erlauben es dem Autor, mit einem neuen Zugang die Kriegsjahre 1914–1918 zu erschliessen und in unser Bewusstsein zu holen.

Georg Kreis

**Schweizer Postkarten
aus dem Ersten Weltkrieg**

176 Seiten
94 Abbildungen
ISBN 978-3-03919-299-1

hier+jetzt, Verlag für Kultur und Geschichte
Baden 2013